Une femme rebelle

DU MÊME AUTEUR

Romans

Le Cortège des vainqueurs, Laffont, 1972, et Le Livre de Poche.
Un pas vers la mer, Laffont, 1973, et J'ai Lu.
L'Oiseau des origines, Laffont, 1974, et J'ai Lu.
La Baie des Anges :
I. *La Baie des Anges*, Laffont, 1975, et J'ai Lu.
II. *Le Palais des Fêtes*, Laffont, 1976, et J'ai Lu.
III. *La Promenade des Anglais*, Laffont, 1976, et J'ai Lu.
La Baie des Anges, 1 vol., coll. « Bouquins », Laffont, 1982.
Que sont les siècles pour la mer ?, Laffont, 1977, et Le Livre de Poche.
Les hommes naissent tous le même jour :
I. *Aurore*, Laffont, 1978, et Le Livre de Poche.
II. *Crépuscule*, Laffont, 1979, et Le Livre de Poche.
Une affaire intime, Laffont, 1979, et Le Livre de Poche.
France, Grasset, 1980, et Le Livre de Poche.
Un crime très ordinaire, Grasset, 1982, et Le Livre de Poche.
La Demeure des puissants, Grasset, 1983, et Le Livre de Poche.
Le Beau Rivage, Grasset, 1985, et Le Livre de Poche.
Belle Époque, Grasset, 1986, et Le Livre de Poche.
La Route Napoléon, Laffont, 1987, et Le Livre de Poche.
Une affaire publique, Laffont, 1989.
Le Regard des femmes, Laffont, 1991.
La Fontaine des Innocents, Fayard, 1992.

Histoire, essais

L'Italie de Mussolini, Perrin, 1964 et 1982, et Marabout.
L'Affaire d'Éthiopie, Le Centurion, 1967.
Gauchisme, réformisme et révolution, Laffont, 1968.
Maximilien Robespierre, histoire d'une solitude, Perrin, 1968 et 1989, et Le Livre de Poche.
Histoire de l'Espagne franquiste, Laffont, 1969, et Marabout.
Cinquième Colonne, 1939-1940, Plon, 1970 et 1980, éd. Complexe, 1984.
Tombeau pour la Commune, Laffont, 1971.
La Nuit des Longs Couteaux, Laffont, 1971.
La Mafia, mythe et réalités, Seghers, 1972.
L'Affiche, miroir de l'histoire, Laffont, 1973 et 1989.
Le Pouvoir à vif, Laffont, 1978.
Le XXe Siècle, Perrin, 1979, et Le Livre de Poche.
Garibaldi, la force d'un destin, Fayard, 1982.
La Troisième Alliance, Fayard, 1984.
Les idées décident de tout, Galilée, 1984.
Le Grand Jaurès, Laffont, 1984, et Presses Pocket.
Lettre ouverte à Robespierre sur les nouveaux muscadins, Albin Michel, 1986.
Que passe la Justice du Roi, Laffont, 1987.
Jules Vallès, Laffont, 1988.
Les Clés de l'histoire contemporaine, Laffont, 1989.
Manifeste pour une fin de siècle obscure, Odile Jacob, 1990.
La gauche est morte, vive la gauche, Odile Jacob, 1990.
L'Europe contre l'Europe, éd. du Rocher, 1992.

Politique-fiction

La Grande Peur de 1989, Laffont, 1966.

Conte

La Bague magique, Casterman, 1981.

En collaboration

Au nom de tous les miens, de Martin Gray, Laffont, 1971, et Le Livre de Poche.

Traduction

Guerre des gangs à Golfe-City, de David Gallway, Laffont, 1991.

Max Gallo

Une femme rebelle

Vie et mort de Rosa Luxemburg

PRESSES DE LA RENAISSANCE
37, RUE DU FOUR 75006 PARIS

Si vous souhaitez recevoir notre catalogue et être tenu régulièrement au courant de nos publications, envoyez vos nom et adresse en citant ce livre aux

Presses de la Renaissance
37, rue du Four 75006 Paris

et pour le Canada à

Édipresse
945, avenue Beaumont
Montréal H3N 1W3

Illustration de couverture :
Collection Viollet

ISBN 2-85616-655-5

H 60-3702-2

« Je suis et veux rester idéaliste. »

R.L., 1899.

« Tâche donc de demeurer un être humain. C'est vraiment là l'essentiel. Et ça veut dire : être solide, lucide et gaie, oui, gaie malgré tout le reste... Rester un être humain, c'est jeter, s'il le faut, joyeusement sa vie tout entière "sur la grande balance du destin", mais en même temps se réjouir de chaque journée de soleil, de chaque beau nuage... Le monde est si beau malgré toutes les horreurs et il serait plus beau encore s'il n'y avait pas sur terre des pleutres et des lâches. »

R.L., 1916.

« Je me sens beaucoup plus chez moi dans un petit bout de jardin... que dans un congrès du Parti... Malgré cela, j'espère mourir à mon poste dans une bataille de rues ou dans un pénitencier. Mais dans mon for intérieur, j'appartiens plus aux mésanges qu'aux camarades. »

R.L., 1918.

« La liberté, c'est toujours au moins la liberté de celui qui pense autrement. »

R.L., 1918.

« Il faut changer complètement un monde, mais toute larme versée alors qu'on aurait pu l'essuyer est une accusation et tout homme qui, dans sa hâte à accomplir une action importante, écrase, par manque d'attention, un pauvre être sans défense, commet un crime. »

R.L., 1918.

PROLOGUE

« J'appartiens plus aux mésanges qu'aux camarades »

Elle était là, Rosa, dans cette nuit berlinoise du 15 janvier 1919, sans défense, les cheveux gris, les traits creusés par la fatigue et l'insomnie, sa grosse tête au nez fort et long, ridée, blanche, un manteau masquant sa poitrine qu'on devinait lourde, le corps un peu penché, vieille femme paraissant plus que ses quarante-huit ans.

Et quand l'un des soldats qui l'encadraient, d'une poussée, la força à s'avancer dans le hall de l'hôtel Eden, au milieu de cette foule goguenarde, méprisante, haineuse, qui lui lançait des quolibets, elle se mit à boiter pesamment.

Elle se redressa, essayant de masquer sa claudication, digne, tenant de ses mains gantées une petite valise. Elle fit face, dévisageant de ses yeux sombres et fiers ces soldats qui l'insultaient, ces clients de l'hôtel qui ricanaient.

Elle ressemblait par ses vêtements, sa silhouette, à une bourgeoise allemande quelconque, mais l'expression de son visage, hautaine, répétait ce qu'elle avait écrit plusieurs fois : « Je n'ai peur de rien », ou bien : « Je suis devenue ces temps derniers dure comme l'acier poli. »

Et ces hommes en uniformes disparates, ces soldats de la *Garde-Kavallerie-Schützen-Division* (division de cavalerie et de fusiliers de la Garde), ces combattants des *Freikorps* (corps francs) qui venaient, dans les rues de Berlin, de tuer les compagnons de cette femme, cette Rosa-la-Rouge, Rosa Luxemburg,

« l'étrangère », « la Juive », se sentaient insultés par ce regard, cette moue de dédain et presque de pitié.

Cette femme impuissante entre leurs mains portait pourtant en elle, dans ce corps disgracieux, une richesse qu'ils ne posséderaient jamais, un secret qu'ils ne partageraient pas, quelque chose d'inaccessible qu'ils ne pourraient tuer.

Ils l'insultèrent.

« Röschen, voilà la vieille putain. »

Ils haïssaient ce qu'elle incarnait depuis plus de vingt ans en Allemagne, l'irréductible fidélité aux idées socialistes, l'antimilitarisme, l'hostilité à la guerre qu'ils avaient perdue en novembre 1918, et ils l'accusaient de les avoir « poignardés dans le dos ». Elle et tous ces « révolutionnaires », ainsi ce Karl Liebknecht qui avait refusé de voter les crédits militaires, elle qui avait, polonaise, juive, naturalisée allemande, pris la tête de la révolution qui, depuis ces « jours noirs » de novembre 1918, secouait l'Allemagne, avait contraint l'empereur à abdiquer, décomposait la marine, l'armée, avait jeté dans les rues des grandes villes ces ouvriers en armes qui rêvaient d'imiter les bolcheviks de Lénine.

C'est elle, Rosa Luxemburg, qui les avait endoctrinés, elle qui les exhortait dans le journal qu'elle dirigeait — la *Rote Fahne* (le Drapeau rouge).

Les soldats avaient écrasé les jours précédents d'une manière impitoyable ces groupes d'insurgés dans la capitale du Reich. Ils étaient les maîtres. Mais elle les avait défiés dans son dernier article : « L'ordre règne à Berlin, avait-elle écrit. Sbires stupides ! Votre "ordre" est bâti sur le sable. Dès demain la révolution se dressera de nouveau avec fracas, proclamant à son de trompe pour votre plus grand effroi : J'étais, je suis, je serai ! »

Mais ils l'avaient trouvée, prise, conduite à l'hôtel Eden qui, au centre de Berlin, était le quartier général de la division. Le capitaine Waldemar Pabst, le premier officier d'état-major, l'avait interrogée.

Elle allait savoir à qui appartenaient les lendemains.

Ils se rapprochèrent d'elle et ils la bousculèrent, la frappèrent. Et peut-être pensa-t-elle qu'elle avait écrit : « J'espère mourir à mon poste dans une bataille de rues ou dans un pénitencier » et, en même temps, alors qu'elle chancelait sous les coups, peut-être, malgré sa force de caractère, cette volonté de faire face, se dit-elle, comme souvent autrefois : « Quand je songe au peu de temps qui me reste à vivre et à tout ce qu'il y a encore à apprendre, j'ai peur. »

Mais elle ne se protégeait même pas le visage.

Que pouvait-elle, face à cette foule d'hommes, tueurs de profession, issus de la guerre ?

Elle acceptait. Elle avait pris tous les risques. Elle avait eu en elle, reconnaissait-elle, « assez de passion pour mettre le feu à la savane ». Elle avait voulu agir « sur les gens comme le tonnerre ». Elle avait tenu dans les batailles politiques « le poste le plus avancé ». Elle avait aimé. Elle était demeurée fidèle à ce serment de ses débuts dans l'action : « Je suis et veux rester idéaliste. »

Elle ne s'était jamais départie du respect des autres. Tout simplement elle avait aimé le monde, la vie tels qu'ils étaient. « Le monde est si beau, avait-elle dit, malgré toutes les horreurs et il serait plus beau encore s'il n'y avait pas sur terre des pleutres et des lâches. »

Ils étaient autour d'elle et ils la bourraient de coups, hommes rendus sauvages par cette guerre de plus de quatre années qu'elle avait combattue, parce que ce conflit était le retour à la barbarie et qu'elle craignait que ne s'ouvre une période qui verrait, avait-elle prédit, « l'anéantissement de la civilisation ».

Elle ne s'était pas trompée.

« Je revois toujours en esprit, rapporterait plus tard une femme de chambre de l'hôtel Eden se souvenant de cette nuit-là, le spectacle de cette pauvre femme jetée à terre et traînée sur le sol. »

Rosa se remit debout.

Elle avait écrit : « Il faut accepter tout ce qui se passe dans la société ainsi que dans la vie privée d'un esprit tranquille, voir les choses en grand et les prendre en souriant... C'est la vie qui est ainsi depuis toujours et tout en fait partie au même titre : les souffrances, les séparations et les nostalgies. Il faut savoir la prendre dans son ensemble sans rien en omettre et trouver un sens et une beauté dans tout ce qu'elle présente. »

Mais ça n'avait jamais été pour elle fatalisme.

Elle avait voulu changer le monde, complètement, mais pas à n'importe quel prix : « Toute larme versée alors qu'on aurait pu l'essuyer est une accusation, disait-elle, et tout homme qui, dans sa hâte à accomplir une action importante, écrase, par manque d'attention, un pauvre être sans défense, commet un crime. »

Et elle avait aussi voulu « sauver » sa propre vie : « C'est un fait, avait-elle confié, j'ai secrètement envie d'être heureuse et je suis prête à marchander chaque jour avec l'entêtement d'un sourd pour ma petite ration de bonheur. »

Elle atteignait presque les portes tournantes de l'hôtel devant lesquelles une voiture attendait, chargée de soldats qui devaient, lui avait-on annoncé, la conduire à la prison berlinoise de Moabit. Mais un soldat, un hussard aux moustaches noires tombantes, aux yeux enfoncés, aux joues creusées, s'avança vers elle, le fusil levé, et lui donna un coup de crosse sur la tête.

Elle tomba. Le soldat, de sa crosse, la frappa encore, à la tempe.

Cet homme s'appelait Runge.

Quelques mois auparavant, alors qu'elle était enfermée dans la prison de Breslau, Rosa Luxemburg avait vu un soldat frapper sauvagement des buffles de Roumanie attelés à un chariot.

Rosa, devant cette scène, s'était mise à pleurer. « L'animal me regardait, avait-elle écrit, les larmes coulaient de mes yeux, c'étaient *ses* larmes... Qu'ils sont loin les pâturages de Roumanie, ces pâturages verts, gras et libres, qu'ils sont inaccessibles, perdus, à jamais ! Et ici..., cette ville étrangère, horrible, l'étable étouffante, le fourrage écœurant et moisi..., ces hommes inconnus et terribles et les coups, le sang qui coule de la plaie ouverte... »

Le visage de Rosa Luxemburg était en sang.

« Quant au soldat », avait-elle poursuivi, après avoir ainsi frappé les buffles, il avait enfoncé « les deux mains dans les poches de son pantalon, parcourant la cour à grandes enjambées, un sourire aux lèvres et sifflotant une rengaine qui traîne dans les rues. Et, devant mes yeux, je vis défiler la guerre dans toute sa splendeur... »

Runge avait exécuté un ordre en frappant Rosa Luxemburg et, quelques instants avant de l'abattre avec sa crosse, il avait agi de la même manière avec le camarade de Rosa, Karl Liebknecht qui, lui aussi, avait dû traverser le hall de l'hôtel Eden.

Maintenant des soldats soulevaient le corps de Rosa.

Un filet de sang coulait de sa bouche et de son nez.

On la porta dans la voiture et une de ses chaussures tomba, qu'un soldat brandit en riant, la levant au-dessus de sa tête, comme un signe de victoire, dérisoire trophée pour un crime.

Car on entendit de l'hôtel, après qu'on eut placé Rosa entre deux soldats à l'arrière, que la voiture eut démarré, un coup de feu, tiré à bout portant.

Le tueur, qui était-il ? Le lieutenant Kurt Vogel ou bien le lieutenant de marine Wilhelm Souchon ?

Personne n'a retenu autre chose de leur vie que ce geste et on ne les nomme que pour donner un instant un visage à la barbarie, parce qu'il faut se souvenir qu'elle n'est jamais anonyme, qu'un homme doit lever son fusil pour frapper de sa crosse, presser de son doigt sur la détente du revolver.

Il y a toujours au bout de la chaîne un homme qui a le pouvoir de décider s'il accomplit l'acte qu'on lui commande.

Et Rosa avait revendiqué cette liberté ultime, cru dans cette ressource de la conscience, non seulement pour elle-même, mais aussi pour les peuples, les « masses », comme elle disait, dans lesquelles elle plaçait son espoir, même si elle savait que — comme elle l'avait écrit — « oppression, insécurité, injustice, pauvreté et désespoir... modèlent les âmes des gens d'une certaine façon ».

Mais, en août 1914, les peuples, au lieu de refuser le combat fratricide de la guerre comme Rosa Luxemburg l'avait escompté, s'étaient précipités les uns contre les autres avec des cris d'égorgeurs.

Et dans cette nuit du 15 janvier 1919, à Berlin, ces hommes-là assassinaient Rosa.

Ils jetaient son corps d'un pont dans le Landwehrkanal et l'un des soldats lançait, rapporte-t-on : « Voilà la vieille salope qui nage maintenant. »

Tout Berlin, dès le lendemain, savait qu'elle était morte, celle qui depuis vingt ans défiait tous les pouvoirs, soulevait de meeting en meeting les foules, et elle, une simple femme, en avait remontré à tous ceux qui se prétendaient les grands héritiers de la pensée de Karl Marx, les Bernstein, les Kautsky, les Lénine, avec qui elle polémiquait, philosophe, économiste, essayiste.

Et même la victoire de Lénine à Petrograd en 1917 n'avait pas suffi pour qu'elle baisse la voix, qu'elle cesse de dénoncer l'« insolence » du chef bolchevik ou le « marxisme tartare » qui « tape sur les nerfs », ces Russes auxquels elle continuait de faire la leçon, répétant que « la liberté, c'est toujours au moins la liberté de celui qui pense autrement », affirmant la nécessité de la démocratie.

« Lénine, avait-elle écrit, se trompe complètement sur les moyens : décrets, puissance dictatoriale des directeurs d'usines, punitions draconiennes, règne de la terreur... »

Elle voyait loin, Rosa Luxemburg, elle voyait juste et soulignait déjà que « si la vie publique des États à liberté limitée est si pauvre, si schématique, si inféconde, c'est précisément parce qu'en excluant la démocratie, elle ferme les sources vives de toute richesse et de tout progrès intellectuel ».

C'est cette femme-là, prophétique, qu'on avait tuée, dont on cherchait la dépouille.

Et un jeune poète de vingt et un ans, à la tête ronde, Bertolt Brecht, écrivait :

Rosa-la-Rouge aussi a disparu
Le lieu où repose son corps est inconnu
Elle avait dit aux pauvres la vérité
Et pour cela les riches l'ont exécutée.

Mais, quelques mois plus tard, le samedi 31 mai 1919, le corps d'une femme fut repêché du Landwehrkanal, près d'une écluse. On reconnut les gants de Rosa Luxemburg, des morceaux de sa robe de velours, un pendentif en or.

Mais le visage était méconnaissable, le corps en décomposition.

On pouvait l'identifier, l'enterrer le 13 juin, mais ce n'était plus qu'un symbole qu'on portait en terre, comme si la vraie femme, si diverse, changeante, était à jamais effacée et que ne restaient plus que ses caricatures.

Pour les uns révolutionnaire héroïque — et elle le fut —, pour les autres, et c'était comme la traduction de cette vision-là, il s'agissait d'une « agitatrice dangereuse » qu'il fallait tuer pour le bien de l'Allemagne, et après tout, elle n'avait été victime que de la « politique terroriste » qu'elle avait elle-même déclenchée.

Quarante-trois ans après sa mort, le gouvernement allemand de 1962 affirma qu'il s'agissait bien d'« exécution légale en accord avec la loi martiale ».

Or elle avait été tant d'autres choses que celle que les « sbires » avaient assassinée.

Elle le disait elle-même, avec un peu d'affectation : « Ne me croyez pas, je suis différente à chaque instant et la vie n'est faite que d'instants. »

Et si elle garde aujourd'hui, tant d'années après sa disparition, alors que semblent tombés en poussière les mots, les idées auxquels elle avait cru — marxisme, révolution, prolétariat, socialisme —, que d'autres qu'elle rejetait — capitalisme, nationalisme — ont montré leur vigueur, c'est précisément parce qu'elle ne pouvait se réduire à une caricature.

Sa pensée ne se laissait pas enfermer dans un schéma. Et, de cette manière, elle investissait l'avenir puisqu'elle avait osé vivre, intensément, toutes les contradictions d'une personnalité, poussant chaque terme jusqu'au bout, dans la vie privée ou la vie publique.

Or en cette fin de XXe siècle, son expérience des limites nous éclaire toujours sur ce que nous sommes, sur ce que nous devons et pouvons être et aussi sur le monde qui nous entoure. Puisque, par bien des côtés, le XXe siècle, parcouru, nous ramène, pardessus les fosses de millions de victimes, aux problèmes qui se posaient à la fin du XIXe siècle, ces années où Rosa Luxemburg vécut.

Elle écrivait en 1906 : « Nous vivons une époque splendide. Par splendide, je veux dire une époque qui engendre des problèmes de grande envergure, des problèmes importants, une époque qui stimule l'esprit, produit "critique, ironie et essence", déchaîne les passions et surtout une époque féconde et grosse d'événements. » Et c'est vrai qu'elle a vécu, qu'elle est morte, en un moment charnière — comme le nôtre — quand un monde se défait et qu'un autre s'ébauche dans le grand chaudron des sorcières de la guerre.

Ses camarades et ses assassins construisirent, les uns la Russie soviétique — et cette terreur qu'elle avait prévue —, les autres, membres des *Freikorps*, aidèrent Hitler à prendre le pouvoir.

Elle fut, Rosa, à ce moment où se joua l'histoire de l'Europe et du monde, l'une des actrices dans la scène majeure qui se déroulait en Allemagne et dont l'issue détermina, pour une grande part, l'histoire du XXe siècle.

Et elle vécut ces événements avec une lucidité aiguë : « l'enthousiasme allié au sens critique, que pouvons-nous souhaiter de mieux ? » disait-elle.

Et c'était aussi une femme, une femme qui voulait « boire la vie à grands traits », qui se trouvait ainsi placée à cette charnière du temps.

Elle ne renonçait à rien, posant le problème jamais résolu du rapport entre la vie publique et la vie privée, s'interrogeant sur le sens même de l'action politique, sa légitimité quand on mesure que la politique peut déchirer le tissu des affections parce qu'elle dévore le temps, qu'elle brise les liens, car elle exige qu'on sacrifie ce qui n'est pas politique.

Et Rosa se débattait, maudissant les conséquences de son engagement.

Elle, qu'on imagine tout entière brûlée par l'action publique, voici qu'elle s'emporte contre son amant Léo Jogichès, un temps son maître en politique. « Je t'ai haï, lui dit-elle, parce que tu m'as enchaînée à cette activité maudite. »

Elle répète : « J'ai surtout haï toute cette politique à cause de laquelle, pendant des semaines, je ne répondais pas aux lettres de mon père et de ma mère... Dans cet absurde culte de Baal, on sacrifie des existences entières à sa propre agitation, à sa morgue intellectuelle... Si je croyais en Dieu, je suis sûre qu'il nous châtierait sévèrement pour ces tortures. »

Des caricatures qu'on a dessinées d'elle pour élever sa statue ou piétiner son cadavre, voici donc que surgit une femme partagée. Elle doit s'imposer dans un monde d'hommes et dans une époque de fer, affronter la prison et les soldats, mourir en révolutionnaire, et elle se lamente : « C'est si vide et si absurde, une maison sans gosse. » Elle questionne son amant, angoissée : « Est-ce qu'on ne pourra jamais ? Ah chéri, est-ce que je n'aurai jamais un bébé ? »

Elle avance ainsi, tendue, pleine de doutes, montant sur la tribune, appelant à la lutte et murmurant pour elle-même : « La pensée qui me ronge, c'est de savoir quel était le sens de cette vie, à quoi elle tendait, est-ce qu'elle a valu la peine d'être vécue ? »

Qui, parmi les hommes et les femmes qui sont devenus les figures emblématiques d'une époque, a ainsi conservé, dans l'ivresse de l'action et de la notoriété, la brûlure du doute et, surtout, l'a exprimée avec cette vigueur et cette vérité ?

Quel destin alors peut nous permettre, mieux que la vie de Rosa, de tenter de saisir ce qui fait une personnalité, comment des déséquilibres et des désirs provoquent un mouvement en avant, une volonté d'agir, de s'imposer dans un groupe, de défendre ses idées ?

Et parce que Rosa Luxemburg parle d'elle sans fard, c'est à nous et de nous qu'elle parle.

La mort est une trieuse implacable. Elle ensevelit à jamais ceux qui, apparemment encore pleins de vigueur, n'étaient déjà plus vivants et laisse parmi nous le souvenir de ceux qui, jusqu'au bout, se sont interrogés.

Rosa est de ceux-là.

« Pourquoi, oh pourquoi, dit-elle, dois-je traverser des expériences discordantes et douloureuses dans ma vie, alors que tout en moi aspire à la sérénité et à l'harmonie ? Pourquoi dois-je toujours plonger dans les dangers et les horreurs de situations inconnues ? »

Pourquoi en effet ?

Pour ne plus être cette petite fille, née en 1871, juive, boitillante et qui doit s'imposer dans le lycée de Varsovie où le russe est la langue des maîtres et où les Juifs polonais sont à peine tolérés ? Sa vie n'est-elle qu'une fuite pour échapper à cette condition humiliée de femme, de boiteuse, de Juive ?

Et cependant c'est elle qui, à l'une de ses correspondantes, explique en ces temps d'antisémitisme : « Pourquoi insistes-tu toujours sur les souffrances particulières des Juifs ? Les pauvres victimes des plantations d'hévéas de Putumayo, les Noirs d'Afrique dont les Européens se renvoient les corps comme on joue à la balle sont tout aussi proches de moi. »

Ou bien Rosa est-elle devenue Rosa-la-Rouge parce que l'amour lui échappe, qu'elle rêve d'un foyer, d'un enfant et que cela se dérobe comme si, malgré ses efforts, elle ne parvenait pas à établir une relation égalitaire — celle qu'elle recherche — avec un homme, ses compagnons soit désirant la dominer, soit craignant sa force et s'éloignant, soit se conduisant avec elle — et ils sont souvent plus jeunes que Rosa — comme des enfants qu'elle conduit et protège. Et pourquoi Rosa Luxemburg a-t-elle fait le choix de ces hommes-là ?

Mais Rosa, vivant cela, cette déception, cette frustration d'une vie simple, familiale, paisible — « je suis faite pour garder les oies ! » a-t-elle écrit —, n'est-elle pas de plain-pied avec notre temps, quand, quoi qu'on en dise, les femmes exigeantes, soucieuses d'agir dans la vie publique, connues, ont du mal à établir une relation stable, confiante, avec leur compagnon ?

Et c'est comme si Rosa avait, dans ce champ-là aussi, exploré nos problèmes, anticipé, comme elle l'avait fait à propos de Lénine et du régime qu'il mettait en place au nom du socialisme.

Anticipatrice, Rosa ? Prophétique ?

Parce qu'elle était intelligente, qu'elle voyait de haut ?

Lénine écrivait à son propos pour contester ses points de vue et reconnaître ses talents : « Il arrive aux aigles de descendre plus bas que les poules, mais jamais les poules ne pourront s'élever aussi haut que les aigles. »

Aigle, Rosa ?

Mais, chez elle, l'intelligence, la volonté d'agir, de peser sur son temps, n'avaient pas comme chez tant d'autres tué la sensibilité, l'émotion, le désir, le sens de la nature et de la beauté et, pour tout dire, l'humanité.

Et si, peut-être parce qu'elle était une femme juive, exilée, boiteuse, à tant de titres ainsi soumise au mépris, renvoyée à la marge, elle avait, plus et mieux que beaucoup, ressenti la condition humaine dans ses contradictions et su reconnaître ses faiblesses et le malheur splendide d'être homme ?

Celle qui peut écrire : « Mon chéri, mon unique, mon amour, n'enrage pas, ne t'énerve pas, ne perds pas la foi en toi et en moi. Quand nous nous réunirons, tu verras comment vont marcher le travail et la vie », et ajouter plus tard : « La force de caractère d'une femme se révèle non quand l'amour commence, mais quand il prend fin. »

Celle qui pleure quand un soldat frappe un buffle, celle qu'une fleur ou un papillon exalte.

Mais celle aussi qui stigmatise « l'ordre [qui] règne à Berlin », qui écrit un essai d'économie qui prolonge et conteste l'œuvre de Marx, celle-là, Rosa Luxemburg toujours, par sa complexité, sa volonté d'embrasser tous les aspects de la vie, d'exprimer toutes les potentialités de sa personnalité, est l'un de ces héros prométhéens qui dérobent tous les feux parce qu'ils ont une ambition pour l'homme.

S'il faut — et il faudra toujours — retourner à Rosa Luxemburg, c'est précisément à cause de cela.

Leningrad peut bien aujourd'hui redevenir Saint-Pétersbourg et la République démocratique allemande, où l'on célébrait l'anniversaire de la mort de Rosa comme une fête nationale, disparaître, cela n'efface en rien la force du témoignage de Rosa Luxemburg, l'exemplarité de sa vie, l'actualité des problèmes qu'elle a posés.

« Peut-on expliquer la musique de Mozart ? Le miracle de la vie ? » se demandait-elle. Et elle ajoutait : « La plus belle des littératures d'idées ne peut remplacer l'étincelle divine. »

C'est dire que cette femme « prométhéenne » avait aussi conscience des « mystères », des limites, toujours reculées mais toujours présentes, que rencontre l'homme.

Et elle dont l'énergie semblait inépuisable, la curiosité sans fin, l'enthousiasme toujours prêt à s'enflammer, mais qui savait aussi flâner, aimer, caresser sa chatte Mimi, confier : « Pour moi, la seule façon de me reposer, c'est de baguenauder ou de m'allonger dans l'herbe au soleil, observant les insectes les plus minuscules ou contemplant les nuages », elle peut dire aussi : « La vie n'est pas là où je me trouve », comme si toujours lui échappait l'essentiel. Et qu'elle mesurait qu'il s'agissait là de sa grandeur et de sa malédiction.

Mais c'est cette frustration et cette générosité à vouloir, à désirer, à s'engager tout en se posant ces questions, en demeurant inquiète qui, malgré la faillite sanglante de ceux qui la revendiquaient tout en la mutilant, la font notre contemporaine.

Car elle incarne moins les solutions et les réponses ou des certitudes qu'un projet humain, qu'un désir immense de vie, que l'obstination d'une pensée et d'un destin qui, résolument, avec l'angoisse au cœur, explore toutes les allées de la vie, va et vient, cherche une issue, refuse la lâcheté, la soumission, la bassesse, l'inégalité, l'injustice, oiseau qui ne se laisse pas couper les ailes par une philosophie, un parti, des structures, des complicités, oiseau que les prisons d'État ou la cellule des convictions sectaires n'enferment pas, oiseau privilégiant toujours la pensée libre, l'ouverture à la fermeture, l'espace au champ clos, la générosité, la fierté, la beauté — les qualités qu'elle recherchait chez une femme, disait-elle — à la mesquinerie, à l'humilité hypocrite, à l'aigreur laide et morose.

Rosa Luxemburg, comme un oiseau qui vient jusqu'à nous, après avoir parcouru l'arc de sa vie, de 1871 à 1919, en ce tournant d'une époque qui commence avec la Commune de Paris et se clôt par la Commune de Berlin, toutes deux écrasées, dates symboliques d'un destin, bornes d'un presque demi-siècle, où tant d'espoirs se sont accumulés pour s'achever dans le grand massacre de la Première Guerre mondiale d'où devaient surgir, comme Rosa l'avait prévu, les barbaries du XXe siècle.

Ce cycle ouvert avec Rosa vient de se clore.

Un autre commence où il faut tout repenser, organiser, pour éviter que ne s'avancent les nuées du chaos.

Et c'était ainsi du temps de Rosa.

Il faut suivre son vol pour comprendre.

Elle est aigle aussi bien que mésange et son message, c'est la manière dont elle vit.

Depuis qu'elle est née, ce 5 mars 1871, à Zamość, dans une ville située au sud-est de Varsovie, en Pologne russe, elle est un témoin exemplaire.

De ce que peut être un blessé dans son corps, humilié par sa condition.

De ce que peut faire, dans l'ordre de l'action et de la pensée, une femme.

De ce qu'elle peut souffrir et surmonter.

De sa passion et de son désespoir.

Elle est proche de nous parce qu'elle a pris le risque de vivre vraiment, sans simulacre.

Et dans notre fin de siècle obscure comme fut aussi le sien, en 1871, en 1914, en 1919, qui osera dire que cette morale exigeante, intrépide, n'est pas nécessaire ?

Il faut donc revenir à ce 5 mars 1871 en Pologne, à Zamość, quand l'oiseau, aigle, mésange, prend son envol.

PREMIÈRE PARTIE

Une jeunesse polonaise : naître, découvrir, s'engager (1871-1889)

« En ce temps, je croyais fermement que la "vie", la "vraie" vie, était quelque part bien loin, là-bas, par-delà les toits. Depuis lors, je voyage à sa poursuite. Mais elle se cache toujours derrière quelque toit. En fin de compte, tout se jouait abominablement de moi, et la vraie vie n'était-elle point justement restée là-bas, dans cette cour où, pour la première fois, nous avons lu avec Antoine *Les origines de la civilisation* ? »

R.L., 1904.

1
L'enfant malade d'une famille juive
(1873-1880)

Rosa ne parlera jamais de Zamość, cette petite ville où elle est née le 5 mars 1871.

De quoi pouvait-elle se souvenir puisque, en 1873, alors qu'elle avait à peine un peu plus de deux ans, elle quitta la belle maison natale, aux quatre grandes fenêtres ouvrant sur la place principale, pour Varsovie ?

Et cependant, qui peut dire que ce départ ne fut pas sa première rupture et qu'elle ne ressentit pas, sans en prendre conscience, que le changement lui faisait perdre l'espace — cette grande demeure Renaissance d'un étage qui s'élevait au-dessus des arcades de la place —, qu'elle quittait aussi l'harmonie d'un décor urbain, car la maison faisait face à l'hôtel de ville de Zamość, construit alors que la ville seigneuriale était un orgueilleux centre commercial, une petite capitale culturelle, possédant depuis 1595 une Académie — l'Académie Zamoyski, du nom d'un grand chancelier de la Couronne de Pologne. Et le regard, au bout des pavés de la place, s'accrochait à l'escalier à double révolution de l'hôtel de ville et l'on apercevait, au-delà, l'église franciscaine et le château.

Et puis il y avait, entourant Zamość, l'étendue sans limites de la grande plaine polonaise, l'océan des labours profonds et des forêts.

Souvent Rosa évoquera avec nostalgie ces paysages-là, vastes, ouverts et inquiétants, nobles et mystérieux comme la mer.

Que voit-on de cela dans la toute première enfance ? Rien ?

Cependant, quand elle se souvient de l'appartement de trois

pièces de la rue Zlota, au numéro 16, à Varsovie, où les Luxemburg emménagent en 1873, elle parle de la « vie morne, bruyante, tapante, martelante, dans la grande caserne à loyers », comme si elle avait le souvenir et le regret des vastes pièces de la maison de Zamość, de la campagne autour de la ville, du calme d'une cité de moins de sept mille habitants, de l'atmosphère paisible des rues, de cette place principale ouverte comme une baie devant les fenêtres de la maison.

Elle ne s'animait vraiment que les jours de foire, quand les propriétaires terriens, les fermiers s'installaient sur les pavés, sous les arcades, présentant leurs productions agricoles, leurs animaux.

Dans la foule bigarrée passaient, puisque cette partie de la Pologne et même Varsovie appartenaient, par le dernier dépeçage du royaume polonais, au tsar de Russie Alexandre II, des soldats russes.

Zamość était ville de garnison, ville frontière — autrichienne jusqu'en 1815. Là se mêlaient les influences allemandes, polonaises bien sûr, russes puisqu'ils étaient présents et que, depuis l'écrasement de la dernière insurrection patriotique en 1863, ils pesaient encore plus lourdement sur le pays — la langue polonaise interdite d'enseignement.

Mais à côté d'eux, enracinée, existait, vivante, cultivée, ayant droit de cité depuis 1558 grâce au chancelier Zamoyski, la communauté juive. Et à Zamość, près du tiers des sept mille habitants étaient juifs.

Parmi eux, un fils de marchand de bois, lui-même marchand de bois, arpentant la place de Zamość les jours de foire, se rendant sur les coupes dans les forêts, traitant ses marchés à Varsovie et jusqu'en Allemagne, cet homme au front dégarni, le visage barré, encadré et prolongé d'une barbe grisonnante à la Joseph II, l'empereur d'Autriche, Elias Luxemburg.

C'était le père. Et donc le souverain du foyer.

« Autrefois à la maison, racontera Rosa, je me glissais de grand matin à la fenêtre — oh, il était sévèrement défendu de se lever avant le père —, je l'ouvrais doucement et regardais dehors. »

Les Luxemburg vivaient à Varsovie déjà et Rosa bravait l'interdit, l'autorité paternelle, peut-être parce que Lina, la mère, à sa manière, douce, exerçait en fait la souveraineté morale et intellectuelle sur la famille. Le père était un homme énergique dont on respectait les pouvoirs nominaux, dont on acceptait qu'il mène les affaires, bien, mal — et il fallait parfois mettre le linge au mont-de-piété et l'argent manquait, puis revenait l'aisance — mais il abandonnait à Lina, son épouse, le gouvernement des âmes.

Entre le père et la mère, autour de Rosa, dans la maison de Zamość, ce fut ainsi dès l'origine — et cela se prolongea, s'accusa encore à Varsovie — une alliance et un partage.

L'alliance : car le père et la mère, juifs tous deux, étaient l'un et l'autre pris par l'évolution qui poussait les membres les plus ouverts, les plus dynamiques de leur communauté à s'assimiler.

On parlait et on lisait le polonais et l'allemand chez les Luxemburg. On avait peu de relations avec la vie juive de Zamość, pourtant diverse, avec ses *hassidim* — religieux rigoureux et presque fanatiques — et ses *haskalah*, leurs adversaires, adeptes des valeurs libérales des Lumières.

Parmi ces derniers, la gloire de Zamość, le grand écrivain Leyb Peretz.

Les Luxemburg — un ancêtre était-il venu de Bruxelles au XVIIIe siècle, à la demande du comte Zamoyski qui appréciait en lui l'architecte de jardins qu'il était ? — échappaient à cette attraction de la communauté, même de sa partie la plus progressiste.

Aucun des quatre enfants qu'ils avaient, outre Rosa, la dernière-née — la plus gâtée par sa mère qui reportait sur elle toute sa sensibilité, sa culture, parce que Rosa était attentive, curieuse, précoce —, ne fut mêlé à la vie de la communauté juive à Zamość et plus tard à Varsovie.

Anna, la sœur aînée, Maximilien, Joseph — aucun ne porte un prénom juif — et bien sûr Rosa furent élevés comme des Polonais afin qu'ils s'intègrent à une société qui, emportée par le développement économique russe, paraissait pouvoir les accueillir.

L'insurrection patriotique de 1863, écrasée durement par les Russes, avait d'une certaine manière, en montrant que les Juifs subissaient la loi de fer de la répression, semblé quelque peu gommer l'antisémitisme polonais.

Face au maître russe, l'oppresseur qui transformait en 1869 l'université polonaise de Varsovie en université russe, qui russifiait, faisant même disparaître le nom de Pologne, appliquant la loi martiale, une famille juive pouvait se sentir et se vouloir polonaise, confrontée comme les catholiques polonais à la même hostilité de l'occupant russe.

Ainsi Elias Luxemburg était-il comme un bon patriote polonais soucieux des affaires de son pays, désireux de donner à ses enfants la possibilité de suivre un enseignement de qualité, en rupture avec la communauté juive, indifférent à elle, à ses querelles et à ses nostalgies.

C'est aussi pour cela qu'il quitta Zamość, et non seulement pour faire face à des difficultés financières.

Varsovie, la capitale, offrait à des Juifs en cours d'assimilation l'anonymat de la grande ville, l'ouverture sur une société plus cosmopolite.

Varsovie comptait alors près de 310 000 habitants dont environ un tiers de Juifs. Mais depuis 1862, le tsar Alexandre II avait mis fin à l'obligation faite aux Juifs à compter de 1809 de résider dans un quartier réservé.

La rue Zlota où s'installèrent les Luxemburg en 1873 était ainsi un de ces nouveaux quartiers où les Juifs se mêlaient aux Polonais.

Si l'on suivait la rue, on rencontrait la grande avenue Marsalkowska qui connaissait l'animation d'une grande rue d'une capitale de l'Europe occidentale : boutiques de mode, « articles » de Paris, librairies... C'était le centre de Varsovie, le quartier élégant, un lieu de promenade.

Rosa connut ce cadre urbain, cette atmosphère animée de la ville, quand une capitale se vit comme un univers qui se suffit à lui-même.

Sa mère ou sa sœur la conduisait au jardin Saski, belles pelouses, rangées de fleurs, nature policée qui n'effaçait pas dans sa mémoire le souvenir des espaces qui entouraient Zamość, de la liberté moins guindée de la petite ville, de la grande maison sur la place, alors qu'elle devait maintenant se contenter des trois pièces du 16 de la rue Zlota où les sept membres de la famille s'entassaient.

D'ailleurs si Rosa traversait l'avenue Marsalkowska, continuant la rue Zlota vers l'ouest, elle découvrait des habitations misérables, des échoppes d'artisans, des cours où se côtoyaient ateliers et logements sans lumière.

Dans l'immeuble même qu'habitait Rosa, dans une partie de la rue Zlota de bonne bourgeoisie, se trouvaient, loin des façades, des arrière-cours populeuses et industrieuses, toute une variété de la pauvreté et du travail qu'elle n'avait pas connue à Zamość.

La grande ville est contraste, diversité. Ce fut aussi cela pour Rosa, le déménagement à Varsovie : un cocon qui se déchire.

Elle observait, attentive, levée la première, guettant dans la cour, alors que « tout dormait encore, un chat [qui] traversait à pas de velours, deux moineaux [qui] se chamaillaient d'un piaillement effronté et le grand Antoine, dans sa courte peau de mouton qu'il portait été comme hiver, [qui] se tenait auprès de la pompe, les deux mains et le menton appuyés sur le manche de son balai, une profonde méditation sur sa figure endormie et non débarbouillée... Sa manière de balayer la cour était un poème...

Le calme auguste de l'heure matinale s'étendait sur la trivialité du pavé ; là-haut dans les vitres étincelaient les premiers ors du jeune soleil et, plus haut encore, de petits nuages vaporeux teintés de rose nageaient avant de se dissoudre dans le ciel gris de la grande ville ».

C'est la mère qui ouvre cet horizon limité et triste. Dans l'alliance qu'ils ont nouée, choisissant l'assimilation, chacun des parents garde cependant son visage.

Lui les affaires, l'action.

Elle, Lina Luxemburg, la noblesse du rêve et de la culture. Son visage, d'ailleurs fin, régulier, est marqué par le regard et un demi-sourire — et c'est cette expression-là qu'on retrouvera chez Rosa — fait de finesse et suggérant une profondeur de pensée et une sensibilité romantiques.

Elle lit Schiller, Mickiewicz, le poète allemand et le poète polonais. C'est, d'une manière plus profonde que celle du père, le travail d'assimilation qu'elle poursuit. On ne parle pas le yiddish, on ne se soucie pas des évolutions de la communauté juive.

Mais à Zamość les *hassidim* étaient puissants, les rabbins influents et, dans une petite ville, l'hostilité à l'égard des Juifs qui cèdent à la tentation de l'intégration ou même qui acceptent la pensée rationaliste des *haskalah* était pesante. Et c'est aussi pour cela qu'il fallait quitter Zamość.

D'autant plus que Lina Luxemburg est la fille du rabbin Löwenstein, lui-même issu d'une lignée de dix-sept générations de rabbins. On assure même que l'oncle de Rosa, Bernhard, était ou avait été rabbin.

En épousant Elias Luxemburg, dont le père déjà s'était éloigné de la communauté juive, Lina Löwenstein rompait avec son climat d'origine et c'était, sans qu'elle le veuille, faire porter à ses enfants, et d'abord à Rosa, sa dernière-née, celle dont elle était le plus proche, celle qui était la plus attentive, petite fille rêveuse au regard profond, le poids de cette rupture, de ce qui était aussi un déracinement.

Mais à rompre ainsi, avec Zamość, avec les traditions juives, à s'installer à Varsovie, rue Zlota, quel terreau de remplacement trouve-t-on ?

La culture : polonaise, allemande, russe. Et Lina Luxemburg, puis Rosa y seront engagées de plain-pied, Rosa pouvant bientôt parler et écrire en quatre langues, puisqu'aux trois liées à l'histoire et à la géographie de la Pologne, elle ajoutera le français.

Mais quel autre enracinement ?

Pour les Polonais, un Juif reste un Juif. Et s'il a abandonné le caftan et la coiffure à cadenettes des orthodoxes, il n'en est que plus suspect. Quant aux Russes, leur antisémitisme est latent, leur mépris souverain. Au bas de l'échelle, au-dessous des Polonais, il y a les Juifs.

Que choisir alors, sinon de rester entre soi, en famille ? Et ainsi les Luxemburg vivent-ils à la fois ouverts sur le monde par la culture, la volonté de rupture qui les pousse à se dégager de leurs origines, et, en même temps, fermés sur eux-mêmes, sans véritables liens sociaux.

Cela, Rosa le sent très vite, dès la petite enfance, et comment n'en porterait-elle pas la trace ?

Toute sa vie, alors qu'elle est engagée, en Suisse, en Allemagne, dans l'action politique, elle ne coupera jamais les liens avec sa famille, se sentant coupable dès lors qu'elle ne répond pas à leurs lettres, ne cherchant pas à leur faire partager ses convictions, comme si la famille était un monde à part, préservé des tempêtes, des violences des passions, le lieu sacré des commencements.

Et parlant de ces années de Varsovie, elle dira plus tard, en 1904 : « En ce temps-là, je croyais fermement que la "vie", la "vraie" vie était quelque part bien loin, là-bas, par-delà les toits. Depuis lors, je voyage à sa poursuite. Mais elle se cache toujours derrière quelque toit. En fin de compte, tout se jouait abominablement de moi, et la vraie vie n'est-elle point justement restée là-bas dans cette cour... »

L'enfance, la famille sont donc un temps et des « lieux » de mémoire dont elle ne s'arrache pas, même si ce qu'elle garde de ces années, ce n'est pas le poids de l'influence sur elle de tel ou tel discours familial.

Ni son père ni sa mère ne songeait en effet à changer l'ordre établi et elle fut la seule « politique » de sa famille, à la différence d'un Lénine dont le frère avait été pendu pour avoir conspiré contre la vie du tsar.

Ce qui lui reste, c'est l'atmosphère d'une « maison », les liens si forts entre des êtres qui avaient su rompre avec les attractions de leur ascendance et créer cet univers unique, la famille Luxemburg, le noyau d'origine de Rosa, dans la belle maison de Zamość, puis dans l'appartement de la rue Zlota.

Elle y est d'autant plus attachée qu'une nouvelle rupture, imprévisible celle-là, vient l'y enfouir, presque l'y confiner.

En quelques jours, en effet, tout change pour Rosa.

Elle courait joyeuse dans le jardin Saski, à quelques centaines de mètres de la rue Zlota, et, insidieuse d'abord, puis tenace et brutale, une douleur à la hanche l'immobilise.

Le médecin diagnostique une tuberculose osseuse, alors qu'il ne s'agissait sans doute que d'une luxation.

On la couche, on la plâtre et, pendant près d'une année, elle gardera la chambre, avec pour seul paysage, elle qui venait des grands ciels changeants de la plaine de Zamość, le carré gris d'une fenêtre donnant sur une cour.

La sœur, les frères, le père et surtout la mère l'entourent, la cajolent, lui font la lecture. Elle vit ainsi repliée, apprenant à rêver, à imaginer, à penser.

Avec l'aide de sa mère, elle s'initie à la lecture, à l'écriture. Un an, si long un an, pour une enfant, à ce tournant de la cinquième à la sixième année, quand on découvre les mots, les jeux avec les phrases.

Elle les compose. Le vocabulaire, les lettres sont sa distraction royale.

Le temps passe, il faut bien, la famille autour d'elle tisse la douce enveloppe de l'affection. Mais quand elle se lève, Rosa, on s'aperçoit qu'elle boite, qu'elle se déhanche pour marcher, qu'une jambe irrémédiablement est plus courte que l'autre. Et le traitement (bains ou élongations) n'y fait rien. Elle est infirme. Sa sœur aînée, Anna, boite-t-elle comme elle ? Le point est controversé.

Mais pour Rosa, c'est, quoi qu'il en soit, une autre rupture avec le passé. La preuve, inscrite dans son corps, de sa différence, comme une « distinction » qui la sépare au terme d'une année de « retraite » forcée où sa personnalité, son intelligence, son rapport au monde — et d'abord aux membres de sa famille — se sont structurés.

Elle est l'« invalide », la « boiteuse » que l'on traite avec attention, un mélange de pitié et de commisération, un surcroît d'amour qu'elle ne peut accepter pourtant car il est la mesure même de son infirmité.

Que faire ?

Elle était cette petite fille au passé déjà long, à l'intelligence mûrie et affûtée par la solitude et la maladie, à la sensibilité accusée par ce handicap physique, cette enfant aux traits réguliers, vêtue avec la recherche un peu guindée d'une petite fille de la bourgeoisie, dont pourtant les autres enfants se moquaient.

Elle avait perdu en une année, comme par une malédiction incompréhensible, la légèreté, l'innocence et la spontanéité des enfants, l'évidence de la joie de vivre.

Elle était du fait de cette immobilité prolongée, de cette infirmité, comme tenue à distance, en « rupture » avec l'univers des autres enfants et souvent rejetée par leurs regards, leurs sarcasmes, éloignée d'eux par l'incapacité où elle était de courir, de sauter comme eux.

Rosa, ainsi devenue *singulière*, contrainte à la construction résolue, volontaire de sa personne, intellectuelle en somme, dès ce premier tournant de sa vie.

Elle lit, elle dévore cette vie abstraite que contiennent les livres et qui est pour elle la « vraie » vie.

Et n'est-ce pas à cause de cette maladie, de cette séparation d'avec le réel des autres — le réel qu'est la bonne santé, l'intégrité physique — qu'elle notera plus tard : « La vie joue avec moi un cache-cache perpétuel. Il me semble toujours qu'elle n'est pas en moi ni là où je suis, mais quelque part au loin. »

Que faire donc ?

Chercher la vie ailleurs. Dans la lecture, dans la réflexion, mais aussi dans l'écriture.

Dès l'âge de neuf ans, elle prend la plume, avec une sorte d'allégresse, comme si la spontanéité qu'elle a perdue dans l'usage de son corps, elle la retrouvait, décuplée, dans le mouvement des images et des phrases. La plume court, saute, danse, allègre. Elle traduit de l'allemand en polonais des textes en prose et des poèmes. Elle compose ses premières strophes, elle rédige ses premiers récits qu'un magazine d'enfants de Varsovie publie.

Elle se rassure ainsi. L'intelligence et la créativité, l'agilité verbale sont autant de preuves qu'elle peut maîtriser la vie, sa vie et donc son corps. Et elle qui, les premiers temps qui avaient suivi sa maladie, la découverte de son infirmité, refusait de sortir, craignait le regard apitoyé ou ironique des autres, affronte la rue. Elle se raidit, se redresse, elle efface par un effort de tout son corps, de sa volonté tendue, son boitillement.

Elle aurait pu, face à ce mauvais coup, se retirer, accepter cette injuste défaite, humble, trouvant dans la rêverie ou l'humilité un refuge et dans la modestie une manière de s'excuser et de susciter la bienveillance.

Elle a choisi le parti inverse : elle a fait face.

Écartée des autres, mais retournant parmi eux, armée de cet « échec » dont elle n'est pas la cause mais la victime, fière, reconquérant sa place, prenant appui sur la maladie pour devenir plus, pénétrer plus vite et mieux dans les domaines de l'esprit.

Elle s'est ainsi pour la première fois affirmée comme une *rebelle*. C'est une victoire et une orientation. Celles qui détermineront toutes les autres, sans doute les plis premiers et décisifs, ineffaçables, que les circonstances ont imposés à sa vie.

Elle n'a pas dix ans.

2

Humiliée, offensée, révoltée, révolutionnaire
(1881-1889)

Elle pose, Rosa, chez le photographe, étrange petite fille d'une douzaine d'années.

Elle se tient bien droite, les mains, appuyées au dossier d'un fauteuil, serrent une rose. Elle est habillée strictement, un manteau, presque d'uniforme, boutonné, laissant dépasser un chemisier blanc au col et aux poignets. Le ruban de soie sévèrement noué n'apporte même pas une note de fantaisie dans cette tenue austère. Seule liberté, des cheveux très longs tombant sur l'épaule gauche, jusqu'à la poitrine. Mais ils sont coupés en frange, couvrant le front.

Quant au visage de Rosa, il exprime la surprise, l'étonnement attristé. Une question semble prête à naître sur les grosses lèvres : « Pourquoi ? Mais quel est ce monde ? »

Visage émouvant, à peine sorti de l'enfance et déjà empreint d'une gravité, d'une tristesse qui émeuvent. Les sourcils sont fermement dessinés ; les oreilles sont grandes, décollées, le nez fort.

Cette petite fille très brune n'est pas belle, mais elle touche. Son regard parle : « Qu'ai-je fait ? Quelle est ma faute ? » répète-t-il.

Elle vient de découvrir la société organisée qu'est le deuxième lycée secondaire de jeunes filles de Varsovie. C'est comme un résumé du monde.

Rosa ignorait tout de la vie sociale réelle : tout au plus les rencontres dans le jardin Saski. Mais, en fait, elle était restée jusqu'alors en dehors, observatrice. Lectrice. Blessée par la maladie et préservée. Elle avait étudié chez elle.

Maintenant il faut sortir. Elle marche longtemps chaque jour pour se rendre rue Wilcza, au lycée. Elle ne doit pas boiter, se répète-t-elle. Il ne faut pas qu'on le voie, qu'on le sache. Elle avance raide, elle monte en se déhanchant — et chaque mouvement est une douleur et une blessure pour son orgueil — les escaliers du lycée. Enfin, elle est en classe. Et là, la porte fermée, elle peut oublier son corps.

Mais après l'humiliation, l'offense.

Ce lycée, elle n'y a été admise, après concours, que parce qu'elle est une élève exceptionnelle. Il est d'abord réservé aux jeunes filles russes dont les pères sont les occupants — soldats, fonctionnaires. Elles ont une priorité absolue. Puis viennent, dans la mesure des places disponibles, les Polonaises, filles de la petite noblesse qui affirment leurs origines avec hauteur pour s'opposer aux Russes, les mépriser, elles, issues de bonnes souches, blondes, catholiques. Et enfin, quelques places sont accordées aux Juives méritantes, reléguées dans la hiérarchie, tout en bas.

Ni filles des maîtres ni enfants des possesseurs légitimes de la terre, elles sont tolérées parce que douées, soumises, acceptant toutes les règles, surveillées par toutes les autres, catholiques, orthodoxes, polonaises, russes. Et il faut parler russe dans les cours. Les leçons se donnent dans la langue de l'occupant.

Quelle autre issue pour Rosa, humiliée, offensée, que l'excellence, pour, une fois l'étonnement douloureux passé, une fois compris qu'elle porte en elle, parce qu'elle est, elle, seulement elle, une double faute, son origine, son infirmité — et l'une recouvre l'autre — effacer, nier cette injustice qu'on lui a faite, imposer sa vérité ?

Je ne suis pas moins, comme on le voit, comme on le dit dans ce monde, *je suis plus.* Je le montre en étant la plus brillante des élèves, — mention très bien dans la plupart des matières.

Et ainsi je démontre que l'ordre de votre monde qui me relègue aux derniers rangs est inacceptable, qu'il doit être changé de fond en comble pour que la justice y règne et qu'elle me reconnaisse, moi, brune, boiteuse, juive, plus intelligente, plus courageuse que chacune de vous, à ma place, à ma juste place. La première.

Elle marche dans la rue Wilcza. Chacun de ses pas est une bataille gagnée. Chaque note brillante obtenue est confirmation de l'injustice de cette société dont le lycée est un condensé. Et la preuve de la possibilité aussi d'y imposer la justice, puisque les maîtres — qui parlent russe — sont bien contraints à chaque instant d'admettre que Rosa est la meilleure des élèves.

Le monde ainsi doit être changé et il est possible de le changer.

Cette conclusion, au début, n'est pour Rosa qu'une affaire intime, entre elle et cette organisation de la société, telle qu'elle la voit au lycée, qui l'humilie et l'offense. Et étudier brillamment, montrer et faire reconnaître avec éclat son intelligence est sa première révolte. Elle change, en s'imposant à la tête du classement scolaire, l'ordre du monde.

Mais l'histoire bat les murs du lycée de jeunes filles de Varsovie. Il n'est, cet établissement, que le reflet d'une société polonaise. Et Rosa Luxemburg ne peut en rester à sa forme spontanée de révolte : devenir la meilleure élève.

Elle sait que l'empire du tsar maintient d'une poigne de fer cet ordre.

Des élèves ont été renvoyés du lycée pour avoir offert des fleurs à une actrice polonaise célèbre. Et l'un d'eux, mis au défi par le directeur du lycée, se suicide.

Il s'appelait Ignacy Neufeld. Il était juif. C'était avant que Rosa Luxemburg ne fût élève du lycée. Mais le souvenir de l'événement demeure et chaque jour de nouveaux faits enrichissent la révolte de Rosa, l'enseignent, lui montrent que la classe n'est pas le champ clos du tournoi qu'elle livre, mais simplement le lieu presque dérisoire d'une escarmouche. La vraie bataille pour changer le monde se livre ailleurs, hors de l'enceinte du lycée.

Or ces années 1880, celles de l'entrée de Rosa au lycée, sont précisément celles où, contre l'Empire russe et son autocratie, les assauts se multiplient.

Les femmes sont au premier plan de ce combat.

Rosa, qui lit avec exaltation les vers de Mickiewicz, sait qu'en 1830 une héroïne, Emilia Plater, conduisait la révolution ; qu'en 1863, les femmes encore jouèrent un rôle majeur dans le soulèvement patriotique polonais.

Mais cela n'est toujours que du domaine de la mémoire.

Or le dimanche 1er mars 1881, le tsar Alexandre II est abattu par les terroristes du groupe *La Volonté du Peuple*. L'assassin, Ignacy Hryniewiedcki, mort avec sa victime, est d'ailleurs un Polonais qui s'est mis au service de ses camarades russes.

Le choc dans tout l'Empire est immense. Stupeur, angoisse, attente : la famille Luxemburg n'échappe pas à cette pression qui écrase Varsovie.

Les Polonais dissimulent leur joie, mais on sait que certains — comme les étudiants le font à Moscou — « fêtent la disparition du tsar ».

L'occupant est frappé par un Polonais, comment ne pourrait-on pas se sentir vengé — et effrayé en même temps — quand on est polonais, juif, même si la peur des représailles serre la gorge ?

Rosa l'écrira plus tard : « Après l'assassinat d'Alexandre II, une période de désespoir accablant s'étendit sur toute la Russie... Les prisons du gouvernement d'Alexandre II étaient devenues silencieuses comme des tombes. »

Mais, précisément, cette réussite de la « chasse à l'empereur », et la répression qui s'abat, comment n'exalteraient-elles pas ceux qui déjà — et Rosa est de ceux-là — pensent — et c'est le fruit d'une expérience vécue — qu'il faut changer le monde ?

D'autant plus que les « terroristes » donnent la mesure de leur courage face à leurs juges.

Les femmes, ainsi Sofia Perovskaïa — l'une des deux têtes du complot — ne cillent pas lors de leur condamnation à mort. Sofia sera pendue avec ses camarades.

Une autre, Gesja Gelfman, ne fut pas exécutée parce qu'elle était enceinte, mais enfermée dans la forteresse Pierre-et-Paul. Les conditions de sa détention indignent toute l'Europe. Et à Varsovie, on serre les poings. Le bébé dont elle accouche va mourir dans une maison d'enfants trouvés le 25 janvier 1882 et la mère succombe cinq jours plus tard.

La mort du tsar et ses conséquences durant les années suivantes secouent toute l'Europe, frappent Rosa de plein fouet et font tomber les murs du lycée où elle enfermait sa révolte.

L'histoire a pris, hasard des circonstances, du lieu et du moment où l'on se situe dans la succession des générations, Rosa Luxemburg dans son tourbillon.

Et elle se sent directement impliquée, actrice obligée, parce que les événements — son origine, son lieu de naissance, sa maladie aussi — l'ont choisie. Ils lui font découvrir la violence et, sous l'apparente organisation de la société, son désordre injuste et barbare.

Le jour de Noël 1881, un pogrom se déchaîne à Varsovie durant plusieurs jours et la foule, hurlante et menaçante, se répand dans la rue Zlota, dévaste les boutiques, crie sa haine, sans qu'on connaisse la raison de ce brusque déchaînement.

Provocation russe, l'occupant étant toujours habile à diviser ceux qu'il opprime ?

Frustration des Polonais qui constatent la prospérité des Juifs, l'augmentation de leur nombre (de 1874 à 1897, la population juive a été multipliée par deux et demi et atteint 220 000 personnes) ? Et le gouvernement tsariste ayant levé la plupart des interdictions qui les frappaient, les Juifs ont acheté des terres, des entreprises.

Les Polonais, opprimés par les Russes, se sentent dépouillés et le nationalisme s'exprime par le vieil antisémitisme. On imagine la terreur qui frappe les Luxemburg. Il faut rester chez soi, enfermé, pendant que déferle la vague barbare. Nouvelle interrogation de Rosa, nouvelle impossibilité pour elle de s'en tenir à la révolte privée, à la revanche individuelle.

L'histoire l'oblige à sortir de soi.

Et de Mickiewicz, son poète, elle apprend qu'il existe un mot nouveau, « socialisme », dont on ne connaît pas le créateur, mais ce mot enflamme comme une traînée de poudre.

N'a-t-il pas soulevé les ouvriers parisiens en 1848 ? N'est-ce pas lui qui, en mars 1871, a fait surgir la Commune de Paris ? Et Rosa est née ce mois-là. Et ce qui n'est qu'une coïncidence la marque. Plus tard, un vieux communard, Camelinat, qu'elle rencontrera à Paris, la nommera « la petite fille de la Commune ». Elle ne sait pas encore cela, mais elle lit Mickiewicz qui dit que le « vieux monde », celui qu'elle subit, « n'a pas de fondement moral ».

Comment pourrait-elle ne pas partager ce sentiment et, dans cette époque où les femmes qui veulent incarner « la volonté du peuple » marchent courageusement à la potence, ne pas se sentir attirée par ce mot qui fait peur, « socialisme » ?

Elle l'entend murmurer au lycée par quelques élèves dont elle se rapproche.

Ils savent que, à Varsovie, un Polonais rentré d'exil en Suisse, Ludwik Warynski, a créé un mouvement, *Le Prolétariat*, que d'autres jeunes gens ont organisé un groupe, *Le Peuple polonais*, autour d'un écrivain, Boleslaw Limanowski, et que ces patriotes évoquent eux aussi le mot de socialisme.

En avril 1883, les militants du *Prolétariat* réussissent à susciter une série de grèves en Pologne qui culmine dans une grève générale dans les banlieues de Varsovie. Il faut envoyer la troupe pour briser ces mouvements et les arrestations se multiplient cependant que, bientôt allié au mouvement terroriste *Volonté du Peuple*, les militants du *Prolétariat* se radicalisent. Des policiers sont assassinés.

Warynski est arrêté, enfermé dans la citadelle de Varsovie. Maintenant l'histoire bat là, tout proche. Et Rosa enregistre chaque secousse. On arrête en même temps que Warynski une jeune femme de vingt-deux ans, Alexandra Jentys, professeur dans une institution huppée, belle et maîtresse du militant révolutionnaire.

Quel personnage plus propre, dans cette atmosphère troublée, à faire rêver une jeune lycéenne qui lit les romantiques, qui est déjà en guerre personnelle contre le monde ?

Rosa dès lors devient audacieuse, imprudente, avec la témérité des adolescents.

En 1884 — elle n'a que treize ans — elle apprend que l'empereur d'Allemagne Guillaume Ier se rend en visite officielle à Varsovie. C'est le grand objet des conversations, et peut-être d'abord chez elle où son père, comme bon nombre de Polonais — et d'abord parmi les Juifs — considérait l'Allemagne comme un modèle de civilisation et de progrès. Sarcastique, la petite fille de treize ans, à l'allure si policée, écrit un poème pour célébrer l'événement. « *Nous allons enfin te voir, grand homme de l'Ouest...*, commence-t-elle.

« *Tes honneurs ne représentent rien pour moi, je veux que tu le saches...*

« *On dit que tu es intime avec le "nôtre".*

« *En politique, je suis encore un agneau innocent...*

« *Il n'y a qu'une chose que je désire te dire, cher Guillaume :*

« *Dis à ton Bismarck, ta canaille rusée,*

« *Empereur de l'Ouest, dis-lui que, pour le sort de l'Europe,*

« *Il ne doit pas salir la culotte de la paix.* »

Enfantin ? Voire.

Une lycéenne de treize ans qui se définit comme « un agneau innocent » en politique ne l'est guère. Cela signifie au contraire qu'elle a identifié avec précision l'importance de la politique, le champ d'action qu'elle représente, les engagements qu'elle implique.

Cette petite fille-là se dit « agneau » parce qu'elle ne se sent pas encore assurée, mais il est évident que celle qui s'adresse en égale à l'empereur d'Allemagne et lui fait la leçon, qualifie Bismarck de « canaille rusée », a déjà franchi en esprit la frontière qui sépare les sujets des citoyens libres et révoltés.

Il suffira de deux années à Rosa pour, de cet exercice littéraire aux marges de la politique, de ce qui n'est encore, malgré sa signification, qu'un jeu sans conséquence, la preuve d'une agilité de plume et de pensée, passer à la politique active qui, sous l'occupation russe et l'autocratie d'Alexandre III, ne peut être que conspiration et réunions clandestines.

Deux années, 1885-1886, suffisent. Car l'histoire, une fois de plus, a accentué ses motivations personnelles.

En 1885, deux jeunes femmes, militantes du parti du *Prolétariat*, Maria Bohuszewicz — à peine dix-neuf ans — et Rosalia

Felsenhard, d'une famille de médecins juifs, sont arrêtées, emprisonnées dans la citadelle de Varsovie, puis déportées. Elles moururent, dit-on, avant d'atteindre la Sibérie.

L'année suivante, le 28 janvier 1886, quatre des dirigeants du *Prolétariat* sont pendus dans la même citadelle de Varsovie.

Ces exécutions capitales étaient les premières depuis 1864. On imagine leur écho.

Et le fondateur du parti, Warynski, est condamné peu après aux travaux forcés dans la forteresse de Schlusselburg à Saint-Pétersbourg où il mourra.

C'est dans la ville où vit Rosa que cela se passe. C'est derrière ces murs de la citadelle qu'elle aperçoit au bout des rues qu'on pend ces « révolutionnaires », ces « socialistes ».

Les martyrs ne sont plus des personnages mythiques surgis de la plume de Mickiewicz, ou emblématiques d'une histoire déjà lointaine, comme celle de cette autre femme, Vera Zassoulitch, qui, en 1878, blessa à coups de feu le gouverneur militaire de Saint-Pétersbourg qui avait fait fouetter un détenu politique, et fut acquittée.

Maintenant, les martyrs sont là. On parle d'eux. Certains les ont rencontrés. On peut rejoindre les petits groupes qui rassemblent quelques lycéens, quelques étudiants, et appartiennent au même parti du *Prolétariat* que les héros, que les jeunes femmes mortes sur la route de Sibérie, que les militants pendus.

Comment Rosa pourrait-elle résister à ce mouvement issu de toute sa vie, si courte — elle n'a pas quinze ans — mais si intense déjà, cette attraction qui la conduit à rejoindre l'un de ces groupes du *Prolétariat* ?

Plus tard elle confiera à une petite fille d'une dizaine d'années : « A ton âge, je ne jouais pas à la poupée, je faisais la révolution. »

Cette maturité et cette précocité qu'elle revendiquera avec fierté se lisent sur le visage de Rosa lorsque, vers sa seizième année, le photographe la saisit, si grave.

Ce n'est plus l'étonnement, les interrogations attristées, douloureuses, qui caractérisent son expression, mais bien une sorte d'acceptation.

Son visage rond, ses yeux comme voilés, ce front désormais vaste et bombé, dégagé des cheveux qu'elle porte tirés en arrière, cette bouche aux lèvres épaisses, presque boudeuse, semblent dire non plus « Pourquoi ? » comme lorsqu'elle avait une dizaine d'années, mais : « C'est ainsi. » Et, en même temps, ils expriment une résolution sans faille, une sorte de « Il le faut » inébranlable.

Certes, il y a de la mélancolie dans ce regard, comme le regret que soit ainsi l'ordre du monde, mais à quoi bon se lamenter ? Il faut l'accepter, l'affronter, faire ce qu'il faut pour le changer, peut-être la mort dans l'âme, mais que faire d'autre ?

A ce prix est le respect de soi. Et il y a, dans ce visage d'adolescente sérieuse, noblesse et détermination.

On n'y lit ni aigreur ni amertume. Il faut prendre le monde tel qu'il est. A cette condition, on peut agir.

Il faut admettre qu'on est petite, boiteuse, le nez trop fort, pour, malgré cela, se tenir droite, marcher en réussissant à masquer son infirmité. Ainsi est la vie.

Rosa s'est donc engagée dans l'action politique, faisant partie de l'une des dernières cellules du parti du *Prolétariat* (le *Second Prolétariat*, le premier ayant été décapité par la répression) dont l'influence, très limitée, s'exerçait surtout parmi les jeunes étudiants, les lycéens.

Révolutionnaire, elle est repérée, fichée par la police tsariste. Et, malgré ses bons résultats, on ne lui décerne pas la médaille d'or du lycée car on connaît ses opinions, on soupçonne une activité clandestine, illégale.

Et lorsqu'elle quitte le lycée, le 14 juin 1884, si son dossier porte la mention « très bien », elle est une de ces jeunes étudiantes que la police ne quitte pas des yeux.

Ainsi, à peine entre-t-elle dans la vie que son choix est fait, presque naturellement, par la rencontre et l'osmose entre des déterminations et des hasards personnels et une histoire collective qu'elle ne pouvait déchiffrer, étant donné ce qu'elle était, qu'en choisissant la grille de la révolte. La solidarité avec les offensés et les humiliés, au nom de la morale, de la justice, est un impératif catégorique, existentiel, au nom de ce qu'elle avait elle-même éprouvé, subi, petite fille.

Certes, une fois le lycée quitté, elle va commencer à lire les textes « sacrés » de la religion socialiste qu'elle embrasse, ceux de Marx et d'Engels.

Mais cette approche savante qu'elle découvre, qui lui paraît essentielle, vient *après* que le choix eut été fait pour d'autres raisons que « scientifiques ».

Ce n'est pas parce que le prolétariat est la classe qui va libérer tous les hommes et donner, en faisant la révolution, un sens à l'histoire, que Rosa rejoint le petit groupe illégal du parti du *Prolétariat*. Elle a adhéré à ce parti parce qu'elle a souffert personnellement de l'ordre injuste, qu'elle a cherché à le changer pour elle d'abord, qu'elle a été déracinée, que son intelligence lui interdisait de se limiter à l'univers scolaire ou familial et qu'autour d'elle d'autres jeunes femmes se sacrifiaient, incarnant une exigence morale, un dévouement, une manière de prendre en compte la société tout entière qui correspondait en Rosa au besoin d'expliquer *tout* ce qui lui était arrivé : la maladie injuste, la hiérarchie injuste, le pogrom injuste.

Rosa avait ressenti seule ces injustices-là. Elle y avait fait face seule.

Elle rejoignait maintenant un groupe, une cause qui devenaient son milieu, son avenir.

Ainsi, autour de ses seize ans, les jeux sont faits pour Rosa.

Elle était déracinée, rebelle, révoltée, la voici révolutionnaire. Et ce n'est pas pour elle une activité de plus qu'elle ajoute à d'autres préoccupations, c'est toute sa vie qui est impliquée.

Elle continue de lire les poètes, elle rêve toujours devant la beauté du ciel, mais son existence se déploie désormais pour *la Cause* : transformer la société, le monde.

Et cela change sa vie, les rapports qu'elle entretient avec sa famille. Elle habite toujours rue Zlota, mais elle qui était déjà différente, la cadette, la malade, la plus entourée, la plus brillante et cependant à l'écart, s'isole davantage.

Fidèle aux siens, elle ne fait plus partie du groupe familial. Elle regarde son père et ses frères, sa mère et sa sœur avec les yeux de quelqu'un qui a d'autres expériences, extrêmes et dangereuses : le travail politique illégal, la propagande parmi les étudiants, l'angoisse d'être arrêtée, la rencontre avec des personnalités fortes, tout entières vouées à la même tâche, prêtes au sacrifice.

Sa famille ne peut plus la comprendre et, même si Rosa le regrette et le regrettera encore davantage plus tard, elle ne réussit plus à s'intéresser à eux.

Ils répètent leur vie quotidienne, jour après jour, Elias Luxemburg tentant de mener à bien ses affaires, dans un climat rendu plus difficile par la concurrence, ne réussissant pas à faire fortune mais maintenant le niveau de revenus d'un bon bourgeois, parvenant à payer les études de ses enfants et prêt à donner à Rosa l'argent qui lui est nécessaire.

Rosa n'a aucun mépris pour cette existence-là, mais elle ne peut pas s'en contenter. Elle en a quelquefois la nostalgie — et le regret deviendra de plus en plus fort — mais elle est incapable de la suivre.

Elle s'est déjà grisée de l'alcool des grandes ambitions et tout le reste est soumis à ce qui est sa passion, l'âme de son destin, le sens de sa vie, ce qui la rassemble.

C'est ainsi. Avant même de prendre conscience qu'elle s'est engagée sur un chemin qui ne permet aucune marche arrière, elle a accompli les actes qui la condamnent à avancer.

Les relations qu'elle noue lui font découvrir des camarades souvent fascinants qui ont fait le même choix qu'elle. Et leur courage, leur héroïsme parfois, leur altruisme, leur désintéressement rendent encore plus falots, même si elle continue de les aimer, les membres de sa famille.

Elle rencontre ainsi Martin Kasprzak, un ouvrier venu de Poznan, dans la Pologne prussienne, et qui, rentré à Varsovie, est l'un des derniers survivants du parti *Prolétariat*. Elle devient son amie et elle organise avec lui les petits groupes clandestins qui tentent de survivre dans cette dure et sinistre période de réaction qu'est le règne du tsar Alexandre III.

Les périls partagés, la foi commune, l'illégalité créent des liens presque indissolubles que la mort souvent peut seule trancher. Et Rosa comme Martin Kasprzak savent qu'ils risquent en effet de périr comme d'autres avant eux ou, en tout cas, qu'à chaque instant ils sont menacés de perdre leur liberté. En 1905, Kasprzak sera condamné à mort et marchera calmement vers l'échafaud.

Cet horizon de la mort pour la Cause, il est présent chez tous les camarades de Rosa et il marque de manière indélébile cette jeune fille de dix-sept ans.

Avec cela en tête, peut-on se contenter de vivre selon le modèle de la famille Luxemburg ?

Rosa, inexorablement, est conduite à se séparer, à faire partie d'une minorité, de cette aristocratie des révolutionnaires dont les membres se reconnaissent entre eux, qui ont jeté leur vie dans la balance du destin et qui vivent comme leur *réalité* cette abstraction qu'est l'Histoire.

Or, précisément, l'Histoire se remet à bouger.

Rosa a croisé parmi les clandestins des hommes comme Julian Marchlewski ou Adolf Warszawski qui vont créer l'*Union des Ouvriers polonais*. Ils suscitent des grèves que la troupe réprime. Ce sont eux qui tenteront plus tard de préparer des manifestations pour le 1er mai.

Mais la police du tsar est efficace. Les arrestations se multiplient. Et l'on sait ce qui attend celui qui est pris : le cachot des forteresses, la déportation en Sibérie ou la pendaison. Hommes ou femmes, les juges ne font pas de distinction. C'est une lutte à mort qui est engagée depuis des décennies entre les révolutionnaires et le tsar.

Personne ne l'ignore. C'est le sens de la partie. Quand la tension est trop forte, la menace trop précise, on s'exile pour quelques années. On quitte la Pologne russe pour les terres polonaises qui sont sous la domination plus légère de l'Autriche-Hongrie (la Galicie) ou de l'Allemagne. Ou bien l'on va plus loin, vers l'Ouest, en Suisse où se retrouvent tous les révolutionnaires déracinés qui ont quitté la Russie.

Rosa doit-elle suivre ce chemin ?

Elle a obtenu son passeport le 5 mars 1888. Elle n'est encore qu'une jeune fille de dix-sept ans, mais autour d'elle les camarades disparaissent, arrêtés ou enfuis à l'étranger. Et le filet se resserre. Elle commet les erreurs des clandestins débutants. Elle couche chez ses parents tout en menant une activité illégale.

Martin Kasprzak sent bien qu'elle ne peut continuer ainsi longtemps. Les signes annonciateurs d'une arrestation se multiplient. Elles ne sont pas si nombreuses à Varsovie, et même dans toute la Pologne, celles qui se vouent à la cause de la révolution. La police n'est pas longue à les identifier, surtout quand la suspecte a des signes distinctifs que tous les mouchards — et ils sont légion — peuvent relever : elle est petite, très brune, elle boite, elle a une poitrine forte. Qui ne reconnaîtrait Rosa Luxemburg ? Elle est juive et cela l'isole encore un peu plus.

Il est sage donc de se préparer à partir.

Rosa n'a pas dû hésiter longtemps. Ce n'est pas seulement la certitude d'une arrestation prochaine qui la pousse à l'exil, mais la conviction que fuir ce n'est pas déserter, mais au contraire se préparer à une nouvelle étape du combat. Une révolutionnaire, une socialiste, doit apprendre l'économie, l'histoire, pour mieux comprendre les rouages de ce système capitaliste que Marx a décrit, mais qui continue dans sa course impétueuse d'emporter le monde vers le chaos si l'on n'y met bon ordre.

La connaissance est donc une des armes qu'il faut acquérir, et Rosa, brillante lycéenne, est avide d'apprendre. Mais, contrairement à celles de Suisse, les universités de Pologne sont fermées aux jeunes filles. Et c'est, avec la crainte de l'arrestation qui étoufferait sa jeune force avant qu'elle se soit développée, l'autre raison de la décision de départ que prend Rosa.

En fait, on la devine tout exaltée à cette idée.

Partir enfin !

Ne plus voir la vie confinée à la cour où le concierge Antoine « tous les soirs, la porte cochère fermée, s'installait dans le vestibule, sur le banc qui lui servait de lit et épelait à haute voix, à la lueur douteuse de la lanterne, la *Gazette de la Police*, si bien qu'on entendait dans toute la maison comme une sourde litanie... Je lui donnai un jour sur sa demande, continue-t-elle, *Les origines de la civilisation* de Lubbock dont j'avais précisément entrepris la lecture avec un zèle ardent, car c'était mon premier livre "sérieux"... ».

La maturité de Rosa, ses exigences, au-delà de toute autre cause, la poussent à « rompre » physiquement avec ce cadre limité, avec sa famille, avec Varsovie, qui ne sont plus pour elle, étant donné ce qu'elle est devenue, et surtout ce à quoi elle aspire — le grand horizon de la pensée, de l'action, une vie « ardente » en somme — qu'une sorte de prison, contre les murs de laquelle elle se heurte, imaginant — et plus tard elle dira qu'elle se trompait — que « la vie, la vraie vie » est ailleurs.

Il faut donc partir. La famille est déchirée. L'enfant la plus jeune s'en va.

Mais n'est-elle pas déjà ailleurs ?

Le père et la mère, les sœurs, chacun le sait, le sent, et depuis des années. De la couvée des enfants Luxemburg, elle est l'oiseau singulier. Attachante et intimidante, marquée comme si le destin l'avait choisie.

Et de plus il faut la protéger, l'arracher à ses activités qui la conduiront à l'arrestation. Rosa n'a pas beaucoup à insister pour qu'on l'aide à partir pour la Suisse où elle pourra en effet suivre les cours de l'université de Zurich, confirmer ses talents, obtenir un diplôme, médecin, pourquoi pas ?

Il reste à franchir la frontière.

Rosa dispose d'un passeport, mais il est imprudent de le présenter, car souvent c'est au moment de quitter l'Empire qu'on est pris.

Passer clandestinement n'offre en principe que peu de difficultés. Un ruisseau, un champ, des paysans qui aident à les franchir, et l'on est sorti de l'Empire russe pour entrer dans l'Empire austro-hongrois. Des centaines de clandestins passent ainsi la frontière. Au dernier moment, racontera plus tard Rosa, des obstacles se dressèrent sur son chemin. Les passeurs se dérobaient. Martin Kasprzak qui avait organisé son départ la présente alors au prêtre catholique d'un village, prétendant qu'elle était une jeune fille juive qui souhaitait être baptisée, mais qui devait fuir la Pologne puisque sa famille s'opposait à sa conversion.

Un prêtre polonais ne refuse pas une âme.

Sur sa demande, un paysan cacha Rosa dans une charrette de foin et lui fit passer la frontière.

Elle avait dix-huit ans.

Sans doute pensait-elle à cette phrase du poète Mickiewicz: « Les pèlerins polonais sont l'âme de la nation polonaise. »

Mais même si les hasards de la naissance avaient fait d'elle une enfant de Zamość puis de la rue Zlota, une révoltée opposée, comme les patriotes polonais, à l'autocratie russe, elle se sentait — elle se savait — alors que le train l'emportait vers Zurich, bien plus qu'un « pèlerin polonais ».

Sa patrie élue, c'était cette réalité mythique, composée d'hommes et de femmes, qu'elle appelait déjà les *exploités*, les *prolétaires*, qui, précisément, n'ont pas de *patrie*.

Elle ne se voulait, Rosa, dès ce jour de l'année 1889, quand elle présentait son passeport au poste-frontière suisse, que citoyenne de cette patrie-là, non pas faite de terre labourée, mais de convictions et de certitudes, membre d'une fraternité qui ne reconnaissait d'autres frontières que celles qui séparent les partisans d'un ordre ancien — le capitalisme — d'un ordre à venir — le socialisme.

Et le reste — les souvenirs de Zamość, l'odeur de la terre et des forêts — il fallait le réguler comme une faiblesse dans le secret de sa sensibilité.

Quant à la famille, aux origines juives, il était inutile de se retourner sur elles.

A dix-huit ans, on imagine que c'est possible.

Rosa le voulait et le croyait.

DEUXIÈME PARTIE

« Je suis vraiment tout à fait adulte et j'en suis très fière » (1889-1898)

3

« *Une voix m'a éveillée dans la nuit...* »
(1889-1893)

Libre. Ce mot emplissait la tête de Rosa.

Une voix criait sur les quais de la *Hauptbahnhof* : « Zurich, Zurich », et Rosa, lourdement chargée, marchant avec peine sur les quais, se laissant dépasser par les voyageurs qui descendaient des wagons, entendait : « libre, libre ».

On imagine son ivresse, l'exaltation qui la saisit quand elle fait ses premiers pas sur la *Bahnhofplatz*, respirant cet air vif, emplissant ses yeux du paysage, de la ville, de ce lac qui s'enfonçait au loin entre les pentes neigeuses.

Tout est inconnu et cependant elle est chez elle déjà.

Des camarades l'accueillent, Karl Lübeck et sa femme Olympia, chez qui elle sous-loue une chambre, au numéro 12 de la Nekelstrasse.

Lübeck est allemand, mais il s'est exilé pour fuir les mesures antisocialistes décidées par Bismarck. Olympia, polonaise, est connue de tous les étudiants polonais de Zurich qu'elle reçoit souvent chez elle. Un milieu existe, presque une famille où Rosa d'emblée se sent bien.

Dès les premières heures, elle a rencontré la chaleureuse fraternité des exilés, des persécutés, de tous ceux qui, en cette fin de siècle, venus de toutes les nations opprimées d'Europe, fuyant les lois répressives, rêvent un autre monde et organisent de loin l'action de ce qu'ils appellent et imaginent être « les masses ».

Ce milieu, cosmopolite, socialiste, marxiste, est donc le nouvel horizon individuel et social de Rosa.

Le rencontrer, en faire désormais partie, est pour elle la preuve des victoires qu'elle a remportées.

Elle a choisi son destin. Elle ne s'est pas laissé briser par la maladie ou bien ensevelir par la famille dans la condition de femme juive à laquelle sa sœur aînée est vouée : espérer, chercher, attendre un mari et vivre dans l'angoisse de n'en point trouver.

Elle a échappé aux griffes de la police tsariste, autre victoire.

Elle est à Zurich. Karl Lübeck lui propose de l'aider en révisant les articles qu'il écrit pour les journaux sociaux-démocrates allemands. Rosa découvre ainsi une passion : écrire la politique, faire passer ses convictions, analyser les faits, conduire par ce moyen une activité intellectuelle et une intervention dans l'actualité. Et immédiatement elle y trouve une telle satisfaction, elle y montre un si grand talent qu'elle ne l'abandonnera plus.

Ces premiers contacts la renforcent encore dans la conviction qu'elle est de cette si petite minorité — encore plus réduite parce qu'elle est une femme — qui constitue une « élite ».

Non que cette conviction lui donne le sentiment d'une quelconque supériorité. Mais elle en tire la certitude qu'elle a les qualités nécessaires pour être de ceux qui orientent, dirigent, révèlent aux « masses » ce qu'elles doivent faire pour changer leur sort.

N'a-t-elle pas prouvé, en ces dix-huit courtes années de vie, qu'elle savait incurver sa vie dans le sens qu'elle voulait, s'appuyant sur les circonstances et les défaites pour mieux resurgir, plus forte, plus aguerrie ?

Il y faut de la volonté, du courage, de l'intelligence. Qualités individuelles qui doivent préexister à tout engagement social.

Elle les possède : elle en est sûre.

N'est-elle pas ici, à Zurich, libre parmi « sa » communauté, ces exilés, ces révolutionnaires, Karl Lübeck, mais aussi Robert Seidel qui est rédacteur en chef du journal du Parti social-démocrate suisse *(Arbeiterstimme)* et qui sera en 1893 élu membre social-démocrate du Conseil cantonal de Zurich.

Elle est donc sûre d'elle-même, Rosa, fière de ce qu'elle est.

Elle a quitté cette « prison des peuples » qu'est l'Empire russe. Elle fait désormais partie de cette « internationale » des révolutionnaires. Elle en a acquis le droit et, dès son arrivée à Zurich, personne ne le lui conteste. Elle est une camarade. Elle va s'épanouir, elle le sent, elle le sait, elle le veut. A la fois comme une nécessité impérieuse de toute sa personne, car c'est cela la vie pour elle, pousser jusqu'au bout ce que l'on porte en soi, mais aussi pour la « cause », ce socialisme, ce « prolétariat » international, ces « masses ». C'est là son devoir.

Et si elle est heureuse, c'est aussi qu'elle a, quittant ce pays-prison qu'est la Pologne, échappé aux obligations étouffantes de la clandestinité et de l'illégalité. Elle va avancer à visage découvert. Elle va parler haut et clair. Écrire fort et net. C'est cela qui correspond à sa nature, bien plus que les prudences qu'exige la conspiration.

A Zurich, dans l'atmosphère paisible de cette Suisse démocratique, Rosa peut ainsi se déployer, à la fois engagée et libre.

Elle rencontre chez les Lübeck ou chez les Seidel tous ces socialistes qui discutent à n'en plus finir de théorie, de stratégie et de tactique, s'excommuniant parfois, tissant entre eux une trame serrée d'amitiés et aussi d'antipathies, et qui lisent, écrivent, étudient.

Car pour accomplir ce « devoir » que leur dictent leurs convictions — leurs croyances, faudrait-il dire aussi —, il faut analyser, comprendre, connaître.

Dès qu'elle arrive à Zurich — et c'est conforme aussi au vœu de ses parents qui lui envoient l'argent nécessaire à sa vie en Suisse — Rosa s'inscrit à l'université, en faculté de philosophie, en même temps qu'elle décide de suivre des cours de mathématiques, de botanique et de zoologie. Car rien ne doit être exclu de la « connaissance ».

L'idée que se fait Rosa du « socialisme » englobe toutes les « sciences ». Les découvertes, imagine-t-elle, doivent être prises en compte et elles renforcent la « théorie ».

Fille de Darwin autant que de Marx, elle veut, à la manière de la plupart des « théoriciens » socialistes de cette fin du XIXe siècle, penser la « totalité ».

Et par ailleurs cette connaissance précise, scientifique, de la nature l'enthousiasme. Cette vie-là, celle des plantes, des bêtes, ce monde vivant qui échappe à la politique la rassure, comme une réalité qui dit la vérité première du monde.

La beauté d'une fleur, l'obstination d'un insecte, le chant d'un oiseau lui répètent que la vie est belle, digne d'être vécue, et qu'il faut donc l'organiser pour les hommes, afin qu'ils ne se détruisent pas, qu'ils ne la détruisent pas.

Ce penchant de Rosa est la manière qu'elle a d'échapper à la rigueur, à la violence des combats politiques, l'expression de sa sensibilité, comme si elle était aussi l'héritière de Rousseau.

Pour l'heure, elle découvre Zurich, la communauté cosmopolite dont elle explore les contours, jaugeant les personnalités, devenant la confidente d'Olympia Lübeck, cette mère de huit enfants que la vie conjugale cantonne aux tâches domestiques et, comme Rosa le dira, à une « vie sans espoir ».

Mais au-delà de ces problèmes privés que l'exil n'efface pas, la Suisse, pour tous ces déracinés, est un refuge accueillant.

Après l'échec du *printemps des peuples* et la réaction qui suivit, dès 1848, Bakounine et Herzen s'y réfugièrent.

Aux anarchistes ont succédé les marxistes. Les Russes forment ainsi un groupe nombreux que dominent Plekhanov et Axelrod. L'un et l'autre sont de fortes personnalités. Ils approchent de la quarantaine, ce sont donc pour Rosa de grands aînés.

Georges Plekhanov est une sorte de « maître à penser », soucieux de son autorité. Il est, pense-t-il, le « père » du marxisme russe. Il traduit Marx, correspond avec Engels.

Paul Axelrod a fondé avec lui le groupe de *L'Émancipation du Travail*. Ce sont des figures incontournables, de renommée européenne. A côté d'eux, l'héroïne, Vera Zassoulitch, tout auréolée de son attentat contre le général Trepov en 1878, témoigne de la diversité des opposants russes.

Pour Rosa, ces noms qu'elle connaissait, ces intellectuels qu'elle admirait quand elle n'était qu'une lycéenne de Varsovie deviennent des visages. Elle sait comment ils vivent. Mal. Plekhanov recopie des adresses sur des enveloppes. Paul Axelrod — qui devient pour Rosa un ami cher — a ouvert à Zurich une petite fabrique de kéfir, une boisson obtenue en faisant fermenter du petit-lait.

Rosa apprécie les socialistes russes. Elle noue des relations avec Boris Kritchevski qui a à peine dépassé la trentaine et qui lui aussi fait partie du groupe *L'Émancipation du Travail*. Elle rencontre Lounatcharski, plus jeune qu'elle de quatre années, brillant étudiant, proche de ce groupe.

Elle fréquente le club socialiste allemand *Eintracht* (Union) qui dispose d'une bibliothèque importante, d'une salle de lecture où elle discute avec les socialistes allemands. Elle est fascinée par la détermination, les recherches de ces camarades et surtout par la puissance de leur parti, l'efficacité de leur action, la profondeur de leur influence.

En mai 1889, une grève de 150 000 mineurs a paralysé la Ruhr. En février 1890, le Parti social-démocrate allemand remporte 35 sièges aux élections et rassemble près de 1 427 000 voix. Et un mois plus tard, Bismarck, celui qu'elle appelait la « canaille rusée », en conflit avec le nouvel empereur Guillaume II (qui a accédé au trône en 1888), démissionne.

A la fin de l'année, les lois antisocialistes que le Chancelier de fer avait fait voter sont abrogées. Le Parti social-démocrate allemand va pouvoir agir en toute légalité sur le territoire du Reich, Le 1er janvier 1891, son journal, le *Vorwärts (En avant)*, paraît à Berlin.

Rosa est ainsi prise, dès son arrivée à Zurich, entre les Russes et les Allemands.

Les uns qui font face à l'autocratie la plus impitoyable, les autres qui ont réussi à entrer dans le jeu politique de leur pays. Et c'est entre ces deux pôles, ces deux courants d'amitiés qu'elle se situe. Les Allemands ont la puissance : ils sont le parti le plus important de cette IIe Internationale des travailleurs qui vient de se créer en 1889 à Paris.

Les Russes ont la détermination révolutionnaire, la créativité tactique et stratégique.

Rosa sait aussi que tous les grands dirigeants allemands — Wilhelm Liebknecht, Karl Kautsky, August Bebel, Eduard Bernstein — ont séjourné à Zurich. Ils sont rentrés en Allemagne, mais l'écho de leurs débats, leurs traces — ce club *Eintracht* où Rosa lit, écrit presque chaque jour — sont encore présents. Les Allemands sont, aux yeux de Rosa, le point d'appui sur lequel l'Internationale doit et peut compter. Et, dès cet instant, elle pense à agir avec eux.

Et les Polonais ? Ils sont présents à Zurich, nombreux, organisés, mais elle se méfie de cette *Union des Étudiants polonais*, de ce *Musée national polonais de Rapperswil* où ils se retrouvent au bord du lac. Leur nationalisme — leur patriotisme ? — l'inquiète.

A quoi bon la Pologne quand il y a l'Internationale, le Parti social-démocrate allemand, les marxistes russes ? Les révolutionnaires sérieux, les socialistes qui comptent sont Plekhanov, Axelrod ou bien ce Karl Kautsky qui a rencontré Marx et Engels et fondé sa revue théorique *Neue Zeit (Temps nouveau)*.

Est-il sérieux, utile, d'être un patriote polonais ? Rosa qui est née à Zamość, au cœur de la plaine polonaise, Rosa qui se souvient avec nostalgie des crépuscules sur la forêt et des longs sillons de terre brune, ne le pense pas. Et il lui suffit de quelques semaines pour arriver à cette conclusion.

Peut-être cette Pologne, inscrite dans la mémoire et la sensibilité de Rosa, mais qu'elle récusait comme patrie, comme cadre dans lequel la lutte ouvrière pourrait s'enrichir du patriotisme polonais, Rosa eût-elle pu la retrouver, reconsidérant sa position politique, corrigeant son internationalisme par la réalité des traditions nationales, si elle n'avait pas rencontré en 1890 Léo Jogichès, ce Juif de Lituanie, né à Vilna le 17 juillet 1867.

Peut-être parce qu'elle avait la nostalgie des paysages, qu'elle éprouvait un sentiment de culpabilité quand elle pensait aux siens, leur écrivant régulièrement, vivant à Zurich grâce à l'argent qu'ils lui envoyaient, aurait-elle changé d'avis, sensible aux arguments des socialistes qui revendiquaient l'indépendance de la Pologne et associaient lutte patriotique et lutte sociale.

Mais Léo Jogichès pensait comme elle, avec encore plus d'obstination, et il avait aux yeux de Rosa le prestige d'un révolutionnaire qui, à Vilna, avait fait la preuve de son talent et de son courage.

Et puis elle l'aima dès qu'elle le vit.

Il arrivait de là-bas, précédé par sa réputation.

Qui ne connaissait Léo Jogichès dans les petits cercles révolutionnaires de Pologne ?

Le front dégagé, une épaisse chevelure blonde tirant sur le roux prolongée par un mince collier de barbe, il avait un visage régulier, des yeux bleus, un regard empreint de gravité.

Il était issu d'une riche famille d'entrepreneurs — les Jogichès possédaient un moulin à eau — et de propriétaires terriens.

Son grand-père avait fait construire une synagogue et y avait gagné la notoriété à Vilna, mais peu à peu la famille s'était assimilée, les enfants fréquentant l'école russe.

Léo, cependant, dès son adolescence, avait le sentiment d'appartenir à un cercle privilégié qu'il récusait. Il s'était, comme Rosa, rebellé, choisissant de quitter le lycée, travaillant comme apprenti, se fondant dans la masse ouvrière pour l'organiser, la soulever. Un destin de « populiste » qui devait le conduire à se rapprocher des terroristes de *Volonté du Peuple*, à jeter les bases de la future *Union des ouvriers juifs*, le *Bund*, et surtout à découvrir tous les secrets de la vie clandestine.

Courageux, intrépide même, implacable dans l'action, dominateur, sûr de sa supériorité, volontiers méprisant pour ceux qui temporisaient, qui hésitaient à s'engager dans l'action, il fascinait. Beau, séducteur, héroïque, il savait se montrer ouvert pour convaincre les ouvriers, leur enseignant les rudiments de la doctrine marxiste.

« Il était intelligent... On sentait qu'il était une grande personnalité, dit un témoin. On l'idolâtrait. »

Il avait un sang-froid à toute épreuve, faisant franchir la frontière à ceux que la police recherchait, acquérant par cette pratique de la conspiration, ce compagnonnage avec le danger, une assurance inébranlable.

Arrêté à deux reprises pour avoir organisé des grèves, enrôlé de force dans l'armée, il déserta et arriva en 1890 à Zurich, résolu à continuer son action, muni d'une forte somme d'argent (15 000 roubles), assuré de recevoir de l'entreprise et des propriétés familiales des revenus réguliers qu'il comptait bien sûr consacrer à la révolution.

Il était accompagné d'une jeune femme, car cet homme de l'ombre trouvait toujours une compagne pour l'aimer, attirée par son auréole héroïque, sa séduction et sa dureté de métal.

Rosa n'avait pas encore aimé, trop prise par les combats qu'elle avait menés et surtout n'ayant pas encore rencontré d'homme qui pouvait incarner la beauté et la force masculines et avec qui elle eût pu partager l'âme même de sa vie : ses convictions.

Elle vit Léo Jogichès et sut que cet homme, elle venait de le trouver.

Elle était libre d'attaches et de préjugés. Elle avait dix-neuf ans et lui vingt-trois.

Il avait connu, côtoyé de nombreuses femmes. Sa mère, Sophia, était d'une grande beauté, d'une intelligence vive, musicienne, et parce que le père était mort jeune, elle était restée seule avec ses enfants, Léo, le cadet, très attaché à elle. Il l'écoutait jouer du piano avec ravissement et elle acceptait son action politique, l'aidant quand elle le pouvait.

A côté du souvenir de cette mère, quel était le pouvoir de Rosa ? Elle ne pouvait rivaliser sur le plan de la beauté. Mais elle avait la vivacité de l'intelligence et elle rayonnait de passion.

Certes elle n'était pas, comme Léo, un personnage mystérieux, presque légendaire, mais, à l'écouter, on mesurait la profondeur de sa pensée, la diversité de ses dons, la sincérité de son engagement, sa maturité, alors qu'elle n'était que cette jeune fille de dix-neuf ans aux ambitions idéalistes.

Elle étincelait, on oubliait ses traits lourds, sa claudication. Elle allait vers les autres, spontanée et généreuse, femme de lumière, alors que Léo Jogichès était un homme de l'obscurité, se tenant en retrait.

Il fut attiré, séduit, impressionné par une conviction aussi forte que la sienne, mais qui s'exprimait d'une manière si différente.

Elle parlait facilement et il devinait ses dons d'orateur. Quand elle écrivait, sa plume courait, rapide, sur les feuilles, alors qu'il ne réussissait pas à terminer ses phrases. A l'université, elle brillait, et lui se désintéressait des études.

Avec l'intuition du conspirateur habitué à juger vite les personnalités, il la jaugea à sa valeur.

Mais peut-être ce qui le désarma, l'entraîna, ce fut le don qu'elle lui fit de toute sa jeunesse, de son enthousiasme, de son désintéressement.

Elle avait, malgré toute sa gravité et sa fermeté de révolutionnaire, l'élan et l'ingénuité d'une adolescente.

Ainsi ils devinrent amants.

Rosa éprouva tout de suite pour Léo Jogichès un sentiment de gratitude et presque d'humilité.

Elle, si fière, si assurée déjà de ses talents, elle était presque timide devant ce jeune homme, d'à peine quatre ans plus âgé qu'elle, mais si parfait, lui semblait-il, si conforme à l'image idéale de l'homme qu'elle pouvait aimer. Elle était devant lui comme une enfant devant un rêve qui se réalise.

Léo était beau. Et Rosa aimait la beauté. Il était héroïque. Elle avait appris comment il s'était enfui de Vilna, caché sous une couche d'argile. Il était déterminé, courageux, engagé tout entier dans la cause de l'Internationale, du mouvement ouvrier. Point de faille entre sa séduction physique et ses convictions.

Et, avec l'expérience d'un homme averti, habile, attentif, il avait initié Rosa au plaisir.

Elle s'était donnée avec un naturel, une spontanéité sans timidité. Parce qu'elle aimait Jogichès.

Elle avait déchiré la dernière entrave. Elle était une femme accomplie. Et elle n'avait dû, pour franchir cette étape, renoncer à rien d'elle-même. Sa vie était restée unifiée. L'homme qui l'avait aimée était le camarade qu'elle respectait le plus. L'homme qui lui avait révélé la sexualité était aussi celui avec lequel elle préparait la révolution. Couchée près de lui, elle pouvait parler sans fin de ce qui l'enthousiasmait. Ils étaient amants et frères de lutte. Elle l'aimait pour son charme, son élégance et ce qu'il avait déjà fait.

Elle était si enthousiaste, si émerveillée de ce qui s'était produit, si reconnaissante à la vie, qu'elle ne remarquait même pas sa réserve.

Pour elle qui venait d'engager toute sa foi, tout son être dans cette relation, qui trouvait dans l'acte accompli une nouvelle preuve de la beauté de la vie, de la possibilité de faire du rêve réalité — et quelle force nouvelle elle allait puiser dans cet événement ! —, il était impossible d'imaginer que Léo Jogichès l'observait avec une sorte de détachement soupçonneux.

Qui était-elle pour lui ? Une jeune femme exceptionnelle sans doute. Il admirait ses talents, mais il craignait que s'établisse entre eux une relation d'égalité qu'il ne pouvait même pas concevoir. Il était l'aîné, l'organisateur des grèves de Vilna. Il était un chef. Il ne recherchait pas l'éclat de la notoriété, mais il ne songeait pas à partager son autorité, même avec une camarade douée.

Et puis c'était une femme.

Et il ne pouvait pas ne pas la voir, poitrine lourde, claudication, visage plein de vivacité, mais dont l'immobilité révélait les imperfections.

Il éprouvait en pensant à elle de la tendresse et de l'inquiétude. Il se reprochait presque de s'être ainsi laissé aller à devenir l'amant de cette jeune camarade. Et, en même temps, d'un mouvement, d'une phrase, d'un regard, elle le désarmait, et il s'abandonnait. Elle l'entraînait. Elle avait de l'amour pour deux et, le temps de son élan, il ne pensait plus, partageant cette passion communicative, cette fusion du corps et cette communion des pensées.

Ils étaient amants et ils étaient des camarades.

Elle était à ce point aveuglée par l'amour qu'elle lui portait, si ravie de ce qu'il lui arrivait, qu'elle ne s'étonnait même pas de sa volonté de cacher leur liaison, de ne pas afficher leur amour. Il fallait, disait-il, qu'on ne sache jamais qu'ils étaient plus que des camarades.

Elle ne discutait pas. Elle admettait, convaincue — et se persuadant sans qu'il ait besoin d'argumenter — qu'il n'agissait que pour le « bien de la cause » et que, en effet, ce qu'ils vivaient devait rester dans l'ombre, parce que l'essentiel était leur lutte commune et son efficacité. Le reste était un luxe qui leur était donné par surcroît.

Rosa pouvait donc accepter — fût-ce avec regret — de préserver les apparences.

En 1891, elle quitta la maison des Lübeck pour s'installer au 77 Universitätstrasse, dans un quartier verdoyant qui s'étendait sur une colline dominant l'université, et Jogichès loua une chambre à quelques dizaines de mètres de là.

Ils attendaient avant de se rejoindre que la nuit fût tombée et, pour leurs camarades, ils demeuraient deux compagnons de lutte sans autres liens entre eux que les combats communs.

Quand Rosa sentait poindre en elle des questions sur le comportement de Léo Jogichès à son égard, si différent de ce qu'elle eût souhaité, elle ne s'attardait pas, de crainte de le blesser, de l'irriter, et aussi parce qu'en ce domaine, elle souhaitait ne pas être lucide, qu'elle ne le pouvait pas encore. Mais l'inquiétude et la frustration étaient là, sous-jacentes.

Léo Jogichès l'avait à ce point contrainte qu'elle n'osait pas proposer une autre manière de vivre, qu'elle refrénait ses élans comme s'ils eussent été coupables, comme s'ils eussent révélé une irresponsabilité politique, une inacceptable légèreté.

Parler de l'amour qu'elle éprouvait, du plaisir des sens, était déjà presque impossible. Sujet tabou, semblait dire Jogichès, sujet futile, semblait-il sous-entendre, sans exprimer jamais cette opinion, mais la suggérant par un silence lourd, ou bien ne répondant pas aux lettres que Rosa lui adressait et dans lesquelles, presque malgré elle, elle se confiait.

« Une voix m'a éveillée dans la nuit, écrivait-elle ainsi à Léo en 1893. Étonnée, j'écoutais. C'étaient mes propres mots que j'entendais : Dyodyo — elle appelait ainsi Léo parfois — hé, Dyodyo ! — et je tirais, irritée, mes draps vers moi, pensant que mon Dyodyo était là, à côté de moi. Quel rêve indécent ! »

Fugitive allusion, bien anodine, et qui suffit à faire rougir Rosa, on le devine, qu'elle raconte comme si elle s'aventurait dans un domaine interdit avec une folle audace.

Et, naturellement, Léo Jogichès ne répondra pas. Silence. Silence.

Cela existe et cependant cela ne doit pas exister.

La relation qui se noue entre Rosa et Léo est donc étrange, au centre de la vie de Rosa, maintenue dans l'obscurité par Léo qui impose à sa maîtresse ce mode de vie souterrain. Il maintient ce lien et refuse d'en parler, laissant Rosa seule l'évoquer de manière passionnée et cependant coupable puisqu'elle ne rencontre aucun écho verbal. Elle sent que Léo ne veut pas se laisser entraîner, qu'il maîtrise aussi cet aspect de sa vie, y fixant des bornes précises.

Rosa doit bien se contenter de cela, de cette inégalité amoureuse qui n'est peut-être pour Léo qu'une manière de se préserver, de garder son indépendance, son mystère, son autorité.

Par peur de Rosa ? Par pudeur ? Par un sentiment confus de honte d'avoir à afficher son amour devant les autres, ses camarades, et ainsi de « s'affaiblir » ? Ou bien parce qu'il ne trouve pas en Rosa la femme telle qu'il la rêve, belle, à l'image de sa mère ? Ou encore parce qu'il ne peut vivre dans la totalité de ses sentiments, de ses désirs et de ses convictions politiques ? Habitué qu'il est à séparer.

Rosa, au contraire, qui est faite d'une seule étoffe, toujours elle-même dans tout ce qu'elle est et ce qu'elle fait, amoureuse et intellectuelle, femme faisant l'amour et étudiante suivant des cours, journaliste et économiste. Vraie et tout entière dans chaque instant.

Cette capacité qu'elle a à tout vivre, à ne pas se mutiler, la rencontre avec Léo Jogichès ne fait que la décupler.

Bien sûr, elle souhaiterait une fusion totale avec Léo, et elle regrette ses prudences, son mutisme quand elle parle de leur amour. Mais elle a le sentiment que la vie lui donne beaucoup, répond à ses attentes et elle se trouve renforcée dans son optimisme, dans la confiance qu'elle a en elle, dans sa certitude que rien ne peut longtemps lui être refusé.

Elle voulait s'épanouir, être libre. Elle a eu raison. Elle est animée par une sorte de gaieté fébrile, soulevée par un élan joyeux.

Si, plus tard, aux heures les plus sombres de sa vie, elle dira qu'il faut être « gaie malgré tout le reste », qu'il faut savoir « jeter joyeusement sa vie tout entière sur la grande balance du destin », c'est parce qu'elle a acquis cette conviction à Varsovie, en dominant sa maladie, puis à Zurich, en rencontrant Léo Jogichès.

Léo s'abreuve à cette force, à cet enthousiasme. Il l'utilise. Il donne sa présence. Il se laisse aimer. Et dans l'échange qu'est toujours une relation amoureuse, il s'enrichit de l'élan et de l'intelligence de Rosa.

Elle est de plus une disciple exemplaire. Il se rend avec elle à Genève. Il veut entrer en relation avec Georges Plekhanov, croyant qu'il peut, avec celui qui se considère comme le maître à penser des révolutionnaires russes, passer un marché. Il apportera ses fonds, son sens de l'organisation, son réseau de clandestins qui continuent en Pologne leur travail de sape, et, en échange, Plekhanov offrirait ses traductions et ses commentaires des grands penseurs, Marx, Engels, Bebel.

Léo veut traiter d'égal à égal avec Plekhanov, n'imaginant pas la susceptibilité du philosophe, le regard hautain avec lequel il toise ces jeunes gens, de « petits Netchaïev » selon Plekhanov qui les soupçonne d'être des provocateurs, imitateurs de l'anarchiste et terroriste russe.

C'est l'échec. Plekhanov rejette la proposition, renvoie Jogichès. Les efforts de Rosa Luxemburg, plus politique que Léo, pour éviter la rupture, n'y peuvent rien.

Elle se rend à Mornex, un petit village où, malade, Plekhanov s'est installé, mais la morgue du philosophe la déçoit. Elle n'est pas femme à se laisser impressionner.

« Je suis allée à Mornex, raconte-t-elle. Mais je n'y retournerai pas... Je n'irai pas, car Plekhanov est trop intelligent pour moi ou, plus précisément, il est trop cultivé. Que peut lui apporter une conversation avec moi ? Il sait tout mieux que moi et quant aux idées inédites, originales, voyez-vous, je ne sais pas en forger et, en vérité, je ne m'en soucie guère. J'aime regarder Plekhanov de mon coin, chez Axelrod, tout simplement regarder comment il parle, bouge — regarder son visage — qui me plaît beaucoup. Mais je ne peux tout de même pas aller à Mornex pour me mettre dans mon coin et l'admirer... »

Rosa n'est pas femme à se soumettre ou à louanger.

Et puis, elle est heureuse, cela donne de l'assurance.

Elle dit de ce séjour à Genève, écrivant à ses amis restés à Zurich : « En général, je me plais beaucoup ici — je travaille assidûment et je rencontre des gens intéressants. Le dimanche seulement, la "pensée langoureuse" me porte vers vous, mes chers, vers l'Oberstrasse, pour vous accompagner chez les Alexrod, goûter leur kéfir et leurs harengs. Trêve de plaisanterie, j'ai parfois très envie de revoir mon Oberstrasse, mais en général je suis absolument ravie d'habiter seule ici et je ne me plains pas. A présent, je suis vraiment tout à fait adulte et j'en suis très fière. »

Cette conscience orgueilleuse d'elle-même, Rosa la doit aussi à la découverte qu'elle fait des possibilités de sa propre intelligence, de ses qualités intellectuelles. Elle dit qu'elle n'a pas d'« idées inédites, originales », alors qu'au contraire, chaque jour, elle fait l'expérience de ses capacités, de son sens de la repartie, de son goût pour la recherche, le débat, de son talent pour, dans un amphithéâtre, polémiquer avec le professeur, tout assurée qu'elle est de ses dons, de ses connaissances et de la justesse de ses idées.

Elle s'est maintenant inscrite à la faculté de droit où, durant cinq années, elle étudie le droit public, l'économie, les sciences sociales. Elle étonne par son savoir, sa dialectique, l'acuité de son jugement, son sens de l'enquête et de la rédaction à partir de documents qu'elle a mis au jour, ses camarades et ses professeurs. Elle est brillante, obstinée, acharnée au travail. Son cadet Lounatcharski, étudiant comme elle, dit avec admiration qu'elle était « déjà tout armée de ses connaissances en sciences sociales, de son esprit brillant et lucide, doublé d'un tempérament révolutionnaire enflammé ». Car c'est bien l'unité de sa vie qu'elle éprouve et qui la pousse en avant. Elle est bien dans son corps depuis qu'elle aime, qu'elle a découvert la sexualité. Elle est maîtresse de ses idées, de sa pensée. Elle sait ce qu'elle veut, où elle va.

« Lorsque j'enseignais à Zurich, racontera son professeur

Julius Wolf — qui ne lui en voulait pas de la contradiction qu'elle lui avait souvent apportée, interrompant ses cours, dressée comme la pensée juste critiquant d'une voix claire et avec un débit rapide la science universitaire — je m'arrangeai pour aider la plus douée de mes élèves, Rosa Luxemburg, à franchir les échelons universitaires. Elle était arrivée de Pologne déjà profondément marxiste, poursuit Wolf. Mais elle obtint sous ma direction son doctorat universitaire en sciences politiques avec une thèse de premier ordre sur le développement industriel en Pologne. »

Cette réussite universitaire impressionne Léo Jogichès. Il a beau se persuader que l'action prime, qu'il a délibérément choisi de ne pas investir d'énergie dans les études, persuadé que la révolution est d'abord affaire d'organisation, d'agitation, il se sent, dès ces premiers mois de ses relations avec Rosa, en situation d'infériorité.

D'autant plus que Rosa est aussi une femme politique qui ne se limite pas à la recherche savante, mais qui a fait ses preuves de clandestine, de militante à Varsovie. Il pressent en elle un leader en germe, l'une de ces personnalités exceptionnelles qui associent à l'agilité intellectuelle et au goût pour la pensée le regard perçant du chef politique.

Peut-être est-ce aussi pour cela qu'il tient Rosa à distance, dans un état de frustration sentimentale qui lui donne un avantage sur elle.

Mais en réaliste, il sait aussi tirer parti de ses qualités. Quand, après l'échec de ses négociations avec Plekhanov et la rupture qui s'ensuit, il décide de créer — il en a les moyens financiers — sa propre maison d'édition, la *Bibliothèque social-démocrate*, qu'il publie des œuvres de Karl Marx et de Kautsky, il fait appel à Rosa. Et, en 1892, paraît son premier texte, une introduction à des discours prononcés à l'occasion du 1er mai à Vilna et à Varsovie.

Ainsi se scelle entre eux, sur le plan public et politique, cette alliance dont Léo maintient cachée la face intime.

Cela, Rosa le contestait, mais elle était pleine d'espoir quant à l'évolution de leurs relations, et cet amour lui était si essentiel, faisait si complètement partie d'elle-même, nouant de manière indestructible conviction et sentiment, qu'elle se contentait de cet amalgame et en était heureuse.

En outre, elle partageait les orientations politiques de Léo, fière d'œuvrer avec lui au triomphe de leurs idées, d'être à ses côtés sa meilleure camarade, se sentant capable de créer avec lui une force politique dont ils seraient, elle et lui, les animateurs.

Sans doute est-ce même Rosa qui incita Léo à se préoccuper au premier chef de la situation en Pologne, alors qu'il se sentait d'abord un « révolutionnaire russe ».

Elle savait qu'un *Parti socialiste polonais*, le PPS, s'était créé en Pologne et qu'il avait regroupé la plupart des émigrés. En 1892, ses leaders, Mendelson, Limanowski, Daszynski, représentaient une force qui avait autorité auprès de l'Internationale socialiste. Or ce PPS avait placé au cœur de son programme l'indépendance de la Pologne et, pour atteindre ce but, il cherchait à réunir tous les Polonais, ceux qui appartenaient aux « classes opprimées », mais cela signifiait aussi bien les victimes de l'exploitation économique que de l'occupant tsariste. Le PPS réalisait ainsi une sorte d'union nationale polonaise, se fixant comme objectif la réunification du royaume de Pologne.

Rosa, comme Léo, ne pouvait accepter une telle analyse. Rosa surtout, qui concevait la lutte sociale comme devant se dérouler au plan international.

Avait-elle gardé le souvenir du pogrome de 1881 ? Se souvenait-elle des humiliations qu'elle avait subies au lycée de jeunes filles de Varsovie, non seulement de la part de l'administration russe, mais aussi de la part de ces jeunes filles polonaises qui la traitaient, elle, la brune, la Juive, la boiteuse, comme une paria ?

Tout cela avait-il, aux yeux de Rosa, partagé le monde, non en « nationalistes » — polonais, russes — mais entre « humiliés » et « maîtres » ou, pour emprunter le langage marxiste qui imprégnait sa pensée, entre « prolétaires » et « exploiteurs », et considérait-elle tout compromis avec le « nationalisme » comme une illusion, une régression ?

En tout cas, pour elle et Léo Jogichès, « les prolétaires n'avaient pas de patrie » et donner comme but à un Parti socialiste l'indépendance de la Pologne, la reconstitution d'un royaume, était une erreur, un crime même. Les prolétaires polonais devaient lutter avec tous ces opprimés des régions que dominaient le tsar ou l'empereur.

Autour d'eux, Rosa et Léo regroupèrent quelques Polonais que Rosa avait déjà croisés dans la clandestinité à Varsovie.

Ils étaient tous jeunes — les plus âgés avaient la trentaine. Ils partageaient les mêmes convictions, la même passion politique. Ils étaient intelligents, dévoués et se comprenaient entre eux à demi-mot, camarades mais surtout complices, évitant les querelles de pouvoir, unis par la même vision du monde, engagés dans la même stratégie : l'internationalisme était la clé de voûte de tout mouvement social-démocrate.

Il y avait là Julien Marchlewski, un intellectuel qui avait voulu connaître la condition ouvrière, se faisant embaucher en usine. C'était un brillant analyste de la situation sociale. Adolf Warszawski était davantage un homme d'action. Juif, il était — comme Jogichès — un organisateur et un conspirateur, et, de plus, un orateur de talent.

Rosa était l'âme de ce petit groupe.

Elle était la plus agile intellectuellement, la plus capable de trouver les mots qui flagellaient l'adversaire et emportaient l'adhésion. C'est autour de ces quatre personnalités — et d'abord de Rosa et de Léo — que se constitua leur petit parti : la *Social-démocratie du Royaume de Pologne*, SDKP (qui devint plus tard, en 1900, quand elle s'allia avec les Lituaniens, le SDKPiL), qui entra immédiatement en guerre contre le PPS accusé de nationalisme.

L'intransigeance de Rosa, la force d'attraction du groupe que dirigeait la SDKP amalgamèrent autour d'eux des révolutionnaires brillants et actifs, internationalistes résolus, tel Dzerjinski. Et la dureté de leurs arguments, leurs positions suscitaient naturellement de violentes critiques.

Ils apparaissaient — et d'abord Rosa — comme des fanatiques coupés de la réalité populaire polonaise. Et on accusa Rosa de se désintéresser du sort de la Pologne, parce qu'elle était juive, sans racines, indifférente donc à l'idée de nation, n'en comprenant pas la force.

Et il était vrai que la nation était le trou noir de la pensée de Rosa. Elle n'en mesurait pas l'importance, elle la refusait plutôt, craignant toutes les violences, les passions qu'entraînent le nationalisme et le chauvinisme. Et par là même, elle ne pouvait envisager un compromis sur ce point : internationaliste elle était, internationaliste elle resterait.

Mais, pour autant, Rosa concevait la lutte politique avec une prudence tactique qui lui faisait refuser — malgré les accusations dont on l'accablait — tout fanatisme.

Elle était pour l'organisation pacifique des travailleurs, pour une lutte prudente, pour des conquêtes jour après jour, rejetant le terrorisme, et lorsque certains camarades lui parlaient d'armer le prolétariat, elle s'emportait : « On ne peut travailler avec de jeunes fous politiques dont le seul désir est de jouer au soldat », s'écriait-elle.

Ses idées, Rosa pouvait désormais les faire connaître parce que, à vingt-deux ans, elle disposait enfin d'une tribune.

Léo Jogichès, rejeté par Plekhanov, avait créé, à côté de sa maison d'édition, un journal en langue polonaise, *La Cause ouvrière (Sprawa Robotnicza)* dont le premier numéro parut à Paris en juillet 1893. Et naturellement, Rosa Luxemburg y écrivit articles, éditoriaux, utilisant le pseudonyme de R. Kruszynska, mais chacun savait, dans les milieux polonais, parmi ces jeunes étudiants qui, enthousiastes, collaborèrent à *La Cause ouvrière* ou qui se regroupèrent dans le parti de Rosa et de Léo, la SDKP, qui se cachait sous ce nom d'emprunt.

L'idée centrale que Rosa et le journal développaient était donc que la cause socialiste en Pologne, cette cause ouvrière chère à Rosa, ne pouvait remporter de victoires qu'en plein accord avec les luttes du peuple russe. Et dire cela, c'était rejeter le thème de la lutte pour l'indépendance et l'unité de la Pologne.

La Pologne avait été partagée en trois parties distinctes, martelait Rosa, annexées à trois États différents (la Russie, l'Allemagne, l'Autriche-Hongrie) et, donc chacune de ces parties avait des intérêts et des objectifs politiques différents qui se fondaient dans l'internationalisme, et qui excluaient qu'on veuille les subordonner à la lutte nationale polonaise.

On imagine la colère, l'hostilité de beaucoup de Polonais devant ce qui revenait à accepter la mort de la Pologne. Et on mesure aussi l'aveuglement de Rosa qui ne perçoit pas que le patriotisme polonais était indestructible, force avec laquelle il fallait compter, et qu'à l'ignorer on se condamnait.

Mais, pour l'heure, avec la passion de ses vingt-deux ans, son allant, ses certitudes, Rosa se préparait à défendre sa thèse au troisième congrès de l'Internationale socialiste qui devait se réunir à Zurich du 6 au 12 août 1893.

C'était dans ce but que Léo avait publié le premier numéro de *La Cause ouvrière* en juillet. Il s'agissait, de cette manière, de s'imposer au congrès comme un groupe polonais socialiste constitué, de prendre place dans la délégation polonaise, de contester au PPS, le grand adversaire, la représentativité de tous les socialistes polonais.

Rosa se prépare avec fébrilité à ce moment où, pour la première fois, elle doit affronter la réalité de l'Internationale socialiste, qui est sa référence, là où se retrouvent tous les leaders des grands partis socialistes européens, cette organisation qui symbolise l'espoir d'un changement du monde.

Et, par chance, ce congrès, ce premier grand moment pour elle, se tient à Zurich.

On imagine l'atmosphère du congrès, le brouhaha des conversations, l'effort des orateurs et des traducteurs pour se faire entendre, les batailles de procédure pour l'acceptation des mandats de telle ou telle délégation qui veut se faire reconnaître par le congrès comme habilitée à parler pour les socialistes de tel ou tel pays.

Les contestations entre groupes rivaux sont d'autant plus vives que les partis sont petits, clandestins. Qui parle au nom de qui ?

Les socialistes polonais du PPS veulent l'exclusivité de la représentation pour la Pologne. Rosa défend au contraire l'idée qu'il existe une minorité de socialistes polonais, regroupés autour de *La Cause ouvrière*, et même que ce sont elle et ses camarades qui incarnent le « vrai » socialisme, l'internationalisme.

On la devine tendue, soulevée par la conviction, vive, attentive à ne pas laisser échapper sa chance et, quand le congrès doit décider en session plénière de la justesse de sa requête, elle s'élance.

Le socialiste belge Émile Vandervelde racontera plus tard cette séance qui vit apparaître pour la première fois Rosa Luxemburg sur la scène de l'Internationale.

« Rosa qui avait alors vingt-trois ans, écrit-il, était complètement inconnue, sauf dans quelques cercles socialistes d'Allemagne et de Pologne... Mais ses adversaires étaient face à elle dans une position difficile. »

En effet Rosa évoquait les principes, les idées, l'internationalisme, et le leader du PPS, Daszynski, s'était contenté de lancer contre elle des attaques personnelles.

« Je la vois encore, continue Vandervelde, bondissant de la foule des délégués et montant sur une chaise pour être mieux comprise. Petite, chétive et mignonne cependant dans sa robe d'été qui masquait habilement sa malformation physique, elle défendit sa cause avec un tel magnétisme dans le regard et une telle flamme dans ses propos que la masse du congrès, conquise et sous le charme, vota son admission à main levée. »

En fait, dans un aller et retour entre la commission de contrôle et la séance plénière, le mandat de Rosa fut invalidé.

Elle avait perdu et elle dut quitter la salle du congrès, boitillant et protestant, rouge de colère.

Mais cet échec dissimulait une victoire personnelle.

Elle avait parlé devant les « grands ». Sa voix forte, son « magnétisme » avaient fait taire les murmures. Elles avait argumenté avec assurance, elle qui n'avait pas vingt-trois ans, aussi habile qu'une vieille déléguée de congrès.

Surtout elle avait engagé avec ses adversaires du PPS une bataille d'idées devant laquelle ils se dérobaient, préférant que se répandent des rumeurs antisémites, des calomnies.

En fait, elle ne laissait déjà plus personne indifférent. Elle suscitait l'adhésion sans réserve des plus déterminés des socialistes polonais, mais aussi la haine de ses adversaires.

Elle était jeune et enthousiaste, talentueuse. On la sentait incorruptible, pure de toute compromission. Hostile même à tout compromis.

Léo Jogichès, après ce congrès de Zurich, fut encore plus persuadé de la nécessité — politique — de maintenir leurs relations. Rosa lui paraissait indispensable à ses projets politiques. Mais sans doute cachait-il sous ces arguments de raison un attachement vital, profond et jaloux, qu'il n'osait s'avouer et qu'il ne voulait surtout pas montrer.

Rosa s'était donc, dès ce mois d'août 1893, imposée.

Son intervention publique, jointe à la publication d'articles, commençait à lui assurer une notoriété internationale.

L'adresse de son appartement, situé au deuxième étage du 77 Universitätstrasse, fut bientôt connue de tous les leaders socialistes européens, amis ou ennemis.

Quand ceux qui l'aimaient passaient par Zurich, ils s'arrêtaient chez Rosa, sûrs de son accueil, curieux de sa pensée, impressionnés par ses analyses et son intelligence, heureux de sa chaleureuse hospitalité.

Sa place dans cette « aristocratie » socialiste cosmopolite commençait à se dessiner.

On s'asseyait en face de Rosa, dans son petit appartement qu'elle avait arrangé avec un soin bourgeois. On la regardait, un peu surpris et déçu.

« La première impression n'était pas favorable : elle était petite, sa tête était trop grosse, ses traits typiquement juifs, avec un grand nez », rapporte John Mill, Juif polonais de Vilna qui s'apprêtait à créer le *Bund*, l'organisation socialiste juive. « Elle avait, ajoute-t-il, une démarche lourde, parfois irrégulière et une légère claudication... »

Mais tout cela s'effaçait vite.

« Il suffisait, conclut-il, de passer un moment avec elle pour voir quelle vie et quelle énergie il y avait en cette femme, combien son intelligence était pénétrante, quelle était la hauteur de son niveau intellectuel. »

Rosa n'avait que vingt-trois ans.

4

« *J'ai encore la stupide habitude de dire tout ce que je sens* » (1893-1896)

Elle écrit. Il faut imaginer Rosa toujours la plume à la main, penchée sur sa table tard dans la nuit. Articles, proclamations, déclarations, manifestes et, surtout, lettres, trois, quatre, cinq par jour.

Lettres de travail où elle décortique l'article d'un adversaire politique, où elle précise ses positions pour un ami, lettres à sa famille, reçues avec émotion par les siens. « Ma chère Rozia, répond ainsi sa sœur Anna à l'une d'entre elles, ta lettre nous a rendus terriblement heureux et, naturellement, plus qu'aucun de nous, Maman qui s'intéresse tout particulièrement à tes projets. »

Les lettres sont pour Rosa comme une conversation, une respiration indispensables, parfois haletantes, une enveloppe à peine expédiée, une autre lettre est commencée, et Anna peut ainsi lui répondre : « Hier soir est arrivée ta deuxième lettre et ce matin deux autres... »

Bien sûr, en cette fin du XIXe siècle, la correspondance écrite est le seul lien entre des amis, des parents, des camarades que la distance sépare.

Il faut s'écrire.

Mais, chez Rosa, il s'agit de bien plus que cela.

Elle a besoin de s'exprimer, de dire ce qu'elle éprouve au plus profond d'elle-même, et elle n'y réussit pas oralement. Parce que le temps manque, parce que la pudeur l'interdit, parce que seule l'écriture, cet acte solitaire qui est en même temps dialogue, confession, confidence, lui permet de s'ouvrir.

Elle en est consciente d'ailleurs, puisqu'elle écrit à Léo Jogichès : « J'écris en partie parce que j'ai encore la stupide habitude de dire tout ce que je sens. »

Et bien sûr, c'est d'écrire à Léo qu'elle a besoin, pour enfin pouvoir parler d'eux, de leurs relations, de lui, de leur avenir ensemble.

Elle jette sur le papier, avec enthousiasme, les mots de l'amour. Elle appelle Léo « mon enfant chéri », « mon mari le plus cher », « mon ange », « mon unique », « mon amour ».

Elle lui écrit même quand elle est à Zurich, à portée de voix.

« Il te semblera sûrement étrange, peut-être même ridicule, lui précise-t-elle, que je t'écrive cette lettre alors que nous habitons à dix pas l'un de l'autre, que nous nous voyons trois fois par jour, du reste — puisque je suis seulement une femme — qu'est-ce que ce romantisme, écrire des lettres la nuit à son mari ? Mon amour, le monde entier peut rire — mais pas toi. Mais toi, lis cette lettre gravement et avec cœur, avec émotion, cette même émotion avec laquelle tu lisais mes lettres autrefois — à Genève — quand je n'étais pas encore ta femme. »

Le ton est donné. Le temps a passé depuis les premiers jours de leurs relations et tout ce qu'il y avait d'ambigu, d'étrange même, dans l'attitude de Léo à l'égard de Rosa, ses silences, son souci de discrétion, s'est aggravé.

Et Rosa le sent, le sait. Avec cette lucidité implacable, cette exigence de vérité qui sont les siennes, elle fouaille son cœur, leurs relations, et la plume est un stylet dont elle se blesse et qui frappe Léo.

Elle est d'autant plus sensible à l'attitude de Léo qu'elle se sent isolée, qu'elle a besoin de son affection, qu'elle voudrait des preuves de son amour.

La situation de Rosa est en effet contradictoire. Ses premiers articles, son intervention au congrès de Zurich en août 1893 l'ont fait connaître et on l'admire, l'estime, l'apprécie pour les qualités qu'elle a montrées. Mais elle est devenue de ce fait le symbole de son petit parti, la SDKP, puisque Léo Jogichès se tient dans l'ombre, paie, organise, oriente, mais n'intervient pas dans l'arène, laissant Rosa faire front, l'incitant à agir toujours plus, se servant d'elle qui ne refuse pas, mais se retrouve attaquée, insultée, accablée de travail.

Elle sollicite alors un mouvement d'affection de la part de Léo, une phrase dans laquelle il parlerait de son amour pour elle. Mais, plus encore qu'autrefois, il se dérobe. Et ses lettres ne sont que des directives politiques, des listes de tâches à accomplir, des catalogues d'articles à écrire.

Car c'est Rosa qui tient à bout de plume le journal *La Cause ouvrière.*

Pour cela, elle fait de fréquents séjours à Paris, parfois de plusieurs mois. Elle y a peu d'amis, le couple Adolf et Jadwiga Warszawski, mais ils ne l'aident guère, pris par leurs occupations professionnelles. Elle a logé chez eux, mal à l'aise cependant, seule malgré leur présence.

« Je viens d'éteindre la lampe, écrit-elle à Léo. La lumière froide et blanche de l'aube entre par la fenêtre de la cuisine des Adolf où je suis assise. Il est six heures (samedi). »

Pas de répit pour le travail.

Écrire. Lire.

Elle va en tramway d'une bibliothèque à l'autre, fréquentant la Bibliothèque nationale et la Bibliothèque polonaise à la recherche de documents pour la thèse qu'elle prépare pour le professeur Wolf et dont le sujet sur le développement industriel de la Pologne est totalement vierge.

Elle s'épuise. Et elle est d'autant plus lasse qu'elle a le sentiment que ses efforts sont vains, qu'elle et Léo Jogichès sont seuls, en butte aux attaques.

Elle sait ce qu'on écrit d'eux — et c'est elle qu'on nomme, parce que c'est elle qui parle, écrit. Elle lit que « le travail diabolique de destruction qu'ont entrepris les rebuts juifs sous couleur de vouloir défendre la classe ouvrière, n'est finalement rien de moins que le meurtre de la Pologne ; comme tous les Juifs haïssent ceux qui ne le sont pas, les social-démocrates à la Luxemburg haïssent passionnément la Pologne ».

D'autres — ainsi Daszynski du PPS — s'écrient : « Nous ne pouvons pas tolérer que notre mouvement soit victime de gredins comme Rosa Luxemburg... Nous devons libérer notre armée internationale d'une bande de brigands publicistes qui veulent détruire notre mouvement de libération. »

Rosa sait aussi qu'en Pologne, les militants qui suivent la SDKP, qui lisent *La Cause ouvrière*, sont une infime minorité. En trouver un à Varsovie ? Autant chercher une aiguille dans une meule de foin, comme disent en ricanant ses adversaires.

Puisque c'est elle qui reçoit les coups, c'est elle qui doit répondre. Et donc écrire. Et tout cela, seule à Paris, avec l'argent chichement mesuré.

Elle détaille ses dépenses à Léo qui finance les activités.

« Je joins le compte des 450 francs que tu m'as donnés, écrit-elle. J'ai dépensé 371,50 francs qui couvrent les factures d'imprimerie. J'ai emprunté 20 francs pour moi. Mon amour chéri, mon unique, ne te fâche pas trop si je fais le compte détaillé de mes dépenses personnelles... »

Léo est le mentor devant lequel elle doit se justifier, expliquer. Jeu de rôle autant que réalité. Rosa a besoin de ce lien, et Léo aussi.

Et qui y aurait-il d'autre dans la vie de Rosa, si elle ne pouvait écrire à Léo, s'épancher, confier quelques actes futiles mais humains, d'une humanité concrète, quotidienne ?

« J'achète ici de jolies bricoles pour embellir un peu notre chambre, explique-t-elle, et aussi pour prendre soin de moi et de mon apparence... »

Sinon la vie est d'une austérité désespérante. Chambre d'hôtel « abominable », « ce bruit et ce roulement affreux dans la rue », les longs trajets en tramway. Puis un canapé dans l'appartement des Adolf, à Montmartre, 21, rue Feutrier.

Alors, pour la première fois, l'expression d'un désarroi, d'un désespoir, d'une fatigue physique accablante, dans une vie grise où la seule issue, ce sont ses lettres à Léo, ces cris intimes qu'elle lui lance, ces appels. Ces plaintes tout au long des années 1894, 95, 96, 97.

Comme le temps des premières rencontres à Zurich, à Genève, est déjà loin. « La tête me fait mal et me pèse..., écrit-elle le 5 avril 1894. Je veux être avec toi, je n'en peux plus... Chéri, quand cela finira-t-il ? Chéri, j'en ai assez, je veux que cela finisse plus vite ! »

Pas une lettre où elle n'avoue, elle qui fut si gaie, si optimiste : « En général, mon moral n'est pas brillant, je me sens abattue et rien ne m'attire... Je suis terriblement fatiguée au moral et au physique. »

Elle écrit, elle doit écrire pour échapper à cette spirale du désespoir.

Le jeudi 28 mars 1895, elle prend la plume : « Mon unique, mon chéri, commence-t-elle. Vite, vite, j'accours auprès de toi pour me reposer, bavarder. Que je suis fatiguée ! Pourquoi ? me demanderas-tu. A cause de Paris et de notre séparation. Je suis si faible physiquement qu'après être restée en ville quelque quatre heures — alors que je parcours les plus grandes distances en tramway — je m'écroule de fatigue et je reste deux heures inanimée, pâle comme un cadavre et froide comme la glace. »

Chaque fois, écrire à Léo est le recours : « Je suis si triste et si abattue que je ne peux pas ne pas t'écrire », dit-elle encore le 10 avril 1895.

Ce qu'elle exprime ainsi, c'est son besoin d'amour, le fait que l'activité politique et intellectuelle ne lui suffit pas. La conviction aussi qui devient peu à peu certitude — et c'est cela qui la mine, la détruit — que Léo Jogichès ne l'aime plus, qu'en tout cas il ne sait pas répondre à ce qu'elle attend. Et le déséquilibre entre eux qu'elle acceptait au début de leurs relations lui devient insupportable parce qu'il s'est aggravé en sa défaveur.

Quand Léo Jogichès lui répond, elle dévore ses lettres, mais il ne lui parle jamais d'elle, de lui, d'eux, de leur amour. « Tes lettres ne contiennent rien, mais rien, lance-t-elle. Chaque lettre que je reçois rabâche la même chose : le numéro, la brochure, cet article-ci, cet article-là. Tout cela serait parfait si, à côté de cela, en dépit de cela, perçait au moins un peu l'âme, l'individu. Mais chez toi, rien, rien, à part ça. »

Elle ne peut pas se contenter de cette attitude, de cette absence. Elle a une autre conception de la vie, de leurs relations. La politique à laquelle elle voue tout son temps, qui est l'essentiel de sa vie, ne doit pas tuer l'âme, l'être.

« Pourquoi ris-tu si rarement ? » demande-t-elle à Léo.

Elle, elle a non seulement de l'énergie pour la Cause, mais aussi pour demander : « Et que fait le Chat ? Vient-il te voir ? Es-tu bon pour lui ? »

A Paris, elle rencontre cependant de nombreuses personnalités, Jules Guesde, Camelinat, un survivant de la Commune de Paris, Allemane, Jaurès, Vaillant, la plupart donc des dirigeants socialistes français.

Elle participe au banquet des Amis de la Commune, elle va voir *Faust* à l'Opéra. Mais seule. Et une inquiétude — futile ? — la ronge : « Tu verras, écrit-elle, comme ta femme sera laide à son retour, avec un long nez étiré et des yeux battus. Veux-tu d'elle ? »

Elle lui jette ainsi, sans habileté, sans calcul, avec sa sincérité, son amour et sa personne au visage. Elle quémande : « Sois seulement gentil. » Elle voudrait qu'il la détrompe quand elle écrit : « Seules nous unissent la Cause et la tradition des anciens sentiments. C'est très douloureux. »

Mais il se tait toujours sur ces sujets. Un peu plus tendre seulement quand il la sent proche de l'éclat et peut-être de la rupture. Il veut la garder. Parce qu'elle lui est utile, mais aussi tout simplement parce qu'à sa manière elle lui est essentielle. Elle est à lui. Il veut la tenir. Il est jaloux.

Ce n'est pas lui qui tranchera. Qu'elle prenne la décision si elle veut, mais il est persuadé qu'elle ne le peut pas. Et il écrit les quelques mots, quand la situation est trop tendue, qui vont lui donner de l'espoir.

Jeu cruel de sa part, dont il n'est pas l'acteur cynique, lui aussi torturé entre l'idée qu'il se fait de lui-même, maître mystérieux, organisateur clandestin, chef, libre de toute attache, entièrement voué à la Cause révolutionnaire, et ses sentiments envers cette jeune femme si vraie, si exceptionnelle.

Mais alors Rosa peut rêver. Elle imagine son retour.

« Nous nous dépêcherons seulement de rentrer chez nous et nous nous regarderons et nous nous sourirons... et nous nous serrerons l'un contre l'autre et je fondrai en larmes comme en ce moment... »

Elle veut vivre avec lui « humainement », enfin. Finis « les scènes et le sommeil irrégulier ». « Je veux être en bonne santé et jolie. »

Elle parle de « notre maison », de « leur élégance ». Elle voudrait qu'ils s'installent « décemment ». Elle veut le corriger, qu'il devienne « un homme simple et bon ».

« Je dois te briser, ose-t-elle écrire, user tes cornes, sinon je ne supporterai plus la vie avec toi... »

Elle l'accuse : il est orgueilleux. « Apprends un peu à t'agenouiller en ton for intérieur », lui dit-elle.

Et ce cri : « En un mot, sois plus généreux, plus magnanime dans l'âme, prodigue un peu plus généreusement tes sentiments, je l'exige. »

Et comme si elle voulait faire oublier la gravité de ces propos, elle ajoute dans la même lettre du 21 mars 1895 : « Chameau, envoie-moi tout de suite ta photo. »

Dans cette quête de l'amour, dans cet effort obstiné, conscient, pour que Léo se débarrasse de cette « méchanceté », de cette dureté, pour qu'il « s'adoucisse », il y a l'expression d'une idée de ce que doit être l'homme.

Les sentiments de Rosa ne sont pas un obstacle à sa lucidité. « J'éprouve pour toi un amour infini, dit-elle à Léo, et en même temps une sévérité impitoyable pour les défauts de ton caractère. » Et elle veut parvenir à le changer. « Je vais littéralement te terroriser. Tu dois faire acte d'humilité. »

Rosa, toujours exigeante et optimiste en fin de compte.

C'est que, sans vérité des sentiments, sans affectivité, sans amour, Rosa l'intellectuelle, la politique, n'a plus le goût de vivre. Elle a besoin de vivre pleinement, avec sa tête, son corps, son cœur.

Or Léo l'enferme, la cantonne dans l'univers politique. Et elle s'écrie, mutilée : « Je n'existe nulle part et je ne vis pas en tant que moi. »

Et pourtant qui pourrait se douter qu'elle est ainsi déchirée, fatiguée, exigeante et frustrée, qu'elle vit désormais sa relation avec Léo Jogichès comme une insatisfaction permanente et qu'elle accepte de moins en moins cette situation ?

Mais qui, à la voir en première ligne des affrontements politiques, résolue, répondant point par point à ses contradicteurs, parti politique à elle seule, et responsable de la publication de *La Cause ouvrière* — écrivant les articles, corrigeant les épreuves des autres collaborateurs de la publication, surveillant l'imprimeur, réglant les problèmes matériels — se dirait qu'elle a encore suffisamment d'énergie et de désir pour vouloir quelque chose de plus, une grande passion vivante ?

Léo, les autres camarades semblent des êtres « unidimensionnels »: politiques, et c'est tout.

Elle, elle l'écrit à Léo: « Oh, moi, au contraire, j'ai à chaque pas, malgré la Cause, une masse d'impressions et de pensées — mais je n'ai personne avec qui les partager ! »

Car elle est seule, renvoyée par Léo à son activité politique, et elle ne veut pas déserter, car c'est aussi la cause à laquelle elle a voué sa vie.

Elle fait donc face et ceux qui suivent ses articles, ses réponses aux attaques, ses analyses, l'imaginent indestructible, inépuisable, alors que, rentrée dans sa chambre d'hôtel parisien ou bien dans le petit appartement qu'elle a finalement loué, elle pleure en écrivant à Léo, en rêvant à la vie « humaine » qu'ils pourraient mener, ou bien prise par la tentation de renoncer, écrasée par l'ampleur de la tâche, la solitude. « Ah, mon amour le plus cher, écrit-elle à Léo, je voudrais tant cesser d'être une "adulte", une personne "responsable" (d'autant plus que cela ne me réussit pas) et revenir vers toi, dans tes bras, pour pouvoir ne plus m'inquiéter de rien, ne plus craindre éternellement qu'un télégramme vienne dans une heure annuler tout ce que je fais. »

Mais elle est responsable. Elle est une adulte et quand l'aube efface la nuit, elle est au travail: « J'ai maintenant cette proclamation à écrire et à imprimer, dit-elle. Quand préparerai-je la conférence ? Je vais probablement rester ici une éternité. »

Et Léo sait bien qu'elle ne se dérobera pas.

Elle continue donc, personnifiant aux yeux de tous le SDKP — et concentrant sur elle les attaques — obstinée, devenant grâce au travail quotidien qu'elle accomplit pour « sortir » *La Cause ouvrière* une véritable journaliste, à la pensée claire, à l'expression vive et souvent polémique.

Son talent s'affine. Elle est sûre d'elle car, en même temps qu'elle écrit des articles d'actualité, elle continue son travail de recherche universitaire, elle lit les « classiques », tente toujours de lier ses positions politiques du moment et une analyse sur le long terme, de fonder ses choix sur la référence à la « théorie ». Elle se veut disciple de Karl Marx, non de manière respectueuse, mais au contraire de façon inventive et créatrice.

Au centre de son action, il y a toujours la conviction qu'il ne faut pas engager les ouvriers polonais dans le combat pour l'indépendance polonaise. Parce que si lutter pour le socialisme — avec les Allemands, les Russes — est libérateur, progressiste, devenir nationaliste est au contraire un facteur de régression, de réaction.

Dans *La Cause ouvrière*, elle martèle cette argumentation. Il faut, dit-elle, que le « prolétariat » acquière une conscience autonome, qu'il échappe à l'influence de la bourgeoisie, que ce soit lui qui influence les autres couches de la société. En 1895, elle rassemble ses idées dans une brochure — sa première œuvre. Un texte court, publié à Paris sous le pseudonyme de Maciej Rozga et intitulé: *La Pologne indépendante et la Cause ouvrière.*

Dans le parti rival, le PPS, on répond, on attaque, on la couvre de calomnies et, naturellement, l'antisémitisme affleure vite.

Rosa, c'est la « déracinée », l'« impure ». « Les Juifs, peut-on lire, pénètrent chez nos ouvriers pour les pousser à considérer le socialisme comme l'équivalent de la haine pour leur pays... Rosa Luxemburg et ses amis intoxiquent les ouvriers de leurs élucubrations. »

Sensible à ces attaques, Rosa ?

Elle ne se plaint pas de l'antisémitisme. Elle n'a que mépris pour cette polémique personnelle. Mais cela accroît le sentiment de sa solitude. Elle est comme assiégée. Et ses rares amis sont calomniés.

C'est que l'Internationale va tenir un nouveau congrès, le 17 juillet 1896, à Londres, et qu'il s'agit d'empêcher Rosa et ses camarades de venir, une fois de plus — comme à Zurich — troubler les débats, revendiquer une place.

On craint que, comme le dit le socialiste allemand Victor Adler, l'affaire polonaise « ne soit montée en épingle par Rosa Luxemburg » dont on connaît maintenant le talent polémique, la combativité.

Chacun fourbit donc ses armes. Et les adversaires de Rosa, les socialistes polonais du PPS, font courir la rumeur qu'Adolf Warszawski, le camarade de Rosa, est un agent secret de l'Okhrana, la police secrète russe si habile à infiltrer des informateurs et des provocateurs dans les rangs des partis révolutionnaires.

Il fallut que Warszawski comparaisse devant une commission

présidée par un vieux révolutionnaire russe, Lavrov, pour se disculper. Et Rosa s'est portée garante de son camarade, intervenant avec sa force de conviction pour que Warszawski fût lavé de tout soupçon.

Sinistre climat qu'elle devait supporter. Et pire encore.

Son camarade de Varsovie, son initiateur à la lutte clandestine, celui qui avait organisé sa fuite de Pologne, Martin Kasprzak, est lui aussi calomnié.

Il avait réussi à s'évader de Pologne après avoir été arrêté mais, pour échapper à la prison, il avait simulé la folie et avait été interné dans un asile psychiatrique de Varsovie d'où il s'était enfui.

La police allemande l'a arrêté à la frontière et s'apprête à le renvoyer chez les Russes. Et les socialistes du PPS accusent Kasprzak d'être une fois encore un agent de l'Okhrana et poussent donc à son expulsion d'Allemagne.

Rosa s'enflamme, fait appel à son ami de Zurich Robert Seidel, lui demandant de publier un article dans son journal l'*Arbeiterstimme*. Le groupe des socialistes polonais à Londres a fait de Kasprzak, lui explique-t-elle, un espion. Calomnié, il est enfermé à présent dans un cachot allemand après avoir passé deux ans et demi dans un cachot russe et il n'est pas en mesure de se défendre par lui-même. Il s'agit de sauver une victime de la vengeance du parti...

C'était cela aussi, la lutte, la politique : affronter des hommes et des femmes qui se disaient socialistes, qui n'hésitaient pas à utiliser tous les moyens, y compris la police, pour se débarrasser d'adversaires politiques. Et Rosa était sous leurs feux. Minoritaire.

Elle comprit vite — et pas seulement dans la perspective du congrès de l'Internationale de Londres — qu'il lui fallait acquérir une autorité indiscutable, bénéficier du soutien d'un « grand » parti. Et le Parti social-démocrate allemand était tout désigné.

Il devait être sensible aux arguments de Rosa, puisque le thème de l'indépendance de la Pologne, de l'organisation des Polonais en parti autonome se donnant pour but la reconstitution de la nation polonaise, privait le parti allemand d'adhérents dans les régions polonaises qui faisaient partie du Reich. Rosa, en prêchant pour l'internationalisme, contre le thème de l'indépendance polonaise, ne pouvait être, un jour, qu'entendue par les socialistes allemands.

Encore fallait-il les convaincre de la justesse de ses idées, prouver par la qualité de son argumentation qu'on était digne d'accéder aux publications d'un parti qui faisait autorité dans l'Internationale.

Publier en allemand, dans la presse socialiste allemande, devenait donc un objectif politique pour Rosa, mais aussi un but personnel.

Elle n'atteindrait vraiment à la notoriété que lorsqu'elle serait ainsi « reconnue » par ses camarades allemands. Alors, elle serait une « théoricienne » respectée, avec qui il faudrait compter.

Écrire dans *La Cause ouvrière* était un devoir militant. Mais publier dans *Neue Zeit*, la revue de Karl Kautsky, cette publication qui est « le porte-parole du socialisme scientifique, qui représente l'opinion officielle de la social-démocratie allemande » (ainsi parlaient de *Neue Zeit* les socialistes italiens), c'était franchir une étape décisive, obtenir la consécration.

Rosa Luxemburg se fixe donc ce but.

Mais pour l'atteindre, il faut convaincre le fondateur de *Neue Zeit*, celui qui en est le maître, Karl Kautsky.

C'est un homme austère qui, en 1896, a quarante-deux ans. Il est né à Prague et, à vingt et un ans, il a adhéré au Parti socialiste autrichien. En exil à Zurich, il a côtoyé les dirigeants socialistes allemands et, philosophe, économiste, il rencontre Karl Marx ainsi que Friedrich Engels. Il devient l'ami de ce dernier et, à la mort de Marx, en 1883, il fonde la revue « scientifique » — puisque le socialisme a pour ambition de l'être — *Neue Zeit*.

La puissance du Parti socialiste allemand donne à la revue une autorité internationale. Karl Kautsky, le rédacteur en chef, sélectionne les articles en fonction de leur qualité et s'efforce à l'objectivité scientifique, soucieux qu'il est de maintenir le débat ouvert entre toutes les tendances de la social-démocratie, lui-même jouant le rôle d'arbitre du socialisme international, héritier de Marx et d'Engels et correspondant d'égal à égal avec tous les dirigeants des partis socialistes.

Quand elle s'adresse à Kautsky, en 1896, Rosa Luxemburg le fait avec déférence. Pour « Monsieur le Rédacteur en Chef », elle n'est qu'une jeune socialiste polonaise, minoritaire, « Mademoiselle Luxemburg, Universitätstrasse, 77 », et elle conclut ses lettres respectueusement, « avec l'assurance de toute ma considération ».

Mais en même temps, obstinée, elle envoie ses articles « sur les courants nationalistes dans le mouvement socialiste polonais », et quand Kautsky lui demande de les couper, elle s'incline : « Je suis prête, bien qu'à grand regret, à réduire mon article ainsi que vous me le demandez. Mais ceci ne saurait être fait au moyen de simples coupures. L'article forme un tout organique... »

C'est une Rosa Luxemburg opiniâtre, déterminée, qui se découvre convaincante, assurant Kautsky que sa « polémique n'a certainement rien de personnel, mais vise uniquement les conceptions ».

Elle connaît *Neue Zeit*, elle sait que Kautsky n'est pas homme à accepter des articles lourds d'attaques personnelles et Rosa se défend donc. « Tous les passages blessants contenus dans ma réponse visent exclusivement les écarts de principes. » Mais, en même temps, elle ne cède pas.

Quand Kautsky veut ajouter une « note de la rédaction » à la fin de l'article pour en contester les idées, Rosa proteste : « Je dois cependant, écrit-elle, prendre la liberté de vous prier avec insistance de bien vouloir renoncer à mettre, comme vous en avez peut-être l'intention, une note... »

Elle s'exprime dans les formes mais elle n'en expose pas moins son point de vue, en appelle à l'« objectivité » de Kautsky.

Des textes de Rosa sont finalement publiés par *Neue Zeit*. Triomphe de Rosa : ses idées, sa tendance accèdent ainsi à une sorte d'autorité scientifique. Elle a été accueillie dans la revue où sont confrontés les points de vue « sérieux ».

Conséquence immédiate, la revue socialiste italienne *La Critica sociale* les accepte à son tour. « Nous donnons un certain poids aux lettres de Rosa Luxemburg parce qu'elles sont parues dans *Neue Zeit* », écrit Filipo Turati, le rédacteur de la revue italienne. Rosa confirme ainsi ses qualités tactiques.

Elle a déjà appris à manœuvrer dans le labyrinthe des cercles du pouvoir socialiste international. Elle sait, avec lucidité, où, quand, comment il faut intervenir, publier, sur qui il faut peser pour atteindre le résultat que l'on recherche.

Elle n'est pas que l'intellectuelle aux idées originales, à la pensée pénétrante, à la polémique efficace, elle est aussi une habile manœuvrière, ne négligeant aucun détail pour l'emporter.

Et les adversaires ne s'y trompent pas. A quelques semaines de la tenue du congrès de l'Internationale à Londres, les points marqués par Rosa Luxemburg sont pour eux autant de défaites.

Il faut vite déconsidérer Rosa, la blesser.

Qu'est-ce que cette Rosa ? Une « Russe de Berditchev », disent-ils, c'est-à-dire de cette ville d'Ukraine qui ne compte que des habitants juifs. Une Juive donc. Et ces attaques antisémites répétées, dont Rosa ne parle jamais, doivent l'atteindre.

Elle a beau ne pas se reconnaître dans le judaïsme, elle sait qu'elle appartient à cette communauté et c'est comme si on voulait la blesser dans son apparence, dans son être. C'est bien ce que l'on recherche, quand on écrit d'elle qu'elle n'est qu'une « bonne femme querelleuse et hystérique ».

Bonne femme juive: voilà comment l'on répond à ses arguments.

Et dans la revue du PPS, on se moque de ses positions: « Avec quelques autres Russes de Berditchev, la demoiselle Rosa se sent secouée de convulsions hystériques à la pensée de notre patriotisme polonais... Nous regrettons simplement qu'une revue allemande sérieuse se soit laissé prendre au piège de cette demoiselle Rosa qui, en Suisse, voudrait faire accroire aux gens qu'elle représente quelqu'un ou quelque chose en Pologne. Le socialisme polonais n'est pas tombé assez bas pour que la demoiselle Rosa, en compagnie de quelques Russes de Berditchev, s'arroge le droit de parler en son nom. »

Cette violence, cette brutalité et cette bassesse dans les attaques prouvent que Rosa, en publiant dans « une revue allemande sérieuse », a frappé juste.

Mais quand s'ouvre le congrès, le 17 juillet 1896, elle n'en est pas moins isolée dans la grande salle étouffante.

Cette fois-ci — et c'est une victoire par rapport au congrès de Zurich — elle est officiellement déléguée et personne ne peut contester ses mandats. Des socialistes allemands de Haute-Silésie, inquiets de l'agitation nationaliste polonaise, les lui ont procurés.

Mais les dirigeants de la social-démocratie allemande se méfient d'elle. Et Rosa est bien faible face au nouvel homme fort du PPS, Jozef Pilsudski. Il a fait partager son point de vue à Victor Adler et le dirigeant allemand s'écrie: « Que tous ces émigrés aillent au diable! » Il s'en prend à cette Rosa Luxemburg qui « essaie de penser à notre place ». Ce n'est après tout que l'une de ces « têtes folles », une « oie doctrinaire » qui trouble les congrès.

Oui, au diable, cette Rosa Luxemburg, ajoute Wilhelm Liebknecht, ce n'est qu'une « personne pédante et querelleuse qui veut imposer une pratique purement mécanique du marxisme ».

Dans ces conditions, Rosa eut beau dire, beau faire, la résolution votée par le congrès qui déclarait que l'Internationale était « favorable à l'autodétermination de toutes les nations », représentait pour elle une défaite.

Elle tenta de le masquer, mais au fond d'elle-même, elle savait bien qu'elle avait perdu une nouvelle fois, que des mois d'efforts, des nuits de travail, des jours et des jours de solitude, à Paris loin de Léo Jogichès, n'avaient abouti qu'à cet échec.

Après les tensions de la préparation du congrès, c'est l'abattement, la fatigue.

« Je suis déjà mentalement épuisée », confie-t-elle à Léo.

A quoi tout cela servait-il?

5

« *Pourquoi me laisses-tu seule ?* »

(1897-1898)

Rosa est rentrée à Zurich. Elle vit « à dix pas » de Léo.

Parfois, ils quittent la ville pour se retrouver, ne dissimulant plus leur union, à l'hôtel Zur Tanne, dans le village de Weggis, près de Lucerne. Ils marchent côte à côte. Ils s'aiment, ils se disputent. Scènes souvent violentes au cours desquelles Rosa reproche à Léo son indifférence, sa « méchanceté », son orgueil, alors que dans de brusques accès il manifeste sa jalousie, sa volonté de la tenir dans sa poigne, soumise, dépendante de lui, comme si elle était à lui, totalement à lui, qui pourtant ne veut même pas se montrer près d'elle devant les camarades, à Zurich.

Après ces secousses, elle se remet au travail.

Elle a découvert à Paris des archives qui lui permettent de faire de sa thèse sur le développement industriel de la Pologne un travail original, plein de maîtrise, et que le professeur Julius Wolf salue comme une œuvre remarquable, faisant de Rosa un docteur en droit et en sciences politiques, avec les félicitations du jury. Et, distinction plus rare encore, une maison d'édition de Leipzig, Duncker et Humboldt, décide de publier ce travail.

C'est pour Rosa un instant de joie.

Non seulement parce que son effort de plusieurs années débouche sur ce succès, qu'elle a ainsi brillamment achevé son cycle universitaire — alors que Léo piétine, néglige les cours, refuse de suivre les conseils de Rosa qui l'incite à entreprendre un mémoire —, mais aussi parce que sa thèse démontre que, sur le plan économique, la Pologne russe est intimement liée à la Russie et qu'ainsi les idées politiques de Rosa sont économiquement, « scientifiquement » justifiées. Pourquoi l'indépendance de la Pologne s'il y a cette intégration économique avec l'Empire russe ?

Chez Rosa, tout est lié.

Mais ce qui la comble le plus — et la déchire aussi — ce sont les réactions de ses parents à la nouvelle de son succès universitaire.

Rosa se reprochait de ne pas écrire assez à Varsovie, aux siens, trop prise par sa correspondance passionnelle et politique avec Léo, par ses articles, ses polémiques.

Mais les liens entre elle et sa famille restaient forts et vivants.

Au printemps de 1897, avec ménagement, on avertit Rosa que sa mère était malade, gravement malade, mais personne ne soupçonnait — bien que Joseph Luxemburg, le frère de Rosa, fût médecin — que ce cancer de l'estomac aurait une évolution rapide. Quand Rosa écrivit aux siens qu'elle avait soutenu sa thèse, qu'elle était donc docteur depuis le 1er mai 1897, ce fut, à Varsovie, une explosion de joie.

« Maman riait et pleurait tout à la fois, refusant de se séparer un seul instant de ta lettre, tenant absolument à ce que le monde entier sache combien elle était heureuse et fière », écrit Anna.

Joseph s'exclame, félicitant sa sœur : « Quelle joie tu nous as donnée avec les nouvelles de ton doctorat. »

Et quelques jours plus tard, Anna écrit encore à Rosa : « Tu ne peux imaginer la joie et l'euphorie que ton doctorat a créées ici. Nous ne cessons de recevoir des félicitations et il semblerait parfois que nous fêtions ici des fiançailles... Papa et maman sont tout simplement devenus vaniteux... Ils entrent en de longues négociations pour savoir qui va garder ta lettre... Je joins 5 roubles que maman t'envoie avec ordre de les dépenser pour ton plaisir... »

Quand elle reçoit ces lettres, Rosa pleure. Sa famille est le seul lieu, elle s'en rend compte, où on l'accueille sans calcul. Où elle peut, comme une enfant, montrer son diplôme — elle leur en envoie une copie — et, comme à une enfant, on lui donne 5 roubles.

Elle a, après tous les coups qu'elle a reçus, besoin de cette admiration, comme d'un onguent sur les plaies.

Elle a besoin que son père la berce avec les mots de l'affection, « ma chère petite fille tendrement aimée, ma Ruziunia à moi », qu'il nomme « ma fierté ».

Mais, peut-être à cause de la fatigue, de la maladie de sa mère dont elle pressent la gravité, ce retour, fût-il seulement épistolaire, dans le cocon familial, s'il la rassure un temps, la désespère. C'est une irrépressible nostalgie qui la saisit.

Là-bas, à Varsovie, on l'aime comme elle voudrait qu'on l'aime partout, mais la lettre lue, relue, l'amour se dérobe. Elle est à Zurich. Elle vit seule dans la brutalité impitoyable de l'affrontement politique. Elle ressent, à chaque lettre, un flot d'émotion et de joie, et aussitôt elle mesure la perte, irrémédiable. Et ainsi ce qui la rassure la fragilise du même mouvement.

Elle est à nouveau une enfant aimée et cependant elle sait qu'elle ne le sera plus jamais.

Et, naturellement, tous ces sentiments, faits de nostalgie, de regrets et aussi de culpabilité — c'est elle qui est partie, qui a rompu avec les siens — sont avivés, rendus presque insupportables par l'aggravation de la maladie de Lina Luxemburg, puis sa mort.

Sans le vouloir, Anna la sœur aînée distille le poison de la culpabilité et du remords.

« Naturellement, il n'y a rien que Maman ne souhaite davantage que ta présence », écrit-elle, ajoutant : « Ce que j'ai enduré, ma chérie, pendant sa maladie et combien ce fut dur pour moi, je ne peux même pas l'exprimer par des mots. »

Éloignée, impuissante, affaiblie, anxieuse, dévorée par les reproches qu'elle s'adresse à elle-même, se prenant la tête à deux mains, insomniaque, Rosa Luxemburg lit et relit ces phrases qui la percent. « Je crois que le meilleur moyen pour qu'elle se rétablisse serait que tu t'occupes d'elle », écrit Anna.

Mais comment quitter Zurich, le front politique, Léo, comment rentrer en Pologne alors qu'elle y serait peut-être immédiatement arrêtée ?

Et même pas le temps d'écrire des lettres, car la journée est dévorée par les activités politiques urgentes. Et Rosa sait que c'est inhumain de choisir cette vie politique contre l'autre vie, mais l'engrenage tourne, malgré elle.

« Maman est bouleversée par ton silence, alors dépêche-toi, répète Anna. Elle va mieux et parle tout le temps de toi... Que t'arrive-t-il ? Écris un peu plus ! »

Comment leur expliquer, aux siens ? Ils n'imaginent même pas ce que peut être la vie de Rosa. Ils ont l'innocence et la bonté. Ils envoient dix roubles, un colis. Et Rosa, seule, déchirée par les regrets, sachant qu'il lui faudrait écrire, ne trouve pas le temps.

Plus tard, elle avouera qu'elle avait été folle de sacrifier à cette divinité de la politique, ce Baal barbare, le temps nécessaire pour répondre aux lettres de ses parents, aux désirs de sa mère.

Et, tout à coup, il n'y a plus rien à faire.

Le remords devient torture insupportable.

Lina, la mère, est morte dans la nuit du mercredi 29 au 30 septembre 1897. Rosa doit lire, les yeux brouillés par les larmes, le corps secoué par les sanglots, ces lettres de sa sœur et de son frère où on lui raconte les deux piqûres quotidiennes de morphine, les vomissements, les derniers mots.

« Le dernier jour, elle m'a demandé : pourquoi Rozia ne vient-elle pas me voir ? » écrit Anna.

Cruauté inconsciente de la sœur qui insiste : « Quand je lui ai rappelé que tu étais très loin, elle s'est contentée de répéter Rozia, Rozia, jusqu'à son dernier soupir. »

Et on raconte encore que la mère a laissé une bague, qu'elle voulait envoyer, manifestement, « l'amour qu'elle avait pour toi ».

Duplicité de l'affection familiale, des liens entre sœurs. On veut consoler et on tue.

« Mon Dieu, comme tu dois souffrir si seule et si solitaire », s'exclame-t-on. Et Rosa entend sous la phrase de sa sœur ce que l'inconscient pense : tu as voulu partir, tu nous as quittés, tu as la gloire, souffre, souffre, c'est justice.

Et Rosa entre dans le jeu tragique. Elle écrit jusqu'à cinq lettres par jour.

Où est passée la savante rédactrice de *Neue Zeit*, la militante montant sur une chaise dans un congrès de l'Internationale socialiste, la pamphlétaire ?

Il n'y a plus qu'une petite fille qu'on martyrise à coups d'amour et qui se détruit à coups de remords.

« Je t'en prie, lui répond sa sœur — magnanime, maintenant qu'elle sait que Rosa a compris qu'elle avait sacrifié le meilleur, sa famille où elle, Anna-la-juste, était restée —, je t'en prie, Rosa, calme-toi, comment peux-tu dire que maintenant tu n'as plus de raison de vivre. Et papa ? Et moi ? »

Car elle en est à dire cela, Rosa la courageuse, l'optimiste, l'intrépide. Et sa sœur conclut sa lettre par ces mots : « Jusqu'au tombeau, ton Anna. »

Le mal est fait.

Anna peut maintenant consoler, répéter lettre après lettre les « calme-toi », les « porte-toi bien, ma pauvre petite fille » et s'étonner : « Quelles drôles d'idées te viennent, pourquoi ta conscience devrait-elle te tourmenter ? Pourquoi ? Que reproches-tu à ton comportement envers Maman ? Elle a toujours été fière de toi, tes lettres étaient sa plus grande joie jusqu'à son extrême fin, et quand elle n'était pas contente de nous, elle disait : Seule Rozia ferait tout ce que je lui demanderais. »

Mais Rosa sait bien que sa mère aurait voulu la revoir, recevoir plus de lettres. Reste donc en elle cette blessure. Elle a manqué à son devoir, elle a manqué à celle qui l'aimait, celle dont elle était le plus proche, celle qui, calmée par la morphine, lisait Mickiewicz, celle qui lui avait appris à lire et fait découvrir la poésie.

C'est toute l'enfance qui, avec cette mort, revient hanter Rosa. Tout remettre en cause, lui révéler ses faiblesses, ses angoisses, l'incertitude sur les choix qu'elle a faits.

« Rassemble toute ta volonté, lui écrit son frère Joseph, calme-toi un peu. » Et sa sœur, peut-être enfin consciente de l'effet de ce qu'elle a confié à Rosa, se reprend : « Mon Dieu, comment pourrais-je me racheter envers toi ? dit-elle. Je frissonne à l'idée de toi, toute seule dans ta petite chambre, assise seule, te couchant seule, te levant seule sans personne près de toi à qui livrer ton cœur. »

Mais, ne pouvant s'empêcher de donner un dernier coup, elle ajoute : « Nous n'avons pas été seuls une minute. »

Oui, cruauté que Rosa, hypersensible, accepte comme un châtiment justifié.

Elle ne reproche rien aux siens. Elle demande au contraire qu'on la frappe encore. Comme si elle devait vraiment payer pour ce qu'elle a fait — partir —, pour ce qu'elle est devenue, si différente de cette mère « si religieuse » — précise la sœur Anna —, Rosa, traîtresse en somme à sa famille, aux valeurs et aux croyances des siens.

Seule donc.

Rosa écartelée, écorchée vive par ce que son frère appelle « la tragédie énorme qui nous a frappés » — Rosa qui ne trouve aucun appui près d'elle, puisque dans cette période où elle est si intimement atteinte, elle a le sentiment que Léo, celui qu'elle considère comme son époux, Léo dont elle a besoin parce qu'elle l'aime passionnément et donc qu'elle peut se confier à lui, Léo est moins que jamais présent.

Et dans l'été 1897, elle ne peut plus se contenter, parce qu'elle est bouleversée par la maladie de sa mère et bientôt par sa mort, de demi-reproches. Elle veut faire le point, tout dire de leurs rapports, dût-elle se meurtrir encore. Elle a cette exigence de vérité, Rosa, comme si elle aimait souffrir.

Et peut-être ce désir de souffrance — ce masochisme — explique-t-il pour une grande part son comportement, non seulement privé (pourquoi aimer cet homme de glace qu'est Léo Jogichès ? Et se taillader à son contact durant toutes ces années ?).

mais aussi politique. Pourquoi choisir la minorité, la marge persécutée, plutôt que la tranquillité des majorités ?

En tout cas, elle est à bout.

« Je ne peux plus travailler, écrit-elle à Léo. Ma pensée revient constamment à toi... » L'émotion fait trembler sa main, voile son regard : « Toute mon âme s'élance vers toi, dit-elle, et mes yeux se remplissent de larmes (tu vas probablement sourire à ces mots — puisque maintenant je pleure pour n'importe quoi). »

Mais elle doit pleurer, parler, et cependant elle l'avoue à Léo : « Je ne peux plus te parler aussi librement de ces choses. Je suis à présent aussi sensible et méfiante qu'un lièvre. »

C'est qu'elle a besoin, pour s'exprimer, d'une « atmosphère chaude et confiante, mais c'est maintenant si rare entre nous », ajoute-t-elle, lucide, amère, désespérée.

Léo est indifférent. La désire-t-il encore ?

Elle se souvient d'une de leurs dernières rencontres : « Tu étais distrait, gai, et tu trouvais que le "physique" t'est inutile, c'est-à-dire tout ce qui me préoccupait justement en ce moment. Cela m'a fait si mal... »

C'est une femme qui parle, qui répète « je veux t'aimer », qui se souvient du « souffle du passé », qui s'accuse de maladresses, qui rêve de « l'atmosphère douce, confiante, idéale, telle qu'elle était » au temps des premiers jours de leur amour.

Mais leurs rapports se sont si vite dégradés, ou plutôt ce qu'elle se refusait à voir, qu'elle acceptait, lui est devenu, avec les jours qui passent et qui aggravent le mal, intolérable.

Déjà lorsqu'elle vivait seule à Paris, elle en voulait à Léo. Elle se plaignait. Elle hausse encore le ton : « Pourquoi me laisses-tu seule ? Ah, que je t'implore ; mais toi, n'est-il pas vrai, comme il me paraît chaque jour davantage, que tu ne m'aimes plus autant ? »

C'est cela qui la déchire, l'idée aussi que Léo peut prendre ses pleurs pour des « scènes de bonne femme ».

Elle n'est que spontanée. Elle pleure parce qu'elle sent que Léo s'est détaché d'elle et parfois elle sent, dit-elle, que « la haine monte en moi et je veux te faire mal, te blesser, te montrer que je n'ai pas besoin de ton amour ».

Elle se tourmente, elle se torture, privée de lui, elle voudrait continuer à écrire, mais elle se souvient des vers de Mickiewicz :

La langue ment à la voix et la voix ment aux pensées ;
La pensée jaillit vive de l'âme, avant de se briser dans les mots.

Que Léo ne rie pas de sa tristesse, de ses confidences. Et elle conclut par deux nouveaux vers du poète polonais :

Mais toi, ô mon aimée! Toi du moins,
Salue le fantôme comme autrefois!

La plus lourde des conséquences de cette crise que traverse Rosa en 1897, c'est qu'elle en sort durablement marquée, comme si quelque chose d'essentiel s'était brisé en elle, définitivement.

L'éloignement d'avec Léo et les scènes qui ternissent leurs rapports, le sentiment qu'il ne l'aime plus, puis la mort de sa mère cassent un élan, un enthousiasme joyeux qui caractérisaient Rosa.

Elle agit avec la même intelligence, la même vigueur. Et même plus encore, comme pour compenser. Mais la déception s'est insinuée en elle. Et, dès lors, comme elle le confie à Léo : « Quand ma pensée embrasse ma vie entière, dit-elle, tout mon avenir se présente à moi comme un mannequin actionné par un mécanisme extérieur. »

C'est bien d'un engrenage qu'il s'agit, celui de la politique, des convictions, des tâches à accomplir, qui tourne et qui entraîne Rosa, de plus en plus vite, de plus en plus haut. Et elle fait ce qu'il faut pour cela. Avec talent, énergie, mais peut-être désormais sans illusion.

Elle ne croit plus à l'amour de Léo, peut-être même ne croit-elle plus à la possibilité de l'amour-passion pour elle. Sa mère est morte, son enfance s'est refermée avec cette tombe, là-bas, à Varsovie, dans le murmure des kaddish récités chaque jour à la synagogue.

Il faut continuer à agir. C'est cela la vie. Mais le froid est en elle.

Seulement, il y a une force vitale dans cette jeune femme de vingt-six ans, auteur d'une thèse remarquée, d'articles publiés dans *Neue Zeit* et *Critica sociale*, et Rosa réagit donc.

Ses amis Robert et Mathilde Seidel l'incitent à s'installer en Allemagne. Là-bas, elle trouvera un champ d'activités à sa mesure, un grand parti, des journaux, une atmosphère intellectuelle. Un autre ami de Rosa, Marchlewski, est devenu rédacteur en chef de la *Sachsische Arbeiterzeitung (Le Journal des travailleurs de Saxe)* et Rosa connaît aussi l'autre rédacteur en chef, Alexander Helphand, dit Parvus, un émigré russe, fantasque, brillant, riche, révolutionnaire et séducteur, amoureux peut-être de Rosa. Relations utiles pour trouver en Allemagne des points d'appui, un emploi de journaliste dans la presse socialiste, puisque Rosa maîtrise maintenant parfaitement l'allemand.

Mais, étrangement, Léo est réticent, jaloux. Rosa lui échappe. Il la perd comme militante de son parti polonais, il sent qu'elle s'éloigne de lui aussi par une réaction de santé, parce qu'elle souffre de sa passion pour lui et qu'il ne peut pas lui donner ce qu'elle demande.

Il s'y essaie, comme il l'a déjà fait tant de fois, quelques mots tendres pour la retenir. Elle s'embrase aussitôt, espère, l'accable de déclarations, le bouscule par ses élans et il se referme, rendu plus méfiant encore à l'égard des femmes depuis la mort de sa propre mère.

Rien ne le satisfait donc dans ces préparatifs de départ, dans ce qu'il imagine des rapports que Rosa va nouer avec ces socialistes allemands, ces hommes. Et déjà, il n'apprécie pas son amitié pour Parvus.

Mais il ne sait pas lui dire ce qu'elle attend de lui, il ne veut pas la retenir. D'autant plus qu'elle avance des raisons politiques. Le travail à conduire parmi les mineurs polonais de Silésie, l'accès aux publications de large audience de la social-démocratie allemande. Léo se tait. Soit. Que Rosa s'éloigne, s'installe en Allemagne.

L'élégant Léo Jogichès, le révolutionnaire aguerri, le conspirateur efficace, est, comme Rosa, un être complexe. Et dans leur relation passionnelle, ils sont inséparables, liés l'un à l'autre pour toujours — ils le sentent bien — et en même temps incapables de le vouloir ensemble, passant leur vie à vivre loin l'un de l'autre, Léo se dérobant chaque fois que Rosa lui tend les bras. Et elle, s'épuisant dans cet amour qui ne rencontre que l'absence.

Pour s'installer et pouvoir jouer un rôle politique en Allemagne, ne pas risquer d'être expulsée, il fallait être allemande. Et Rosa n'était qu'une Polonaise, sujet de l'Empire russe. C'est Olympia Lübeck, chez qui Rosa logeait à son arrivée à Zurich, qui réussit à persuader son fils, Gustav Lübeck, de conclure avec Rosa un mariage blanc qui donnerait la nationalité allemande à Rosa.

C'était une manière de remercier Rosa pour tous les services qu'elle avait rendus au mari d'Olympia, Karl Lübeck, en l'aidant, alors qu'il était aveugle, à écrire, à corriger ses articles.

Le jeune Gustav Lübeck, d'abord réticent, se rendit cependant à la mairie le 13 avril 1898, puis, le mariage conclu, quitta son « épouse » sur le seuil même du bâtiment municipal.

Rosa était ainsi devenue en quelques minutes Frau Gustav Lübeck, épouse d'un mécanicien, qu'elle ne côtoierait à nouveau qu'au moment du divorce, cinq années plus tard.

Elle pouvait commencer une nouvelle étape de sa vie, laissant derrière elle Zurich et Léo Jogichès.

Elle arriva à Berlin le 12 mai 1898.

TROISIÈME PARTIE

« Le devoir seul existe pour moi »
(1898-1904)

6

« Quelle vie était-ce là ? » (1898-1900)

Elle portait une robe noire et un nouveau chapeau. Des amis polonais — les Warszawski — chez qui elle se rendit en arrivant à Berlin, la trouvèrent « charmante ». Elle souriait. Elle cachait sous cette apparence tranquille, assurée, une question : saurait-elle, dans cette ville inconnue, imposer sa marque ?

En compagnie d'une relation qu'elle appelle « ma cousine », elle passe les premiers jours à la recherche d'un logement. Elle marche, emprunte le « chemin de fer urbain » et dès le premier jour prend un abonnement mensuel pour trois marks. Car elle compte, chaque jour, et se sent responsable de ses dépenses face à Léo Jogichès qui est son « bailleur de fonds ».

Elle habite, dans l'attente de trouver un logement, une « chambre meublée privée à un mark par jour ». Ses visites de logements la déçoivent. « Dans un appartement, ça fait mal au ventre, dit-elle, dans un autre ça pue le soldat » et elle a pourtant le cœur à sourire, puisque dans la première lettre qu'elle écrit à Léo Jogichès de Berlin, le 17 mai 1898, elle exclut les chambres qui voisinent avec celles occupées par des officiers, « en raison du danger qui, de ce fait, te menacerait, comme de ton éternelle crainte que ta femme ne s'enfuie avec un officier ». Elle évite donc « un tel voisinage comme la peste ».

A la fin, elle se décide pour une chambre au premier étage, élégamment meublée, avec un piano, ensoleillée et ouvrant sur un petit balcon couvert de verdure. Il y a un bureau, un fauteuil à bascule, une glace sur toute la longueur du mur, un jardin en contrebas, « mais..., écrit-elle, j'ai peur de l'avouer, 33 marks ».

Elle se justifie. La chambre est située « dans la Cuxhavenerstrasse, n° 2, Gartenhaus I, tout près du Tiergarten, dans la partie la plus aristocratique » de Berlin.

Rosa a toujours eu besoin d'un cadre sinon luxueux, du moins confortable. Cela la rassure. Elle veut que son regard découvre un décor apaisant et elle ne veut pas que la chute, par rapport à Zurich, soit trop forte, même si elle sait que sa chambre suisse était, comme elle l'écrit, « un merle blanc ».

Elle a hésité à cause du prix, n'osant pas se décider, sa conscience le lui interdisait avant qu'elle « ait parcouru la moitié de la ville et constaté qu'il n'y avait pas d'autre choix ».

Si elle a besoin de cette ambiance douillette, de ce quartier cossu, du Tiergarten tout proche où elle songe déjà à se promener chaque jour, c'est qu'elle broie du noir.

« A cause de l'immensité écrasante de Berlin, je me sens, confie-t-elle à Léo, comme si j'étais venue seule, étrangère, pour conquérir Berlin et, le mesurant du regard, j'ai eu la frousse devant sa puissance froide et indifférente à mon égard. »

Elle ne peut plus demander « conseil à temps » à Léo quand il lui faudra prendre des décisions. Elle le sait. Jamais encore, répète-t-elle, « je n'avais été si absolument seule, étrangère dans une grande ville, avec de grandes tâches et de petites forces pour leur exécution ».

Elle doit mener une bataille politique, elle doit creuser son chemin dans cette ville et au sein du Parti socialiste allemand, elle doit trouver le moyen de gagner sa vie, parce qu'elle sait et elle sent que Léo ne pourra pas toujours subvenir à ses besoins, que sa famille à Varsovie risque de faire appel à son aide. Et, pour tout cela, elle ne dispose que de sa plume, de sa tête. Il ne faut pas qu'elle se trompe. Il faut qu'elle réussisse.

Quand elle se confie à Léo, c'est comme si elle se parlait à elle-même, et elle a besoin de cette confession.

Elle passerait sa nuit à écrire. Avec qui dialoguer, sinon avec l'amant lointain ?

« Je sens des bleus partout dans mon âme, dit-elle... Au lit, dans un appartement étranger, dans une ville étrangère, je me suis sentie un peu pusillanime et je me suis dit dans le recoin le plus profond de l'âme : au lieu de mener une existence aussi aventureuse, ne vaudrait-il pas mieux vivre quelque part en Suisse avec toi, à deux, tranquilles et aimés, et profiter de notre jeunesse pour être heureux ensemble ? »

Elle a, dit-elle, envie de pleurnicher. Elle est pleine de nostalgie, de regrets. Mais à quoi bon ? Elle sait bien que tout cela est illusion. Les mots qu'elle trace, elle les tend pour que Léo s'en empare, mais elle sait bien aussi qu'à Zurich, avec Léo, « ni nous ne vivions à deux, ni nous ne nous réjouissions d'être ensemble, ni nous n'avons connu le bonheur ». Entre eux, au contraire, discordance, « quelque chose d'incompréhensible pour moi, d'épuisant, de sombre ».

Elle a la sensation, quand elle repense à cela, qu'on lui comprime les tempes. Elle n'a donc rien à regretter. Elle avait à choisir non entre le bonheur et la solitude berlinoise, non entre la vie à deux, l'union de deux jeunes gens fondant une famille, et l'action politique, mais « entre deux bâtons ».

Et elle sait bien que la vie à Zurich, auprès de Jogichès, avait atteint un point limite. Qu'il lui fallait choisir le « bâton berlinois ». Mais quelque chose du désir d'une autre vie demeure en elle.

Elle n'est, dit-elle, « qu'un chat ordinaire qui aime qu'on le caresse et aime caresser les autres, ronronne quand il est heureux et miaule quand il est malheureux et qui ne sait rien exprimer autrement ».

Émouvante confession, aveu de sa faiblesse. Elle voudrait aimer, être aimée. Elle a besoin de tendresse, d'affection. « C'est un fait que j'ai sacrément envie d'être heureuse et je suis prête à marchander chaque jour ma petite ration de bonheur avec l'entêtement d'un sourd. »

Mais la vie a déjà été pour Rosa une rude, implacable, donneuse de leçons.

Léo est « un cœur de pierre, dur et inaccessible » comme le Riggi, ce sommet des montagnes suisses, et tant pis pour elle, puisqu'elle n'est pas, elle, « comme la Jungfrau ». Alors elle doit admettre que la vie est peut-être « une chose aride, sans joie », que « la vie peut vous happer et ne plus vous lâcher ». Et son désir de bonheur, « ce ne sont plus que des restes ; l'envie faiblit en moi, de plus en plus, face à l'impossibilité aveuglante comme le soleil, ou plutôt obscure comme la nuit, d'être heureuse ».

Alors elle se sent pénétrée peu à peu par le froid, elle se sent « entièrement indifférente et tranquille. Tout en moi, en quelque sorte, dort ».

Elle exagère. Elle connaît et connaîtra des retours de flamme, elle succombera par moments à l'amertume et à l'insatisfaction, mais elle sait aussi voir les avantages, juger avec un sang-froid nouveau.

Elle pense à Léo, elle lit avec avidité les lettres, les petits mots personnels que rarement il lui adresse, mais, dit-elle, « en moi tout est si étrangement calme, froid. J'exécute tout sans crainte, mais aussi sans ardeur, en quelque sorte mécaniquement, et en moi tout est étrangement sourd et vide ».

Et, avec une sorte de satisfaction sans plaisir, elle conclut, tirant parti, en réaliste, de sa situation, de son évolution psychologique : « A la fin des fins, plus je suis abandonnée à mes propres forces, mieux ça vaut. »

L'action politique, le travail, l'appel à sa propre énergie sont ainsi vécus par elle comme une sorte de compensation, d'obligation, puisqu'elle a en elle une énergie qu'il lui faut employer, un talent qui doit se déployer.

Mais le fait qu'elle revienne sans cesse sur ce rapport qu'elle a à Léo, au bonheur, à l'idée d'une autre vie, montre que, quoi qu'elle veuille, quoi qu'elle fasse, elle souffre durement de cette frustration.

« Je vis ici comme si je manquais d'air pour respirer », dit-elle. « Si tu étais là, confie-t-elle à Léo, c'est-à-dire si nous vivions ensemble, mon existence aurait été plus normale et il se pourrait même que Berlin m'ait plu et j'aurais eu plaisir à me promener au Tiergarten... »

Mais rien de cela n'existe. Alors, « qu'il pleuve ou que le soleil brille », tout la laisse indifférente. Et, sinistre, elle, si combative, ajoute : « Je vais dormir avec autant d'indifférence que je me lève. »

L'absence de Léo la ronge toujours. « Je me sens en quelque sorte détachée de la vie, étrangère à tout et à tous. »

Que reste-t-il alors ?

« Je commence à m'habituer à la pensée que le devoir seul existe pour moi. »

Mais ce devoir, elle va le faire jusqu'au bout.

Bien sûr, elle trouve « Berlin dans l'ensemble affreux, froid, laid, lourd, la vraie caserne, et ces chers Prussiens avec leur arrogance comme s'ils avaient tous avalé leur canne, celle avec laquelle on les battait naguère ». Et quand elle écrit à Mathilde et Robert Seidel, peut-être pour les satisfaire, puisqu'ils vivent à Zurich et s'y sont définitivement installés, elle leur vante « la quiétude bienfaisante et la civilisation de la Suisse, et la propreté de leur pays ». Tout cela, dit Rosa, « me manque à chaque coin de rue ».

Rosa est cependant l'une de ces personnes capables, malgré les déceptions et la nostalgie, d'agir comme si de rien n'était. Le « surmoi », l'obligation morale et politique, la poussent en avant. Et les conditions pour elle sont favorables.

Elle s'est présentée à la police et a obtenu sans difficulté son *Heimatschein* — certificat de citoyenneté — qui porte les numéros 3835 Acta 1979 VH 98. « *Le Présidium impérial de la Police soussigné*, peut-on lire, *atteste par la présente que l'épouse Rosalia Lübeck, née Luxemburg, née le 5 mars 1871 à Zamość, possède la citoyenneté prussienne à la suite de son mariage. La présente attestation est valable pour une durée de cinq ans.* »

Tout s'est donc bien passé. Elle est libre d'agir et, sans attendre, elle se présente au siège du Parti socialiste allemand. Moment tournant de la vie de Rosa.

L'Allemagne, en effet, est la citadelle économique de l'Europe, la grande puissance qui, depuis la guerre de 1870, domine politiquement le continent, malgré les efforts de la France pour, en s'associant avec la Russie depuis 1893, faire contrepoids.

L'arrivée à la tête du Reich de Guillaume II, le départ puis la mort de Bismarck, gestionnaire prudent d'un empire qu'il avait constitué, révèlent les ambitions mondiales de l'Allemagne.

Guillaume II veut peser sur le sort du monde à l'égal de l'Angleterre ou de la France et donc se tailler, comme ces deux nations, un empire colonial. L'Allemagne est ainsi au cœur des contradictions qui vont opposer, en Europe et dans le monde, les grandes puissances impérialistes.

Les jeunes disciples de Marx, telle Rosa Luxemburg, le sentent. Ils sont persuadés que le « capitalisme » dont l'impérialisme est l'expression va connaître des secousses décisives, qu'il marche ainsi à un rythme de plus en plus rapide vers sa fin.

Et sur ses décombres, une autre société naîtra, socialiste.

Cette foi — presque une religion — se pare des vertus de la science. Il s'agit en effet, dans l'esprit de cette génération imprégnée par les œuvres de Marx, de bien plus que d'une espérance sociale ou politique, mais d'une certitude issue des analyses du *socialisme scientifique*.

On ne rêve pas, on affirme avec la conviction du savant que le système capitaliste est condamné et qu'en son sein se sont déjà rassemblés ses juges et ses héritiers : les travailleurs, le prolétariat.

Et ici encore l'Allemagne est le centre.

Le Parti social-démocrate, la SDP, connaît depuis une vingtaine d'années une série de succès, électoraux et syndicaux. Il s'est construit sur un programme — élaboré au congrès d'Erfurt en 1891 — qui comporte deux faces : l'une qui précise les objectifs minimaux du Parti (ceux d'une opposition qui veut arracher au « système », par une lutte syndicale et politique, des avantages pour les citoyens qu'elle représente et qui l'élisent) et des objectifs maximaux, annonçant que le Parti se prépare à la Révolution et attend la chute de tout le système.

Karl Kautsky était l'un des auteurs de ce programme d'Erfurt. Et les dirigeants du Parti, August Bebel, Wilhelm Liebknecht, Eduard Bernstein et l'Autrichien Victor Adler avaient pendant longtemps fait mine de croire que l'on pouvait concilier sans problème les deux faces de ce programme, l'une réformiste et l'autre révolutionnaire.

« Je suis et resterai toujours l'ennemi mortel de cette société bourgeoise et de ce système de gouvernement », répétait Bebel, et il ajoutait : « Pas un homme, pas un sou pour ce système ! »

Cette attitude était facilitée par le fait que le Parti s'était constitué comme une « contre-société » : il était un milieu social, les dirigeants vivant entre eux et formant un petit groupe amical. Le Parti restait par ailleurs très ouvrier, assez peu pénétré par les intellectuels et, replié ainsi sur lui-même, tout en accroissant son influence — plus d'électeurs, donc plus de députés et plus de moyens —, il gérait de congrès en congrès à la fois sa politique de réformes, de succès quotidiens, et ses objectifs révolutionnaires, sans se soucier de la liaison qui pouvait exister — qui aurait dû exister — entre ces deux réalités: les réformes conduisaient-elles à la Révolution ? Pouvait-on « réformer » un système que la « théorie » considérait comme moribond et dont il fallait hâter la chute ?

C'est à ce parti que, le 25 mai 1898, Rosa Luxemburg adhéra.

Elle savait ce qu'elle voulait. Y conquérir une place. Pas question pour elle d'adopter, parce qu'elle était d'origine polonaise, juive, un comportement effacé. Elle avait la ferme intention non seulement d'écrire dans les journaux du Parti, mais encore de prononcer des discours. Léo s'inquiétait de son allemand imparfait. Elle écartait ses arguments, répondait avec assurance : « Je prendrai d'emblée un ton supérieur, c'est-à-dire d'un vieux camarade entièrement familiarisé avec le boulot et se sentant sur une tribune comme chez lui dans sa chambre à coucher. Je n'ai pas la moindre frousse à la pensée d'une réunion. »

Sans doute exagère-t-elle. Mais ce qui la pousse, c'est, dit-elle, que « je suis littéralement incapable de rester dans mon coin ». Elle lit les journaux, les comptes rendus de réunions. Et elle vibre d'impatience.

Elle est ainsi sûre d'elle.

Elle est persuadée qu'elle pourrait mieux faire que ces orateurs, que ces journalistes allemands. Elle trouve leur style « conventionnel, rigide, stéréotypé ». Quand elle compare ces phrases plates à celles d'un journaliste qu'elle relit chaque jour — Ludwig Börne (1786-1837) — elle s'indigne de la pauvreté d'inspiration des personnalités dont elle découvre la prose à son arrivée à Berlin. Elle pourrait, elle va, elle doit faire mieux.

« Les gens oublient pour la plupart quand ils écrivent, dit-elle, de puiser au profond d'eux-mêmes et de ressentir toute l'importance et toute la vérité de la chose écrite. »

Elle, elle fera passer ce souffle dans ses propos. Et c'est cette conviction qui lui donne, malgré ce froid affectif qui la désespère, la force de se projeter dans les initiatives, les actions, alors même qu'elle a besoin de réfléchir, de se replier.

Car elle est contradictoire, Rosa Luxemburg.

Elle souffre de la solitude amoureuse, mais elle dit aussi : « Pas un seul ami dans la grande ville de Berlin aux deux millions et demi d'habitants. Pour l'instant cette idée me procure un tel plaisir que j'en souris béatement. »

Et pourtant elle recherche les contacts. Elle frappe à la porte du siège du Parti, Katzbachstrasse. Maison modeste. « Un grand blond, la quarantaine, bel homme, tout à fait le type du haut fonctionnaire russe ou du hobereau », vient lui ouvrir, la prie de s'asseoir. C'est un secrétaire du Parti en personne, Ignaz Auer.

Car Rosa va vite découvrir que ce puissant Parti socialiste allemand, que toute la société conservatrice observe avec angoisse et que les socialistes des autres pays considèrent comme un modèle, ne possède pas encore une véritable organisation. Quand Rosa Luxemburg pénètre dans ses locaux, puis y adhère, il est à un moment charnière de son histoire.

Il faut qu'il se donne une armature, qu'il ramifie son organisation. Il est donc encore assez perméable pour qu'une personnalité comme Rosa puisse y faire son chemin. Et d'autant plus que ce parti n'a pas encore attiré les jeunes ambitieux. Il est un parti réellement ouvrier, où les personnalités à la pensée agile, créatrice, à la plume allègre, sont rares.

Or ce parti, peu bureaucratique encore — mais en passe de le devenir, par nécessité, par sa diffusion de plus en plus profonde dans la société, par son insertion même dans le système qu'il réfute... — entre à petits pas, depuis la fin de l'année 1897, dans une polémique théorique, une controverse sur le sens même de son action, comme il n'en avait pas connu depuis deux décennies.

L'un de ses dirigeants, Eduard Bernstein, a publié en effet dans *Neue Zeit*, la revue de Karl Kautsky, une série d'articles sur *Les problèmes du socialisme* qui remettent en cause le dogme du parti socialiste — parti révolutionnaire.

Personnalité affable, modeste, Eduard Bernstein vivait à Londres après avoir séjourné en Suisse lorsque les lois antisocialistes de Bismarck l'avaient contraint à l'exil.

On l'aimait bien. Kautsky, Liebknecht, Bebel étaient ses amis. Et ils avaient lu, comme une contribution intéressante, tout en la contestant, la thèse de Bernstein qui *révisait* les hypothèses de Marx et le credo du programme d'Erfurt du SPD.

Bernstein, révisionniste, affirmait que le capitalisme, loin de s'effondrer comme prévu, se renforçait. Que le Parti socialiste devait donc, vigoureusement, être un parti réformiste, exprimant à l'intérieur du système les revendications des travailleurs, des consommateurs, améliorant par ces réformes la vie des couches laborieuses.

N'était-ce pas d'ailleurs ce que faisait concrètement le Parti ? Alors, pourquoi continuer à se proclamer révolutionnaire ou de faire croire à la mort prochaine d'un système qui prospérait au contraire, malgré les prévisions de Marx ? Elles dataient d'ailleurs d'un demi-siècle. Il fallait affirmer le contenu moral du socialisme et non sa volonté révolutionnaire. Que le Parti, écrivait Bernstein, « ose paraître ce qu'il est, c'est-à-dire un parti réformiste, socialiste et démocrate ». Et il ajoutait : « Le but final, quel qu'il soit, n'est rien, c'est le mouvement qui est tout. »

Il y avait matière à une grande empoignade, mais les Allemands, les dirigeants du Parti étaient trop liés entre eux, à la fois par des relations d'amitié, de connivence, des équilibres de pouvoir, pour engager la bataille idéologique.

Ignaz Auer, qui venait de recevoir Rosa Luxemburg, qui la connaissait par ses écrits, l'écoutait avec intérêt quand, précisant qu'elle était allemande, elle se déclarait volontaire pour aller faire campagne parmi les travailleurs polonais de la Haute-Silésie allemande.

Mais c'est le même Auer qui avait écrit à Bernstein : « Cher Ede, ce que tu réclames, on ne le dit pas, on le fait. » Pourquoi donc polémiquer ? Pourquoi se diviser devant l'opinion ?

Sans doute la critique du grand Marx était-elle un peu gênante. Mais les journaux du Parti (le *Vorwärts*, la *Leipziger Volkszeitung*) se contentaient de regretter que la forme des articles de Bernstein les rende « susceptibles d'être mal interprétés » ou encore que « Bernstein avait conclu une série de réflexions intéressantes par un paradoxe malheureux, chose qui peut toujours arriver à des esprits vifs et acérés. Mais c'est bien tout ce que l'on peut dire ».

Seulement, les Allemands n'étaient pas seuls.

De janvier à mars 1898, un ami de Rosa, Parvus Helphand,

rédacteur en chef de la *Sachsische Arbeiterzeitung*, publia une série d'articles polémiques contre Bernstein, sous le titre provocateur : « *Le renversement du socialisme par Bernstein* ».

C'était à la fois affaire de conviction — Parvus était jeune comme Rosa, lié aux Russes qui, dans leur lutte contre l'autocratie, se définissaient comme révolutionnaires — mais il était aussi indifférent aux relations d'amitié qui unissaient les dirigeants allemands. Et de plus, ses attaques avaient pour but de donner à son journal une audience nationale.

En s'en prenant à Bernstein, l'un des « bonzes » du Parti, il obtenait la célébrité.

Rosa, liée à Parvus, venant elle aussi de cette marginalité que représentaient les exilés russes ou polonais, ne pouvait que réagir de la même façon.

Et, comme Parvus, elle comprenait que l'affaire Bernstein, la polémique ouverte, pouvait lui servir à s'imposer comme l'égale des plus grands.

Elle saisit immédiatement l'opportunité qui s'ouvrait. Si elle savait empoigner avec intelligence ce levier, elle allait se distinguer, se faire connaître.

Il fallait travailler, travailler encore, toujours, sans perdre de temps. Et aussi se rendre indispensable, par exemple en faisant campagne pour le Parti socialiste allemand parmi les électeurs ouvriers d'origine polonaise.

Le plan était fixé dans la tête de Rosa. Il suffisait de l'appliquer.

Elle dressa donc — dans ses lettres à Léo — les étapes de sa stratégie avec une lucidité — et même un cynisme — d'ambitieuse qui utilise chaque moyen sans illusion. « J'aurais préféré pour mes débuts une scène centrale, écrit-elle ainsi le 28 mai 1898, Berlin, et non pas un quelconque patelin en Haute-Silésie. »

Mais elle doit accepter. C'est le moyen d'avoir de bonnes relations avec les Allemands. Il faut prendre tout ce que l'on vous propose quand on arrive. « Force nous est de nous appuyer pour l'instant sur les Allemands. »

Détermination, froideur dans l'analyse. Elle fait ce qu'il faut pour atteindre le but fixé.

Il n'y a pas place pour les hésitations.

« En un mot, dit-elle, il ne me reste plus qu'à prendre une petite valise et à me mettre en route. »

Elle partit donc, moins d'un mois après son arrivée à Berlin, pour la Haute-Silésie, cette partie de la Pologne, prussienne depuis le XVIIIe siècle, et qui était l'une des régions où le Parti socialiste allemand était le moins bien implanté.

Cette terre de mission, Rosa Luxemburg allait la parcourir, trouvant rapidement le contact avec les mineurs polonais. Elle parlait leur langue, ils étaient flattés et heureux de cette oratrice remarquable qu'ils saluaient avec fierté comme une compatriote même si, au contraire des propagandistes du parti polonais PPS, elle prêchait contre le retour de la Silésie à la Pologne, puisque, pour elle, l'indépendance de la Pologne était une régression.

Elle ne pouvait qu'être bien accueillie par les responsables socialistes allemands, pionniers isolés, tels Julius Bruhns, secrétaire de la section de Breslau, journaliste, ancien député au Reichstag ; tel le docteur August Winters, de Königshütte, ou encore Bruno Schönlank.

Ce dernier était le plus brillant. Dans le train qui conduisait Rosa en Haute-Silésie, il s'était présenté et Rosa l'avait écouté avec intérêt et amusement. Schönlank lui faisait la cour, était le rédacteur en chef de la *Leipziger Volkszeitung*, un journal social-démocrate qui tentait, par des rubriques littéraires, des articles de fond, d'échapper à la médiocrité de la presse provinciale.

Ces rencontres étaient de bon augure pour Rosa. Elle veillait à nouer des liens, à séduire, attentive comme une bonne tacticienne à se ménager des appuis, calculatrice — et rien moins que « spontanée » dans ses relations de « travail ».

Autant elle paraissait désarmée quand elle dialoguait avec Léo, autant elle se maîtrisait dans ses rapports avec les autres, sollicitant les conseils de Léo, lui répondant : « Je me conduirai avec Winters comme tu me le conseilles ; nous nous entendrons avec lui à merveille, ce doit être au fond un brave type, bien que teuton (car ceux-là sont encore pires). »

Elle agissait donc avec prudence, soucieuse de faire connaître ses idées aux ouvriers polonais, mais aussi de conquérir vite une audience dans le parti allemand. Associant avec habileté le désir de faire de la propagande au nom de ses convictions et de se donner des bases pour sa carrière future.

Rosa Luxemburg qui était tout, sauf naïve.

Et c'est sous l'angle de l'utilité — pour elle — qu'elle juge chaque action.

Elle parcourt ainsi les districts électoraux pour distribuer avec Winters des tracts et des cartes électorales. Elle commence ce travail dès huit heures du matin et elle le poursuit jusqu'à huit heures du soir.

A Léo qui pense qu'« un tel boulot est dégradant », elle explique : « Ce travail me fait honneur aux yeux de Winters et de Bruhns... Il ne peut que contribuer à ma bonne réputation, justement parce que je me fais connaître comme une bonne oratrice, c'est-à-dire que je suis apte à quelque chose de mieux et qu'en même temps je ne crains pas de marcher côte à côte dans le rang. »

Et c'est le succès. On l'écoute, on l'applaudit, on la réclame. Elle parle avec passion, un peu grisée par la facilité avec laquelle elle s'est imposée. « Après tout, dit-elle, je n'avais pas la moindre assurance de réussir, je devais me risquer comme sur de la glace. Je suis sûre maintenant que, dans six mois, je serai parmi les meilleurs orateurs du parti. La voix, l'aisance, la langue, tout me réussit, et l'essentiel c'est que je monte à la tribune aussi tranquillement que si je le faisais depuis au moins vingt ans, je n'ai pas la moindre frousse. »

Cette réussite lui donne de l'assurance. D'autant plus que, comme femme, elle reçoit des signes d'intérêt. Julius Bruhns est amoureux d'elle, se confie, quémande un peu d'attention, d'affection, bavarde sur les défauts de son épouse. Et il faut bien que Rosa, flattée et un peu méprisante, condescendante et habile aussi, écoute, promette son amitié.

Avec Bruno Schönlank, la relation est tout aussi ambiguë. Il lui offre de publier des articles dans la *Leipziger Volkszeitung*. Il lui écrit de nombreuses lettres, il parle philosophie, littérature, lui rend visite, parfois à l'improviste, dépressif, amoureux. Elle doit le tenir à distance, tout en l'écoutant, en dialoguant et peut-être en lui laissant un peu d'espoir.

Quand il est trop abattu, elle le réconforte. « J'ai dû essayer de le rassurer si possible, dira-t-elle après l'une de ses visites, car il donnait l'impression d'être déjà à moitié aliéné. Il avait de nouveau l'intention d'en “finir avec lui”. »

C'est cela, la force de Rosa : la combinaison entre une sincérité, une foi, une sensibilité, des convictions ancrées, un sens du devoir et, en même temps, cette froideur pour manipuler ceux qui lui sont utiles.

Les diagnostics qu'elle porte sont sans fioriture : elle dit à Léo qu'elle peut faire ce qu'elle veut de Schönlank et, quand elle dresse le bilan de son séjour en Haute-Silésie, elle précise avec le cynisme d'un Rastignac qu'elle a noué « des contacts personnels avec Bruhns et Schönlank, c'est-à-dire avec deux rédacteurs entièrement à ma dévotion ».

Elle a donc compris en ces premières semaines de son séjour en Allemagne comment fonctionne le Parti socialiste, comment elle doit se faire valoir, utiliser les relations personnelles, le réseau des amitiés, les journaux.

Et sa réussite, la séduction qu'elle exerce, ce pouvoir sur les auditoires et sur les hommes qu'elle rencontre modifient insensiblement son rapport à Léo.

Elle l'aime toujours, avec une « certaine passion ». Elle s'inquiète de son mode de vie. Il faut qu'il travaille à l'université, qu'il dorme, qu'il se nourrisse sainement, mais, peu à peu, elle devient dominatrice. « Dis-moi, enfant que tu es... », lui écrit-elle. C'est lui qui corrige les épreuves de sa thèse qui va être publiée. Pire. « J'ai lu tes corrections, dit-elle, et j'ai failli avoir une crise. Mais je ne veux plus en parler. » Elle ne suit pas les conseils qu'il lui donne. Il s'inquiète de la voir prendre la parole en allemand. Elle hausse les épaules. Que sait-il de la situation réelle, du fait qu'elle parle déjà la langue de Goethe... comme Bismarck ! Il devient, avec une nuance d'affection et de dérision, son « chéri bêta ».

Certes, elle rêve encore.

Jamais, on le sent bien et quoi qu'elle prétende, elle ne pourra tuer sa sensibilité, la part imaginaire de son esprit. Mais c'est presque malgré elle qu'elle y succombe, comme si un flot d'émotion la submergeait.

En Haute-Silésie, elle erre à travers les champs de blé, elle cueille des bleuets et des herbes. Elle entend parler le polonais, « sa » langue. Elle retrouve les odeurs de son enfance.

Champs de blé, prés, forêts, une immense plaine, des paysans polonais : « Je me sens revivre, dit-elle, comme si j'avais retrouvé la terre sous mes pieds. »

Et il suffit alors d'une scène, un petit paysan de cinq ans qui garde, pieds nus, un troupeau de vaches, et dans le lointain la forêt de pins, pour que les larmes l'étouffent. Et elle imagine qu'elle passera avec Léo ses vacances dans un village silésien. « Nous ressusciterons tous les deux en flânant dans les champs », rêve-t-elle.

Mais elle le sait aussi, maintenant : l'illusion ne dure pas.

Léo semble ne pas avoir lu sa lettre, ne pas avoir noté sa proposition : « Tu ne m'as rien répondu là-dessus, dit Rosa, l'idée ne t'a pas plu ou ne crois-tu pas en la possibilité de la réaliser ? »

Alors apparaissent, sous le rêve et derrière le paravent de l'action et du succès politiques, une autre réalité psychologique, une autre Rosa, celle qu'aucun de ses camarades ne soupçonne, qu'aucun des ouvriers polonais qui l'écoutent et l'applaudissent ne peut imaginer, une Rosa que seule Léo Jogichès connaît, mais qu'il refuse d'entendre.

Mais elle lui parle encore, toujours, émouvante, désespérée, lui racontant comment elle souffre chaque jour, qu'il suffit d'une pensée — par exemple l'évocation de la mort de la mère de Léo et de la peine qu'il porte désormais en lui, ou bien le souvenir de Varsovie, des siens — pour que les larmes lui montent aux yeux. « Personne ne les a vues, précise-t-elle, c'est sûrement ce que tu craignais. »

Ce n'est pas sur elle, sur son sort qu'elle pleure, et ce n'est pas la nostalgie qui l'étreint.

« Ce qui me torture à chaque fois, dit-elle, c'est la pensée : quelle vie était-ce là ? Que cet homme ait vécu, à quoi cela a-t-il servi ? Je ne connais pas de pensée qui soit pour moi aussi terrible que celle-là, au point que je sens en moi une déchirure quand je commence à y penser... »

Angoisse métaphysique ? C'est-à-dire questionnement du sens de la vie bien plus profond qu'une interrogation politique ?

C'est comme si, par cet aveu d'une « déchirure », Rosa nous révélait une autre source de son engagement dans l'action sociale. Peut-être fuit-elle cette blessure en s'étourdissant d'actes, peut-être aussi se révolte-t-elle contre la condition humaine et voudrait-elle une « autre vie », cherchant à atteindre un absolu, ce mirage d'une existence enfin pacifiée, heureuse, qui serait faite d'amour, de paysages tranquilles, les blés, les pins, les bleuets.

Mais au lieu de cela, elle se heurte à la misère de l'existence des humbles, à la mort des êtres chers, au silence de Léo, à ses dérobades.

Alors il reste le « devoir ».

Elle est efficace. « Froide et calme. » Seulement, quelque chose d'essentiel a disparu. « Je me sens, dit-elle, comme si quelque chose était mort en moi, je ne sens ni peur, ni douleur, ni solitude, tout comme un cadavre. Je ne suis plus la même qu'à Zurich et je pense à moi telle que j'étais alors comme à une autre personne. »

Elle vit hors d'elle-même.

Que ressent-elle ? « Une apathie mortelle avec laquelle je fais tout, même mon travail intellectuel, comme un automate, comme si c'était quelqu'un d'autre. Qu'est-ce que c'est ? Explique-le-moi — écrit-elle à Léo. Tu me demandes ce qui me manque ? Justement la vie ! »

Sentir, penser cela — et le mot *mort* revient si souvent qu'il crée autour de Rosa un halo sombre qu'il ne faut jamais oublier même quand elle semble le plus gaie, le plus insouciante — analyser cela avec un don pour l'introspection, un goût un peu morbide pour insister sur ce désespoir et, qui sait, espérer ainsi attendrir Léo, le décider à manifester son amour, *et* cependant agir, c'est le miracle de Rosa.

Et c'est sans doute dans cette ambivalence, dans cette faiblesse toujours surmontée à la fin, que se trouve le secret de cette tension qui donne à sa voix, quand elle parle, à sa phrase quand elle écrit, à sa présence, cette vibration et cette profondeur qui entraînent.

Rosa, la singulière, femme politique, philosophe, économiste, et tout autre chose aussi qu'on trouve si rarement précisément chez ceux qui agissent et s'imposent comme des acteurs de la vie sociale.

Rosa, femme « déchirée », femme « blessée » et femme combattante.

En juin 1898, elle parcourait la Haute-Silésie et prononçait des discours. En juillet, elle publiait sa thèse. Et, en même temps, elle réglait ses comptes privés avec Léo, l'accusant de manifester une « maudite méchanceté ».

Elle est si exigeante. Elle voudrait que Léo eût la même capacité qu'elle à l'auto-analyse. Elle désirerait que leurs rapports soient transparents, qu'elle et lui les construisent en femme et homme supérieurs, capables de générosité, de passion, de compréhension pour l'autre, d'intelligence. En somme, que les qualités qu'ils montrent dans la vie politique, que leur complicité idéologique se retrouvent dans la vie intime, dans leur passion.

Illusion. Impossibilité.

Et peut-être son souci de « tout dire » est-il aussi un peu machiavélique. Car elle sait bien que Léo est jaloux de sa réussite, des compliments qu'elle reçoit. Il ne la contrôle plus. Elle repousse ses conseils.

Et voilà qu'elle lui envoie, pour qu'il les lise, pour qu'il lui dise ce qu'il en pense, les lettres de ses « amis Schönlank et Bruhns ».

Or elle lui en a déjà longuement parlé, de ces « amis ». Elle reçoit souvent Schönlank. Elle dîne avec lui. Pour Luise Kautsky, la relation de Schönlank avec Rosa est intime.

Léo renvoie les lettres sans les avoir lues. Réaction de dépit, d'indifférence, de jalousie ? Grossièreté, répond Rosa. « Tu aurais dû réagir non pas comme un mari de roman qui, généreux, rend magnanimement à sa femme les lettres de ses adorateurs sans les avoir lues, pour lui montrer à quel point il est au-dessus du bien et du mal, mais à notre manière, sincèrement, simplement, plonger ton nez dans ces lettres, les lire attentivement, réfléchir et m'écrire tes impressions. »

Est-ce qu'elle ne demande pas trop ?

Est-ce qu'elle ne manifeste pas, par cette exigence, une incompréhension de ce que sont les sentiments des autres ? Est-ce qu'elle ne se place pas d'emblée comme une femme si en avance sur son temps, sur les rapports homme-femme, qu'elle ne peut qu'être déçue ?

Il est vrai, Léo Jogichès n'est pas capable de vivre une relation de ce type et elle le blesse en lui expliquant qu'elle reçoit tous les jours de ses adorateurs « des lettres énormes, intéressantes à de nombreux points de vue ».

Il faudrait que Léo accepte de n'être pas cet homme possessif et orgueilleux que Rosa veut éduquer, élever. Elle continue donc.

Brunhs assure Rosa que, sous l'influence d'une femme comme elle, il serait « arrivé à quelque chose ». « Voilà ce qu'écrit un homme dans la quarantaine ! » s'étonne Rosa.

Et de Schönlank, elle dit qu'il est « extraordinairement intelligent et cultivé, notre correspondance se déroule sur le terrain que j'ai choisi : scientifico-mondain ; nous parlons de Kant ».

Rosa a conscience qu'elle vient de donner à Léo une « raclée ». « Tu as honte, ajoute-t-elle, et tu te sens une fois de plus compromis à mes yeux. C'est bien. »

Ce qui se dessine ainsi, à cette occasion, ce sont les nouveaux rapports que Rosa, après seulement quelques semaines de séjour, seule, en Allemagne, noue avec Léo et avec les hommes. Rapports qu'elle souhaitait peut-être égalitaires, mais qu'elle conduit en souveraine impérieuse.

Et, incidemment, elle annonce à Léo qu'elle commence à gagner de l'argent en rédigeant des notes pour le journal de Parvus et qu'elle prépare quelque chose pour le quotidien de Schönlank. Elle est toute fière. C'est elle qui va envoyer de l'argent à « son chéri » et même à Varsovie, à son père et à sa sœur.

Renversement de situation. Liberté conquise. Rosa devenue réellement femme indépendante.

Et, conclut-elle, « le soir je travaille sur Bernstein, que le diable l'emporte tant c'est difficile ! ».

Cela, c'était sa tâche capitale.

Rosa, en effet, a rapidement compris qu'elle tient là le moyen d'acquérir une autorité et une notoriété indiscutables.

Si elle bouscule ou, mieux, défait Bernstein, si elle montre que son « révisionnisme » est une atteinte aux principes du marxisme, elle devient « la philosophe du Parti socialiste allemand ». Et pour cette tâche, elle se sent bien mieux préparée que Parvus qui, pour l'instant, la mène seul dans son journal, la *Sachsische Arbeiterzeitung*.

Tout, par rapport à cette tâche principale dont elle sent qu'elle va orienter son avenir, devient secondaire.

« Oui, oui, je t'aime », dit-elle à Léo. Comme si elle avait le temps de musarder, face aux « épouvantables difficultés » de son travail qui exige érudition et habileté !

On se demande parfois, à la lire, si elle ne prend pas position contre Bernstein parce que, dans le champ politique, c'est la place qui lui est proposée, qu'elle ne peut en occuper aucune autre.

Bernstein est à droite. Kautsky, Bebel, Liebknecht tiennent avec prudence et autorité le centre, et il n'y a personne qui sache avec talent s'opposer à Bernstein. Ni Parvus ni Schönlank n'ont les qualités nécessaires.

Les opportunités tactiques d'une carrière poussent donc aussi Rosa à s'engager à fond dans cette polémique.

« Si seulement, murmure-t-elle parfois, je savais quoi écrire, la forme se façonnerait presqu'immédiatement comme il faut, je le sens. »

Il lui faut donc lire, lire. Toute sa vie quotidienne, durant ces mois de l'été 1898, est structurée par le travail.

« Je suis prête à donner la moitié de ma vie pour cet article, dit-elle, tant je m'y suis acharnée. »

Et elle est aussi comme un « inventeur » qui craint qu'un concurrent lui rafle la mise, en déposant avant elle le brevet de la découverte, et pour cela elle travaille sans relâche : « La vitesse est essentielle parce que, si quelqu'un nous devance, tout notre travail sera perdu. »

Alors, discipline de fer. Solitude. Lever avant huit heures. Lecture des journaux. Friction à l'eau froide. Verre de lait chaud. Une heure de promenade dans le Tiergarten quel que soit le temps. Puis courrier et notes pour les différents journaux (il faut bien qu'elle touche des honoraires, qu'elle occupe une place). Repas. Sieste. Thé. Notes encore. Lectures préparatoires. Cacao à six heures. Dîner à huit. Puis « je m'attaque à Bernstein ».

Verre de lait à dix heures. « J'aime beaucoup travailler le soir. J'ai fait un abat-jour rouge pour ma lampe et je travaille à mon bureau tout près du balcon ouvert ; la pièce, dans une pénombre rose, est très agréable et l'air frais entre du jardin par le balcon. »

Cette vie monacale tout entière tournée vers le travail d'écriture afin de conquérir une place dans le Parti, dans le mouvement socialiste international — par le moyen de l'attaque contre Bernstein — exclut toute sensualité. Et, à vingt-sept ans, ce refoulement — ou cette sublimation... — est sans doute à l'origine de cette tristesse souterraine qui, eau grise, submerge Rosa quand elle se penche sur elle-même.

Peut-être aussi est-ce dans cette aridité de la vie, dans ce travail « forcé » qu'il faut chercher les raisons de ces petits malaises qui frappent Rosa.

Elle se sent affaiblie. Elle a des nausées. Et elle se demande même si elle n'est pas atteinte, comme l'a été sa mère, d'un cancer à l'estomac. Puis, plus sagement, elle conclut que « ces nausées proviennent d'un surmenage nerveux et ces douleurs périodiques à l'estomac peuvent provenir d'un calcul biliaire ».

Un autre jour, elle est « très faible ». Elle est paralysée par une blessure qui s'est infectée et elle peste, se force cependant à aller jusqu'à la bibliothèque.

En février 1899, seule dans sa chambre, elle est terrassée par la fièvre et elle se traîne à trois heures du matin chez le médecin. Ce n'est qu'une angine.

Mais il y a plus grave. Elle éprouve parfois le sentiment de ne plus pouvoir travailler. « Je déambule abrutie comme une bête. » Trous de mémoire. Fatigue accablante.

« Je sens tout et le pense comme à travers un brouillard intellectuel, comme à travers une pelure. »

L'angoisse la saisit. Peut-être est-ce le surmenage ? Ou bien, plus grave, cette sensation d'être « extérieure à soi » est-elle un symptôme ? « Est-ce que par hasard je ne finirais pas par une maladie mentale ? »

De temps à autre, certes, il y a une échappée, quelques lignes futiles sur les vêtements — trois nouvelles blouses, un élégant tissu pour une quatrième jupe noire, un chapeau d'hiver bordeaux, une belle bague en or..., tout cela offert par Anna, la sœur — une phrase sur le bruit qui a couru à Varsovie, dans sa famille, qu'elle s'était fiancée. « Ma sœur m'a pressée très sérieusement de ne pas tarder à me marier, elle le désire beaucoup. »

Pas un mot de plus. Que Léo comprenne s'il veut.

D'ailleurs, Rosa n'a pas le temps de s'attarder.

« L'article d'abord. »

Dans ces conditions, les relations entre Rosa et Léo ne peuvent que traverser une crise profonde. « Je t'embrasse cordialement », écrit Rosa à la fin de ses lettres. Et on mesure le prix qu'elle paie pour cette réussite et comment, la mort dans l'âme, elle sacrifie — ou bien elle est contrainte de sacrifier — tout à ce but.

Mais quand les articles paraissent, du 21 au 28 septembre 1898 — sept articles donc, une brochure — dans la *Leipziger Volkszeitung* de Bruno Schönlank — les relations, cela sert... — c'est une véritable secousse tellurique qui secoue tout le Parti socialiste.

Bernstein est réfuté, non à la manière violente et polémique de Parvus, mais point par point. Le théoricien reconnu du plus puissant parti socialiste vient d'être vaincu par une jeune Juive polonaise qui n'a que vingt-sept ans.

Les articles, rassemblés sous le titre *Réforme sociale ou Révolution* — obligent chacun dans le Parti à se définir par rapport à Bernstein.

Les prudences ne sont plus possibles.

Rosa, parce qu'elle ne menace aucune position de pouvoir, qu'en fait elle se situe seulement sur le plan des idées, entraîne. Tout en tenant un discours révolutionnaire, elle joue le rôle d'une conservatrice, de celle qui permet à l'équilibre du Parti (à la fois parti de réforme et parti à projet révolutionnaire) de durer.

On peut donc la saluer. Qu'est-ce que cela change à la vie réelle du parti ?

C'est Bernstein qui, en proclamant que le roi était nu (le Parti socialiste est un parti réformiste) troublait les équilibres d'une manière révolutionnaire... Rosa confortait en fait l'immobilisme. Situation paradoxale.

Mais les choses changent dès lors qu'elle accède à une position de pouvoir. Lorsque, à la fin du mois de septembre, Parvus ayant été expulsé d'Allemagne par décision de police, Rosa est nommée par la direction du Parti socialiste à la tête de la *Sachsische Arbeiterzeitung*, qu'elle accepte ce poste de rédacteur en chef — promotion exceptionnelle et qui montre l'écho de ses articles, le rôle que déjà on lui attribue —, elle ne pourra tenir que deux mois face à l'hostilité des journalistes, aux jalousies, aux conflits de pouvoir.

Léo est venu la rejoindre à Dresde et c'est pour Rosa une difficulté supplémentaire.

Il vit caché. Il la presse de ses conseils. Elle le devine jaloux, exerçant sur elle une véritable surveillance, une censure morale. Et cela aussi contribue à lui faire présenter sa démission.

Mais surtout, elle avait compris que sa force n'était pas d'occuper une place dans l'« appareil » du parti.

Rien — ni ses origines, ni ses idées, ni le fait qu'elle était une femme — ne lui facilitait la tâche. Elle est suspecte par nature.

Mais quand elle apprit que le président du Parti, August Bebel, s'en allait répétant : « Cela m'agace particulièrement de voir qu'elle s'est révélée trop femme et pas assez camarade du Parti, c'est dommage », elle réplique vivement. On l'a forcée à démissionner, démontre-t-elle. Elle n'avait le choix qu'entre renoncer à sa liberté de rédactrice en chef ou partir. Elle est donc partie.

Elle a compris qu'elle déchaîne les réactions dès lors qu'elle semble vouloir acquérir du pouvoir.

« Rosa Luxemburg et Parvus, écrit l'Autrichien Adler, se sont rendus impopulaires en prêchant des vérités qui n'ont rien de nouveau, avec un fanatisme qui ferait croire que les dernières découvertes scientifiques sont la propriété privée de leur petit groupe... »

C'est en dehors des structures, à la marge, que Rosa découvre qu'elle peut exercer une influence.

La leçon — son succès intellectuel et public, sa défaite à la tête du journal — ne sera pas perdue.

Elle suivra désormais cette route. Influencer par le jeu des idées un parti où elle ne peut jouer un rôle de direction.

Mais les grands journaux du Parti lui étaient ouverts. Son ami Schönlank, mais aussi Karl Kautsky l'accueillaient à la *Leipziger Volkszeitung*, ou dans la *Neue Zeit*. Le journal central du Parti, *Vorwärts*, l'invitait à écrire dans ses colonnes.

Aux différents congrès du Parti (Stuttgart en octobre 1898, Hanovre en octobre 1899, Mayence en septembre 1900), Rosa montait à la tribune. Les débats dans ce parti qui ne s'était pas encore bureaucratisé étaient libres. On attaquait Rosa sur le thème de l'étrangère qui « manque de tact » : et comment pouvait-elle ignorer, dans ces années où l'affaire Dreyfus secouait la France et l'Europe, où seize députés antisémites siégeaient depuis 1893 au Reichstag, où, en réponse, commençaient de naître les thèses sionistes, l'antisémitisme implicite de certaines interventions ou articles ?

Ou alors on l'accusait d'être une intellectuelle, éloignée des réalités, ne connaissant pas les contraintes de l'action locale. « Luxemburg nous parle, lui lança un délégué syndicaliste à Stuttgart, comme si elle était une divinité dans les nuées. Qu'elle et Parvus restent assis à leur table à élaborer et à discuter les principes scientifiques. Pour nous qui devons mener la lutte et en porter la responsabilité devant nos contemporains et la génération à venir, qu'il nous soit permis de décider de la tactique. »

Elle répondait, accrochée des deux mains à la tribune, grosse tête, silhouette lourde, voix qui portait loin. Elle martelait ses convictions, rejetant les idées de Bernstein, réaffirmant ce qui était la théorie officielle du Parti : « Le capitalisme s'enlise..., des contradictions insolubles provoqueront nécessairement une explosion..., dans cet effondrement, nous aurons le rôle du syndic chargé de liquider la société en faillite. »

Elle parlait avec l'enthousiasme de ceux qui ont la foi. Et elle l'avait. Habile tacticienne, réaliste jusqu'au cynisme, mais ambition mise au service d'une conviction qui avait la force des croyances religieuses.

L'histoire s'accélérait. Les puissances impérialistes se heurtaient partout. Le Parti socialiste gagnait des voix (2 107 000 aux élections de juin 1898). Guillaume II se rendait à Jérusalem et à Constantinople (octobre 1898), marquant les ambitions allemandes. On doublait (1900) les crédits pour la marine de guerre et l'ensemble des Européens, dirigés par le maréchal allemand von Waldersee, conduisait une expédition collective en Chine.

Rosa suivait ces événements avec une lucidité aiguë et, dès janvier 1899, elle prévoyait qu'après le partage de l'Asie et de l'Afrique « la politique européenne n'a plus de champ pour se développer ».

Et, sans doute la première parmi les dirigeants socialistes, elle écrivait : « Un heurt se produira alors... et il ne restera plus aux États d'Europe qu'à se jeter les uns sur les autres. »

Alors viendrait le temps des révolutionnaires, « la période des crises finales..., les merveilleuses perspectives que cela ouvre ».

« C'est la lutte finale, groupons-nous et demain l'Internationale sera le genre humain... Le monde va changer de base... »

Rosa aurait pu reprendre mot à mot ces paroles qu'un Français, Eugène Pottier, avait écrites.

Ce messianisme, cette certitude portaient Rosa lorsqu'elle s'exprimait. Et la fusion s'opérait en elle entre son affectivité exacerbée, son intelligence (elle « démontrait » que la révolution était pour demain, que Bernstein avait tort) et aussi sa volonté tactique de s'imposer comme personne, sur la scène du socialisme allemand et européen.

Son enthousiasme était communicatif parce que sa sincérité était évidente.

Elle avait en outre la jeunesse, et elle parlait pour ces jeunes militants qui étaient, comme elle, poussés en avant par la certitude qu'un monde nouveau naissait, qu'une entente « internationale » et un avenir radieux s'annonçaient.

« Je sais, disait ainsi Rosa à Stuttgart, que je dois gagner mes galons dans le mouvement allemand, mais j'ai l'intention de le faire dans l'aile gauche où l'on attaque l'ennemi et non dans l'aile droite où l'on parlemente avec lui. Si, continuait-elle, laissant passer une vague de protestations, en réponse à mon exposé objectif, le seul argument est : vous, blancs-becs, je pourrais être votre grand-père, c'est pour moi la preuve qu'il est au bout de ses arguments. »

La salle riait. Rosa était une polémiste redoutable.

Son intelligence, sa notoriété, le rôle qu'elle jouait dans la polémique contre Bernstein, la séduction qu'elle savait parfois utiliser pour nouer des liens créèrent peu à peu autour de Rosa un réseau de relations utiles et quelques-unes devinrent des amitiés.

Elle n'avait pas choisi au hasard.

Il s'agissait en fait de ceux qui composaient l'élite intellectuelle du Parti socialiste. Parmi eux, Franz Mehring, un journaliste de cinquante-cinq ans, intellectuel, historien et philosophe — il éditera les œuvres de Marx et d'Engels à partir de 1902 — et que la créativité de Luxemburg séduit, impressionne. Il y a Clara Zetkin qui, la quarantaine passée, dirige l'organe des femmes du Parti. Elle a été l'épouse d'un révolutionnaire russe, Ossip Zetkin, puis elle mène une vie indépendante. En 1899, elle épouse le peintre Friedrich Zundel, son cadet de dix-huit ans.

Mehring comme Zetkin sont à la fois des amis et des camarades qui partagent la ligne politique de Rosa.

Il n'en va pas de même de Karl Kautsky, qui peut soutenir Rosa dans son opposition à Bernstein, mais qui est trop modéré, trop représentatif du courant moyen du Parti pour rester longtemps aux côtés de cette révolutionnaire.

Mais, entre-temps, Rosa est devenue une familière de la famille Kautsky. Rosa est séduite par Minna Kautsky, la mère de Karl, qui publie des romans-feuilletons populaires. Elle devient l'amie de Luise, l'épouse de Karl, une mère de trois garçons qui s'attache à Rosa, l'admire, la prend comme exemple, s'émancipe à son contact.

Quand, à l'automne 1899, Rosa s'installe à Friedenau, dans une « chambre splendide », au 23 Wielandstrasse, II links, elle devient la voisine des Kautsky et leurs rapports n'en seront que plus fréquents.

Invitations à dîner — elle rencontre Bebel, Liebknecht, Mehring — réveillons en commun, jeux avec les enfants, discussions en tête à tête avec Kautsky : voici Rosa intégrée au groupe restreint des dirigeants du SPD.

Et Rosa en joue. Car son amitié avec les Kautsky n'est pas spontanée. Elle est aussi construite délibérément.

Rosa ménage les Kautsky, comme on le fait avec des « relations » qui comptent, plus qu'avec des amis avec lesquels on agit spontanément, librement.

Elle reste avec eux — avec Karl Kautsky en tout cas — une tacticienne politique. Il faut utiliser les bonnes intentions de Karl et, derrière lui, de Bebel, pour avancer ses pions. Et il faut composer avec eux.

« Les Kautsky me prennent beaucoup de temps, confie-t-elle à Léo. Dès que je les rencontre, je suis perdue. Ils ne me lâchent qu'au bout d'une heure. Hier, je suis passée à côté d'elle alors qu'elle parlait avec quelqu'un dans la rue, je me suis donc faufilée, heureuse d'avoir réussi. Deux minutes plus tard, son fils me rattrapait au galop : sa mère me prie de l'attendre. Elle m'a entraînée pour une heure de promenade, en plein travail urgent. En chemin, "il" nous a rejointes et nous a fait monter chez eux, bref, deux heures de perdues. »

L'attitude de Rosa est donc celle d'une solitaire. Elle se comporte comme une éclaireuse, membre d'une « avant-garde » qui s'avance en terrain ennemi. Elle repère. Elle pose des jalons. Elle sourit, écoute, semble pactiser, joue avec les enfants, mais en fait elle est d'un autre camp, d'une autre espèce.

Quand les Bebel l'invitent à dîner chez eux, elle ne peut refuser. N'est-ce pas Bebel qui vient de lui proposer de prendre la rédaction du *Vorwärts*, le journal national du Parti ? Donc, « il me faudra boire cette coupe, me mouvoir en plein dans la mélasse parmi Bebel, K. Kautsky, Mehring, etc., etc. Refuser par exemple à Julie Bebel aurait été l'offenser ». Impensable. « Je dois aussi aller chez Karl Kautsky, car ils viennent sans cesse me voir. Ils me donnent des nausées, c'est un fait. »

Est-ce bien vrai ? Elle force le trait, sans doute pour ne pas irriter Léo, toujours à Zurich et qu'elle sent hostile, soupçonneux, à l'égard de toute cette vie sociale qui s'organise autour de Rosa, de tous ces camarades qu'il ne connaît pas, qui appellent Rosa « la Victorieuse », qui la louent pour ses articles, l'invitent dans leur région à prendre la parole et, assis près d'elle au congrès de Mayence en septembre 1900, « lui font, comme elle le dit, la cour avec assiduité ».

Car elle est toujours contradictoire. Elle veut partager, d'une manière presque enfantine, ses joies avec Léo.

Ainsi quand elle parle, en février 1899, dans la banlieue de Berlin, à Charlottenburg, devant 1 500 personnes, Schönlank est là, près d'elle, et Rosa raconte à Léo qu'elle a été parfaite, « un brillant orateur populaire ». « Schönlank, précise-t-elle, admire comme je parle distinctement et avec expression, aucun mot ne se perd. »

Que peut en penser Léo ?

Il est toujours à Zurich. A peine arrivent-ils à se rencontrer et à passer quelques jours ensemble à Stuttgart. Puis ils se séparent, mécontents.

Léo a entrepris des démarches pour acquérir la nationalité suisse. Il s'enfonce peu à peu dans une marginalité politique que Rosa condamne.

« L'attitude que tu t'obstines à adopter depuis des années ne te va pas, lui répète-t-elle. Elle est indigne d'un homme de grande envergure. »

Elle le devine aigri, amer.

Et elle-même, grisée parfois par les compliments, tout en condamnant l'isolement de Léo, se sent mal à l'aise dans ce parti, parmi cette élite de dirigeants qui vivent comme des petits-bourgeois dignes et satisfaits, qui sont en fait des « bien-pensants ».

Elle est la marginale, celle qu'on appelle la « querelleuse du Parti ». Elle ose dire que « s'abreuver des années entières du seul *Vorwärts* et de la presse social-démocrate (est) le meilleur moyen de crétinisation ».

Terrible diagnostic, preuve de son indépendance d'esprit et de ses contradictions puisqu'elle écrit dans ces journaux-là.

C'est dire qu'elle pense que ce parti « se porte diablement mal ». Il n'a pas de tête. « C'est une situation dans laquelle un homme énergique et bien portant, assure-t-elle, aurait pu faire beaucoup à ma place. »

Mais elle a une santé fragile, elle est femme, polonaise d'origine juive.

Alors elle reste à son poste, « prête à tout moment ».

Bien avant d'autres, elle devine donc derrière la façade de la puissante social-démocratie allemande la faiblesse d'une organisation, la médiocrité des hommes et des idées. Tout cela est pesant et conformiste.

Elle veut donc l'influencer, et elle a déjà prouvé que c'est facile pour elle, mais, consciente, de ce que cela signifie, elle ajoute : « Pauvre est le parti où une rafistoleuse, une ignorante comme moi joue un rôle aussi important. »

Elle découvre aussi que tout « se joue en coulisse », que le parti est une machine à cancans, à jalousies, à rivalités. Qu'il faut disposer d'appuis, ménager les uns et les autres.

Elle sait faire cela. Elle doit le faire et elle se plie à cette loi, mais en même temps tout son caractère, sa manière de vivre la politique la conduisent à ne pas se mêler à ce monde du Parti qu'elle ne peut que détester.

Rosa incarne ainsi la figure — presque classique — de la forte personnalité qui ne peut qu'être entravée par les comportements d'un groupe — le Parti, dans son cas — et qui, cependant, a besoin de ce groupe.

Contradiction qui ne peut être surmontée que si cette personnalité devient le leader d'un groupe qui se rassemble autour d'elle, sur les idées qu'elle symbolise.

En somme Rosa, dès ces années 1890-1900, n'a comme perspective que de rester à la marge, d'influencer sans diriger, ou bien de créer sa tendance ou son propre parti.

Léo Jogichès avait, en dominant son petit parti, le SDKP, avec Rosa, résolu la question (en 1900, ce parti, en agglomérant les Lituaniens, devient le SDKPiL). Et ce parti connaît au tournant du siècle un essor dans les villes industrielles polonaises.

Quant aux socialistes russes, ils venaient de fonder le POSDR — Parti ouvrier social-démocrate de Russie — en 1898 et déjà, en son sein, une personnalité forte — à la manière de Rosa —, Lénine, se posait la question du pouvoir.

Mais Rosa est une femme, plus affective, scandalisée par ce « nid à potins qu'est le Parti », incapable de dissimuler longtemps ses sentiments que pour l'heure elle dévoile seulement à Léo. « Tout rapprochement avec la bande du Parti, lui écrit-elle le 27 avril 1899, laisse en moi un tel écœurement que je me dis chaque fois : tiens-toi à trois milles marins au large du point le plus éloigné de la marée basse... A chaque contact avec eux, je renifle tant de saletés, je vois tant de faiblesses de caractère, de médiocrité, etc., que je me dépêche de revenir dans mon trou de souris. »

Mais son retrait ne dure jamais longtemps. Le désir et le besoin d'agir, la conviction que c'est possible reprennent vite le dessus. Nécessité vitale pour Rosa. Tous ressorts tendus, elle repart, persuadée « qu'on peut, quand on a des capacités, faire énormément dans le mouvement, le faire chaque jour et encore durant de longues années ».

Rosa est capable de surmonter ses déceptions. Elle appartient — bien qu'elle la dépasse de la tête par ses qualités extraordinaires — à une génération qui se sent portée par l'histoire, qui est convaincue que des événements énormes vont se produire, que l'histoire s'accélère, que le socialisme a le vent en poupe. « Toute cette époque, dit-elle, est exceptionnellement critique. »

Et personne ne peut prendre le Parti en main. Le jeu est ouvert.

Ainsi Rosa s'est déjà forgé une ligne de conduite qui combine la sincérité et l'habileté.

A Léo qui lui reproche d'être « ridicule » avec son « idéalisme », elle répond que ce serait une erreur. D'abord parce qu'il y a des « idéalistes » dans ce mouvement allemand : les « agitateurs ouvriers », ces militants qu'elle a rencontrés dans les meetings, et même l'idéalisme subsiste chez les dirigeants : ainsi chez le vieux Bebel.

Mais il est une autre raison : « Le suprême ratio auquel je suis arrivée à travers toute mon expérience est d'être toujours soi-même, sans tenir compte de l'entourage et des autres. Or je suis et je veux rester une idéaliste aussi bien dans le mouvement allemand que polonais. »

Le choix est donc clair, à la fois moral et aussi stratégique. Rosa est persuadée que c'est ainsi qu'elle peut marquer des points.

Pas d'aveuglement chez elle. Elle ne veut pas être « l'âne vertueux qui travaille pour les autres. Je veux lutter et je lutterai pour la position la plus influente dans le mouvement, ce qui ne s'oppose en rien à l'idéalisme et ne nécessite pas le recours à des moyens autres que mes propres talents, si j'en possède ».

De cela, elle ne doute pas.

Les preuves sont déjà là. Ses articles sont commentés, repris. Elle n'est déjà plus une « novice ».

« La presse bourgeoise, dit-elle, ne cesse de me déchirer à belles dents. » Tant mieux. « J'espère que dans un an — surtout après avoir adouci le ton — je donnerai le *la* à toute la presse du Parti. Il ne faut plus grand-chose pour cela... Car le Parti manque de gens ayant une tête et du caractère. »

Elle n'a plus à suivre à la lettre les directives de Léo. Elle s'est émancipée. Elle ne dépend même plus de lui pour l'argent. Et c'est à elle que sa sœur Anna demande vingt-cinq roubles.

Fini le temps si proche où on lui envoyait cinq roubles et de petits cadeaux.

En à peine deux ans, tous les rôles se sont inversés. Elle fait durement la leçon à Léo : « Mon cher, lui écrit-elle le 7 décembre 1899, fais-moi ce plaisir, ne souligne pas tes lettres ; j'ai mal aux nerfs quand je vois ces traits obstinés. Ne pense pas que le monde entier se compose d'idiots qui ne comprennent l'importance de la chose écrite que si on leur fait entrer les mots dans la tête à force de gros traits de plume. »

Il faut que Léo sache que, désormais, c'est elle qui mène l'attelage, à sa guise.

Ce qu'il craignait est arrivé.

Mais il suffit d'un geste de Léo pour que le mirage d'une vie heureuse, d'un foyer, resurgisse.

Et c'est l'autre Rosa, la tendre, la sensible, la faible Rosa qui s'avance, qui est émue parce que Léo lui a envoyé, pour son vingt-huitième anniversaire, un livre de l'économiste Rodbertus et, ajoute-t-elle, parce que pour elle la vérité ne perd jamais ses droits, Schönlank lui a adressé à cette occasion les quatorze tomes de Goethe dans une édition de luxe!

Petites joies arrachées à la vie solitaire et alors ces souvenirs, ces désirs, ces espoirs qui remontent du fond d'elle-même. Images des quelques jours de vacances qu'ils ont passés ensemble à Maroggia, un village situé au bord du lac de Lugano: le dîner simple, les œufs frits, l'odeur du jardin, des oranges, une tartelette. La lune se levait sur la montagne de San Salvatore.

Enfui, tout cela ?

Elle rêve à « un petit logement à nous, nos meubles, notre bibliothèque; un travail calme et régulier, des promenades à deux, de temps en temps l'opéra, un petit cercle d'amis qu'on invite parfois à dîner, chaque été un mois à la campagne sans aucun travail ».

Et, elle ose à peine l'écrire, elle le met entre parenthèses, un peu honteuse: « (Et peut-être aussi un petit, un tout petit bébé ? Est-ce qu'on ne pourra jamais ? Jamais ?) »

Elle raconte. Un jour qu'elle se promenait dans le Tiergarten, elle a eu envie d'enlever un enfant qui se dressait devant elle, tant le besoin d'enfant était fort.

« Ah, chéri, est-ce que j'aurai jamais un bébé ? »

Voilà ce qu'elle dissimule et qui surgit tout à coup, comme la peur devant le temps qui passe.

« Je me sens vieille et je suis déjà laide; la femme que tu tiendras par le bras quand tu iras te promener au Tiergarten ne sera pas jolie. »

Douleur d'une vie privée inexistante.

« Nous n'avons jamais su passer de bonnes fêtes; à vrai dire, là où il n'y a pas d'enfants, là il n'y a ni fêtes ni vie familiale véritable. N'est-ce pas ? Nous serons toujours seuls dans une maison vide. »

Et ce constat, ce dernier jour de l'année 1899, parce qu'elle est seule, encore: « A croire qu'on est devenu païen et sauvage après tant d'années de cette vie errante d'étudiants à l'étranger. »

Il y a bien ainsi chez Rosa une nostalgie ineffaçable de la vie normale, banale, familiale.

Et c'est aussi pour cela qu'elle ne rompra jamais avec sa famille, recevant son frère, sa femme et ses enfants à Berlin, passant des vacances — trois semaines — à Grafenberg avec son père malade durant le mois d'août 1899. Elle est bouleversée par ce vieil homme qu'elle ne voulait pas décevoir. Elle lui faisait croire qu'elle allait se marier avec Léo Jogichès. Et le père de Rosa, heureux, l'accable, dès qu'il est de retour à Varsovie, de demandes.

Rosa ne pourrait-elle obtenir de Léo qu'il avance une petite somme sur sa part d'héritage, pour constituer la dot d'Anna, la sœur aînée, qui, à quarante-deux ans, est demandée en mariage ?

« Toi, le génie, écrit Elias Luxemburg à Rosa, tu trouveras le moment propice pour aborder le sujet avec Léo Jogichès. »

On imagine la révolte de Rosa à son silence, son déchirement aussi quand son père lui confie : « Il ne me reste qu'un espoir, un moment lumineux dans ma vie, c'est vos deux mariages. » Qu'il insiste : Rosa doit expliquer à Léo qu'il lui faut donner immédiatement 500 roubles !

Rosa ne répond pas.

Elle a ses articles à écrire. Elle déteste ce visage de la réalité familiale que lui présente son père. Et cependant, elle ne peut condamner, rompre.

Elle subit les reproches. « J'aurais dû recevoir ta réponse, ou du moins un mot... Hélas, je n'ai rien reçu. Je ne peux donc conclure qu'à ta plus complète indifférence. »

Qui comprend Rosa ? Ni Léo, ni son père. Qui comprend qu'elle voudrait tout tenir entre ses bras et qu'elle doit trancher, se taire, partir à Paris au congrès de l'Internationale où, en septembre 1900, elle va présenter un rapport contre le militarisme ?

Toutes ces obligations, ces valeurs différentes, incompatibles, l'écartèlent.

Personne ne lui pardonne. Elle est forte, Rosa, imagine-t-on. Elle peut tout entendre.

« Cela me rappelle quelque chose que j'ai lu autrefois, lui dit son père. Un aigle s'élève si haut qu'il perd de vue la terre en bas. Tu es tellement occupée par des causes sociales que les affaires de ta famille ne méritent pas une de tes pensées. Je ne peux rien faire d'autre que l'accepter. Il est clair que c'est la goutte qui manquait à ma coupe d'amertume. Je ne t'ennuierai plus avec mes lettres. Porte-toi bien. Ton père qui t'aime. »

C'est à son retour du congrès de Paris que Rosa apprendra que son père est mort le 30 septembre 1900 et déjà enterré.

Impitoyable est la vie.

7

« Ce que j'ai sur le cœur, je l'ai sur les lèvres » (1900-1903)

Il faudra des mois à Rosa, non pas pour oublier la mort de son père, mais simplement pour pouvoir l'évoquer, tant elle avait été blessée par ses dernières lettres, la condamnation qu'elles contenaient et qui renvoyaient Rosa à sa solitude, à la question, qui ne la quittait jamais, de la valeur du choix qu'elle avait fait en devenant cette « païenne », cette « sauvage » qui ne pouvait même pas assister à l'enterrement de sa mère et de son père.

Quand elle remercie Minna Kautsky — la mère de Karl — pour « la bonne lettre que vous m'avez envoyée à l'occasion de la mort de mon père », elle ajoute : « Ce coup m'avait tellement abattue, que, des mois durant, je ne pouvais écrire ni parler à personne. Au fond de moi-même, j'étais comme morte et indifférente à toutes choses, je n'accomplissais que mécaniquement les tâches quotidiennes d'un vivant. »

Certes cette sensation n'est pas nouvelle chez Rosa, mais les événements l'accentuent, la détachent du monde alors même qu'elle s'y implique de plus en plus, oratrice, journaliste, liée aux Kautsky, aux Mehring, écrivant avec des grâces à cette Minna Kautsky qu'elle appelle « grand-maman », qu'elle flatte, lui racontant de petits faits, comment, par exemple, ces derniers temps, elle s'est rapprochée des Mehring. « La sympathie d'autrui, confie même Rosa, m'apparaît toujours comme quelque chose d'inattendu, comme un présent. »

Et puisque Mme Mehring joue très bien du piano, aime Beethoven et Chopin, n'est-ce pas la preuve qu'il existe entre elle et Rosa de « grandes affinités » ?

Mais ne sont-ce pas là, pour Rosa, propos de convention, parce qu'il faut bien séduire grand-maman Kautsky, lui parler littérature et art, puisqu'elle est romancière ?

Car, de la même plume, Rosa confie à Léo : « Mes visites chez Karl Kautsky sont rares et brèves, il vient plus souvent chez moi. » Et de sa femme, Luise, que Rosa appelle familièrement Loulou, voici ce qu'elle en dit, toujours à Léo Jogichès : « Tu me demandes si je suis brouillée avec elle ? Nullement. De fait, elle m'aime beaucoup, m'embrasse constamment, me tutoie. Mais j'ai appris à la connaître en observant son caractère et celui-ci ne me plaît pas... Les femmes de ce genre me choquent beaucoup, je recherche toujours dans une femme la générosité, or elle n'est pas généreuse du tout. »

Elle est encore plus réservée à l'égard de Karl.

Avec la bienveillance d'un aîné qui joue au vieux maître, il a prédit à Rosa que, dans vingt ans, elle pensera comme lui.

« Je lui ai répondu que, dans ce cas, dans vingt ans, je serai une nouille. Notre amitié s'est cependant enflammée de plus belle après cette conversation et il m'a déclaré aujourd'hui qu'il avait pensé toute la nuit à cette conversation. »

Ironie de Rosa. Elle est toujours sur ses gardes. Son regard est si perçant qu'il ne manque rien des petits mobiles humains.

« Du reste, ajoute-t-elle, que vaut tout cela ? Pas un clou ! »

Et, avec le goût de l'extrême qui, parfois, la saisit, elle ajoute : « En général, toute l'humanité me donne la nausée. »

Si l'amertume et le dégoût des autres affleurent si facilement chez Rosa, c'est qu'elle ne réussit pas à trouver un équilibre affectif.

« Tu m'enfonces des épines dans le cœur », répète-t-elle à Léo.

Cette femme d'à peine trente ans n'a aucune vie sexuelle. Peut-être quelques étreintes avec Bruno Schönlank ?

Travail, solitude, chaleur des meetings, satisfactions narcissiques que donne la parution d'articles appréciés, c'est peu pour combler ses désirs. De là l'exagération, l'exacerbation des sentiments, le caractère chaotique de sa relation avec Léo, cent fois brisée, cent fois renouée.

Au printemps 1900, elle semble avoir pris une décision sans appel. Rompre. En finir. « Sortir une fois pour toutes de ce cercle magique d'énigmes dans lequel je tourne depuis si longtemps. »

Elle s'est tout à coup convaincue que les silences de Léo, sa dureté, sa manie de moraliser et surtout son refus de la rejoindre à Berlin ne s'expliquent que parce qu'il ne l'aime plus et, ajoute-t-elle, « que tu étais peut-être même occupé par quelqu'un d'autre, qu'en tout cas, je n'étais plus pour toi celle qui pouvait te rendre heureux dans la vie, si la chose est seulement possible ».

Donc, brisons « ce cercle magique d'énigmes », cessons les relations, n'écrivons plus. « J'étais et je serai désormais toujours seule. A cette pensée, je me sentais glacée, mais fière néanmoins. »

Mais, rejeté, Léo capitule, ergote. Leur vie spirituelle n'est-elle pas distincte depuis longtemps ?

On le devine perdu à l'idée que cette correspondance pleine de passions, de colère et d'amour va s'interrompre. Il argumente.

Mais cette fois-ci Rosa ne cède pas. « Il est impossible de créer une vie spirituelle commune en continuant de vivre comme ces dernières années. » Léo doit venir s'installer à Berlin, car plus jamais elle ne retournera à Zurich. Et Rosa n'acceptera plus les ordres, le mépris, la condescendance de Léo, car elle voit à chaque pas « avec quelles femmes les autres vivent et comment ils les adorent et les vénèrent, comment ils se soumettent carrément à leur domination ».

Fini le temps des injustices. Finies les tergiversations : il faut quitter Zurich et la rejoindre. A Berlin, Rosa surveillera le travail de doctorat de Léo. Et ajoute-t-elle, magnanime, « quand celui-ci sera terminé, je t'enverrai un semestre à Zurich ».

C'est bien le renversement d'un rapport de forces qui se manifeste ainsi au terme d'une longue et douloureuse bataille.

Léo s'incline. Il est l'inconnu, le militant du parti polonais dont on ne lit pas le nom dans les journaux, qui prend le pseudonyme de Tyszka, et certains imaginent que ce nom cache celui de Rosa Luxemburg !

Il n'apparaît même pas comme un second. Et sur le plan intellectuel, alors que Rosa, par ses polémiques, ses discours de congrès, est entrée dans le cercle des dirigeants du parti allemand, il s'occupe de la direction du SDKPiL à l'étranger, en édite les publications.

C'est important, certes, mais si terne comparé au rayonnement de l'astre Rosa dont on connaît le nom dans tous les partis socialistes d'Europe !

A Berlin d'ailleurs, quand il s'y installe à la fin de l'année 1900, il ne s'affichera jamais avec Rosa, continuant sa vie dans l'ombre, se cachant de la propriétaire, des amis de Rosa, les Kautsky, les Mehring, les appelant avec un mélange de mépris et de jalousie « les gens de Rosa ».

En fait, il s'enfonce peu à peu dans une morosité pessimiste, une vraie dépression faite d'ennui, d'inaction, d'impuissance, de sentiment de l'échec.

Il est incapable d'accepter cette « domination » de Rosa, incapable aussi de rompre avec elle. Il remâche son destin obscur, alors qu'il peut être une boule d'énergie, de courage, de dévouement, d'intelligence politique.

Rosa s'insurge : « J'enrage, impuissante, en voyant comment, jour après jour et une année après l'autre, tu te maltraites mentalement et péris, sans autre raison que ta propre sauvagerie... Tu m'en voudras de t'écrire de telles choses..., mais tu sais que je ne suis pas diplomate, ce que j'ai sur le cœur, je l'ai sur les lèvres. »

Rien ne peut sortir de cet état.

Rosa, volontaire, organise des vacances au mois d'août dans l'île de Sylt en Frise du Nord. Mais le paysage désertique, avec seulement « le mugissement éternel de la mer tout autour », rend encore plus difficiles les relations. L'ennui pèse aussi sur Rosa. Plus d'entente entre leurs corps. Cela aussi est fini. Elle dort. « Qu'à ce rythme, on se crétinise peu à peu, écrit-elle à Luise Kautsky, c'est ce que cette lettre vous prouve. »

Après cet échec, elle ne renonce pourtant pas. Rentrée de vacances, elle réalise l'un de ses rêves : louer un appartement, abandonner ainsi les chambres meublées par d'autres.

Au 58 Cranachstrasse, elle dispose de dcux chambres-bureaux. Une pour elle, une pour Léo. Avec un souci du détail, comme une bonne petite bourgeoise — ou plutôt comme une femme qui espère enfin créer un foyer —, elle place les rideaux de velours sombre, elle achète une bibliothèque, des fauteuils. Une servante, Anna, est logée dans la cuisine.

Pour Rosa, c'est la fin de l'errance. La preuve matérielle de son enracinement dans un pays, un parti, le symbole du tournant de sa vie.

Elle est « installée ». Tout est prêt pour une union stable entre elle et Léo. D'ailleurs, à Varsovie, les enfants de son frère n'ignorent plus l'existence de « l'oncle Léo ».

Affaire de temps.

Mais Léo, une nouvelle fois, se dérobe. Ses raisons sont bonnes. Son frère Osip, turberculeux, doit gagner Alger où, imagine-t-on, la chaleur le guérira. Léo l'accompagne, échappant en décembre 1901, à Berlin, à Rosa, à cet avenir de « mari » qu'elle lui destine. Il reste à Rosa, en attendant le retour de Léo, à parfaire l'aménagement de l'appartement, à apprendre — avec une application touchante — comment il faut traiter une « servante ».

« Après plusieurs enquêtes, écrit-elle à Léo, j'ai découvert que les servantes sont contentes quand elles reçoivent des cadeaux représentant environ un mois de salaire. » Et Rosa énumère ce qu'elle a offert à Anna : « Un merveilleux chemisier de soie avec un plastron blanc et des rubans de velours noir pour 10 marks, un parapluie avec un manche doré pour 5 marks et une paire de gants pour 1,9 mark. »

Il y a dans cette volonté d'organiser un foyer, une vie « normale », bourgeoise, comme un rêve que Rosa tente de matérialiser, la manifestation aussi d'un besoin de stabilité, comme si revenaient en elle les comportements qu'elle avait vus dans son enfance, chez elle, quand sa mère — une mère juive, avec ce que cela suppose de goût traditionnel pour la maison et de sens du devoir — veillait sur toute la famille.

Elle change ainsi de mode de vie, découvrant le confort, un décor qu'elle construit selon ses goûts, harmonieux, avec ses livres. Petites choses, « naturelles », mais qu'elle n'a pas encore possédées. Anna la décharge des tâches ménagères, lui porte sa valise, se rend jusqu'à la poste pour expédier les lettres.

Cet appartement — le sien, dont elle paie le loyer — la rassure. Il est à la fois la preuve de son besoin d'un cadre, de sa volonté d'être reconnue, identique aux autres, et en même temps l'importance qu'elle y attache, le goût qu'elle montre pour les détails de sa « maison », montre bien sa faiblesse. Elle déteste, au fond, le désordre, la vie sans principes des marginaux, des excentriques — elle le dit à Léo. En art, elle est pour les formes classiques, conventionnelles même. Il y a des napperons sur ses tables et une statuette représentant *Amour* et *Psyché*.

Dans cet effort pour atteindre enfin un havre, un refuge de paix alors qu'elle est sans cesse exposée au-dehors — attaques des adversaires, violence verbale des meetings, tension intellectuelle de la journaliste et de l'idéologue — il y a comme un réflexe de sagesse (il faut qu'elle ait un coin à elle, protégé des remous de la vie publique) et l'émouvante obstination d'une femme chez qui la petite fille naïve est encore vivante, avec ses élans, ses rêveries, comme si cette militante révolutionnaire, cette personnalité politique de premier plan, voulait aussi continuer de jouer à la poupée, à la maman, à l'épouse.

Il faut l'entendre, par exemple, confier à Léo avec fierté, le 14 janvier 1902, comment le socialiste français Vaillant la couvre d'éloges. « Je causais à Bruxelles avec le citoyen Plekhanov, lui a dit Vaillant, des articles si solides et si brillants où vous avez exposé la crise socialiste française... Son opinion n'était pas moins admirative que la mienne et nous concluions à l'utilité extrême qu'il y aurait à ce qu'ils parussent réunis en brochure, surtout en français... »

Mais c'est la même femme qui veut organiser « une réception en règle » pour les Mehring et pour les Kautsky, car « je commence à faire figure de cochon » en ne rendant pas les invitations.

Bien sûr elle s'irrite : « Que le diable les emporte, qu'est-ce que ça va me coûter, alors que je regarde à la dépense ! Et à la fatigue ! »

Mais dix jours plus tard, elle raconte à Léo comment elle prépare sa « réception », avec un luxe de détails, « caviar-saumon, poisson froid, viande froide et salade, compote » et « pour dessert un pudding que je fais cuire aujourd'hui ». Et elle ajoute avec emphase et avec une satisfaction enfantine : « Demain j'aurai reçu chez moi... avec beaucoup plus d'élégance que chez Mme Neufeld (sa propriétaire)... »

Puis, le dîner ayant eu lieu, elle est heureuse qu'on la taquine « à cause des six plats que j'offre le soir ! Le nid à potins s'est déjà emparé de cette bêtise ».

En fait, elle aime la vie sociale, elle est attentive à ces relations qui la placent au centre du pouvoir du Parti socialiste.

Elle doit inviter tel dirigeant (Ledebour) parce qu'elle veut qu'il accepte un compte rendu de livre écrit par son amie Clara Zetkin.

Elle commence à se distraire : théâtre, concert, récital de chansons. Elle y invite Mme Mehring. Heureuse, et en même temps des regrets : « La soirée d'aujourd'hui est perdue. »

Et elle ne néglige jamais les siens, les enfants de son frère, sa sœur. Il faut que Léo achète un coupon de soie afin qu'elle offre un cadeau à son aînée, ou bien il faut qu'il envoie à Mlle Romana Luxemburg, Chlodna 32, sa nièce, « une jolie carte de l'oncle Léo ».

Elle prodigue des conseils à Léo qui, à Alger, veille sur son frère Osip qui agonise. Il faut qu'Osip mange, qu'il dorme beaucoup. De si loin, elle se préoccupe des moindres détails, soucieuse, attentive, parfaite. Et donc, en un certain sens, insupportable, car elle a des points de vue sur tout.

Si elle décide de changer le rythme de ses journées, de se lever à sept heures du matin, elle conseille à Léo de l'imiter, de sortir aussitôt au soleil, de ne pas veiller tard le soir, « car cela t'use et renforce ton humeur en général morose ».

Elle est inépuisable, irréprochable.

Et c'est peut-être pour cela que Léo la fuit, la craint, qu'il l'aime et cependant, à l'évidence, ne supporte pas sa compagnie.

Il ne rentrera à Berlin qu'à la mort de son frère, en mars 1902, reprenant sa vie cachée, dans l'ombre de Rosa.

Ce décès, comme déjà la mort de la mère de Léo en 1898, affecte beaucoup Rosa. Léo lui remet la montre qui appartenait à leur mère et que son frère portait avec lui partout. Quand Rosa regarde ce petit objet en or, ce « si précieux souvenir », « mon cœur bat plus vite », dit-elle.

Hypersensible, blessée par les malheurs de cette vie qu'elle veut changer pour tous les hommes. Atteinte aussi parce qu'elle se rend compte que, malgré tous ses efforts, elle ne pourra jamais fonder avec Léo cette union pacifiée, stable dont elle rêve : une famille. « Comme tu vois, dit-elle à Léo, la vie ne veut pas nous accorder un peu de paix. Il se produit toujours quelque chose qui ramène la tempête dans notre vie. »

Comment d'ailleurs pourraient-ils éviter d'être secoués par le grand vent des événements puisque l'un et l'autre sont des acteurs de l'histoire ? Que Rosa est l'une des personnalités les plus en vue du Parti socialiste, qu'elle parcourt le pays, tenant meeting sur meeting, et que, par ses écrits, elle est au centre des polémiques de ces années-là ?

En conduisant pour le Parti allemand un travail de propagande auprès des Polonais de Haute-Silésie et de Posnanie, Rosa s'est rendue indispensable. Elle draine des voix pour le Parti. Et, en même temps, parce qu'elle a une influence intellectuelle qui la place au cœur du milieu dirigeant et des luttes d'idées, elle renforce sa position auprès des... Polonais. Elle est pour eux l'intermédiaire obligée.

Qui, en Pologne, veut toucher Kautsky ou Bebel doit passer par Rosa, devenue en fait la spécialiste autorisée des questions polonaises. Et d'autant mieux reçue par les socialistes allemands qu'elle combat le nationalisme polonais du parti rival, le PPS.

En somme, elle a à la fois une implantation locale — bien qu'elle ne soit pas une élue — et une audience nationale et internationale. Et peu à peu le Parti adopte ses positions « antirévisionnistes ».

Ses attaques contre Bernstein ont porté. A la veille du congrès du Parti à Lübeck (du 22 au 28 septembre 1901), Bebel lui fait dire qu'il prononcera un vigoureux discours contre Bernstein. « Mon meilleur souvenir à Rosa, conclut-il, et dis-lui de mettre son armure la plus flamboyante pour Lübeck. »

Conseil superflu quand on connaît Rosa. Mais ses interventions suscitent des protestations. On l'accuse de « manquer de goût ». A-t-on idée de « déshabiller en public des membres éminents du Parti pour les montrer à leurs adversaires quasiment en costume de bain ? » Pour d'autres, elle est — avec Parvus et Mehring — l'une de ces « braillards tapageurs », au « ton désagréable », qui changent la presse du Parti. Et cette « immigration mâle et femelle venue de l'Est » explique... la montée de l'antisémitisme en Allemagne.

Mais ces assauts, tous dirigés contre la forme ou la personne, sont la preuve qu'au plan des idées les opposants à Rosa n'ont rien à dire.

Et sa victoire s'inscrit dans la montée d'un courant qui enfle dans tous les partis socialistes et qu'exprime, au sein du Parti ouvrier social-démocrate de Russie, la tendance bolchevique, qui se retrouve en France dans les attaques qui sont portées par Vaillant ou Guesde contre le « ministérialisme », c'est-à-dire contre ceux qui veulent que les socialistes participent au gouvernement.

L'un d'eux, Millerand, n'est-il pas devenu, avec le soutien de Jaurès, ministre du Travail dans un ministère Waldeck-Rousseau qui compte aussi parmi ses membres le général Galliffet qui fut l'un des « fusilleurs » des Communards de 1871 ?

Rosa d'ailleurs, dans de nombreux articles publiés par *Neue Zeit*, a, d'une plume vengeresse, condamné cette initiative, cette « farce socialiste-ministérielle », marquée, dit-elle, par la « duplicité » : « concessions palpables à la droite et apparences de concessions à la gauche ».

Elle fustige cet opportunisme et décrit Jaurès comme une sorte de « Tartarin de Tarascon » qui voit des succès là où il n'y a que corruption du socialisme.

On l'écoute, on la traduit. Elle accroît son audience internationale. Elle fait partie, dit-on, de la « Montagne » opposée à la « Gironde ». Et, entre les deux, il y a le « Marais ».

Et bientôt — en 1903 — elle est désignée pour représenter le petit parti polonais de Léo Jogichès (le SDKPiL) au Bureau de l'Internationale socialiste qui se réunit régulièrement à Bruxelles et où elle rencontre les grands de l'Internationale.

Elle a atteint l'un de ses objectifs majeurs.

Elle est reconnue. Elle incarne le courant de gauche de l'Internationale, au moment où celui-ci se renforce.

C'est en août 1903 qu'au deuxième congrès du parti russe, les bolcheviks deviennent majoritaires et que les minoritaires, mencheviks, se séparent du Parti.

Mais ce courant « révolutionnaire » qui refuse le « ministérialisme » et le « révisionnisme », qui prédit et attend un effondrement du capitalisme, est-il réellement profond ?

En Allemagne, en France, les cadres des partis, les élus, sont immergés dans la réalité sociale, et participent au système.

Au congrès du Parti socialiste allemand à Dresde (13-20 septembre 1903), Bebel peut bien répéter, fidèle à lui-même : « Je suis et resterai l'ennemi mortel de cette société et de ce régime bourgeois, pour miner leurs conditions d'existence et, si je peux, les renverser », la vie et les réalités quotidiennes du Parti sont tout autres. Rosa Luxemburg s'en est déjà rendu compte.

Elle déclenche parmi les cadres moyens et subalternes du Parti, qu'ils soient députés, élus locaux, dirigeants syndicaux ou même journalistes, des réactions d'hostilité, dès lors qu'elle veut jouer un rôle concret sur le terrain où ils mènent leur action.

Venir parler dans un meeting, séduire l'assistance — et donc contribuer à renforcer la position de ces élus locaux — soit. Agiter de grandes idées, écrire dans *Neue Zeit*, pourquoi pas ? On peut même partager son point de vue, dénoncer le « révisionnisme », pourquoi pas ?, si rien ne change dans la pratique politique.

Mais accepter que Rosa, femme, juive d'origine polonaise, vienne donner des ordres ? C'est une autre histoire.

Rosa va en faire une nouvelle fois l'expérience.

En effet, lorsque le 30 octobre 1901, l'un de ses adorateurs, Bruno Schönlank, meurt, la commission de presse du Parti pense immédiatement à Rosa pour le remplacer à la rédaction en chef de la *Leipziger Volkszeitung*.

Elle a publié la plupart de ses articles dans ce quotidien et elle est maintenant l'une des plumes socialistes les plus célèbres d'Allemagne.

Le bruit de sa nomination à la tête du journal de Leipzig déclenche aussitôt de nombreux commentaires.

Des journaux conservateurs crient au scandale, exigent son expulsion, accusent le Parti socialiste d'irresponsabilité, de provocation. Et Franz Mehring avec qui elle doit partager cette direction lui écrit : « Nous félicitons notre jeune amie de l'épouvante provoquée par la seule mention de son nom. »

En fait, elle hésite. Elle est attirée, n'osant pas s'avouer son enthousiasme, prudente aussi avec ses « amis », sachant qu'elle ne doit pas montrer la vérité de son désir, écrivant à Clara Zetkin qu'elle est « surtout tentée par le travail scientifique et théorique... Tu sais aussi bien que moi qu'un travail consciencieux de rédacteur en chef et la poursuite d'une culture scientifique ne vont pas de pair ».

Bavardage pour dissimuler ce qu'elle souhaite et qu'elle avoue crûment à Léo, avec un réalisme glacé.

« Que nous donne cette histoire — lui écrit-elle alors qu'il séjourne encore à Alger — 1) beaucoup d'argent. Nous pourrions vivre sans soucis, aller chaque été en Suisse ou au bord de la mer, nous habiller convenablement ; embellir notre logement (aider les siens), mettre chaque mois de côté pour plus tard. »

Il faut s'y faire : Rosa sait qu'elle ne vit pas que d'idéologie. Cette « révolutionnaire » sait aussi compter ses sous, mark après mark. Un pfennig ne se néglige pas.

Mais dans son éventuelle nomination, elle voit, « et c'est le plus important : une position politique. Ce que représente le rédacteur du premier journal du Parti, tu le sais toi-même ».

Et enfin, retour aux préoccupations personnelles, cette fonction : « Extérieurement, nous donnera une vie et une activité régulières et encadrées ; ne pas se lever chaque matin en pensant en l'air, à ce que l'on pourrait entreprendre, écrire, à quoi s'accrocher. Je pense que cette normalisation, cette fixation extérieure seraient des facteurs des plus importants pour calmer et rétablir nos nerfs... »

On mesure comment Rosa pèse, argumente en fonction de données multiples où les éléments personnels — l'argent, l'équilibre psychologique — jouent un rôle majeur.

Tout au moins dans l'exposé rationnel. Car ce qui l'emporte chez elle, c'est l'idée de l'action : « Tu ne renais, dit-elle à Léo Jogichès et cela vaut tout autant pour elle, que si te parviennent, même de loin, le son des trompettes du champ de bataille, les bruits du travail et de la lutte. »

Mais il suffit de quelques semaines pour que le bel échafaudage s'effondre.

Elle est allée à Leipzig avec Mehring et tout le monde s'est dressé contre elle. Mehring lui-même, son ami, entre en conflit avec elle, dénonce sa « soif insensée de domination et sa sale avidité ».

Les journalistes récusent son autorité, remettent en cause ses décisions. Une femme, une Juive, une Polonaise ?

Elle résiste quelques mois, mais il lui faudrait mener une de ces sordides batailles de pouvoir, faites de guérillas quotidiennes, d'alliances de couloir qui l'humilient. Elle ne sait pas les conduire, elle n'a pas le sens du compromis.

Le 11 octobre 1901, après avoir démissionné, elle écrit à August Bebel pour se justifier. « Je n'ai pas cherché la bagarre, je n'ai pas agi spontanément, mais l'on m'a agie. J'ai été pas à pas évincée... »

En fait, compte tenu de sa personnalité, il était une fois de plus prouvé que Rosa ne pouvait être placée dans la « machine du Parti », à quelque place que ce soit.

Elle n'était pas de celles dont on fait un rouage. Elle était irrémédiablement une « rebelle ».

Mais s'installer à Chemnitz, au printemps de 1903, pour y conduire, au nom du Parti, la campagne électorale en terre peuplée de Polonais, cela était bien accueilli. Et elle aimait le faire, même si les élus qu'elle soutenait — ainsi le député Max Schippel — étaient les « pires opportunistes ».

Là, on se presse en foule pour l'écouter : 2 000 personnes en plein air à Liechtenstein, 1 500 à Bydgoszcz. Au premier rang, la bourgeoisie juive, puis les travailleurs de la mine et du textile, polonais, allemands.

Elle parlait près de deux heures, appuyée à la tribune, un chapeau sur la tête couvrant ses cheveux relevés en chignon, forme lourde et tassée dont la voix énergique s'envolait, fustigeant « l'ennemi de classe ». Et elle attaquait même l'empereur Guillaume II, déclarant que « l'homme qui parlait de la sécurité et du bien-être des ouvriers allemands n'avait aucune idée des faits », qu'il devait, s'il l'osait, venir se rendre compte par lui-même.

Au regard de la loi, cela suffit pour qu'elle soit accusée d'outrages à l'empereur et passible d'une condamnation à trois mois de prison.

Mais elle n'en a cure. La campagne électorale se poursuit. Les socialistes remportent une large victoire : le Parti compte désormais 81 députés au Reichstag.

Pour Rosa Luxemburg, ce printemps 1903 est un apogée.

Elle se rend régulièrement à Bruxelles, au Bureau de l'Internationale.

Elle rentre dans *son* appartement de la Cranachstrasse où elle retrouve Léo, morose, caché, mais il est là, comme un chat bougon.

Cela, pour l'instant, semble suffire à Rosa.

Elle écrit. On la publie. Elle a vaincu le « révisionnisme ». Le mouvement socialiste paraît connaître partout une poussée et une radicalisation. L'histoire bouge. L'avenir est à portée de main.

Et le 4 avril 1903, elle a enfin obtenu — après de longues démarches — son divorce d'avec Gustav Lübeck.

Elle avait achevé sa mue.

8

« En un mot, je suis heureuse de vivre »
(1904)

Derrière Rosa, l'année 1903. « Le travail et le succès », mais aussi la fatigue, les voyages longs, désagréables, en train, durant plusieurs heures pour aller d'un bout à l'autre de l'Allemagne ou bien à Bruxelles.

Le 1er janvier 1904, Rosa écrit donc à ses amis de Zurich, Robert et Mathilde Seidel : « En un mot, je suis contente que l'année soit finie et je m'efforce de me tourner, pleine d'espérance, vers l'année nouvelle... »

Quelques jours plus tard, elle est convoquée devant le tribunal de Zwickau pour répondre de l'accusation d'outrages à Sa Majesté l'empereur d'Allemagne, pour ses propos de meeting. Mais cela ne la trouble pas, sinon, dit-elle, le 21 janvier 1904, que « j'ai attrapé dès mon retour de Zwickau un lumbago et me voilà le cou raide et la tête de travers ».

Mais elle a désormais une vie régulière, confortable et elle élève même chez elle un petit lapin, Puck, attentive à chacun de ses mouvements, fascinée par sa grâce, manifestant ainsi une tendresse pour les animaux qui est comme le signe d'un apaisement, du temps qu'elle s'accorde pour les regarder, lorsqu'elle lève la tête de son bureau, ne cherchant pas à rejoindre Léo Jogichès, enfermé dans le sien, et peut-être sont-ils en froid, en guerre, puisqu'elle parlera souvent de leurs scènes de « l'un de ces sept jours de la semaine où nous avions rompu ».

Elle peut aussi prendre des vacances, passer les journées de juillet et du début août dans le Brandebourg, à Hessenwinckel, entreprenant chaque jour « des randonnées de plusieurs heures », levée à six heures du matin, parcourant la forêt de pins qui s'étend sur « des lieues entières », découvrant les lacs innombrables, reconstituant ses forces, heureuse, presque primesautière lorsqu'elle s'adresse à Luise Kautsky, en italien, « Carissima Luigina », ou bien qu'elle l'embrasse, ajoutant : « Il y a aussi un baiser pour Karl s'il le désire. Et pour les gosses. »

En fait ces premiers mois de l'année 1904 sont dans la vie de Rosa comme une oasis de paix.

Bien sûr, elle n'est pas femme à vivre sans tension, sans guetter le « son des trompettes ». Elle écrit, elle continue son travail de propagande, ses tournées. Mais elle bénéficie des efforts accomplis depuis six ans en Allemagne. Son prestige est assuré. Elle connaît tous ceux qui comptent dans le socialisme allemand, ses relations avec Luise Kautsky deviennent au fil des jours réellement amicales. Il en est de même avec Clara Zetkin. Et Rosa, par sa réputation internationale, noue des amitiés avec des socialistes européens.

Elle devient ainsi rapidement intime avec un écrivain hollandais socialiste, Henriette Roland-Holst, « Henriette aimée », « ma blonde madone », à qui elle se confie.

« Ne me croyez jamais, lui dit-elle, je suis différente à chaque instant et la vie est faite d'instants. »

Et même avec Karl Kautsky, elle change : elle le tutoie, l'appelle « cher Carolus » ou « Carolus Magnus » et dans un élan, parce qu'elle évoque les possibilités qui lui semblent offertes au sein du mouvement socialiste, elle lui lance : « En un mot, je suis heureuse de vivre. »

Elle a trente-trois ans.

Elle est portée par le succès de ses idées et son allant renforce ce succès.

Elle l'explique à Karl Kautsky : dans une polémique, dans une bataille d'idées, ce qui compte, c'est de les « conduire avec plaisir et joie et non comme s'il s'agissait d'un intermède ennuyeux. Le public sent toujours l'esprit des combattants et le plaisir de la bataille se retrouve dans la controverse et assure une supériorité morale ».

C'est bien ainsi qu'elle se comporte au congrès de l'Internationale socialiste qui se tient à Amsterdam dans la deuxième quinzaine d'août 1904.

Elle n'est plus la jeune inconnue dont on conteste la présence.

Onze ans sont passés depuis le congrès de Zurich en 1893. Maintenant elle est membre du Bureau de l'Internationale, et à la fois déléguée allemande — avec un mandat de la région de

Bamberg — et déléguée polonaise représentant le comité directeur du SDKPiL. Elle parle pour la Pologne dans la commission qui doit définir les règles de la tactique socialiste.

C'est là que se livre la bataille décisive entre ceux qui récusent la lutte des classes, sont tentés par la « collaboration » de classe et l'entrée dans les « gouvernements bourgeois », bref, les révisionnistes et les partisans de l'affrontement des classes.

Rosa, forte de son succès contre Bernstein, incarne au congrès d'Amsterdam cette ligne « révolutionnaire » qui se dit fidèle à Marx et qui pèse de tout le poids de la social-démocratie allemande, convertie (en paroles !) grâce à Rosa au « marxisme révolutionnaire ».

En face de Rosa, se dresse Jaurès avec qui, depuis plusieurs années, elle polémique.

Elle l'a rencontré à Paris, elle a été séduite par l'éloquence et la générosité de l'homme, sa culture, mais elle a durement contesté son soutien au « ministérialisme », à Millerand, le socialiste devenu ministre.

Elle soupçonne Jaurès d'hypocrisie, de vanité. Elle veut le vaincre pour que le congrès de l'Internationale recommande aux partis socialistes français de s'unifier et elle espère bien que, si l'unification intervient, ce sont Guesde et Vaillant qui l'emporteront, dans le nouveau parti, sur Jaurès.

Dans l'affrontement qui les oppose à Amsterdam, c'est Rosa qui triomphe. Brillante, rigoureuse, contestant les positions « conciliatrices » de Jaurès durant l'affaire Dreyfus.

Quand Jaurès monta à la tribune pour lui répondre, ce fut un silence complet dans la salle du congrès. Jaurès parlait non seulement en socialiste, mais en républicain, opposant la prétention des socialistes allemands, donneurs de leçons, à leur impuissance politique, incapables qu'ils étaient d'installer chez eux une république, acceptant ce que l'empereur leur concédait.

Rosa semblait ne pas saisir ces arguments, comme si, tout entière enfermée dans sa vision internationaliste, elle ne percevait pas les différences nationales, la pertinence des analyses de Jaurès qui mettaient l'accent sur la contradiction qui existait entre les ambitions « révolutionnaires » des socialistes allemands — et de Rosa — et la réalité de leur action politique.

Quand Jaurès eut fini de parler, aucun traducteur ne se présenta pour donner la version allemande du discours. Jaurès était trop difficile à traduire.

Alors Rosa remonta l'allée, gagna la tribune et traduisit le discours de Jaurès en un allemand parfait sous les applaudissements de la salle, cependant que Jaurès la remerciait.

N'était-ce pas la preuve qu'entre les socialistes, la solidarité était plus grande que les oppositions ?

Mais, dans sa symbolique, la scène avait surtout montré la virtuosité de Rosa, sa supériorité intellectuelle, et lui avait, un peu théâtralement, assuré une sorte de triomphe. Les partis français devaient s'unifier. Le marxisme révolutionnaire était reconnu comme la doctrine de l'Internationale et le révisionnisme battu.

Bien sûr, ces victoires-là étaient surtout des victoires « sur le papier », obtenues à coups de discours et de résolutions.

La vie de chaque parti restait bien éloignée de cette rigueur dans les principes que Rosa venait de faire accepter.

La réunification des partis français — en 1905, sous le nom de SFIO, Section française de l'internationale ouvrière — l'approbation par les 476 délégués des vingt-quatre partis, en fait, n'allaient rien régler.

Que pouvaient les mots contre ces pratiques sociales et politiques qui, chaque jour un peu plus, rendaient les cadres des partis socialistes solidaires du système politique de leur nation ? Que pouvait l'internationalisme contre le nationalisme dont mille signes montraient la poussée en Europe ?

Rosa était trop à la joie de sa victoire pour, à Amsterdam, penser à cela.

Et pourtant quand on la voit, seule femme, jeune, un chapeau élégant avec un gros ruban masquant son visage, au milieu de la dizaine d'hommes — Adler, Kautsky, Vaillant, Plekhanov, le Japonais Katayama... —, on mesure à la fois l'exploit que signifie sa présence sur ce cliché officiel, et en même temps la fragilité du succès qu'elle vient de remporter.

Comment pourrait-elle changer ces hommes prudents et ce qu'ils représentent : des appareils de parti, toute une foule de salariés de l'organisation, de bureaucrates, qui veulent bien écouter des discours, mais n'oseront jamais rompre avec le système, la société, la nation au sein desquels ils vivent. Et souvent confortablement, comme les représentants tolérés d'une opposition respectueuse qui joue le jeu des institutions.

C'est cela la force du révisionnisme. Et aucun congrès international ne peut la briser.

Quelques semaines plus tard, Rosa aura l'occasion de réfléchir à ces problèmes.

Rentrée d'Amsterdam, elle apprit en effet qu'en juillet le tribunal de Zwickau l'avait condamnée à trois mois de prison. Et le 26 août 1904, elle entra dans la cellule n° 7 de la prison de Berlin-Zwickau, pour offenses envers Guillaume II.

Elle était une prisonnière politique, disposait dans sa cellule d'une table avec lampe, pouvait recevoir des livres, ses repas d'un restaurant.

« Soyez tranquilles pour moi, dit-elle à ses amis Kautsky, tout va bien, j'ai de l'air, du soleil, des livres et suis entourée de beaucoup de gentillesse. »

Cet emprisonnement — court : elle sera libérée dès le 24 octobre, à la suite d'une amnistie provoquée par le couronnement du roi Frédéric-Auguste de Saxe — Rosa l'accueille avec une sorte de joie tranquille.

C'est comme s'il s'agissait de la confirmation de sa réussite politique, de l'efficacité de la ligne qu'elle a choisie, comme si entre la petite lycéenne de Varsovie qui se moquait de l'empereur d'Allemagne et la journaliste, il y avait une continuité.

N'écrit-elle pas, dans cette année 1904, à Julius Bruhns, avec une pointe d'ironie parce que l'homme lui a toujours paru inutilement retors : « La ligne plane et droite est toujours le chemin le meilleur. »

Elle reçoit d'ailleurs en prison de nombreux signes d'affection.

Son frère Joseph lui rend visite ; son second frère Maximilien lui envoie de l'argent. Ses repas pendant quelques semaines sont livrés par un restaurant voisin de la prison, mais — comme elle l'écrit à Léo — « je suis revenue à la pitance de l'établissement au lieu des repas amenés du restaurant et cela m'a fait du bien. Mon estomac en avait assez de culture supérieure et rêvait de Rousseau ».

Elle n'est donc pas trop oppressée par la prison.

Elle y lit *La Divine Comédie*.

« Tout autour, dit-elle, c'est un calme idéal, si ce n'est un joyeux gazouillis d'enfants en dialecte saxon venant de je ne sais où, et le cri concret de canards sur un étang... »

Elle ajoute même : « Je bénis de tout mon cœur ce calme et cette solitude forcés. »

Au contact des gens, explique-t-elle, « j'ai toujours un sentiment de déchirement intérieur... Dans la solitude, je me retrouve et je remets un peu d'ordre dans la bohème de ma vie spirituelle ».

Et, avec un peu de pose, elle prétend que le plus dur a été de supporter « cette maudite amnistie ».

Elle résiste donc bien à cet emprisonnement, confortable il est vrai.

Non seulement elle a dévoré des livres « comme une sauvage », mais elle a fait le point de la situation politique, plus lucide quant à la réalité de sa victoire sur le révisionnisme.

Elle dit à Kautsky qu'il y a « énormément à faire et, avant tout, énormément à étudier ».

Mais surtout elle se rend compte que, pour bousculer l'opportunisme, le révisionnisme, il ne faut pas seulement voter des motions, remporter des succès de tribune et de congrès. Il faut agir.

« L'opportunisme est une plante des marais, dit-elle, qui ne fleurit que dans les eaux stagnantes. Si le courant est fort, il meurt de lui-même. Ici, en Allemagne, il est primordial d'aller de l'avant. C'est la social-démocratie allemande qui doit donner le signal et indiquer la direction. » C'est dire le rôle qu'elle s'assigne à elle-même, à la gauche de la social-démocratie allemande qu'elle incarne.

Mais si l'Allemagne devait être l'action dans le moteur, l'Internationale, pour Rosa, était décisive.

Or, elle s'inquiétait. Les bolcheviks de Lénine, qui partageait beaucoup de ses positions — contre l'opportunisme, le révisionnisme, pour un marxisme révolutionnaire —, étaient autoritaires, et Rosa Luxemburg, dès 1904, commença à dénoncer « l'esprit étriqué des conceptions théoriques léniniennes ».

Elle était pour la rigueur, l'intransigeance, le radicalisme, mais dans le cadre d'un débat ouvert, pluraliste.

Elle avait rencontré Lénine à Munich en 1901. L'homme aux yeux bridés, à la détermination sans faille, à l'intelligence vive, l'avait fascinée, son sens tactique était impressionnant et son esprit de décision fulgurant.

Mais elle n'avait pas été séduite par celui qu'elle considérait — à l'égal de Jogichès — comme un des grands révolutionnaires du temps. Et elle accumula contre lui les griefs, impitoyable de lucidité prophétique.

Le léninisme ne pouvait être confondu avec le marxisme, avançait-elle. Elle se méfiait de la « discipline de caserne », de cet « ultracentralisme » que Lénine semblait vouloir imposer à son parti, avec un « esprit stérile de veilleur de nuit ». « Il s'intéresse surtout à contrôler le Parti et non à le fertiliser, à le réduire au lieu de le développer, à l'enrégimenter plutôt qu'à l'unifier. »

Ainsi Rosa, dans cet article — *Question d'organisation des sociaux-démocrates russes* — prenait-elle clairement position.

Elle, que l'on situait « à gauche », développait ses critiques contre les bolcheviks de Lénine et ouvrait un chemin original entre la soumission du marais et l'ultracentralisme léniniste. C'est dire que, dès 1904, elle pressentait les problèmes qu'allaient soulever ceux qu'elle appelait les marxistes « mongols », venus de ce pays de barbarie qu'était la Russie tsariste.

Rosa était bien une Européenne, pénétrée de la culture de la contradiction et du débat, de l'interrogation sur le sens même de ses engagements ; femme qui, tout en manifestant une volonté d'agir, était tenaillée par le doute, la question de la signification de la vie.

Et dans cette prison de Zwickau où elle a, dit-elle, « merveilleusement lu et travaillé... outre ma spécialité — l'économie — j'ai aussi dévoré un peu de littérature et de philosophie... Leibniz », elle refait le parcours de son existence.

La vie est restée là-bas, à Varsovie, dans la cour de l'immeuble où elle habitait avec sa famille. Depuis, elle la poursuit en vain. « Au fond, j'ai été victime d'un jeu sacrilège, confie-t-elle à Luise Kautsky. La vie joue avec moi un éternel jeu de cache-cache. »

Frustration, déception permanente, leurre : elle est ainsi poussée en avant, à courir plus loin, insatisfaite, haletante, comme une femme qui n'atteint jamais l'orgasme, qu'on excite et irrite, et qu'on laisse pantelante, nerveuse.

Il ne reste à Rosa que l'action — comme un « automate », a-t-elle dit souvent — l'oubli de soi, avec ce désespoir intérieur qu'elle a à maintes reprises exprimé.

Voici qu'à trente-trois ans, comme si la prison lui avait fait prendre conscience du bien inestimable qu'est la liberté, la vie en soi, elle se rebiffe. Pourquoi se martyriser, se mutiler, se donner des interdits ?

« La morale de l'histoire, dit-elle, c'est que quiconque se sent pauvre devrait s'asseoir et faire un inventaire, simplement pour découvrir combien il est riche. »

Et elle conseille à Léo d'agir ainsi, de mesurer le privilège qu'il a à la connaître : « Tu auras l'impression d'être Crésus », dit-elle. Et c'est désormais l'attitude qu'elle veut avoir à l'égard de sa propre vie.

Elle ne veut plus de ces cauchemars qui, la nuit — ainsi en prison — la font hurler, appeler sa mère. Mais elle appelle, dit-elle, sept ans trop tard. « Tu ne peux te représenter le pénible sentiment d'accablement qui s'est ensuite emparé de moi. »

Rosa veut essayer d'irriguer sa vie de sources nouvelles.

Elle prévient Léo : « Je me suis promis de vivre ma vie pleinement dès que je serai libre. »

« Quand je sortirai de prison, ajoute-t-elle, ton anémie nazaréenne se heurtera violemment à mon énergie hellénique. »

Rosa ne veut plus être crucifiée.

Elle veut que la vie soit aussi joie, plaisir.

Et elle n'est pas femme à renoncer à un projet, à un espoir.

QUATRIÈME PARTIE

« Une énergie de fer s'empare de moi » (1905-1906)

9
« *Laisse-moi agir librement* »
(1905)

Elle voulait donc vivre autrement. Et c'est comme si ce désir s'accordait au mouvement même de l'histoire, à ces événements qui, s'accumulant depuis quelques mois, rendaient prévisible un changement brutal du cours des choses. Et Rosa, observatrice aiguë de la réalité internationale, ne pouvait que pressentir ces glissements, ces heurts, comme quand des plaques tectoniques se mettent à bouger avant que le tremblement de terre ne se produise, que la fracture ne soit visible.

Et sa volonté de jouir de la vie était comme la manifestation de cette conscience d'une accélération des choses. Elle venait de mesurer en prison le prix de la liberté. Elle n'avait plus de temps à perdre. Il fallait vivre, car l'histoire se précipitait.

Vers quoi ?

Vers la guerre d'abord, puisque depuis le mois de janvier 1904, Japonais et Russes s'affrontaient. Et contre cela que faire, sinon renforcer les liens dans l'Internationale socialiste ?

A Amsterdam, elle avait vu, malgré la guerre en cours, sous les acclamations et dans l'émotion, le Russe Plekhanov serrer la main du Japonais Katayama, comme l'illustration symbolique du mot d'ordre « Prolétaires de tous les pays, unissez-vous ! »

Mais la tension montait : rivalités entre la France et l'Allemagne à propos du Maroc — au mois de mars 1908, Guillaume II s'en irait visiter Tanger pour manifester ses ambitions coloniales mondiales. Face à cette menace, la France et l'Angleterre se rapprochaient dans une *Entente cordiale* qui, aux yeux de Paris, complétait le dispositif mis en place par l'alliance franco-russe.

Ce heurt des « impérialismes », dont Rosa avait prévu qu'il pourrait un jour déboucher sur une guerre entre puissances européennes, marquait à ses yeux que les contradictions du capitalisme devenaient insurmontables, le conduisaient à sa perte. Les « masses » se mettaient en mouvement. Dans la Ruhr, les mineurs commençaient une longue grève en janvier 1908.

Et surtout, coup de tonnerre, les foules russes s'ébranlaient, accablées par la misère, humiliées par les défaites militaires subies par les armées du tsar à Port-Arthur, à Moukden (2 janvier 1905) et bientôt par la destruction de la flotte russe, à Tsushima, par la flotte japonaise (28 mai 1905).

Le 22 janvier 1905, à Saint-Pétersbourg, portant des icônes et des portraits du tsar, des dizaines de milliers de manifestants conduits par le pope Gapone s'avançaient pacifiquement vers le palais d'Hiver, désireux de remettre des suppliques au souverain. L'armée ouvre le feu et laisse sur les pavés des centaines de victimes : c'est le *Dimanche rouge*, l'événement qui révolte l'opinion européenne, pousse à la révolution sur tout le territoire de l'empire du tsar.

Le 27 janvier 1905, on manifeste à Varsovie.

La révolution que Rosa avait si souvent invoquée devenait donc réalité. En Pologne, dans sa Pologne, les quelques centaines de militants de son petit parti, le SDKPiL, commençaient à se battre, rejoignant ainsi spontanément les ouvriers russes qui, à Moscou, Pétersbourg, Odessa étaient entrés en lutte contre le tsarisme.

Pourrait-elle vivre comme « avant » maintenant que ce pour quoi elle a combattu depuis l'adolescence fait les titres des journaux, maintenant que Léo Jogichès quitte Berlin — montrant ainsi qu'il n'est pas le velléitaire qu'elle l'accuse d'être — pour gagner Cracovie, dans la partie autrichienne de la Pologne, afin d'être plus près de Varsovie et diriger, là-bas, aux portes de l'empire russe, l'action révolutionnaire, éditer les tracts, concevoir une publication — *Du champ de lutte* — qui rapportera et analysera les événements qui se déroulent en Pologne russe ?

Cette année 1905 qui commence est ainsi pour Rosa le temps des ruptures avec le cours tranquille de l'histoire, telle qu'elle se déroulait et qui semblait ne comporter que des polémiques idéologiques, des discours.

Maintenant on se bat, « chez elle ». On meurt. Son vieux camarade, son ami Kasprzak — qui l'a aidée à fuir en 1888 — est menacé. Dans quelques mois, il sera arrêté au terme d'une fusillade, alors qu'il défend contre la police russe une imprimerie clandestine. Il sera condamné à mort et exécuté.

Et face à la révolution, à ses violences, c'est pour Rosa la question de la place de l'intellectuel, de son rôle dans l'action, qui est posée.

Mais c'est aussi le temps des ruptures dans la vie privée de Rosa.

En 1905, entre elle et Léo, tout a déjà été dit sans doute.

Et elle a revendiqué explicitement le droit à sa liberté, au plaisir. Mais Léo s'en va, rejoint ce qui est « leur » front. Et Rosa ne peut évidemment qu'approuver ce départ.

Cependant, dès ce mois de février 1905, parce qu'elle a changé psychologiquement et parce que les événements créent entre eux cette séparation, elle pressent aussi qu'ils ne reprendront plus la vie commune. Que 1905 met fin à son espoir d'une vie familiale avec Léo.

Tout est donc mouvement, fracture, dans cette année 1905 qui ouvre véritablement le XXe siècle.

Car c'est aussi en 1905 qu'Einstein formule sa théorie de la relativité restreinte et Freud sa théorie de la sexualité. Picasso est au travail, faisant éclater la peinture « classique » (en 1907, il exposera *Les demoiselles d'Avignon*).

1905 : un livre se ferme.

Le prologue d'un autre temps, tragique, commence à s'écrire. Pour le monde et pour Rosa.

On la sent fébrile, soucieuse d'être à tous les créneaux.

Elle écrit article après article dans les journaux socialistes allemands, dans les publications que Léo fait entrer en fraude en Pologne russe. Elle parle dans des meetings, autant qu'elle le peut, malgré la fatigue, la durée des trajets, de la situation en Russie, des perspectives qui s'ouvrent.

On la voit ainsi dans la région d'Essen : « En trois jours, raconte-t-elle, j'ai tenu six réunions dont trois énormes (2 à 3 000 personnes chacune)... Ça s'est passé à merveille, mais tu peux imaginer dans quel tourbillon j'ai été prise. Neuf heures de voyage en train, puis fiacre, discours. » Mais elle trouve en elle, sous la pression des événements, dans ce climat qui l'exalte, les forces nécessaires. « Je suis rentrée avec tant d'idées et de projets nouveaux, avec tant d'ardeur au travail ! »

Elle reprend la plume. « Je sens, dit-elle, qu'une énergie de fer s'empare de moi. »

Elle organise la solidarité : collecte de fonds pour les Russes, s'occupe du partage équitable entre les organisations rivales. A ses correspondants, elle dit : « Consolez-vous, des maquignonnages au cours du partage des fonds, il y en a partout. »

Il ne faut pas, ajoute-t-elle, « se sentir concernée par les disputes » qui opposent les Russes entre eux. Lénine se dérobe, Lénine agresse, verse un « breuvage amer » contre Kautsky, n'y prêtons pas trop attention. Elle veut ne voir que l'essentiel : le mouvement. Et la sécurité des camarades. Quand sur une carte postale, elle peut annoncer : « Tout le monde se porte très bien », c'est-à-dire que tels ou tels camarades sont encore en liberté, elle est heureuse.

Pourquoi s'arrêter aux détails alors qu'elle est persuadée que la période qui a commencé avec le Dimanche rouge de Saint-Pétersbourg est décisive pour l'ensemble du monde ?

« La vie sociale et la vie politique de tous les États capitalistes, écrit-elle, sont aujourd'hui si liées entre elles que les répercussions de la révolution russe seront énormes dans tout le prétendu monde civilisé, beaucoup plus importantes que les répercussions internationales de toute révolution bourgeoise de l'histoire. »

Et c'est vrai que l'Allemagne bouge, qu'un frisson de sympathie à l'égard de ces Russes mitraillés par l'armée du tsar parcourt le Parti socialiste et l'opinion. Et d'autant plus que des conflits sociaux nombreux opposent les syndicats aux employeurs, si bien que, dans le climat des événements de Russie, ils prennent une résonance politique. L'Allemagne peut-elle, va-t-elle connaître une secousse révolutionnaire équivalente à celle qui ébranle la Russie ?

Rosa Luxemburg qui, par ses origines, par son appartenance au parti polonais SDKPiL et au parti allemand, par sa connaissance de la langue russe — personne d'autre qu'elle ne peut, dans les milieux dirigeants socialistes, lire le russe — répète qu'il peut, qu'il doit en être ainsi, gommant les différences qui séparent l'Allemagne de la Russie.

La révolution russe est pour elle un appel à l'action, afin que les masses se mettent en mouvement et qu'en actes elles en finissent avec le « révisionnisme », l'« opportunisme ». La révolution, par le seul fait qu'elle s'est produite — alors que rares étaient ceux qui la prédisaient —, est un accélérateur qui « radicalise » Rosa et le groupe d'amis qui peu à peu se sont rassemblés autour d'elle.

Elle influence toujours Klaus Kautsky et, puisqu'elle a libre accès à la revue *Neue Zeit*, ses idées rayonnent. Elle peut compter sur Franz Mehring, Clara Zetkin, le couple Emmanuel et Mathilde Wurm. Lui est chimiste, député, rédacteur à *Neue Zeit*, elle, un peu plus jeune que Rosa, est active dans le mouvement socialiste des femmes.

Le comité directeur du Parti, avec à sa tête August Bebel, est aussi, tout au moins en paroles, solidaire de la révolution russe. C'est un moyen pour ces dirigeants de liquider à leur avantage la querelle contre Bernstein.

Bebel insiste ainsi pour que Rosa entre à la rédaction du *Vorwärts* comme spécialiste des questions russes et internationales. Rosa n'accepte qu'à la condition d'avoir la plume libre. Et elle ne se fait aucune illusion sur la qualité de ses collègues.

« La rédaction, dit-elle, se compose de bœufs qui, par-dessus le marché, sont présomptueux... Si tu voyais un peu ce style dans lequel ils écrivent tous ! Il y a de quoi sortir de ses gonds. » Mais elle accepte parce que le journal est un lieu d'influence, une tribune qui lui permet de faire connaître, dans un style clair et passionné, ses analyses sur la situation en Russie.

Et elle est si efficace, si pugnace, que la presse conservatrice s'émeut, qu'au Reichstag le député de droite Stoecker prononce un discours contre cette agitatrice apatride. Et c'est Bebel lui-même qui répond, affirmant sa solidarité avec Rosa.

Rosa semble donc marquer des points. Des solidarités ou des amitiés se nouent ou se confirment. Elle vit avec intensité ces jours de lutte. Elle est en harmonie avec les événements, pleinement accordée à ce basculement de l'histoire qui correspond à ce qu'elle est, à ce qu'elle pense. C'est comme si elle respirait mieux. Elle en a conscience. « La progression est grandiose, dit-elle, et me revigore beaucoup. »

Elle avait conduit la bataille contre Bernstein, mais cet affrontement des phrases et des idées était finalement sans suc puisque rien ne bougeait autour d'elle. Elle est de ces tempéraments qui ont un besoin vital du jaillissement des événements, du surgissement des « masses » dans l'histoire, de cette éruption qui bouscule les bureaucrates et l'ordre établi. C'est à ces conditions qu'elle se sent vivre.

« La bernsteinerie m'a vieillie et fatiguée avant l'âge, dit-elle. La Révolution russe me rajeunit de dix ans. Le travail ne m'a jamais paru aussi facile qu'à présent. Vive la Révolution ! »

Quel est dans cet enthousiasme la part de la raison et celle du caractère ?

Sont-ce des déterminations intimes, des « penchants » dont il faut rechercher l'origine dans les insatisfactions personnelles, ou les circonstances qui ont façonné la personnalité de Rosa, qui expliquent cette attirance pour ce qui est aussi un « désordre », une création collective violente ?

Et tout cas, il y a chez Rosa une gaieté nouvelle qui est aussi d'ordre intellectuel. « La révolution se développe, dit-elle, selon toutes les règles et c'est une grande joie d'observer, de comprendre et de pouvoir y collaborer. » Elle moque et méprise ceux qui, selon elle, sont des « observateurs inintelligents », les libéraux russes ou les journalistes prudents du *Vorwärts*. Ceux-là ressentent des sentiments mêlés. Ils disent qu'il faut « espérer et craindre ».

« Nous autres, affirme-t-elle avec orgueil et assurance, nous collaborons de gaieté de cœur et le travail intellectuel (l'analyse du processus révolutionnaire) procure une jouissance peut-être encore plus grande que la collaboration pratique. Les masses chez nous sont prises maintenant d'une véritable fringale de clarté, de conscience de classe et je m'estime heureuse de pouvoir contribuer un tant soit peu à calmer cette soif de culture. »

Mais qui peut croire que de tels sentiments soient partagés par la majorité d'un parti dont les cadres sont attachés — quoi qu'ils en disent, quoi qu'ils en pensent — à l'ordre, même s'ils veulent sincèrement l'améliorer ? Qui peut croire que le profil psychologique et les exigences intellectuelles de Rosa soient ceux d'un élu moyen du Parti socialiste ou d'un responsable syndical ?

Rosa, grisée par la « jouissance » que lui procurent les événements, n'a pas mesuré ces résistances, a oublié les oppositions qu'elle avait déjà suscitées. Elles resurgissent avec violence.

Au congrès des syndicats qui se tient du 22 au 27 mai 1905 à Cologne, on rejette l'idée que la situation en Allemagne ressemble à celle de la Russie. On refuse d'envisager la grève de masse que propose Rosa Luxemburg, sur le modèle russe. « Ne parlons plus de grève de masse, dit-on, les grèves générales sont une absurdité générale. »

Et « Rosa la sanguinaire », la Polonaise, la femme, la Juive un peu russe, l'intellectuelle qui ne connaît rien à la vie réelle des masses allemandes, est accusée. Le responsable syndical des mineurs, Otto Hue, dénonce « ces experts de la théorie de la grève générale » qui ne vont pas en Russie expérimenter leur théorie. « Pourquoi tous ces théoriciens qui, de toute façon, viennent de Pologne et de Russie et sont maintenant installés en Allemagne, en France et en Suisse, écrivant des articles révolutionnaires, ne vont-ils pas sur le champ de bataille ?... Il vaut mieux essayer que parler ; partez donc pour le front russe, vous, théoriciens de la lutte des classes ! »

Rosa répond, mais cette attaque la blesse, car elle met en cause son courage personnel, celui de ses camarades qui, tel Kasprzak, viennent d'être condamnés à mort, celui de ces ouvriers de Varsovie qui sont tombés par centaines lors des manifestations du

1er mai 1905, celui de Léo Jogichès qui, de Cracovie, se rend fréquemment à Varsovie.

Au congrès du Parti qui se tient à Iena en septembre 1905, elle interpelle durement ses contradicteurs. « Vous, Bernstein, s'écrie-t-elle, que savez-vous de la grève de masse ? Rien. »

En fait, derrière les mots — grève de masse, grève générale — derrière ce débat formel — faut-il être pour ou contre cette grève ? —, il y a selon Rosa le choix entre l'action et l'inaction.

La question de la violence est même secondaire.

« Toutes les révolutions ont été payées par le sang, lance-t-elle. Mais, maintenant, nous entrevoyons la possibilité de verser le sang pour nos propres intérêts de classe. » Et surtout il ne sert à rien de se poser ces questions en théorie. Les Russes n'avaient pas de syndicats. Et « les masses ont été jetées dans la révolution..., l'organisation est née pendant la lutte, pendant le processus de la lutte des classes ».

En quelques phrases, Rosa Luxemburg vient de se frayer un chemin vers de nouvelles conceptions. C'est l'action qui crée, donne la force et organise.

Mais c'était là en germe une rupture décisive avec toute la pratique de la social-démocratie allemande, sa stratégie de progrès lents — accompagnés, il est vrai, d'un discours toujours révolutionnaire —, c'était la remise en cause des « organisations », politiques et syndicales, qui géraient tranquillement d'élection en élection, de négociations en compromis, leur potentiel d'électeurs et d'adhérents.

Ces organisations — la fierté des socialistes allemands — ne pouvaient rien, ou si peu, sous-entendait Rosa. Et elle donnait en exemple ces « barbares » russes. Elle annonçait que les masses allaient, quand elles se mettraient en mouvement, créer autre chose.

Elle accusait ces organisations d'être devenues un but et non un moyen.

« Quand tirerez-vous les leçons de la révolution russe ? » demandait-elle, interpellant le congrès. « La chose la plus importante, concluait-elle, est d'instruire les masses. »

Et c'est à cela qu'elle s'employait.

Que pouvait-on lui répondre alors qu'elle était l'une des têtes pensantes du Parti, que Bebel avait semblé lui donner son appui, qu'elle publiait ses articles dans *Neue Zeit* et *Vorwärts* ? Que personne ne pouvait douter de sa sincérité, de son dévouement, de son intelligence ?

Les uns évitaient le débat et disaient, ironiques : « Écoutez, camarade Luxemburg, je suis maçon de mon métier... Mes connaissances ne peuvent concurrencer celles des gens qui, dans leur jeunesse, ont reçu une bonne éducation et n'ont jamais eu faim. »

August Bebel fuyait lui aussi la discussion en faisant rire la salle, en habile orateur de congrès sachant séduire un auditoire : « Je n'ai jamais entendu un débat, disait-il, où l'on ait autant parlé de sang et de révolution. En entendant tout cela, je ne peux m'empêcher de jeter de temps à autre un coup d'œil à mes bottes pour voir si elles ne sont pas déjà couvertes de sang. »

Les rires reprenaient, effaçant les analyses de Rosa Luxemburg.

Mais August Bebel savait bien que Rosa venait de choisir l'hérésie et que, si pour l'heure elle avait sa place dans le Parti, s'il pouvait l'utiliser, s'il avait avec elle des relations amicales, il serait son adversaire.

Et quelques semaines plus tard, rencontrant Rosa chez Karl Kautsky, Bebel rit encore, mais ses phrases grincent comme une sinistre prédiction :

« August, raconta Rosa, m'a reproché (mais très amicalement) mon ultra-radicalisme et s'est écrié : Attention, quand la révolution arrivera en Allemagne, Rosa sera du côté gauche et moi du côté droit ! Après quoi, il a ajouté en plaisantant : Mais nous la pendrons, nous ne la laisserons pas trop saler notre soupe. » Moi, tranquillement : « Vous ne savez pas encore qui pendra l'autre. »

« Caractéristique », conclut Rosa.

Elle n'est pas étonnée des propos de Bebel. Intuitivement, Rosa s'est toujours méfiée de ces « phraseurs » qui bombent le torse, de ces habiles qui savent retourner une salle, mais dont les convictions ne résistent pas à la poussée des événements. Et depuis le Dimanche rouge de Pétersbourg, malgré leur adhésion apparente à la Révolution, ils hésitent, elle le sait bien. Ils ont peur.

Elle se sent à nouveau, avec force, polonaise, proche des Russes. Elle pense souvent à son ami Kasprzak, pendu. « Toute la nuit dernière, confie-t-elle à Léo, j'ai rêvé que Kasprzak était là et qu'il discutait avec toi des affaires du Parti et que j'écoutais. Quand je me suis réveillée et me suis rappelé que tout cela est révolu à tout jamais, je me suis sentie si mal que je n'avais pas envie de me lever. Je pense très souvent à lui et ne peux accepter le fait accompli. »

Voilà ce qui la taraude. Alors elle se dépense davantage, anxieuse de ce qui se passe là-bas, à Varsovie, irritée de perdre ses soirées alors qu'elle a un article urgent à écrire, parce que les enfants de Kautsky viennent la chercher afin de fêter l'anniversaire de leur père. « J'ai perdu toute la soirée et suis allée me coucher avec le cafard. »

Son irritation est d'autant plus grande qu'elle sent Kautsky, son allié cependant, son ami, prêt à basculer. Lorsque le tsar accorde la création d'une assemblée, la Douma, et que Rosa — et les révolutionnaires — considère qu'il s'agit là d'un leurre et qu'il ne faut pas se prêter à ce simulacre de démocratie, elle découvre que « Karl Kautsky est complètement retourné au sujet de la Douma. Nous nous sommes rencontrés hier à la promenade et avons commencé à débattre. Il s'est mis dans la tête qu'il faut participer aux élections ».

La révolution opère ainsi, pour Rosa elle-même, et pour chacun de ceux qu'elle connaît, comme un révélateur impitoyable.

En ces temps où Rosa apprend que la fiancée, âgée de dix-huit ans, de l'un des organisateurs de la mutinerie du cuirassé *Potemkine*, « Feldman, un garçon de dix-neuf ans », s'est suicidée à Genève en se jetant d'une fenêtre (le garçon, contrairement à une fausse nouvelle, n'avait pas été arrêté, mais avait réussi à gagner l'étranger), que c'est là la réalité cruelle de l'histoire qui se joue, elle doit aussi continuer de vivre à Berlin, et cette contradiction entre ce qu'elle vit par procuration — la révolution en Russie, en Pologne — et son existence tranquille de socialiste allemande, crée en elle un malaise.

Elle continue sa vie quotidienne. Elle fait repeindre l'appartement. Elle s'occupe — et cela la calme — de son petit lapin, Puck. Qu'il tombe dans l'escalier et qu'il se casse une patte, « tu peux imaginer l'émotion ! ».

Elle consulte un vétérinaire, « mais Puck gémit de douleur, s'impatiente et ne quitte pas sa maman d'un pas ».

Elle sait bien que cela est dérisoire et elle se moque de ce substitut de sentiments maternels, lucide, amère. Mais elle a l'esprit ailleurs, en Pologne. Et quand les Kautsky l'invitent à Sankt Gilgen, un village proche de Salzbourg où ils passent leurs vacances, elle se prépare d'abord à les rejoindre, puis tout à coup elle y renonce : « Je ne supporterais pas ce papotage, des jours entiers. »

Et brusquement, au début d'août, au lieu de rester chez elle à Berlin comme elle en avait l'intention, elle part, mais pour Cracovie. La pression en elle a été trop forte.

« A ta et à ma grande surprise, écrit-elle à Luise Kautsky, me voici donc à Cracovie, me préparant à t'envoyer mon baiser d'anniversaire du parc Jordan, sur les bords de la mère Vistule. »

Tout se mêle pour expliquer ce départ soudain.

D'abord elle veut des informations sur ce qui se passe en Pologne, elle veut vivre de plus près les événements. Or, depuis qu'il est installé à Cracovie, qu'il conduit en fait la politique de son parti, Léo Jogichès ne fournit à Rosa que des éléments fragmentaires, qui lui permettent à peine de comprendre la situation.

Comme si Léo, ayant enfin échappé à l'attraction et à la domination de Rosa, grâce à la révolution, se vengeait, gardant pour lui, comme son bien propre, ces événements qu'il connaît, provoque, commente; recouvrant grâce à sa situation un pouvoir qu'il avait perdu, tenant Rosa à distance à nouveau, la cantonnant dans son rôle de journaliste, de commentatrice éloignée, bonne seulement à écrire, à jouer un rôle dans le tranquille parti allemand.

Rosa s'insurge. « Comment peut-on ainsi me laisser sans nouvelles, c'est carrément de l'inconscience. »

Elle se sent humiliée, exploitée aussi, traitée par le mépris et elle dit avec rancœur: « Pour écrire à bride abattue, je fais l'affaire, mais savoir ce qui se passe, ce n'est pas pour moi. D'ailleurs, c'est une vieille histoire. »

Le passé remonte, celui de leurs relations inégalitaires, Léo dominateur, « maître », dictant ce qu'elle doit faire. Mais elle n'est plus disposée à l'accepter. Et elle le dit sur un ton cassant qui ne permet aucune échappatoire: « Je veux être du moins au courant du principal de notre boulot et je te prie de ne pas faire l'enfant et de ne pas m'écarter de force du boulot polonais en ne m'informant de rien. Mon cœur, n'emploie jamais plus ce remède de cheval avec moi, d'accord ? »

Ce « mon cœur » entre des mots impérieux résonne comme l'écho lointain de ce qui a été et qui n'est plus.

Car depuis le départ de Jogichès pour Cracovie en février 1905, la rupture, lettre après lettre, se consomme. Et le heurt à propos des informations sur la Pologne que Léo ne transmet pas n'est que la manifestation d'une séparation qu'ils sentent définitive, d'un dernier conflit où ils rejouent, comme par fidélité à eux-mêmes, à leur passé, les scènes qu'ils ont déjà tant de fois interprétées, mais auxquelles ni l'un ni l'autre ne croit plus.

Et cette déchirure entre eux, dans l'année où l'histoire se fend, cette cassure qui se superpose et s'imbrique à la rupture de la révolution, fait de cette année 1905 la date clé de la vie de Rosa.

Elle parle encore de l'appartement de la Cranachstrasse, de leur cuisine repeinte, transformée en véritable salon, elle parle de leur futur à deux, mais c'est un rituel. La plupart des lettres qu'elle écrit à Léo sont des rapports d'activité presque techniques, bourrés d'informations, de questions. Et parfois c'est elle qui donne des conseils à Léo, qui lui demande par exemple de ne pas traiter avec les socialistes juifs du Bund : « Je ne souscris à aucune fusion avec les Juifs, dit-elle brutalement. Il s'agit évidemment de se battre ensemble, mais de marcher séparément. Cette racaille a besoin de nous... Réponds par des pirouettes à tout engagement. »

Elle sait être dure, Rosa.

Et pas seulement dans les affaires politiques.

Car Léo, en n'informant pas Rosa de ce qui survient en Pologne, ne cherche pas seulement à réaffirmer son autorité, à définir jalousement son domaine contre tout empiétement, il se venge aussi.

Il sent bien que Rosa n'est plus la même. Elle l'a averti dans ses lettres alors qu'elle était enfermée dans la prison de Zwickau. Elle veut vivre. Et il a bien compris que cela signifiait aimer d'autres que lui, peut-être se faire aimer d'eux, avoir des amants. Jouir aussi de son corps avant qu'il soit trop tard.

Et cette liberté, Rosa la revendique, précisément, en cette année de révolution. Il faut que Léo le comprenne. C'est ainsi.

« D'une manière générale, lui dit-elle, laisse-moi agir librement, "laissez faire", mon cœur, il te faut toi aussi être un peu subtil... Au regard de toute analyse, j'éprouve une aversion plus forte que jamais. Je vis tout simplement comme une plante et il faut me laisser telle que je suis. »

A Léo d'accepter ou de refuser. Une « plante », cela prend le soleil et l'eau dès qu'elle le peut.

Et Rosa affiche ce désir, cette attitude, avec une sorte de complaisance, jouant à la femme « libérée ». Attendant un visiteur qui lui est envoyé par Minnie Kautsky, elle écrit : « Est-il encore jeune ? Beau ? Célibataire ? Intéressant ? En ce moment, je trouverais bien à utiliser toutes ces qualités-là, soit pour moi, soit pour mon entourage. »

C'est en juillet 1905 qu'elle écrit cela. Et, autour d'elle, en effet, apparaissent des silhouettes d'hommes, souvent plus jeunes que Rosa. Ainsi commence-t-elle à nouer des liens d'amitié avec Hans Diefenbach, un docteur en médecine de Stuttgart, officier de réserve, qui vient régulièrement lui rendre visite. Sans doute n'existe-t-il pour l'instant entre eux que de simples conversations intellectuelles, sur l'art, la littérature.

Mais avec celui qu'elle désigne dans ses lettres par la seule initiale W., il s'agit bien d'un amant.

Il est plus jeune qu'elle de neuf années, adhérent du parti

SDKPiL. Depuis 1903, il en est un des dirigeants sous le pseudonyme de Witold. De son véritable nom Wladyslaw Feinstein, il collabore aux publications de Jogichès avec talent. « Witold écrirait ça très bien », dit Rosa. Et quand elle lit un article brillant, elle interroge Léo : « Est-ce toi ou Witold ? »

Lorsqu'il se rend à Berlin, Witold est séduit par Rosa, son intelligence, sa vivacité, son art du dialogue. Elle charme. Elle conquiert. Elle n'est pas femme à être « prise », mais elle prend. Et cet homme jeune — il n'a que vingt-cinq ans — qui arrive de Cracovie, qui a encore sur sa peau, dans ses cheveux bouclés noirs, le parfum de la révolution, l'attire trop pour qu'elle résiste. Au nom de quoi ?

Elle doit « vivre tout simplement comme une plante ».

Quand elle se rend de manière soudaine à Cracovie, c'est autant pour se rapprocher du « front » que pour retrouver Witold.

Mais, face à Léo Jogichès, elle ne peut mentir. Elle lui révèle cette liaison et c'est bien une « révolution » dans leurs relations.

Léo est bouleversé, accablé. Il se rendra à Berlin en septembre. Supplier Rosa ? Ce n'est pas dans sa manière. Mais peser sur elle, tenter de la « reprendre ». Il lui télégraphie. Il lui envoie des poèmes, un livre d'art. Elle le rassure, comme on le fait avec un être faible. Elle semble sûre qu'il n'appartenait pas au même monde qu'elle : Léo à jamais englué dans un comportement qu'elle a dépassé. « Chéri, réponds tout de suite si tu t'es calmé... Rassure-toi et ne perds pas confiance. » Propos de « grande sœur » qui conclut : « Je t'embrasse cordialement. »

Certes, elle a rompu avec W.

« J'ai connu d'affreux tourments, explique-t-elle à Léo, mais je sens aussi en moi un germe de paix et de silence. W. savait dès en arrivant que la décision était prise, il n'a pas dit un seul mot pour essayer de me dissuader. Il veut aller à Cracovie pour y rester, il faut le retenir. Fais ce que tu peux à cet égard. »

Mais comment Léo, désormais, pourrait-il avoir « confiance » ? La « plante » pourra s'enrichir de ce qui se passe près d'elle. Elle n'est plus enfermée. Mais libre.

Il ne peut accepter cette situation. Il écrit des mots au crayon, tristes, auxquels Rosa répond comme on le fait à un malade, tentant de le réconforter, refusant de voir la cause de cet « abattement », condamnant ces « lettres stupides ».

« C'est probablement une dépression consécutive à un travail épuisant qui a pu te donner de pareilles hallucinations », écrit-elle. Mais sa joie du début de l'année 1905 semble avoir abandonné Rosa.

C'est l'automne à Berlin. Elle a rompu avec Witold. « Le temps est abominable, il pleut tout le temps, il fait froid et sombre... »

Elle est, dit-elle, « fatiguée comme un chien ». C'est comme si la joie physique l'avait quittée et que les doutes, écartés quelques mois par la conjonction de la révolution et de sa liaison avec Witold, la submergeaient à nouveau.

Le soir du 20 octobre, « par un étrange hasard », elle sort la boîte qui contient les dernières lettres de sa mère et de son père, celles de son frère Joseph et de sa sœur.

Un autre monde, un autre temps, d'autres voix venues du fond de sa mémoire l'arrachent à ses préoccupations, au présent. Elle les relit. Elle pleure. Elle se couche « avec une grande envie de ne plus se réveiller », dit-elle.

Et elle en veut à Léo Jogichès. Elle est injuste, mais c'est lui qui, aux yeux de Rosa, porte toute la responsabilité de son engagement en politique. C'est inexact et elle le sait. Mais la violence de cette accusation est la mesure du fossé qui désormais la sépare de lui. Léo est devenu son passé. Le visage de la culpabilité qu'elle porte. Il faut qu'il s'efface.

Elle n'avait pas répondu à son père et à sa mère car elle avait des « préoccupations mondiales », dit-elle, sarcastique, impitoyable pour elle-même. « Je t'ai haï car tu m'as enchaînée pour toujours à cette maudite politique. (Je me suis rappelé comment, sur ton conseil, je décourageais Mme Lübeck de venir à Weggis, afin qu'elle ne me gêne pas pour terminer cet article qui devait faire époque, disais-tu, alors qu'elle venait me voir avec la nouvelle de la mort de ma mère !) »

Elle parle sincèrement, elle accable Léo sans souci de ses responsabilités à elle.

Quand on n'aime plus, on est implacable.

« J'étais prête à lâcher d'un seul coup toute cette maudite politique ou plutôt cette sanglante parodie de vie politique que nous menons et à envoyer promener le monde entier. Un genre de culte de Baal idiot, et rien d'autre, où l'on sacrifie des existences humaines entières à sa propre agitation, à sa morgue intellectuelle. Si je croyais en Dieu, je suis sûre que Dieu nous châtierait sévèrement pour ces tourments. »

Cette fois-ci, tout est dit entre eux.

Il a tordu sa vie, estime-t-elle. Ce n'est probablement qu'un soir de doute. Le lendemain, elle peut écrire : « Je me suis promenée au soleil et je vais un peu mieux. » Mais l'accusation sans appel est tombée.

Il sait qu'elle lui reproche cela aussi, qui est l'essentiel de ce qu'ils ont fait ensemble, ce à quoi ils ont tout sacrifié.

Que reste-t-il entre eux, si cela est condamné, fût-ce un instant ?

Rien, sinon l'amertume, les regrets.

Il se rend à Berlin à la mi-novembre. En vain.

Heureusement pour eux, l'histoire se remettait en mouvement, les entraînant à nouveau dans sa furie.

Après le sommet révolutionnaire de juin 1905, ç'avait été pour quelques mois la décrue, comme si janvier 1905 et la montée de tout l'hiver n'étaient plus qu'un souvenir.

Le tsar semblait reprendre l'initiative. La mutinerie de la flotte de la mer Noire était réprimée. Le 25 août, au traité de Portsmouth, la paix était conclue avec le Japon. Le tsar avait désormais les mains libres pour reprendre en main son empire.

Mais à l'automne 1905, le mouvement révolutionnaire repartait à l'assaut. Les grèves se multipliaient. Le 30 octobre, le tsar, dans un *Manifeste*, promettait une constitution et une Douma nouvelles et proclamait l'amnistie des prisonniers politiques.

Certes, moins de quinze jours après la publication de ce *Manifeste*, l'état de siège était proclamé. Mais la plupart des exilés rentraient — Parvus, Trotski... — Plekhanov seul s'y refusa.

Et le 23 novembre, Léo Jogichès gagnait Varsovie, sous le nom d'Otto Engelmann, et s'installait à l'hôtel Victoria, place Zielony. Du 28 au 30 novembre se tenait même à Varsovie une conférence nationale du SDKPiL, avec tous les camarades de Rosa, Dzerjinski, Warszawski, Marchlewski.

Et elle était à Berlin, impatiente et anxieuse, pleine de remords aussi à l'égard de Léo, car lui qui vivait pour la révolution, voilà que, à Varsovie même, il paraissait abattu, sans doute à cause d'elle.

Elle lui écrivait à l'hôtel Victoria, le 25 novembre : « Le fait que tu te sentes mal me réduit au désespoir. Quand tout cela prendra-t-il donc fin ? Quand cesseras-tu de penser à ce qui n'a ni but ni sens, et vivras-tu seulement avec ce qui est ? »

Et elle qui avait condamné le « Baal », la divinité politique, voilà qu'elle invoquait leur responsabilité morale. Ils n'avaient pas — ils n'avaient plus — le droit de douter. « Cela m'a fait mal d'apprendre, continuait-elle, que tu te sens là-bas si mal, car je me souviens qu'un jour tu m'as parlé de "ces pauvres garçons qui attendent de nous une orientation, de l'aide et un appui moral". Tu te rappelles le rôle que cela jouait ? »

D'ailleurs les faits les bousculaient.

La grève générale avait été proclamée à Saint-Pétersbourg et la police avait arrêté les dirigeants du Soviet. A Moscou, on se préparait à l'insurrection armée. Ce n'était plus qu'une question de jours, sans doute durant le mois de décembre.

A Varsovie, on s'apprêtait aussi à affronter les troupes russes les armes à la main.

Comment Rosa aurait-elle pu, dans ces conditions, rester à Berlin ?

La révolution, *sa* Pologne, *son* Varsovie, ses camarades, et d'abord, malgré tout, Léo Jogichès, exerçaient sur elle une attraction de plus en plus forte au fur et à mesure que les jours passaient, que les événements s'accumulaient, que l'histoire s'accélérait.

C'était son passé qui l'attirait, mais aussi son avenir. Car elle était intellectuellement et politiquement persuadée que ce qui se jouait en Russie — et donc en Pologne — était déterminant pour le mouvement socialiste. Et qu'elle devait être sur le terrain, pour voir, comprendre, agir. Pour conquérir aussi une crédibilité plus grande.

On ne pourrait dire qu'elle s'était contentée d'écrire des phrases et de prononcer des discours à l'abri, dans la paix allemande.

Elle allait faire rentrer ces reproches dans la gorge de ses détracteurs ou de ses calomniateurs.

Elle n'était pas n'importe quelle « théoricienne », comme ils disaient, elle était une intellectuelle révolutionnaire. Elle était donc décidée à partir pour Varsovie.

Ses camarades polonais le lui déconseillèrent. Elle était trop connue, trop reconnaissable — femme, boiteuse. Elle prenait des risques inutiles. Mais Rosa balayait ces appels à la prudence. Elle craignait aussi que Léo ne veuille la tenir à l'écart. Et elle voulait, pour elle, pour et contre lui, participer, à égalité de risques et de responsabilité. Ses amis allemands — et d'abord Kautsky — ne comprenaient pas son départ. N'était-elle pas devenue allemande ? N'aidait-elle pas mieux le mouvement révolutionnaire en écrivant des articles ?

Rosa fut inébranlable et le jeudi 20 décembre 1905 — rupture avec sa longue période allemande, sept années de travail et de succès — elle se trouvait sur le quai de la gare berlinoise de l'Est, Friedrichstrasse, entourée de toute la famille Kautsky.

Ils avaient « le cœur gros », raconte Luise, alors que Rosa « partait joyeuse au travail comme si elle allait à la danse ».

Et cependant les grèves paralysaient le chemin de fer direct vers Varsovie, l'armée avait mis le pays en état de siège. Et le temps était sombre et glacé. Les Kautsky prévenants et émus, admiratifs.

« Chacun voulait lui donner une preuve d'affection, écrit encore Luise. Ma belle-mère lui passait son manteau de loden bleu qu'elle avait toujours admiré; Karl la couvrait de son grand plaid bien chaud pour qu'elle ne refroidît pas; je lui suspendis au cou ma montre parce qu'elle se plaignait d'aller à la révolution russe sans savoir au juste l'heure qu'il était. » Cette montre portait les initiales L.R., Luise Ronsperger, le nom de jeune fille de Luise, et Rosa était heureuse de cette coïncidence, de ces deux initiales, riant, montant dans le train qui s'ébranlait lentement.

Il dut faire un long détour par la Prusse-Orientale.

A Illowo, le lendemain, Rosa écrivait une carte postale aux Kautsky. Le train avait vadrouillé toute la nuit. Elle était lasse comme un chien errant. Elle mangeait des escalopes garnies de pommes de terre en attendant un hypothétique train. « Un train doit partir pour Varsovie sous escorte militaire. Vous pouvez imaginer vous-mêmes le caractère tragi-comique de ma situation », disait-elle. Elle serait le seul civil — et la seule femme — dans ce train tout entier occupé par des soldats !

Elle craignait même des heurts avec les cheminots en grève.

« J'espère ne pas être accueillie à Varsovie à coups de revolver. »

Elle était intrépide et joyeuse, Rosa allant à la révolution, à son travail, comme elle disait.

Elle avait de faux papiers au nom d'Anna Matschke, journaliste. Mais la protection était dérisoire : qui, à Varsovie, dans la police ou parmi les milieux révolutionnaires, pouvait ne pas reconnaître Rosa Luxemburg ?

Et les informateurs de l'Okhrana étaient innombrables.

Elle arriva à Varsovie le vendredi 29 décembre 1905, tard dans la nuit.

Elle avait quitté la ville seize ans auparavant.

Dès le lendemain, samedi 30 décembre, elle écrivit rapidement quelques lignes aux Kautsky :

Mes très chers,

Hier soir, je suis arrivée à bon port dans un train non chauffé, sans éclairage, conduit par des militaires et qui, par crainte des « surprises », marchait à l'allure de Granny [Minna Kautsky].

La ville est comme morte. Grève générale. Soldats à chaque pas.

Le travail marche bien, je commence aujourd'hui.

Mille amitiés.

Votre Rosa.

10

« *Nous vivons une époque splendide* »
(janvier-août 1906)

Elle a donc des papiers au nom d'Anna Matschke — du nom authentique d'une jeune journaliste allemande — et elle parcourt « sa » ville.

Il fait un froid intense. Elle se déplace en traîneau. Elle reconnaît les lieux, la couleur du ciel. Elle est une clandestine. Elle retrouve Léo Jogichès qui l'accueille sans plaisir, mais l'heure n'est pas aux disputes. Il faut organiser le travail, écrire, rencontrer les camarades, analyser la situation, prévoir. Elle s'installe dans une pension tenue par une comtesse Walewska, elle écrit, vite, dès le 2 janvier 1906 aux Kautsky — « mes très chers » — et elle leur donne des consignes : « Envoyez-moi tout de suite par lettre recommandée l'article de Mehring à l'adresse suivante : Dr J. Goldenberg, Wierzbowa 9 (sous double enveloppe à mon nom). » Elle sait ce quelle veut : comprendre, agir, influencer, éduquer les « masses ».

On la sent tendue et prise par une sorte d'exaltation intellectuelle, avivée encore par la nécessité d'être aux aguets. Elle peut être reconnue, arrêtée. Mais est-ce que cela compte ?

« Ici, dit-elle, l'époque que nous vivons est merveilleuse, c'est-à-dire que je qualifie de merveilleuse une époque qui pose des problèmes en masse, de grands problèmes, qui aiguillonne la pensée, qui suscite *la critique, l'ironie et le sens profond* [elle cite le titre d'une pièce d'un auteur allemand, Grabbe]. Une époque qui stimule les passions et surtout une époque fructueuse, grosse, grosse, qui accouche à chaque heure et ressort plus grosse encore de chaque naissance, qui n'accouche pas de souris mortes ni même de mouches crevées comme à Berlin, mais d'un tas de choses géantes, ainsi : de crimes géants (vide gouvernement), de déconfitures géantes (vide Douma), de bêtises géantes (vide Plekhanov and Co). »

Elle se sent ainsi enfin de plain-pied dans une époque qui est à « sa » dimension. Elle pense avec dégoût et mépris aux querelles berlinoises, à ses conflits avec les journalistes et les députés socialistes allemands. « La seule idée du pensum quotidien et de ces discussions me fait horreur. »

A Varsovie, dans le climat de la révolution, elle vit, elle respire. Elle est dans son élément.

Pourtant, dans le froid pénétrant, elle doit affronter la violence. Tous les jours, les soldats poignardent en ville deux ou trois personnes, les arrestations sont quotidiennes. Les emprisonnés vivent sous la menace d'exécution. L'état de siège pèse sur la ville. Les imprimeurs sont surveillés. Les perquisitions se multiplient. Mais chaque jour, il faut écrire, publier *Le Drapeau rouge*, le vendre dans la rue, distribuer des tracts qui appellent à des manifestations, à la grève, à des meetings dans les usines. Pour vaincre la résistance des imprimeurs, il faut les menacer le revolver au poing. C'est ce que Rosa appelle « arraisonner une imprimerie ». Fuir avant que la police n'arrive, ne pose les scellés. Mais l'enthousiasme efface la peur.

« Ici tout est très beau, dit Rosa, et le travail se poursuit allégrement. »

Certes la fatigue est là. Il faut écrire, se cacher, trouver l'imprimeur, corriger les épreuves, participer aux réunions : « Personnellement, confie Rosa, je ne vais pas aussi bien que je le souhaiterais. Physiquement, je me sens un peu à plat. »

Mais quand on est « au cœur de ce tourbillon », est-ce qu'on écoute son corps ? Rosa va de l'avant et trouve encore le temps de voir ses frères et ses sœurs une fois par semaine. On imagine leur émotion. Ils ne conçoivent pas la tension qui étreint Rosa. Ils continuent leur vie bourgeoise. Ils voudraient la voir tous les jours, ne comprenant pas quelle imprudence représente déjà cette visite hebdomadaire.

Ils ne se rendent pas compte du travail qu'elle assume, écrivant à un rythme qu'elle n'a jamais connu, allant chaque jour plus loin au-delà de ses propres limites, trouvant en elle des ressources d'intelligence et d'énergie qui l'étonnent elle-même, inépuisable, toujours sur la brèche.

Et cependant, dans les heures qui suivent son arrivée, elle a déjà compris que c'en est fini de la crue révolutionnaire : le reflux a commencé. La grève générale a échoué, partout, et d'abord à Saint-Pétersbourg.

« Le climat, dit-elle, est à l'hésitation et à l'attentisme. »

Mais, avec une détermination inentamée, elle pense qu'il faut aller plus loin, passer au combat de rue, à l'affrontement direct et armé qui seul peut emporter la décision. Il faut simplement préparer ce moment. Déjà, l'un de ses camarades, Julian Marchlewski, s'apprête à partir pour la Belgique afin d'y acheter des armes. « Tout le monde sent que la prochaine phase de la guerre va être celle des batailles rangées », conclut-elle.

Elle associe en elle ainsi, et sans doute est-ce là une caractéristique des révolutionnaires, lucidité, pragmatisme, un optimisme résolu et une volonté d'agir qui sont un des mystères de ce type de personnalités.

Dans quelle part du « moi » ces traits — exceptionnels —, cette confiance que les faits ne viennent pas détruire, prennent-ils racine ?

Dans un besoin permanent de se dépasser ? Dans la découverte expérimentale que la joie, le plaisir de vivre ne peuvent venir que de l'action ?

Dans le refus d'admettre que, inexorablement, la vague retombe ?

Rosa, comme les autres grands dynamiteurs de l'histoire, est à la fois Prométhée et Sisyphe.

Elle sent bien pourtant que partout le pouvoir tsariste reprend l'offensive.

En Russie, Parvus, Trotski sont arrêtés. Lénine est en Finlande. « L'organisation se développe beaucoup, note-t-elle, et en même temps elle est encore minable parce que tout est en mouvement. » Elle sait aussi que « la plaie du mouvement à présent, à Pétersbourg comme chez nous, c'est le fantastique chômage qui provoque une misère indescriptible ». Comment dans ces conditions « organiser » les ouvriers, les éduquer ?

Certes, face à ce chômage qu'on ne peut endiguer, les « masses » agissent avec ce que Rosa appelle un « héroïsme tranquille ». Les gestes de solidarité sont innombrables. On partage le travail afin que personne ne soit licencié, on constitue « spontanément » des comités élus par les ouvriers qui contrôlent l'embauche, les conditions de travail, les licenciements, qui empêchent le patron de faire la loi. Optimisme encore.

Car le nombre des grévistes diminue (2 863 000 en 1905, à peine 1 180 000 en 1906).

Il n'empêche, elle continue à la fois son action de propagandiste, de militante clandestine, courageuse, tenace, et aussi son travail d'intellectuelle, de théoricienne et de dirigeante politique.

Elle réfléchit aux conditions de passage de la grève de masse au soulèvement armé, persuadée que les derniers événements montrent que « comme d'habitude, aux moments cruciaux du combat, les masses poussent spontanément les dirigeants vers des objectifs plus avancés ».

Et une fois de plus, sa conviction dans les vertus du mouvement, de la créativité des masses éclate, en dépit de tout.

Elle démontre, pense-t-elle. Et si elle affirmait seulement une *foi*, une *croyance*, un *vouloir-espérer* en cette « spontanéité », en refusant même d'imaginer qu'elle peut se tromper, que peut-être cette révolution conduit à une impasse ?

Elle théorise en tout cas, à partir de son expérience polonaise, ce qu'elle avait déjà affirmé au congrès d'Iena : la nécessité de s'en remettre à l'action. Et sa rupture avec la pensée des sociaux-démocrates allemands est ainsi nette : le Parti et des syndicats allemands viennent précisément, dans une conférence secrète qui s'est tenue le 16 février 1906, de renoncer à la grève de masse. Entre Rosa et la majorité de ses camarades allemands, le fossé se creuse, même si pour l'heure rien n'est encore dit clairement.

Mais les dures appréciations de Rosa sur les « querelles » qu'elle a eues en Allemagne, le plaisir qu'elle éprouve à être immergée dans la révolution et la clandestinité, l'orgueil qu'elle éprouve d'être de Varsovie, ville indomptée, vivante, comparée à Berlin la conformiste, l'assoupie, annoncent qu'elle ne pourra jamais renoncer à ses positions. Quel que soit le prix à payer.

Elle a goûté au fruit défendu. Et elle peut s'écrier : « La révolution est magnifique, tout le reste est foutaise ! »

Cri du cœur, cri de tout son corps, cri de son âme. Et le raisonnement, la théorie ne sont peut-être là que pour vêtir de parures acceptables — de discours rationnels — ce qui est nécessité vitale, antérieure à toute réflexion.

Pour autant Rosa, comme dirigeante politique, ne se laisse pas entraîner trop loin par cette passion intime.

Le programme qu'elle formule pour le SDKPiL se veut un compromis entre l'action des masses — du prolétariat — leur violence d'une part, et d'autre part les principes démocratiques empruntés à son expérience des démocraties, allemande, française, suisse.

Rosa s'affirme à la fois pour les soviets — moyen créé par le prolétariat — et pour l'égalité, la légalité. Elle refuse la terreur comme moyen de gouvernement, elle ne fait pas référence à la dictature du prolétariat, mais à une assemblée constituante, à l'éligibilité à tous les niveaux.

Proche de Lénine et des bolcheviks en ce qui concerne l'action, elle s'en sépare quant aux méthodes d'organisation du pouvoir. Elle envisage même qu'après que le prolétariat aura renversé l'autocratie tsariste, il devra céder la place à la bourgeoisie républicaine ; dans la démocratie ainsi mise en place, elle développera le capitalisme qui doit, en bonne théorie marxiste, précéder le socialisme. Pas question en somme, chez Rosa, de brûler les étapes. Et si elle se félicite qu'à Stockholm, en avril-mai 1906, au congrès de l'Unification du Parti social-démocrate de Russie, son parti, le SDKPiL, ait rejoint les bolcheviks et les mencheviks enfin rassemblés, elle reste une adversaire de Lénine, tout en n'étant pas favorable aux mencheviks.

En somme Rosa essaie de définir sa propre voie.

Mais que de contradictions dans cette tentative à la fois théorique et politique pour marier foi dans la spontanéité des masses, appel à l'affrontement armé, puis recours à la démocratie !

C'est comme si Rosa, emportée par sa foi, s'aveuglait sans voir qu'il y a une logique des événements. Qu'une fois les « masses » — mais ne s'agit-il pas plutôt d'une minorité ? — dans la rue, une fois le pouvoir conquis, qui peut arrêter la mécanique ainsi déclenchée ?

La lutte armée a sa nécessité. Et quand un pouvoir est renversé, celui qui le remplace ne cède pas la place au nom... de la dialectique marxiste, mais les hommes qui l'incarnent ont au contraire le désir de le conserver, de s'arc-bouter pour défendre leur victoire, de défendre leur pouvoir coûte que coûte, et tant pis pour la démocratie.

Rosa ne voit pas, parce qu'elle est, elle, non pas attirée par le pouvoir, mais par l'action et la libération que celle-ci représente, que la lutte armée conduit à la terreur. Et qu'un mouvement de masse, une fois retombé, laisse la place au règne de la minorité. Les révolutionnaires sont morts ou se muent en dictateurs au nom des masses.

Mais, en ce printemps 1906, comment Rosa pourrait-elle, même en utilisant toutes les ressources de son imagination, concevoir ce qui se produira vraiment, quand les révolutionnaires auront conquis le pouvoir ?

Ils sont, pour l'heure, traqués, petite minorité qui échappe de plus en plus difficilement aux coups de filet de la police, aux rafles de l'armée, aux dénonciations des centaines d'espions infiltrés dans les usines et les organisations révolutionnaires, quadrillant les quartiers. Chacun vit avec « une épée de Damoclès au-dessus de sa tête », dit Rosa.

Et pourtant, dans ce contexte oppressant, elle continue d'écrire et commente avec une sorte d'irresponsabilité juvénile : « A part ça, on s'amuse bien ! »

Et c'est aussi de cela qu'il s'agit.

L'ennui s'est dissipé parce que le travail est immense. Il n'y a plus de drame personnel, car les autres soucis, ceux de l'action, empêchent de s'attarder. On remet à plus tard.

Ainsi, dans cette période des premiers mois de 1906, Rosa côtoie chaque jour Léo. On ne parle plus du passé. On vit ensemble, dans la passion partagée. Et Léo quitte l'hôtel Victoria pour s'installer à la pension de la comtesse Walewska, dans une chambre voisine de celle de Rosa. Imprudence, mais l'un et l'autre se donnent ainsi l'illusion d'une vie commune retrouvée, alors qu'il ne s'agit que d'un simulacre provoqué par les circonstances exceptionnelles de leur existence au cœur de cette période révolutionnaire.

D'ailleurs, ils communiquent peu. Les simples mots de la nécessité. Et ce trop-plein d'affectivité, de réflexions qu'elle ne peut plus donner à Léo, même s'il est près d'elle, Rosa qui a besoin de se confier l'offre à ses amis lointains.

Luise Kautsky, envers qui Rosa fut longtemps réticente, devient ainsi lettre après lettre une amie chère, vraie. Luise est-elle malade, fièvre nerveuse, dit-on, se brise-t-elle la jambe en une triple fracture que, de sa ville en état de siège, Rosa veut télégraphier pour prendre des nouvelles, se dit « terriblement émue », voudrait rentrer à Berlin pour se tenir à son chevet.

A l'égard de Karl Kautsky, Rosa montre plus de réserve. Des désaccords politiques sont là, sous-jacents. Mais lui aussi est traité en ami, tutoyé, et c'est à la famille Kautsky, à Luise d'abord, que Rosa confie le soin de ses affaires berlinoises, de veiller sur son appartement qu'elle veut conserver à tout prix.

Car, puisque la décrue révolutionnaire se confirme à Varsovie et en Russie, que la pression policière s'accentue, que Rosa a rempli son devoir de propagandiste, qu'une grève de masse vient d'éclater à Hambourg et que Rosa doit, contre les dirigeants syndicalistes allemands, reprendre l'offensive, là-bas, en Allemagne, Rosa pense, en mars 1906, rentrer à Berlin.

Elle a déposé une demande de visa. Elle l'obtient et commence à organiser son départ.

Mais par une journée printanière, alors que la neige fond, la police pénètre dans la pension Walewska.

« C'est le dimanche 4 mars dans la soirée que le destin m'a frappée », écrit-elle.

C'est donc en prison qu'elle fêtera le lendemain, 5 mars 1906, son trente-cinquième anniversaire.

« On m'a surprise dans une situation assez gênante », raconte Rosa, faisant le récit de son arrestation. Sans doute était-elle couchée avec Léo Jogichès ? Car la police arrête aussi cet Otto Engelmann qui se prétend, comme sa compagne de lit, Anna Matschke, journaliste allemande.

Ils étaient l'un et l'autre imprudents. Mais sans doute sont-ils tombés sur dénonciation.

La presse conservatrice allemande — et notamment le journal *Die Post* — a publié des articles sur ces révolutionnaires russes — et elle évoque Rosa Luxemburg — qui sont rentrés en Russie et en Pologne semer le trouble. La police n'avait donc aucune difficulté pour identifier Rosa Luxemburg. Sa sœur Anna, naïve, la reconnut d'ailleurs lors d'une confrontation et, après cinq jours d'incarcération, le mythe d'Anna Matschke s'effondrait. Restait cette Rosa Luxemburg qui revendiquait maintenant sa nationalité allemande.

Le pseudonyme de Léo Jogichès résiste mieux. Son frère aîné feint de ne pas le reconnaître et Léo ne sera identifié avec certitude qu'au mois de juin. Mais sa situation est alors délicate, car il a été condamné en 1889, pour désertion. C'est donc un condamné en fuite qui sera jugé par un tribunal militaire.

La prison est toujours un révélateur.

Rosa fait face, avec calme, une sorte de fatalisme ironique. « Il faut bien s'y faire », dit-elle. Et, ajoute-t-elle, se souvenant de ses polémiques avec les socialistes berlinois, « en un sens je préfère être ici en prison plutôt que... d'avoir à discuter avec Peus », l'un de ses contradicteurs allemands.

Les conditions de vie des prisonniers sont pourtant très dures, mêlant la brutalité et l'incurie. Les cellules sont surpeuplées. Rosa est d'abord enfermée à l'hôtel de ville, puis elle sera transférée à la prison de Pawiak, et enfin au pavillon X de la citadelle de Varsovie, sur les bords de la Vistule, hors de la ville. Comment ne pourrait-elle penser aux héros de sa jeunesse, enfermés là, aux exécutés, tous prisonniers politiques, à son cher camarade Kasprzak, pendu là il y a moins d'un an ?

Il fallait accepter à la fois la promiscuité — « nous sommes allongées les unes à côté des autres comme des harengs » — à quatorze dans une cellule individuelle, la folie des codétenues ou leur violence. « Il se fait dans toute la maison et dans la cour un vacarme infernal, les droits communs se disputent sans arrêt en braillant et les michouguènes — terme yiddish pour désigner les fous — ont des accès de folie furieuse qui, tout naturellement, surtout chez le beau sexe, se traduisent par une étonnante agilité de langue. — N.B. Ici, comme déjà à l'hôtel de ville, je me suis révélée une dompteuse de folles extrêmement efficace et il n'est pas de jour où je ne doive entrer en lice pour ramener au calme, par quelques paroles dites à voix basse, quelque oratrice forcenée qui met tout le monde au désespoir... »

Rosa conserve donc un calme, une maîtrise totale d'elle-même. Elle essaiera de lire, de réfléchir, d'écrire même. Elle donne ses instructions aux Kautsky. Il faut payer ceci, envoyer tel article, tel journal. Ne pas intervenir auprès du chancelier allemand von Bülow : « A aucun prix, je ne voudrais lui être redevable de quoi que ce soit. »

Elle est irritée par les démarches que sa famille accomplit. Son frère Joseph veut même s'adresser au premier ministre de Russie, Witte, puis incite Rosa à le faire ou tout au moins à écrire au consul allemand à Varsovie : « Pas question ! s'écrie Rosa, ces messieurs peuvent attendre longtemps avant qu'une social-démocrate leur demande justice et protection. »

Intransigeante Rosa, n'acceptant finalement que les pressions du Parti socialiste allemand, celles de ses camarades. Joseph Luxemburg se rendra à Berlin pour plaider sa cause, obtenir de l'argent afin que l'on paie une caution.

Car l'affaire est sérieuse. Rosa risque la cour martiale pour conspiration contre l'État. Il s'agissait donc de « régler les choses avec de l'argent », comme le disait son ami Warszawski, expliquant à Kautsky la stratégie suivie pour arracher Rosa des griffes de la police russe. Et l'argent est nécessaire : un pot-de-vin de 2 000 roubles pour l'officier afin qu'il prenne en compte une libération sous caution de 3 000 roubles, et peut-être aussi de l'argent pour les médecins qui examinaient Rosa et concluaient à la nécessité de sa mise en liberté pour raison de santé.

Pendant que le Parti socialiste allemand — Bebel et Kautsky ne ménageaient pas leurs efforts pour Rosa — rassemblait l'argent de la caution, la famille — les frères Joseph et Maximilien — se préoccupait du « pot-de-vin ».

Rosa attendait patiemment, consciente des risques qu'elle avait pris, ne regrettant rien, rappelant à Karl Kautsky que son camarade d'arrestation, cet Otto Engelmann, était bien, n'est-ce pas, qu'il le confirme aux autorités russes, correspondant à Varsovie de la *Leipziger Volkszeitung*.

Pour elle, elle haussait les épaules : « Nous vivons, n'est-ce pas, des temps troublés ? » Elle citait Goethe : « Des temps où tout ce qui existe est digne de périr. » Aussi, ajoutait-elle, « je ne crois pas qu'on doive tirer des traites à longue échéance. Conclusion : restez de bonne humeur et moquez-vous du reste ».

Elle sait pourtant qu'elle risque d'être exécutée. Et la menace est réelle. Elle parle d'elle au passé, déjà, comme si sa vie avait peu d'importance, comme si depuis toujours elle avait accepté de la perdre. Et cela valait la peine.

« Au total, l'affaire chez nous, tant que j'étais en vie, s'est passée admirablement. Je n'en suis pas peu fière. C'était la seule oasis de toute la Russie où, malgré tempête et assaut, le travail et la lutte ont continué avec un tel mordant et dans la bonne humeur. »

Alors, elle peut mourir.

Mais, si elle reste emprisonnée, elle risque de périr de maladie et non de la main du bourreau.

Les médecins — peut-être payés — diagnostiquent en juin des signes d'anémie, des symptômes hystériques et neurasthéniques, un ulcère de l'estomac et une dilatation du foie ! Elle avoue qu'elle se sent « très lasse physiquement et qu'on me dit que j'ai le teint très jaune ». En fait, elle paie les semaines d'activité fiévreuse et de tension. Ses cheveux deviennent gris, ses traits se creusent.

Dans la citadelle de Varsovie, quand ses frères obtiennent de la voir, elle est enfermée dans une petite cage installée à l'intérieur d'une plus grande. Ils la découvrent affaiblie par une grève de la faim de six jours.

« J'étais si faible, racontera Rosa, que le capitaine qui commandait la forteresse a pratiquement été obligé de me porter jusqu'au parloir. Je me soutenais des deux mains au grillage, ce qui me donnait encore plus l'impression d'un fauve au zoo. La cage se dressait dans un angle assez obscur de la salle et mon frère approchait son visage du treillis. Où es-tu ? demandait-il sans cesse, et il essuyait sur son lorgnon les larmes qui l'empêchaient de me voir. »

Il était donc temps, le 8 juillet, quand, au terme des efforts de sa famille et du Parti socialiste allemand, Rosa Luxemburg — de nationalité allemande : et ce point avait été décisif — était libérée sous caution de 3 000 roubles.

Dès sa sortie de prison, elle envoie un mot à Karl et Luise Kautsky — « mes bien-aimés » —, elle leur dit qu'elle est « physiquement un peu à plat », mais à Emmanuel Wurm, elle confie, après avoir fait état aussi de sa fatigue : « Mais je me sens si dispose et si ardente au travail que j'espère bientôt oublier tout le jaune (de mon teint) et la fatigue du travail. La situation générale est excellente, la tension augmente de plus en plus et on va nécessairement vers une solution tranchée. J'ai trouvé tout beaucoup mieux que je ne le pensais et cela me donne des forces et de la joie. »

La prison n'a pas changé Rosa. Au contraire. L'épreuve l'a durcie. Elle a, sans trembler, regardé la mort s'approcher. Et la porte de la forteresse refermée derrière elle, elle reprend sa place avec le même optimisme, la même allégresse.

« Je brûle du désir de travailler, ou plutôt d'écrire et j'interviendrai avec délices, notamment dans les débats sur la grève générale », dit-elle, impatiente de se lancer dans la bataille des idées, de tirer les leçons de ce qu'elle a vu et vécu à Varsovie.

Le 8 août, elle fut autorisée, en raison de son état de santé, à quitter Varsovie pour la Finlande où elle devait se présenter à la police.

C'était pour Rosa une solution idéale. Elle craignait en rentrant en Allemagne d'être aussitôt arrêtée; des amis, Kautsky, l'avaient avertie du risque. Un mandat avait été lancé contre elle pour un discours qu'elle avait prononcé au congrès du Parti socialiste à Iena, l'année précédente.

La Finlande était aussi le pays où les révolutionnaires russes s'étaient rassemblés. Elle pourrait donc les rencontrer, confronter avec eux ses idées. Et elle voulait, durant un mois, écrire, écrire, vite, afin de présenter aux lecteurs allemands son analyse des événements.

Elle pensait déjà au titre de son manuscrit: *Grève de masse, Parti et syndicats*.

Elle s'installait donc le 10 août à Kuokkala, après être passée par Saint-Pétersbourg où elle avait rendu visite à Parvus, dans sa prison, à ses vieux amis de Suisse, Axelrod et Vera Zassoulitch, en liberté.

Et elle demandait aussitôt à ses camarades du *Vorwärts* de lui envoyer tous les jours le journal, au nom de Felicia Budilovitch, Datcha Tchernigo, n° 4, Pestschanaja Doroga, Kuokkala, via Helsingfors, Finlande.

Elle avait laissé à Varsovie Léo Jogichès emprisonné.

Elle pensait à lui avec une sourde inquiétude. Mais elle savait aussi que Léo appartenait pour elle à un passé avec lequel elle avait rompu.

11

« *Je ne me laisserai pas entretenir par la direction* »
(août-décembre 1906)

C'était l'été du Nord, et Rosa sortait souvent de la datcha finlandaise pour marcher dans l'air frais, entre les arbres, enfonçant ses pas dans la terre spongieuse, puis elle rentrait travailler, lire les journaux, les lettres de Berlin ou de Varsovie qu'elle attendait avec impatience.

Il fallait qu'elle se mette au courant de la situation, qu'elle sache où en était le débat dans le Parti socialiste allemand. Et la lecture des articles du *Vorwärts* lui donnait, comme elle dit, « mal au cœur ».

La différence était trop grande entre ce qu'elle venait de vivre, la révolution avec ses arrestations, le risque de la mort, l'exaltation des luttes, et ces propos de bureaucrates tranquilles.

Sa colère était d'autant plus forte qu'elle pensait à Léo Jogichès, laissé là-bas, identifié maintenant, qui risquait la déportation au bagne en Sibérie, comme Parvus emprisonné à Saint-Pétersbourg.

Parfois, elle était prise du désir de retourner à Varsovie, pour être solidaire jusqu'au bout, mais ses frères lui écrivaient que la police avait encore resserré les mailles de son filet, que Rosa serait arrêtée dès sa descente du train. Or elle avait un travail à accomplir, cette analyse à la lumière de la révolution russe, des rapports entre la *Grève de masse, le parti et les syndicats.*

En Finlande, elle bénéficiait de bonnes conditions pour écrire. Certes, des « personnages », à Kuokkala même, la surveillaient, la suivaient quand elle prenait le train pour Pétersbourg où elle se rendit quelquefois pour rendre visite à celui qu'elle appelait presque tendrement « le Gros », Parvus, « toujours énergique et entreprenant ».

Mais la datcha au bout d'un chemin de sable était une maison tranquille. Une camarade, peintre, Cavos-Zaroudny, qui se tenait à l'écart des discussions et des querelles politiques, l'hébergeait.

Rosa pouvait donc se « plonger dans le travail jusqu'au cou », elle se sentait « intellectuellement dispose et ardente au travail comme jamais ».

Pourtant, en même temps, elle était inquiète. Quel serait le sort de Léo ? Quel serait son avenir à elle si elle rentrait en Allemagne comme elle en avait l'intention ?

Elle interrogeait sans relâche Karl Kautsky : « N'y a-t-il donc personne qui puisse s'informer et savoir simplement s'il existe un mandat d'amener ? »

Elle faisait part à Arthur Stadthagen, le conseiller juridique de *Vorwärts* — un ami en qui elle avait toute confiance, qui, après avoir été exclu du barreau, avait été élu député —, des rumeurs qui la concernaient : « On aurait discrètement, en Prusse, exprimé le souhait que je sois livrée aux autorités à la frontière prussienne et même expédiée avant le début de la session du Reichstag. »

Ce n'était pas tant la prison qui lui faisait peur que le risque d'être empêchée de se rendre au congrès du Parti socialiste qui devait se tenir à Mannheim en septembre et où elle voulait prendre la parole, expliquer, faire part des enseignements de la révolution russe, influencer ses camarades allemands.

Tout cela — son avenir, la situation de Léo, l'attitude du Parti allemand — la rendait « très irritable et nerveuse. Cette éternelle incertitude au sujet de ma situation et d'autres choses encore y contribuent », confiait-elle.

Et il y avait plus profond en elle, la conviction qu'elle ne serait plus jamais la même, que son retour en Allemagne serait marqué par la déception.

« Je me suis à présent tellement habituée au milieu révolutionnaire, disait-elle, que l'anxiété me saisit quand je m'imagine plongée à nouveau dans le train-train routinier et calme de l'Allemagne. »

Et elle ajoutait à Franz Mehring : « Je crains de ne pouvoir tenir longtemps là-bas. Peut-être ferez-vous alors avec moi une petite escapade à Varsovie, n'est-ce pas ? »

Mais elle savait que c'était impossible.

Il restait donc à travailler avec l'espoir qu'elle connaîtrait à nouveau cet embrasement d'une période révolutionnaire.

Elle était de ces personnalités qui ne peuvent vivre pleinement que si la vague tumultueuse de l'histoire les porte.

Or, à Kuokkala, l'écume de la révolution l'enivrait encore.
La petite ville était toute proche de Saint-Pétersbourg. L'écho des événements qui se produisaient en Russie y résonnait avec force parce que les dirigeants russes de la révolution s'étaient installés à Kuokkala et la plupart se rendaient chaque jour à Pétersbourg, clandestinement, puis rentraient le soir en Finlande. Et, au rez-de-chaussée de la datcha où Lénine avait trouvé refuge, ils commençaient à débattre sans fin.

On commentait l'attentat qui avait visé le président du Conseil russe, Piotr Stolypine, et dans lequel avaient péri vingt-sept personnes dont le fils et la fille du président. On traçait des perspectives.

Rosa, chaque soir, retrouvait ainsi, autour de Lénine, Kamenev, Zinoviev, Bogdanov, d'autres encore.

Rosa écoutait, observait, donnait son sentiment avec fougue. « En fréquentant les gens, expliquait-elle à Luise Kautsky, j'apprends à connaître le mouvement mieux qu'on ne peut le faire jamais en lisant des textes imprimés ; en discutant personnellement, on arrive également à pas mal de résultats. »

Elle découvrait surtout des personnalités avec qui, quelles que fussent les divergences, elle se sentait en harmonie.

Il s'agissait d'ailleurs moins d'idéologie, même si c'était cela qui faisait la trame des conversations et des analyses, que de la même manière de sentir l'histoire.

Elle était avec des hommes qui lui ressemblaient, eux aussi passionnés, engagés corps et âme dans le mouvement, ne vivant que pour cette dynamique de l'histoire qui les grisait. Lénine surtout l'impressionnait. « C'est un plaisir de lui parler. Il est intelligent, instruit, avec ce genre de laideur que j'aime tant. »

Elle ne l'avait jusqu'alors rencontré qu'une fois, en 1901, à Munich, grâce à Parvus. Maintenant elle parlait longuement avec lui et il était attentif, intéressé par cette femme à l'esprit vif, à la détermination égale à la sienne, qui avait à la fois le goût des idées, de la théorie, mais qui ne séparait pas la réflexion de l'action.

« C'est la première marxiste, murmurait Zinoviev, capable d'apprécier correctement la révolution russe dans son ensemble. »

Entre Lénine et Rosa se nouèrent ainsi des liens de sympathie qui n'empêchaient pas les oppositions.

Rosa pensait en effet que la révolution russe n'était qu'un prologue. Que l'essentiel ne se jouerait pas dans l'empire du tsar, mais en Allemagne, parce que le mouvement socialiste y était le plus fort d'Europe, qu'il tenait le rôle clé dans l'Internationale. Et Rosa s'attribuait ainsi une mission qui lui paraissait capitale : faire passer en Allemagne l'esprit de la révolution tel qu'elle l'avait vu animer les « masses » en Pologne et en Russie.

Et c'est aussi pour cela qu'elle écrivait, qu'elle avait hâte de rentrer à Berlin, de reprendre sa place au sein du Parti social-démocrate allemand.

Mais, en même temps, chacune des soirées passées avec les révolutionnaires russes, et avant cela les semaines qu'elle avait vécues à Varsovie, la rendaient plus étrangère, plus différente, moins apte à comprendre la réalité allemande et à communiquer avec les dirigeants allemands.

Si elle se sentait en accord avec la personnalité de ces Russes, de Lénine, comment pouvait-elle rester l'amie de Karl Kautsky, d'August Bebel, ou des dirigeants syndicaux allemands ?

Il y avait là inéluctablement une incompatibilité, qui s'était déjà esquissée, mais qui ne pouvait un jour qu'apparaître en pleine lumière. Un véritable divorce.

La logique de la révolution ne se déployait pas seulement dans le domaine des idées, mais aussi dans les rapports humains.

Pourtant, quand elle quitte Kuokkala, le samedi 14 septembre 1906, elle est tout à la joie de revoir ses « très chers » Luise et Karl Kautsky qui, depuis son départ de Berlin, le 28 décembre 1905, ont à chaque instant manifesté leur amitié. Ils ont joué pour elle le rôle d'une véritable famille, s'occupant de l'appartement du 58 de la Cranachstrasse, payant ses dettes, lui écrivant, rassemblant des fonds pour verser la caution de 3 000 roubles qui a permis sa mise en liberté.

Et de même qu'ils l'avaient accompagnée sur le quai de la gare le jour de son départ pour Varsovie, ils l'accueillent à sa descente de wagon comme une héroïne, une enfant prodigue enfin retrouvée. Mesurent-ils qu'elle est à ce point changée ? Que la révolution est devenue la grande expérience de sa vie, celle autour de quoi tout, pour Rosa, va s'organiser ? Ils s'embrassent, se congratulent, pleurent de joie. Les deux enfants Kautsky, Benedikt et Hans, sont là.

Ni Rosa, ni les Kautsky, tout à leurs retrouvailles émues, ne sentent qu'un fossé les sépare.

Elle a vécu la révolution. Ils l'ont suivie de loin, avec sympathie, mais ils n'ont pas été trempés dans ce qui pour Rosa a été un révélateur d'elle-même.

Pour l'heure, leur communion est totale, sans nuage.

On présente à Rosa un jeune homme de vingt et un ans, au visage régulier et sensible, au front large, aux yeux gris, qui se tient timidement, la tête penchée, les mains derrière le dos. C'est Konstantin Zetkin, l'un des deux fils de Clara, que Rosa a du mal à reconnaître.

Kostia, cet homme, alors qu'elle l'a connu frêle adolescent ? Luise Kautsky explique qu'elle l'a installé, à la demande de Clara Zetkin, dans l'appartement inoccupé de Rosa, de manière à ce qu'il puisse suivre les cours de l'université de Berlin.

Rosa n'avait rien à redire, au contraire. La chambre de Léo resterait disponible, puisqu'elle savait qu'elle ne reprendrait plus la vie commune avec lui. Et d'ailleurs ne devait-elle pas quitter à nouveau Berlin pour Mannheim où, du 23 au 29 septembre 1906, se tiendrait le congrès du Parti social-démocrate ?

Pendant ces quelques jours berlinois, ce fut pour Rosa le temps des reprises de contact.

Elle était comme chez elle, chez les Kautsky. Elle se sentait maintenant très proche de Luise, comprenant mieux cette femme discrète, soumise, mais riche d'une sensibilité qu'elle n'osait manifester. Luise, si différente de Clara Zetkin, qui vivait passionnément avec son second mari, le peintre Georg Zundel, de dix-huit ans plus jeune qu'elle, en toute liberté, dans sa magnifique maison de Sillenbuch, située à une cinquantaine de kilomètres au sud de Stuttgart.

Chez les Kautsky, en ces jours de son retour, Rosa était le centre des réceptions.

On l'invitait à dîner, elle venait le dimanche, elle discutait avec Karl Kautsky ou Bebel qu'elle remerciait pour l'aide que le Parti lui avait apportée en contribuant à la caution.

Mais quand il lui proposa une aide financière pour lui permettre de reprendre pied, car elle n'avait plus de ressources, elle refusa, confiant : « Je ne me laisserai pas entretenir par la direction. »

Elle voulait être libre de prendre les positions qu'elle estimerait justes, sans les freins qu'introduit toujours la reconnaissance.

Et dans les discussions, elle sentait déjà qu'elle avait avec la direction du Parti des divergences profondes.

Mais l'atmosphère restait chaleureuse. Des étrangers passaient chez les Kautsky. Rosa rencontra ainsi Trotski qui — comme devait le faire Parvus — s'était évadé alors qu'il était condamné à la déportation en Sibérie. Elle n'aima pas cet homme à la pensée fulgurante, qui lui ressemblait par la vivacité de l'intelligence, l'individualisme, la forte personnalité.

On écoutait Rosa raconter. Elle se levait, allait aider Luise à la cuisine. Et Kostia Zetkin la regardait, fasciné, admiratif, et elle riait, fixant les yeux naïfs et timides de cet homme jeune qui, rougissant, se détournait.

Il fallait cependant rompre avec la sentimentalité, les effusions, les ambiguïtés de la cordialité et même de l'amitié pour se plonger dans l'âcre ambiance du congrès de Mannheim. Rosa ne la redoutait pas, mais elle savait que la bataille serait âpre.

Déjà en débarquant à Hambourg, venant de Kuckkala via Stockholm, elle avait découvert que le texte qu'elle avait rédigé, et qui avait été imprimé afin d'être distribué aux délégués du congrès, avait été mis au pilon. Les dirigeants syndicaux n'avaient pas apprécié le radicalisme de son analyse des rapports entre la grève de masse, le Parti et les syndicats. Et la direction du Parti socialiste avait cédé.

Rosa apprenait ainsi l'existence de la rencontre secrète du 16 février 1906 et des décisions qui avaient été prises.

Ce jour-là, officiellement, il n'avait été passé aucun accord entre les deux forces, parti et syndicats, qui composaient le mouvement socialiste allemand. En fait, la grève de masse avait été rejetée. Et la censure de la brochure de Rosa était la manifestation de cette entente.

Elle lisait dans les journaux dirigés par les modérés du Parti qu'on se félicitait de la fin de « la courte poussée d'agitation révolutionnaire » qui, au printemps, avait agité l'Allemagne, et notamment Hambourg. « Le Parti va se consacrer à nouveau de toutes ses forces, concluait-on, à l'exploitation positive et à l'extension de son pouvoir parlementaire. »

Quand Rosa monta à la tribune du congrès, elle sentit la tiédeur des délégués, leur réticence et même leur hostilité. Elle était tendue. Elle plaçait dans le Parti social-démocrate allemand beaucoup d'espoir. Elle tenta de communiquer son émotion, ses analyses, ses convictions. Mais ses discours paraissaient excessifs, presque déplacés.

La vague révolutionnaire n'avait qu'à peine effleuré l'Allemagne et elle était retombée en Russie. Les portes un instant ouvertes semblaient s'être définitivement refermées.

On l'interpella. Elle s'énerva, accusant ceux qui la contestaient de « conceptions puériles ». Elle attaqua Bebel : « Je voulais dire quelques mots sur son discours, mais je ne suis pas sûre de l'avoir bien compris, car j'étais assise à gauche, et aujourd'hui, il n'a parlé qu'en se tournant vers la droite. »

Avec une intuition prophétique, elle releva qu'il avait dit que

« nous ne pourrions rien faire si la guerre arrivait ». Était-ce bien son point de vue ? C'était grave, au moment où les socialistes français lançaient le mot d'ordre : « Plutôt l'insurrection que la guerre ! »

Une fois de plus, elle pressentait ce qui allait survenir. Et avec sa conscience aiguë de la gravité des enjeux — l'internationalisme contre la guerre, le ralliement des socialistes aux gouvernements en cas de conflit — elle ne pouvait se contenter des motions de synthèse qui rassemblaient, dans une unanimité de façade autour d'un texte sans vigueur, la majorité des délégués.

Que fallait-il faire alors ?

Elle défendait d'abord le droit à la liberté du débat. « Que personne ne soit renvoyé du Parti à cause de ses opinions », disait-elle en reprenant la parole. Elle exigeait que les syndicats se plient au Parti, car elle conservait l'espoir de pouvoir convaincre la direction. Kautsky n'était-il pas de son côté ?

Mais elle se rendait compte aussi qu'il fallait aller plus loin.

Un soir, en marge du congrès, elle prit la parole à Mannheim dans un meeting. Il y avait une foule enthousiaste et on l'acclama, on l'invita à parler de la Révolution russe. Là elle retrouvait le souffle de ce qu'elle pensait devoir être l'histoire. Elle expliqua que depuis des siècles le peuple russe souffrait. Était-ce là le régime paisible qu'on paraissait regretter ? Les sacrifices qu'exigeait la révolution étaient minimes par rapport aux souffrances endurées avant qu'elle ne se produise. Et il ne fallait pas penser qu'elle était terminée. « Ce que j'ai appris de la Révolution russe, lançait-elle, c'est que, dès qu'on croit qu'elle est morte, elle ressuscite. » Puis, portée par les acclamations, elle ajoutait : « L'orateur précédent m'a appelée martyre, victime de la révolution. Je puis vous assurer que ces mois passés en Russie furent les plus heureux de ma vie. J'ai été très triste d'avoir à quitter la Russie et à rentrer en Allemagne. »

Elle ne mentait pas, elle n'exagérait pas. Elle sentait qu'on l'écoutait avec passion. Enfin. Mais alors il fallait s'adresser aux « masses », hors du Parti, les appeler à peser sur les dirigeants, parce qu'il fallait avoir « la volonté et le courage de placer les objectifs politiques aussi haut que la situation historique le permet. Si nous tirons une leçon de la Révolution russe, ce ne doit pas être le pessimisme, mais le plus grand optimisme ».

Elle le pensait. Mais elle perdait ainsi de vue, par ce qui était aussi un acte de foi (et la manifestation de son besoin de croire au succès du mouvement des masses et à sa possibilité), le désir de retrouver ce qu'elle avait vécu avec joie, la réalité de la société allemande que les syndicats reflétaient.

Elle avait avoué à son ami Arthur Stadthagen, parlant de son état avant le départ pour Varsovie : « J'étais alors tout à fait déprimée et c'est seulement dans le tourbillon nouveau que j'ai renouvelé mes forces. »

Combien étaient-ils dans l'Allemagne de ce début du XXe siècle à éprouver ce besoin ? Pourrait-elle soulever cette masse, ce parti et ses dirigeants qui pensaient tout naturellement à leur vie quotidienne et ne partageaient pas la foi dans l'histoire qui était celle de Rosa ?

Rentrée dans sa chambre d'hôtel de Mannheim, après le meeting, elle était, malgré ses déclarations optimistes, reprise par ses doutes. Elle était seule. Sans amour. Fatiguée. Il allait lui falloir affronter, en décembre, le procès qu'on lui intentait à Weimar pour ses déclarations au congrès précédent, celui de 1905 à Iena. Le pouvoir politique et judiciaire ne la lâchait pas. Elle était celle qu'il fallait abattre, faire taire.

Elle devait reprendre des forces.

A la fin novembre heureusement, elle partit avec Luise Kautsky pour le village de Maderno, sur les bords du lac de Garde, afin d'y passer quelques jours de vacances. Elles étaient seules toutes deux, proches, amies vraies.

Elles se promenèrent, et Rosa marchant dans la campagne, au bord du lac, s'abandonnait à la joie spontanée qu'elle éprouvait devant la nature.

Elle redevenait légère, enjouée, presque enfantine. Elle écrivit ainsi au fils de Luise, Benedikt, une étrange lettre, facétieuse, où alternaient, ligne après ligne, deux textes de ton différent :

« Mon cher fils, commençait-elle, ta charmante lettre m'a fait beaucoup de

« *Mon cher petit singe, Mon père est grand mais ma mère est* plaisir. Je suis très malheureuse que tu ne sois pas avec moi, le *allée à l'étranger. La blouse de ta chère mère est bleue, mais...* »

Enfantillage que Rosa concluait par ces mots : « Pardonne à la folle Rosa si l'on ne peut rien lire. »

Folle, Rosa ?

Personnalité hypersensible, femme de passion et de devoir, intellectuelle et sensuelle, dont la vie aurait pu prendre un autre chemin.

Contrainte de quitter le lac de Garde et Luise pour se rendre à son procès, elle écrivait à son amie, dans le train qui franchissait le Brenner :

« Je t'écris pour te donner un conseil pressant, celui de rester aussi longtemps que tu le pourras à Maderno. C'est seulement à présent que je constate quelle peine j'ai à revenir dans le Nord... Jamais encore je n'avais eu autant de mal à quitter le Midi. Ne sois pas sotte et profites-en tant que tu pourras. Tu as le soleil, la paix, la liberté — les plus belles choses de la vie (à part le soleil, la tempête et la liberté). Imprègne-t'en donc autant que tu pourras. Tu y penseras, toi aussi, au retour, en passant le Brenner. Sois courageuse et en forme.

« Ta R. »

Soleil, paix-tempête, liberté.

La révolution ne faisait-elle donc pas partie de ce que Rosa appelait « les plus belles choses de la vie » ?

Avait-elle ainsi pris la mauvaise pente ?

Pensait-elle qu'il aurait fallu faire un autre choix ? Sans doute se posait-elle la question. Mais elle savait que, même si elle s'était trompée — si on l'avait trompée — en sacrifiant tant à la divinité meurtrière, au « Baal » qu'est la politique, elle ne pouvait plus reculer.

Il lui fallait regagner le Nord.

Affaire de conviction, d'honneur aussi. De fraternité avec ceux qui étaient ses camarades.

Le 12 décembre 1906, Rosa Luxemburg était condamnée à deux mois de prison par le tribunal de Weimar.

CINQUIÈME PARTIE

« Je suis décidée à apporter encore plus de rigueur, de clarté, de chasteté dans ma vie »
(janvier 1907-août 1914)

12

« *Je parviens difficilement à respirer dans cet air empuanti et immobile* »
(janvier 1907-septembre 1909)

Elle était rentrée chez elle, dans son appartement du 58 Cranachstrasse, avec cette condamnation sur les épaules, deux mois de prison qu'elle allait devoir accomplir au cours de cette année 1907 qui commençait et dont Rosa sentait qu'elle serait un temps morose, celui du reflux partout de ses espérances.

Elle était inquiète.

Le 14 janvier 1907 s'était ouvert à Varsovie, devant le tribunal militaire, le procès de Léo Jogichès, à qui tout son passé et tous les projets politiques la liaient, même si elle avait rompu avec lui.

Les charges qui pesaient sur Jogichès étaient lourdes. Il était accusé d'avoir « comploté pour renverser par la force armée la forme de gouvernement monarchique prévue par la constitution et d'avoir essayé d'obtenir l'indépendance de la Pologne », ce qui était un comble, puisque son parti, le SDKPiL, était opposé à cette revendication. Mais peu importaient au procureur militaire les oppositions qui existaient entre groupes révolutionnaires.

Rosa Luxemburg était déclarée sa complice. Et elle apprit, peu après, que durant les trois jours du procès, Léo s'était tu, plein de morgue et de mépris.

La condamnation était tombée, impitoyable : huit ans de bagne en Sibérie pour l'ancien déserteur et relégation à vie dans ces terres inhospitalières.

Elle parcourait l'appartement, les deux chambres-bureaux, l'une tapissée de rouge, l'autre de vert. Mais Léo n'était plus là et, à sa place, il y avait Kostia Zetkin, discret, silhouette élégante, expression attentive. Et Rosa disait que les années qui venaient seraient difficiles.

Elle était lasse, triste, avec la nostalgie du Sud, le regret du soleil et de la quiétude des lacs italiens, et elle sentait monter en elle du dégoût pour cette Allemagne tranquille et brumeuse, ces socialistes sans courage. Elle retrouvait ses antipathies, ses préventions pour ce pays et sa capitale.

Il lui avait pourtant fallu, puisqu'elle était le meilleur orateur du Parti, qu'elle pouvait — et devait — parler de la révolution de 1905, participer à la campagne électorale ouverte en vue du renouvellement du Reichstag.

L'ambiance était mauvaise. La politique impérialiste de Guillaume II, la propagande nationaliste séduisaient bien au-delà des rangs conservateurs, et les peurs nées du spectre de la révolution russe, des quelques frissons qui avaient parcouru l'Allemagne, poussaient les classes moyennes loin des socialistes.

Rosa se cabrait. Elle rejetait cette Allemagne chauvine et, dans les discussions qui l'opposaient parfois à certains de ses camarades, elle disait : « Dans n'importe quel village sibérien, il y a plus d'humanité que dans toute la social-démocratie allemande. »

Elle parlait pourtant avec la même ardeur, acceptant les invitations, soulevant toujours les salles avec ses phrases simples, ses exemples concrets, sa fougue. Heureuse le temps du discours, puis épuisée, somnolant dans le train de nuit qui la ramenait à Berlin.

Elle se demandait alors pourquoi elle continuait à faire cela qui lui semblait aller contre sa nature, confiant à Kostia qui l'accueillait dans l'appartement — et elle appréciait la présence de ce jeune homme qu'elle découvrait fin, intelligent : « Comme d'habitude, le contact de cette masse de gens étrangers me rend malade. »

Elle continuait à se rendre chez les Kautsky. Et parfois le soir, tard, Luise la raccompagnait chez elle, à une dizaine de minutes à pied. Là, dans la nuit, avec son amie, Rosa retrouvait l'entrain, la gaieté, se mettant à chanter à tue-tête, dans le silence de minuit, des lieder, l'air de *Figaro*, ou, parce qu'elle provoquait ainsi un inspecteur de police du quartier, *La Marseillaise* et *L'Internationale*.

Mais ces instants devenaient de plus en plus rares.

Les repas chez les Kautsky commençaient à lui paraître ennuyeux, « des potins de presse à table, décrivait-elle avec mépris, des plaisanteries juives de Benedikt — le fils — et la gloutonnerie des deux autres ».

L'attitude de Karl Kautsky la choquait maintenant comme si, parce qu'elle avait conquis sa propre liberté, elle ne supportait plus de le voir régner en maître dans son foyer, tyran domestique qui écrasait Luise et se méfiait de l'influence de Rosa.

Il semblait à Karl qu'au retour des vacances que les deux femmes avaient passées seules ensemble, à la fin de l'année 1906, Luise était moins soumise.

« Karl, commentait Rosa, déteste mon influence sur Luise qui se libère de plus en plus de lui intérieurement. »

Mais c'était l'atmosphère de cette famille où elle s'était sentie si à l'aise — chez elle, vraiment, adorée des enfants, les comblant de cadeaux à chaque fête, aimée et estimée de la grand-mère — qui lui donnait maintenant le sentiment d'un « vide pesant ».

Et avec la dureté de propos, la rigueur de jugement dont elle était capable, elle ajoutait : « Karl Kautsky me devient de plus en plus insupportable. Intérieurement, il se ratatine et se dessèche de plus en plus. A part sa famille, rien ni personne ne le touche. En leur compagnie, je me sens mal à l'aise. »

En fait, elle ne pouvait se diviser : amitié d'une part, jugement politique d'autre part. La personne était une.

Et Rosa avait ce regard sévère sur Karl Kautsky parce qu'elle se séparait inéluctablement de la sensibilité de la social-démocratie allemande.

Ainsi un dimanche soir, invitée chez les Kautsky avec Clara Zetkin, elle arriva en retard avec son amie.

Bebel, qui devait participer au dîner, plaisanta. Il avait craint, disait-il en riant, qu'elles ne se soient perdues toutes les deux.

« Oui, répondit Rosa, ironique, vous auriez pu écrire notre épitaphe : ici reposent les deux derniers hommes de la social-démocratie allemande. »

Cela frappait comme une claque méprisante.

Et Rosa l'était.

Les résultats des élections devaient d'ailleurs accroître son désenchantement.

Pour la première fois, les socialistes voyaient leur pourcentage diminuer (29 % contre 31,7) et surtout, le nombre de leurs députés passait de 81 — en 1903 — à 43 en 1907.

Lourde défaite. Le Parti rentrait la tête dans les épaules.

Les « modérés », les tacticiens accusaient les « radicaux » — telle Rosa — d'être responsables de cet échec. Ils avaient effrayé. Ils n'avaient pas su capitaliser au profit du Parti ce courant nationaliste qui s'était affirmé.

De nouveaux dirigeants — Noske, spécialiste des questions militaires, Ebert, Scheidemann — apparaissaient, s'affirmaient au congrès du Parti qui se tenait à Essen en septembre 1907 et où Rosa n'était même pas déléguée. Ils cherchaient, en ne heurtant pas de front l'opinion, à renforcer l'organisation du Parti. Ils perfectionnaient son fonctionnement, introduisant le téléphone et la machine à écrire dans les bureaux. Ils étaient soucieux de réformes partielles.

Et dans cette période de reflux, ils marquaient des points, alors même que le chancelier du Reich, von Bülow, disposait maintenant au Reichstag d'une majorité stable, le *Bülow Block*.

Le gouvernement pouvait donc faire passer une loi sur les associations qui interdisait aux jeunes de moins de dix-huit ans de participer à des manifestations politiques.

Ainsi, le Parti socialiste, sans débouché politique immédiat, sans perspective révolutionnaire, soumis par ailleurs aux conséquences d'une période de récession économique qui multipliait le nombre des chômeurs, ne recrutait plus d'adhérents, voyait même leur nombre baisser.

Rosa subissait les effets de cette situation. Elle portait un diagnostic sévère sur les dirigeants de ce parti, sur ce qu'elle appelait leur pusillanimité.

Elle le confiait à Kostia.

Elle se sentait seule face à ces dirigeants socialistes qui, disait-elle, quand le vent de la révolution soufflait, « ont fait dans leur culotte ».

Et à sa complice et amie Clara Zetkin, elle précisait :

« J'ai conscience, plus brutalement et plus douloureusement que jamais auparavant, de la pusillanimité et de la mesquinerie qui règnent dans notre parti. »

Elle était donc sans illusions, sûre qu'il lui faudrait « compter avec la résistance inévitable de ces gens-là quand nous voudrons faire avancer les masses ». Elle était persuadée qu'ils chercheraient à « tout ramener à l'aune parlementaire ». Et elle pressentait la colère et la haine qui les animeraient contre tous ceux — elle donc — qui s'opposeraient à leur choix.

« Ils nous traiteront donc d'ennemis du peuple, ajoutait-elle à Clara, et combattront avec rage tout mouvement et tout homme qui voudraient aller plus loin. »

Mais, malgré cela, elle affirmait ses intentions : « Notre tâche à nous consiste à agir contre l'encroûtement de ces autorités en protestant aussi rigoureusement que possible. »

En somme, il fallait pousser les « masses » contre les dirigeants.

Jamais elle ne semblait se poser la question de savoir ce que voulaient vraiment les « masses ».

Qui les représentait le mieux, Bebel ou elle, Rosa, juive, polonaise, exigeante, passionnée ?

Se laissait-elle duper par les acclamations des meetings ?

S'aveuglait-elle parce que, sinon, l'angoisse la submergeait ?

Elle avouera plus tard : « Je vais bientôt me lancer dans un tourbillon pour m'étourdir et étourdir mon cœur malade. C'est la seule chose qui me convienne. »

Était-ce sur de telles pulsions qu'on pouvait bâtir une ligne politique conforme aux intérêts des masses ?

Mais dans ces années, de janvier 1907 à l'été 1909, il n'y a pas de tourbillon.

Les « masses » se sont repliées sur elles-mêmes. Et comme Rosa pense que c'est leur pression seule, leur mouvement spontané qui pourraient faire bouger « ces choses et ces gens », qu'il faut que « la situation change du tout au tout » pour que le Parti soit secoué, et il faudra vaincre son inertie, l'opposition des dirigeants, Rosa durant cette période renonce aux premiers rôles.

Elle ne déserte pas, elle ne renonce pas, mais elle attend. Et comme elle ne peut « s'étourdir », que rien ne s'y prête, elle garde son « cœur malade ».

Car, de même que la révolution avait provoqué chez elle un regain de joie, un afflux d'énergie, la situation de grisaille et le blocage de la période 1907-1909 correspondent à un temps tourmenté, à une vie privée difficile.

Elle atteint la quarantaine.

Elle ne peut même plus rêver comme autrefois à une vie familiale, à un enfant. Espoirs assassinés.

Autour d'elle virevoltent quelques hommes attirés par sa solitude, son intelligence, sa notoriété, son charme.

Il y a Parvus, le vieux camarade « qui vient aussi souvent que le permet mon humeur changeante » et qu'elle tient à distance tout en le considérant avec sympathie. « Je commence à croire qu'il est fou », dit-elle avec affection.

Elle accepte d'être adorée respectueusement par le docteur Hans Diefenbach, dont elle juge l'intelligence limitée, mais qui la distrait et l'émeut.

Il y a un avocat, Kurt Rosenfeld ; un pianiste, Faist ; un docteur, Gerlach, qui la courtisent tous, l'invitent à des soirées à l'opéra, la distraient quelques heures, mais qu'elle écarte.

Rosa n'est pas femme à aventures.

« Je ne crois jamais personne », dit-elle avec une pointe d'amertume. Et elle ajoute : « Je suis décidée à apporter encore plus de rigueur, de clarté, de chasteté dans ma vie. »

Elle voit ses frères et sa sœur et, parce qu'elle estime devoir à son aînée des compensations pour toutes ces années où elle l'a laissée sans nouvelles, elle l'accueille, passe avec elle des vacances au bord de la mer Baltique, malgré le peu de goût de Rosa pour ce Nord. Elle en profite, enfermée à l'hôtel du Parc, dans la petite station balnéaire de Kolberg, pour écrire un article sur « La question nationale et l'autonomie », où, une fois de plus, elle réaffirme ses positions, hostile au courant nationaliste, ne percevant pas la force de ce sentiment qui entraîne les foules.

Elle accomplit son devoir de sœur, mais sans joie.

« La mer Baltique est une auge, dit-elle, et Kolberg un nid d'immondices. »

Mais comment pourrait-elle vivre de cela, alors qu'aucune tempête politique ne se lève ? Comment pourrait-elle, elle, se contenter d'attendre ?

On comprend pourquoi, et chaque jour un peu plus, elle arrête son regard sur le visage de Kostia Zetkin, pourquoi elle est touchée par sa grâce juvénile, par cette innocence d'homme d'à peine vingt-deux ans, et pourquoi, en ce début d'année 1907, elle se met à l'aimer parce qu'il l'aime, non pas l'amour chargé, naturellement, d'intentions et d'ambiguïtés, de calculs, l'amour que peuvent éprouver pour elle des hommes de mémoire et d'expérience — tel Parvus — mais de l'amour premier.

C'est avec elle, cette femme de quarante années, qu'il va découvrir l'amour. Et c'est cela qui aussi emporte Rosa.

Elle est la maîtresse et l'initiatrice, non pas seulement des choses de l'amour, mais aussi de tout ce qu'elle sait, politique et art.

Elle lui donne tout. Elle lui enseigne. Et ainsi elle trouve avec lui cet « extraordinaire » dont elle a besoin dans ces années grises. Elle lui dira : « En m'aimant, tu m'as forcée à t'aimer... »

On les voit côte à côte, elle plus petite, rajeunie, lui comme auréolé de bonheur et de grâce, se tenant timidement yeux baissés, alors qu'elle regarde droit devant elle.

Elle n'a aucun préjugé, aucune honte. Clara Zetkin, la mère de Kostia, accepte cette liaison. N'a-t-elle pas elle-même épousé un homme de dix-huit ans plus jeune qu'elle ? Et que pourrait souhaiter de mieux pour ce moment du passage, Clara qui admire en Rosa la femme intègre, sensible, savante et forte ?

C'est pour Rosa une relation amoureuse nouvelle, inattendue, où sa forte personnalité, dominatrice, peut enfin, dans ce rapport intime femme-homme où elle a été brimée par Léo Jogichès, s'exprimer. Elle est avec ses quarante ans aussi la mère de Kostia, une tutrice raisonnable et responsable. Elle n'a pas à mutiler sa personnalité de crainte de vexer ou d'humilier un partenaire masculin — et Léo Jogichès fut souvent susceptible, écorché vif — soucieux de défendre une supériorité virile que Rosa ne pouvait admettre.

Peut-être cette relation avec un homme plus jeune était-elle la seule qui soit permise, en ce temps-là — seulement en ce temps-là ? —, à une femme ayant les qualités exceptionnelles de Rosa. Elle avait essayé des années durant d'établir avec Léo un équilibre fondé sur l'égalité: elle n'y était jamais parvenue.

Maintenant avec Kostia elle pouvait être elle-même.

Et elle voulait qu'il développe sa personnalité, car elle n'était pas dominatrice... pour dominer, mais pour guider.

Elle lui disait qu'il ne devait pas s'embourber dans l'action politique. « Les luttes au sein du Parti ne sont pas faites pour une nature comme la tienne... C'est une vie qui exige l'étouffement de tout ce qui est beau et noble dans l'homme. » Et elle avouait ainsi les sacrifices qu'elle avait consentis et les regrets qui la taraudaient.

Elle dressait pour lui des listes de livres essentiels qu'il devait lire. Elle l'encourageait, affirmant qu'il avait une sensibilité et une intelligence pénétrantes qui lui permettaient de comprendre les grandes œuvres comme personne, d'écrire s'il le voulait.

« J'aimerais que tu commences à écrire de grands romans, lui disait-elle, je crois que tu dois écrire. Tu écriras merveilleusement bien. »

Elle était généreuse, cherchant à pousser Kostia plus haut, plus loin, non pas petitement ambitieuse pour son jeune amant, mais voulant qu'il aille jusqu'au bout de ses possibilités — ou de ce qu'elle imaginait qu'étaient ses qualités.

Il était un peu désemparé devant ces perspectives qu'elle ouvrait pour lui, écrasé par ce qu'il devait réaliser, craignant de la décevoir, de ne pas être capable d'écrire.

Alors elle lui parlait de Léo Jogichès, de cet homme exceptionnel qui avait toujours été incapable d'écrire, paralysé à l'idée de « mettre ses pensées sur le papier — ce fut autrefois la malédiction de son existence », disait-elle — et qui pourtant, lorsque la révolution s'était produite, était devenu le dirigeant de la révolution polonaise et russe, celui « qui est l'âme de toutes les publications du Parti ».

Plus elle s'intéressait à Kostia et plus elle l'aimait, soucieuse de lui éviter, disait-elle, tout ce qui était déplaisant, difficile.

Elle pouvait gagner de l'argent pour lui. Il n'avait pas à se soucier de cela. Qu'il soit peintre ou sculpteur s'il le voulait. Et elle se mit à peindre avec lui, manifestant de la sensibilité et du talent.

Mais elle ne voulait pas le retenir, « sens-toi toujours aussi libre que l'oiseau », lui répétait-elle.

Pourtant, en même temps, elle ne pouvait s'empêcher de lui dire qu'il était son « air, son oxygène, sa raison d'être, sa seule joie ». Elle le dominait ainsi sans le vouloir, par le seul poids de sa personnalité, de ses désirs, de ce qu'elle attendait de lui, se reprenant cependant quand elle avait conscience qu'elle pouvait l'inquiéter. Lui répétant qu'il était libre, ajoutant : « Aussi longtemps que tu le voudras, tu resteras pour moi, tant que je vivrai, un ami tendre. Tout ce qui te concerne est pour moi plus important que tout le reste au monde. »

Relation douce, aimante entre Rosa et Kostia, mais qui, au fil des mois, devient plus complexe, plus problématique, non seulement par un banal effet du temps qui passe, mais parce que Rosa était cet être hors du commun, qui avait besoin de mettre ce qu'elle construisait en déséquilibre, parce que c'est ainsi que se produit le mouvement.

Et puis, après quelques semaines de paix, Léo Jogichès vint troubler et menacer leur tête-à-tête.

Après son procès, en janvier 1907, et avant son départ pour les bagnes de Sibérie, il avait été enfermé à la prison de Mokotow à Varsovie.

C'était maintenant un homme de quarante ans, au visage marqué, les cheveux rejetés en arrière révélant ainsi un début de calvitie de part et d'autre du front. Une barbe et une moustache grisonnante couvraient le bas du visage et la bouche, donnant encore plus de force inquiétante aux yeux clairs, enfoncés. Le regard était souvent fixe, exprimant une résolution fanatique.

Léo, du fond de sa cellule, réussit à préparer son évasion, achetant des gardiens et, à la fin du mois de février 1907, il était libre, caché à Varsovie, recherché par la police. Il vécut quelques semaines dans la clandestinité, hébergé par une jeune camarade polonaise, Irena Szez-Siemkowska, dont il devint l'amant.

Sans doute écrivit-il à Rosa, lui annonçant son arrivée prochaine à Berlin où il parvint en effet, après avoir réussi à franchir la frontière sans encombre, au mois d'avril 1907.

Il était comme un spectre vengeur qui se dressait devant Rosa, lui rappelant les pires moments de sa vie privée. Car Léo, conscient que Rosa avait rompu avec lui, n'acceptait pas sa défaite, demandant à reprendre sa place dans l'appartement de la Cranachstrasse, ce que Rosa refusa. La colère démente de Léo la bouleversa et l'indigna.

Que voulait-il détruire encore ? Il menaçait, il tempêtait, emporté par une violence qui commençait à effrayer Rosa. Elle acheta un revolver, à la fois pour se défendre et peut-être, tant la tension était forte, insupportable pour elle, pour se suicider.

Ils étaient bien dans un creux de l'histoire quand les problèmes privés, la passion intime prennent le dessus, qu'ils ne pouvaient « soigner » par le « tourbillon » de la révolution leurs cœurs « malades ».

Mais elle ne céda pas. Et Léo Jogichès fut contraint de s'installer sous le nom de Krzysztalowicz à l'hôtel-restaurant Schlosspark à Steglitz, un quartier de Berlin. Il venait frapper à la porte de l'appartement et souvent, parce qu'il possédait les clés, il entrait, silencieux et furibond, s'installant dans « sa » chambre, fouillant dans les papiers de Rosa, dévoré par la jalousie, une « passion sauvage, mortelle », dira Rosa.

Il avait décidé, comprenait-elle, de la harceler, pour à nouveau la « tenir », ne supportant pas qu'elle lui ait échappé, rendu fou, semblait-il, par cette indépendance d'esprit qu'il pouvait mesurer et la liaison qu'il soupçonnait avec Kostia, qui avait discrètement quitté l'appartement depuis que Léo était de retour.

Mais il avait découvert des lettres et Rosa, quand elle pouvait rencontrer Kostia, lui murmurait : « Il veut te tuer et se tuer. »

C'était aussi pour défendre son amant qu'elle avait acheté le revolver.

Elle crut à quelques jours de répit puisqu'elle devait se rendre à Londres du 13 mai au 1er juin 1907, pour le congrès du Parti ouvrier social-démocrate russe, mais Léo y était aussi délégué comme représentant polonais.

Ils y étaient donc constamment côte à côte, durant les séances du congrès. Ils logeaient dans le même hôtel comme membres de la même délégation.

Ils avaient l'un et l'autre ainsi, dans la paisible atmosphère londonienne, recréé la tension extrême d'une période révolutionnaire, enfermés non plus dans la clandestinité, mais dans leur conflit qu'ils devaient dissimuler aux autres délégués.

Car Rosa intervint au congrès à deux reprises.

Elle parlait avec calme et netteté, martelant ses idées.

Qui l'entendait, qui la voyait, élégante et chapeautée, ne pouvait imaginer que lorsqu'elle s'asseyait à sa place, près de Jogichès, celui-ci la menaçait, lui faisait à voix basse, penché vers elle, le visage inexpressif, une scène de jalousie.

Et elle restait impassible.

Mieux, elle semblait apprécier ce climat tourmenté. « Ici, on sent qu'on vit, écrivait-elle à Kostia, et qu'on ne végète pas et je déteste tellement végéter qu'à Fridenau — son quartier de Berlin — je m'insurge à chaque instant contre cette existence végétative. »

C'était même comme si la crise personnelle qu'elle devait contrôler et surmonter avait libéré en elle une énergie qu'elle pouvait faire passer dans ses discours.

Car elle fut remarquable. Parlant à la fois comme déléguée allemande et polonaise, définissant une voie autonome entre les fractions menchevique et bolchevique, réussissant à se faire applaudir aussi bien par Plekhanov et Axelrod que par Lénine et Staline.

Ce dernier, délégué du Caucase, assis au fond de la salle, notait les formules de cet orateur inspiré qui affirmait que c'en était fini, dans les pays de l'Ouest — Allemagne, France notamment —, du rôle dirigeant des bourgeoisies.

La révolution était mûre, commençait Rosa, puisque ces bourgeoisies libérales n'avaient plus assez de force pour rester au pouvoir. L'heure était donc venue du prolétariat, comme celui de Russie en donnait l'exemple. Les bolcheviks applaudissaient.

Mais quand Rosa dénonçait « l'étroitesse d'esprit, l'intolérance, une certaine tendance mécaniste de l'attitude des bolcheviks », Plekhanov la soutenait à son tour. Et elle était approuvée par la plupart des délégués quand elle analysait la situation du Parti avec lucidité: « La rigidité est la forme adoptée, disait-elle, par l'un des pôles de la social-démocratie lorsque l'autre pôle se transforme en gelée informe, incapable de maintenir une attitude consistante sous la pression des événements. »

Elle s'était exprimée avec autorité et sa logique paraissait inattaquable alors même qu'elle ne voyait pas — et la plupart des observateurs et des révolutionnaires avec elle — comment l'impuissance de la bourgeoisie libérale — le constat de Rosa était sur ce point indiscutable — pouvait être suppléée par d'autres forces: l'armée associée à la masse de la petite bourgeoisie, constituant l'armature d'un pouvoir autoritaire, enrégimentant la société tout entière et détruisant la social-démocratie avec l'aide des héritiers de l'autocratie.

Rares étaient ceux — Jaurès l'un des seuls — à prévoir que la guerre pouvait bouleverser toutes les cartes et, loin d'ouvrir la voie à la révolution, mettre en place partout des pouvoirs militaires.

Guillaume II, au moment où Rosa, à Londres, annonçait que la révolution à l'Ouest était beaucoup plus proche qu'on ne l'imaginait, déclarait à ses proches qu'il fallait « d'abord abattre les socialistes, les décapiter et les empêcher de nuire, au besoin en organisant un bain de sang, et puis guerre au-dehors..., mais pas avant ».

En fait la guerre était, dès les années 1907-1909, la donnée majeure.

Les affrontements se profilaient aux Balkans, au Maroc. L'Autriche-Hongrie, la Russie, l'Allemagne, la France poussaient leurs pions, s'affrontaient.

Et Rosa le pressentait même si elle ne saisissait pas le lien entre guerre et destin de la révolution. Elle devait d'ailleurs retrouver les représentants des autres partis socialistes à Stuttgart, au mois d'août 1907, pour discuter de la question du militarisme et de l'attitude des socialistes.

Mais tant de choses semblaient la séparer encore de ce mois d'août.

L'un de ses frères, Nathan, habitait Londres et, puisque selon la comédie qu'ils avaient jouée à la famille, Rosa et Léo étaient mariés, il les invita dans un restaurant luxueux de la capitale anglaise, organisant à leur intention un grand dîner.

Ils entrèrent, Rosa s'efforçant de sourire alors que Léo lui murmurait, penché vers elle, qu'il ne la laisserait jamais quitter Londres sans lui, et ajoutant qu'après le dîner il la tuerait.

Rosa, comme elle avait résisté à la prison, à la menace de la peine de mort, ne céda pas devant Léo Jogichès. Elle réussit à maintenir entre eux les relations politiques — il était le chef de la fraction polonaise du Parti ouvrier social-démocrate russe — tout en refusant de renouer avec lui sur le plan intime.

Elle ne laissait sur ce point subsister aucune ambiguïté. Elle n'aimait plus. Et elle ne voulait faire naître aucun espoir. « Je veux que tu voies aussi clairement en moi que moi en toi », répétait-elle. Et ce qui valait pour Kostia valait pour Léo.

Elle rentra donc seule à Berlin. « Ce n'est que depuis que je me suis libérée de Léo que je suis redevenue moi-même », confiait-elle.

Et cette assurance en elle-même retrouvée lui permettait de juger Léo, comme si elle n'avait jamais éprouvé pour lui le moindre sentiment, comme si la plaie qu'il s'était plu à maintenir ouverte en elle, durant tant d'années, l'avait à tout jamais rendue insensible : « Intérieurement, disait-elle, cet homme est une ruine, il n'est pas normal et vit constamment avec une idée fixe : me tuer avec Kostia. »

Elle devait donc se protéger de Léo, l'empêcher d'aller jusqu'au passage à l'acte. Et elle l'en savait capable.

Elle lui écrivait donc des lettres glacées où il n'était question que de leur travail politique. Elle le vouvoyait, sans un mot d'amitié. Elle s'efforçait par tous les moyens de l'éloigner de l'appartement où il prétendait revenir, au moins l'après-midi, disait-il, pour travailler. Mais il inspectait le courrier de Rosa, obsessionnel, n'ayant pas renoncé.

Il semblait illustrer le fait qu'un révolutionnaire est un homme qui concentre toute son énergie immense en une idée unique : bouleverser, changer la société. Comme il était redevenu un demi-solde de la révolution, la passion de Léo s'appliquait à Rosa.

Toujours discrète sur sa vie privée, n'avouant que des bribes de ce qu'elle vivait, Rosa confiait à Luise Kautsky : « Ne parle pas des clés à Léo et ne mentionne ni mon nom ni quoi que ce soit qui puisse se rapporter à moi (la date de mon arrivée, etc.) sous peine de me causer involontairement des ennuis. » Elle craignait pour sa vie, pour celle de Kostia, mais elle opposait à Léo une telle détermination et elle manifestait tant de répulsion pour lui quand elle le rencontrait, s'enfuyant de son appartement dès qu'elle l'y trouvait, ou qu'il y pénétrait à l'improviste, lui disant sans ménagements : « Je ne peux plus supporter ces frottements continuels », qu'il commençait, au fond de lui-même, à admettre qu'il avait perdu, qu'elle était la plus forte — et il l'avait su dès les premiers mois de leur rencontre, il y avait près de vingt ans.

Mais sa fierté lui interdisait de capituler et il revenait à l'appartement de la Cranachstrasse.

Cela, Rosa ne le voulait pas. Elle ne pouvait plus supporter la vue, la présence de Léo.

« Je suis obligée de demander pour la énième fois que les affaires qui me concernent soient réglées par écrit afin que je puisse être tranquille dans mon coin », lui disait-elle dans l'une de ses lettres où ne s'exprimaient plus que la résolution, la lassitude exaspérée et la colère.

« J'ai besoin d'être chez moi, continuait-elle, et non pas dans un hôtel où l'on peut entrer et sortir que je le veuille ou non. Je n'ai pas assez de force pour supporter plus longtemps cette situation, j'ai assez demandé qu'il y soit mis fin et tout l'été j'ai couru le monde pour ne pas voir cette auberge, maintenant tout recommence. »

Elle expliquait qu'elle était prête à prendre en charge un travail politique supplémentaire — régler les affaires rédactionnelles des revues polonaises — à condition que Léo lui laisse son « coin ».

Elle menaçait. Et Léo la connaissait assez pour savoir qu'elle était femme à mettre ses menaces à exécution.

« Si je ne parviens pas à l'obtenir, disait-elle, je préfère laisser tout mon appartement avec la domestique et prendre quelque part une chambre meublée, pour être sûre que je suis chez moi et non pas à l'hôtel. Prière de répondre si cela va continuer ainsi afin que je sache ce que j'ai à faire en ce qui me concerne. »

Léo rendit les armes.

Il ne communiqua plus désormais avec Rosa que par lettres, alors qu'il habitait Berlin comme elle.

Sa guérilla avait duré plus de deux années.

Tout en résistant ainsi — ce qui aurait suffi à remplir la vie de bien d'autres femmes —, Rosa continuait de mener à bien les tâches qu'elle s'était fixées ou qui lui étaient imposées.

Certes, elle se tenait un peu en retrait, parce que la situation du parti et de la société allemands ne se prêtait pas à une intervention dynamique de sa part. Il lui fallait subir l'air du temps.

D'abord, elle passa les mois de juin et de juillet 1907 en prison, en exécution du jugement rendu en décembre 1906 à Weimar.

Elle rentrait de Londres. Elle avait hâte de revoir Kostia, mais elle devait être confinée dans une cellule. Sans même que cela ait le goût de la nouveauté, ou lui donne l'impression d'être héroïque.

Ce n'était qu'un ennui pesant, rompu par les lettres qu'elle écrivait à Kostia ou qu'elle recevait de lui. Des journées sinistres comme une vengeance allemande, obstinée, pesante. On lui faisait payer en 1907 des propos de 1905. Comme si rien ne s'était produit dans le monde. Et Rosa, de ces deux mois d'emprisonnement, sortit pleine de rancœur à l'égard de cette Allemagne-là, mesquine et appliquée.

Heureusement, pour effacer quelque peu cette amertume, elle se rendit comme déléguée au congrès de l'Internationale socialiste qui se tenait à Stuttgart à partir du 18 août 1907.

Pour Rosa, après les murs de la prison allemande, c'était la grande fenêtre ouverte sur le monde, air d'autant plus vivifiant qu'elle y jouait un rôle majeur, puisqu'elle était à la fois déléguée allemande, et représentante du parti polonais, lui-même affilié depuis 1906 au Parti ouvrier social-démocrate russe. Elle y retrouva en outre son amie Clara Zetkin, Lénine et Martov, les Français Jaurès et Guesde.

Elle pouvait en leur compagnie oublier la réalité allemande, et même — et c'était plus grave ! — dans l'atmosphère du congrès, oublier tout simplement la réalité des relations internationales, des rapports de force, faire en somme comme si des motions, des amendements suffisaient à dresser un barrage efficace sur la route de la guerre.

Elle eut de longs conciliabules avec Lénine qui, depuis la Finlande et le congrès de Londres, avait appris à l'apprécier et, lui qui était si soupçonneux, lui donna son mandat, lui faisant confiance pour qu'elle rédige un amendement à la commission sur le militarisme.

La femme de Lénine, la Kroupskaïa, regardait avec étonnement cette Rosa Luxemburg qui discutait d'égale à égal avec Lénine et à laquelle — et c'était encore plus étonnant — celui-ci confiait la défense de son point de vue.

Quelques mois plus tard — en janvier 1908 — lorsque Lénine et Kroupskaïa s'arrêtèrent à Berlin, alors qu'ils se rendaient à Paris et à Genève, ils passèrent une soirée chez Rosa, discutant précisément de la situation internationale telle que le congrès de Stuttgart l'avait éclairée.

Car Rosa avait réussi à amender la résolution contre la guerre et le militarisme qui était, à l'origine, plutôt modérée. Elle avait dû pour cela s'opposer aux Allemands, ses camarades, rompre en somme — fût-ce de manière feutrée — avec Bebel et les autres dirigeants du Parti, apparaître au contraire comme l'alliée de Lénine et esquisser ainsi une ligne de fracture au sein de la IIe Internationale.

Certes, elle ne s'était pas rangée aux côtés du Français Gustave Hervé pour qui la position d'un Bebel n'était que la preuve de sa lâcheté. « Les prolétaires allemands sont tous de bons petits-bourgeois satisfaits et repus », avait dit Hervé. Mais, silencieuse, Rosa portait sur les dirigeants allemands les mêmes appréciations que le socialiste français.

Elle était habile, se contentant de dire dans son discours que « Hervé est un enfant, un enfant terrible », mais martelant que son amendement allait en fait bien au-delà des positions des Français, de celles de Jaurès et de Vaillant : « La propagande que nous préconisons en cas de guerre, disait-elle, n'est pas seulement destinée à mettre fin à la guerre, mais à se servir de la guerre pour hâter la chute de la domination capitaliste. »

Rosa était satisfaite.

La déclaration reprenait presque mot à mot son amendement. Elle pouvait se rassurer et croire que l'Internationale, ce mythe, ce rassemblement « abstrait » de bonnes intentions, était réellement un levier permettant de peser sur la situation, d'influencer les dirigeants du parti allemand.

Elle avait une fois de plus été appréciée par Lénine qui lui demandait d'écrire dans les publications que les bolcheviks contrôlaient. « Il est dommage que vous écriviez si peu en russe, lui disait-il, que vous préfériez la riche social-démocratie allemande à la pauvre social-démocratie des Russes... »

Mais après ? Elle rentrait à Berlin. Elle fuyait Jogichès, cette vie quotidienne tourmentée dans laquelle l'amour partagé avec Kostia était la seule éclaircie.

Dans ces périodes où la politique piétinait, elle redevenait l'intellectuelle cultivée. « C'est pourquoi, à présent, disait-elle, je m'enivre surtout de Mozart. *Les noces de Figaro* et *Don Juan*, voilà ma "foi" véritable, avec en outre Rembrandt. »

Elle voyageait en Suisse, en Italie.

Elle avait besoin de combler ce vide, de fuir Berlin et Jogichès. Elle écrivait, non seulement pour *Neue Zeit*, mais aussi des manuscrits, l'un sur l'*Histoire de la Pologne*, l'autre devant être une *Introduction à l'économie politique*. Elle était ainsi redevenue une étudiante, une théoricienne presque à plein temps.

Aussi quand le 1er octobre 1907, sur la proposition de Karl Kautsky, on lui demanda d'assurer un enseignement régulier à l'école de formation de ses dirigeants que le Parti social-démocrate venait d'ouvrir à Berlin, elle accepta après quelques hésitations. « Avec Rosa Luxemburg, avait dit Kautsky, vous aurez l'un des meilleurs esprits d'Allemagne. »

Elle se donna à plein à cette tâche qui lui assurait un revenu régulier de 3 600 marks pour six mois de cours, à raison de deux heures par jour. Elle aimait ces militants studieux et, rompant avec la tradition du cours magistral, elle s'efforçait par des questions de construire son exposé avec eux, passionnante, enseignant l'économie politique, considérée très vite comme le meilleur professeur de l'école qui comptait parmi les enseignants son ami Franz Mehring.

Devant le congrès de Nuremberg en septembre 1908, elle défendit l'école attaquée par les modérés du Parti, qui craignaient qu'elle ne soit un foyer de radicalisme.

Rosa, en fait, y faisait preuve de cette rigueur qu'elle voulait scientifique — en accord avec ce qu'elle appelait le *socialisme scientifique* — qu'elle avait mise en œuvre dans sa thèse de doctorat, à Zurich.

Et elle trouvait dans cet enseignement, dans ces contraintes d'horaires, dans ce public attentif, un apaisement, une régularité qui lui convenaient, qui canalisaient sa personnalité et donnaient à son goût pour la théorie, pour l'abstraction, le moyen de s'exprimer.

Elle se sentait si bien à l'école du Parti, chez elle, qu'elle tenta d'y faire entrer, comme enseignant, Kostia Zetkin.

Et professeur dans l'âme, elle lui fit un plan en vingt-quatre leçons de deux heures chacune, couvrant l'histoire du socialisme — des premiers chrétiens à l'époque contemporaine — puisqu'elle pensait qu'il devrait enseigner cela. « Nous pouvons établir une bonne bibliographie, mais tu vois comme tout doit être concis », concluait-elle.

Puis, toujours soucieuse de son jeune ami, de celui qu'elle appelait, maternelle, « mon garçon chéri », elle l'interrogeait : « Comment vas-tu ? Es-tu déprimé ? Y penser me fait terriblement mal. Comme j'aimerais te savoir libre, joyeux, heureux ! Sois gai, mon petit ami. Mes amis, les petits animaux, t'envoient leur meilleur souvenir. »

La proposition de Rosa ne fut guère appréciée. On ignorait la nature des liens qui l'attachaient à Kostia Zetkin.

On imaginait qu'elle le soutenait parce qu'elle était l'amie de sa mère. Et Bebel s'emportait : « La chose la plus insensée qu'elles ont pu réclamer a été de faire du fils de Clara un professeur à l'école du Parti, lui que personne ne connaissait, qui n'a pas encore fourni la moindre preuve de ses capacités ! »

Et il ajoutait, s'en prenant au comportement « étrange » des femmes : « Je ne pardonne cette proposition ni à la tendresse ridicule d'une mère, ni aux préjugés aveugles d'une amie : la proposition est la preuve d'une absence totale de tact et de sentiment de la responsabilité. »

Belle — et juste — indignation de Bebel, mais qui n'était si forte que parce que le faux pas de Rosa — et de Clara — permettait au dirigeant du Parti de frapper ces deux femmes donneuses permanentes de leçons. Elles prétendaient incarner la vertu politique, la rigueur !

Bebel, avec une satisfaction évidente, une suffisance et une bonne conscience méprisante de « mâle », les renvoyait à leur condition de femme, donc à leur état inférieur. Il n'y avait pas chez les femmes, écrivait-il à Kautsky, de « raison régulatrice » dès lors que « leurs affections, leurs passions ou leurs vanités entrent en cause ».

Et, s'exprimant ainsi, il révélait ce qu'il avait toujours pensé de Rosa, que l'entente politique avait un temps refoulé et qui revenait, donnant aux yeux de Bebel une clé du comportement — politique — de Rosa. C'était aussi parce qu'elle était femme, donc sans « raison régulatrice », qu'elle était radicale, révolutionnaire.

Ce petit incident montrait aussi jusqu'à quel point les relations personnelles entre Rosa et les dirigeants allemands s'étaient dégradées.

En apparence, de bons rapports étaient maintenus avec Karl Kautsky.

A Pâques 1908, Rosa partit même seule en vacances avec lui au bord du lac de Genève. N'étaient-ils pas des « amis chers » ? Ne devaient-ils pas, l'un et l'autre, écrire, discuter ? Et Rosa imposait à Karl Kautsky, malgré ses réticences, de deux heures à deux heures et demie de marches matinales.

Mais derrière ce qui apparaissait de loin, à Luise Kautsky, comme des vacances amicales — et Rosa lui écrivant, parlant de la fatigue de Karl les premiers jours : « A présent, il se sent bien et alerte » — il y avait une amitié qui se défaisait et, de la part de Rosa, une estime intellectuelle qui disparaissait.

Dans ce tête-à-tête, elle trouvait Kautsky sans imagination. Elle qui ne pouvait supporter la médiocrité intellectuelle, elle disait de Karl : « Il conçoit les choses tout autrement que moi : en doctrinaire, avec pédantisme, sans chaleur. »

Elle écrit à Kostia qu'elle vient de lire une brochure de Karl Kautsky — *Nationalisme et internationalisme* — « et cela a été pour moi une vraie torture, un écœurement. Je ne pourrai bientôt plus rien lire de K.K. J'ai l'impression qu'une toile d'araignée écœurante enveloppe mon cerveau ».

Elle ne pouvait que le comparer à Marx qu'elle relisait ; à Marx toujours concret alors que Karl Kautsky s'en tenait « au schéma ennuyeux, vide, abstrait, d'une histoire qui flotte en l'air ».

Mais il y avait pire encore : elle le trouvait intellectuellement rabougri, vieux pour tout dire. « Je ne me rendais pas compte, dit-elle, glaciale, qu'il avait tant besoin de repos, je le croyais plus jeune. »

Or Kautsky, de son côté, s'éloignait de Rosa.

Il avait voulu partir en vacances avec elle. Luise expliquait que « Karl n'avait pas la moindre envie de voyager seul... Karl aime beaucoup la compagnie de Rosa car elle est la compagne la plus gaie et la plus amusante que l'on puisse rêver et, en plus, elle a le sens des beautés naturelles ».

Mais comment Karl Kautsky aurait-il pu ignorer l'opinion de sa mère, Minna, qui est « très malheureuse, car elle est très inquiète pour la bonne réputation de Karl » ?

Les valeurs de la famille Kautsky — et Rosa en avait pris désormais conscience — étaient celles, traditionnelles, de la bonne bourgeoisie puritaine, soucieuse des apparences. Et la vie libre et indépendante de Rosa choquait, même la grand-mère, romancière populiste pourtant.

Quant à Karl, il s'inquiétait de la remise en cause par Luise — subissant la mauvaise influence de Rosa... — de son autorité maritale.

Il s'apercevait que sa femme était attirée par Hans Kautsky, son propre frère, un peintre reconnu et une forte personnalité. Il pensait que Rosa avait reçu les confidences de Luise et avait encouragé cette liaison. Et il est sûr que Rosa avait joué son rôle — même involontairement — en donnant l'exemple à Luise d'un autre type de vie féminine, d'une autre façon d'être une femme.

Mais elle s'indignait de ces accusations.

« Karl Kautsky, écrivait Rosa, est furieux contre moi parce qu'il croit que, d'une certaine façon, je suis à l'origine des relations de Luise et de Hans. Cela me blesse, mais je suis trop orgueilleuse pour en parler. Il est pénible pour moi de voir que Karl est exclusivement et continuellement préoccupé par cette affaire. »

Ainsi se conjuguaient pour distendre les rapports entre Rosa et les dirigeants du Parti social-démocrate allemand, même quand ils étaient les plus proches, les problèmes privés et les oppositions politiques.

C'était comme si, après avoir été trempée par la période révolutionnaire, Rosa était revenue avec un regard plus perçant encore.

Elle a risqué sa vie. Elle a perdu des amis : pendus, déportés. Elle s'est imprégnée de cette atmosphère révolutionnaire qui oblige chacun à montrer le meilleur ou le pire de soi.

Elle juge sévèrement « le niveau misérable auquel sont tombés nos dirigeants ». Et la médiocrité conventionnelle de leur comportement privé achève de les déconsidérer.

Kautsky, maintenant qu'elle le voit sans indulgence, a bien peu d'excuses à ses yeux.

Elle ne le critique pas encore publiquement.

Il vient de publier un livre, *Le chemin du pouvoir*, qui est attaqué par le Comité directeur du Parti — et sans doute est-ce la cause du silence de Rosa.

Mais elle ne pouvait pas partager l'analyse de Kautsky selon laquelle il suffit d'attendre que le fruit du pouvoir tombe sous l'effet de sa propre corruption, le Parti socialiste, bien organisé, s'en emparant alors.

Rosa qui prêchait le mouvement des masses ne se reconnaissait pas dans cet « attentisme », fût-il qualifié de révolutionnaire.

Le temps viendrait, estimait-elle, où il faudrait « inculquer du courage aux masses contre leurs chefs pleins de lâcheté ».

Et, à l'évidence, sur ce plan-là, Kautsky n'était pas pour Rosa, dès 1908, différent des autres.

Mais alors, que faire ?

Elle se sentait mal dans cette Allemagne, dans « ce parti allemand qui est actuellement un mauvais rêve ou plutôt un sommeil de plomb sans le moindre rêve ».

Et elle ajoutait à Kostia Zetkin : « Je parviens difficilement à respirer dans cet air empuanti et immobile. »

Alors elle partait.

De longs séjours dans le Sud, cette Italie ensoleillée qui l'enchantait, dans cette « Genova superba » ou dans la petite station de Levanto.

Elle s'extasiait, avec tous les étonnements « de l'Indo-Européen naïf originaire du Nord », écrivait-elle, devant la paresse, les retards, les petits larcins des gens du Sud.

« Ils me grugent sans cesse sur les prix, notait-elle. Mais, n'est-ce pas, c'est le Sud ! »

Elle parlait des surprises d'un « sujet cultivé et bien discipliné du Reich allemand ». Elle envoyait à Luise Kautsky et à Kostia de longues lettres et, employant l'italien, elle disait : « Ecco una breve macchietta » — une rapide esquisse de mes impressions.

Elle avait, dans ce long séjour en Italie, le comportement classique, traditionnel, de la touriste du Nord, qui se contente de regarder le Sud comme un décor ensoleillé dans lequel se meuvent des personnages amusants et folkloriques.

Mais elle cherchait d'abord à oublier, à se reposer. A travailler aussi, recevant par l'intermédiaire des bibliothèques locales les livres dont elle avait besoin et que Luise Kautsky lui expédiait.

Elle attendait les lettres de Kostia. Elle pensait à faire avec lui un voyage en Corse.

Et puis elle sentit, dans les lettres, une évolution de Kostia.

Elle le percevait triste, gêné.

Elle se demandait : « Est-ce qu'il m'aime encore ? » Elle décelait de la froideur.

C'est en Suisse, à la mi-août 1909, qu'elle recevra la lettre où Kostia osa lui dire qu'il avait besoin de liberté.

Pas de tentative chez Rosa pour le retenir.

Sa fierté — son âge aussi dont elle a une dure conscience —, son intelligence le lui interdisent.

Elle écrit à Kostia une longue lettre sereine. Elle lui affirmera une nouvelle fois qu'il est pour elle « plus important que tout le reste du monde ».

Formule excessive ? Elle est sincère à cet instant-là, mais elle sait aussi que « le reste du monde » compte d'abord pour elle dès lors qu'il bouge, que l'histoire à nouveau tourbillonne.

Or, en cette fin de l'été 1909, des signes que la vie politique se ranime apparaissent.

Le chancelier von Bülow a des difficultés au Reichstag et sa majorité se fracture. Le Parti social-démocrate recrute à nouveau. Rosa sent cela et, même si elle sait qu'elle continuera de voir Kostia, de correspondre avec lui, qu'il restera pour elle « un ami tendre », elle peut écrire calmement, tournant la page d'une liaison qui a duré plus de deux ans :

« En m'aimant, tu m'as forcée à t'aimer et lorsque ton amour a cessé d'être, c'en a été fini aussi de mon amour. »

13

« *Ma moralité n'a pas besoin d'être défendue* »
(septembre 1909-décembre 1911)

Elle allait avoir quarante ans. Son corps s'était épaissi, tassé. Le visage était plus rond, la poitrine plus lourde, la taille à peine marquée. Elle était toujours élégante, chapeau, chemisier ample, affrontant avec la même détermination que les problèmes politiques les inconvénients de l'âge. Sa santé n'était pas très bonne : maux d'estomac, migraines. Mais l'énergie était là, toujours, qui traînait le corps parfois rétif et qu'elle domptait.

Elle n'avait donc plus avec Kostia Zetkin cette relation d'amour qui durant deux années avait coloré sa vie, mais elle gardait avec lui une complicité tendre, maternelle et, en octobre 1911, elle partit encore en vacances avec lui, en Corse, voyage de deux amis qui avaient été amants et le redevenaient parfois. Elle fut séduite par la beauté des paysages, la noblesse des visages, ces scènes bibliques qu'il lui semblait retrouver quand passait près d'eux, sur un sentier de montagne, une famille corse, l'homme au pas lent, la femme altière, vêtue de noir, immobile sur le dos d'un âne.

Elle continuait de correspondre avec Léo Jogichès, lettres froides, mais où, au fil des années 1909-1910, l'hostilité disparaîtra pour faire place à une acceptation tranquille, presque fraternelle, de l'autre tel qu'il est.

Rosa savait qu'elle pouvait compter sur Léo et il s'appuyait toujours politiquement sur elle, puisque, comme représentante du parti polonais SDKPiL, elle siégait au bureau de l'Internationale socialiste.

En fait, après la crise violente, c'est entre Léo et Rosa l'apaisement, chacun découvrant que l'autre fait, indestructiblement, partie de sa vie.

Ils ne sont plus amants. Ils ne s'aiment plus comme il y a quinze ans. La passion est morte. Tuée. Reste ce lien de mémoire et de solidarité, plus fort que toutes les variations amoureuses.

Évidemment, cette relation est étrange, non conformiste. Ils habitent la même ville et ils s'écrivent au lieu de se voir. Quatre-vingt-dix lettres en 1910, soixante en 1911.

Ils ne se nomment pas dans leurs lettres : Rosa écrit page après page, sans un mot personnel, comme si son correspondant était une sorte d'abstraction. Et même quand elle évoque un problème qui ne concerne que Léo — problème personnel donc — elle contourne la difficulté, restant toujours dans le non-dit.

Ainsi, au printemps de 1910, sachant que Léo a des difficultés d'argent, les revenus de sa propriété familiale ayant baissé, elle fait intervenir son frère, Maximilien Luxemburg, pour qu'il rembourse un prêt au frère de Léo, afin que celui-ci puisse recevoir des sommes plus importantes. Cela donne simplement dans une lettre du 1er avril 1910 : « J'envoie demain l'argent du frère » ; ou, quelques semaines plus tard, en juillet de la même année : « L'argent du frère, mea culpa, est là depuis une semaine, mais je n'ai pas pu régler cela plus vite avec la banque puisque j'étais alitée. J'ai reçu l'argent en espèces et l'ai envoyé par mandat. »

Cette volonté de ne pas s'impliquer, même par le biais des mots les plus anodins, même par le seul fait de « nommer » son interlocuteur, dit assez que Rosa ne veut à aucun prix rouvrir sa plaie. La cicatrice est encore douloureuse. Elle ne veut plus prendre aucun risque.

Cette maîtrise de ses sentiments, cette sagesse aussi dans les rapports qu'elle entretient avec Kostia ou Léo illustrent le fait que Rosa, à quarante ans, a acquis une maturité affective qu'elle avait mis longtemps à posséder.

Elle voulait, après avoir rompu avec Léo, « vivre ». Elle y parvient. Quelques amis l'entourent, au premier rang desquels le jeune médecin Hans Diefenbach, réservé, admiratif, qu'elle domine, qu'elle choisit comme confident, qui sort avec elle et avec qui elle discute peinture et musique.

Un compositeur précisément, Faist, vient souvent lui rendre visite. Elle se confie à Clara Zetkin. « Le 5 mars, écrit-elle, Faist est venu me voir et pendant plus de deux heures, il a joué et chanté, c'était magnifique ! Une vraie délectation qui a fait de mon modeste anniversaire une véritable fête. »

Elle tente ainsi d'organiser de manière agréable sa vie, partant en vacances en Suisse, au bord du lac de Genève, ou bien découvrant — ou approfondissant — de nouveaux domaines de connaissance qui jouent, dans une vie tout entière dominée par les batailles politiques, le rôle de fenêtres ouvertes sur des mondes où l'homme n'intervient pas.

Comme si Rosa voulait échapper de cette manière à ce « trop humain » que sont la politique, l'histoire, l'économie.

Elle s'intéresse ainsi à la botanique, aux sciences de la nature : « Je fais actuellement de la géologie, dit-elle, et j'y trouve beaucoup de plaisir ; l'horizon s'élargit joliment. »

Elle peint aussi, soumettant ses œuvres — dont un autoportrait — au jugement de Hans Kautsky, le frère de Karl qui est peintre. Et puis elle lit, elle commente, l'esprit et le jugement toujours en éveil.

« Nous sommes allés nous promener avec Hannes (Hans Diefenbach) dans les parages de Friedenau, raconte-t-elle à Luise Kautsky, nous avons lu ensuite un livre de poèmes de Hafiz (l'original dont Goethe s'est inspiré pour son *Divan*) en allemand bien entendu. L'original, ici encore, est plus beau que l'imitation. »

On pressent — et elle le sait, et c'est ce qui l'irrite dans l'activité politique, qui lui est pourtant indispensable — que Rosa, intellectuelle, sensible, observatrice, curieuse du monde dans tous ses aspects — des fleurs aux oiseaux, des mouvements tectoniques à la création littéraire — trouve en elle-même suffisamment de ressources et dans son dialogue avec la réalité tant de motifs de réflexion qu'elle aurait pu maintenir dans sa vie un autre équilibre que celui qu'elle a choisi et qui la projette sur la scène publique.

Et parfois on sent chez elle non pas la tentation, mais la prise de conscience qu'elle aurait pu ainsi basculer.

En septembre 1909, elle ne prend pas part aux débats du Parti social-démocrate et n'assiste même pas au congrès qui se tient ce mois-là à Leipzig. Tout est encore trop figé et elle est trop repliée sur elle-même.

« Je vis à la maison, dit-elle, comme je vis dans la rue, complètement absorbée en moi-même, tellement que lorsque je suis dehors, je dois faire un effort pour me rappeler où et qui je suis. »

Ou bien elle aurait pu se satisfaire d'une activité d'enseignant et de chercheur.

Quand elle parle de son travail de professeur à l'école du Parti, on comprend qu'elle trouve là une tâche qui l'exalte et la comble. Elle y fait preuve, plus les années passent, d'un talent incomparable, car elle s'appuie sur une culture classique, ouverte sur la littérature, la musique, qui déborde largement les matières qu'elle enseigne.

Elle prépare ses cours — ainsi celui sur l'histoire du socialisme international — avec soin : « On refuse de se borner à se répéter, dit-elle, on veut pour chaque nouveau cours rassembler des matériaux nouveaux, les exploiter, apporter des changements et des améliorations. »

L'effort qu'elle déploie est considérable. Elle explore la bibliographie, choisit des axes originaux, manifeste une pensée personnelle, à tel point que ses cours lui serviront de point de départ à des ouvrages auxquels elle songe et qu'elle commence à élaborer dès le printemps 1910, en ce qui concerne l'*Introduction à l'économie politique*. Elle peut en donner le plan, l'ampleur et même écrire à Léo Jogichès qu'elle serait heureuse si elle obtenait d'un éditeur cinquante marks par feuille d'impression.

Dans ces conditions, les vacances sont à peine suffisantes pour préparer le cours suivant, lire les ouvrages nécessaires. « Pour ma part, dit-elle, une fois terminé un cours difficile, le semestre d'été m'apparaît comme une vraie délivrance. »

Mais elle n'est pas qu'un professeur, qu'une intellectuelle. Le voudrait-elle qu'elle ne le pourrait plus. Elle est engagée depuis qu'elle a l'âge de raison dans le combat politique. On ne change pas de peau à quarante ans.

En fait, dès que la situation politique redevient mobile, que des perspectives se dessinent, Rosa se jette avec fougue dans la mêlée, comme si son relatif retrait, ses activités intellectuelles et artistiques n'avaient été que sa manière à elle de reprendre des forces avant de nouveaux engagements.

Et précisément, à l'automne, puis dans l'hiver 1909-1910, le climat change en Allemagne.

Toutes les contradictions du système politique et social commencent à jouer parce que les ambitions impérialistes de Guillaume II les avivent.

Il faut financer une grande politique d'armement, mais pour cela lever des impôts nouveaux. Or les conservateurs — que sont les Junkers, grands propriétaires terriens prussiens — refusent un impôt sur leurs propriétés. Le chancelier von Bülow cède la place à Bethmann-Hollweg qui se heurte à la même difficulté et pour cela envisage une réforme électorale en Prusse qui mettrait fin à un système électoral à trois classes, peu démocratique. En même temps, cette réforme électorale ne pouvait être qu'ambiguë, étant donné le rôle social que tenaient les Junkers dans le système impérial allemand.

Quelle devait être l'attitude du SPD face à ces problèmes ?

Il espérait que la rupture de la coalition qui soutenait von Bülow lui permettrait de trouver des alliés parmi les « libéraux », les « progressistes » bourgeois qui se regroupaient au printemps de 1910.

Il répétait des mots d'ordre généraux, n'espérant son salut que d'une victoire électorale et craignant tout — les mouvements de grève, les manifestations de rue — ce qui pouvait la compromettre. Rosa n'était pas femme à se satisfaire de cette politique « attentiste » et prudente.

« Lorsqu'on croit que les masses ne peuvent être achetées qu'avec des pourboires, disait-elle, on finit par perdre la confiance des masses et le respect de ses adversaires ; on ne gagne rien, mais on perd tout. »

Or Rosa, avec son intuition, sentait que ceux qu'elle appelait les « masses » commençaient à bouger. Les délégués au congrès régional du Parti social-démocrate de Prusse, en janvier 1910, se montrèrent combatifs, voulant s'engager avec toutes leurs forces dans la bataille, afin de déclencher un « ouragan pour la réforme électorale ».

Des manifestations suivirent au mois de février, en mars, à Berlin, à Francfort. Des grèves furent déclenchées. On dénombra plus de 300 000 grévistes, des blessés dans les heurts avec la police et la troupe.

Pour Rosa, cette atmosphère était — comme l'avait été la période 1905-1906 — un appel à l'action personnelle, une décharge qui provoquait en elle, tous sens à l'affût, un surcroît d'énergie.

Intellectuellement, politiquement, elle croyait reconnaître dans l'Allemagne de ce printemps 1910 les prémices d'une secousse profonde qui justifiait ses choix ; l'Allemagne allait être le centre du tourbillon révolutionnaire.

Encore fallait-il en créer les conditions. S'adresser aux « masses », les « éclairer », les « instruire » et non pas, au contraire, tenter d'empêcher que se réalise la fusion entre les revendications syndicales et ouvrières en matière de salaires et les objectifs politiques, la réforme électorale en Prusse pour commencer.

Rosa, qui porte désormais sur les dirigeants du Parti socialiste un regard sévère, les soupçonne de vouloir « casser » le mouvement des « masses », le freiner tout au moins, afin de préserver les chances du SPD aux élections législatives de 1912.

Elle, au contraire, peu soucieuse de « pourboire » pour les masses, elle va de l'avant, en ce printemps 1910, cherchant par la voix et l'écrit à radicaliser le mouvement qui s'est amorcé.

La sensation que les « masses » allemandes enfin étaient à l'écoute, prêtes à l'entendre, décuplait son énergie : « Je me promets à présent de faire beaucoup plus d'agitation que pendant les sept dernières années », disait-elle, en montrant sa détermination et son enthousiasme, le besoin qu'elle ressentait d'agir, puisque, estimait-elle, le moment était propice.

Elle attirait les foules dans les meetings, elle provoquait les applaudissements et, chaque fois, restant parfois plus de deux heures à la tribune, pédagogue, claire, entraînante, elle sortait de ces réunions à la fois épuisée et convaincue que cet accueil « grandiose » qu'elle avait reçu était un signe de l'état d'esprit des « masses », de la situation de la société allemande.

Elle traçait souvent quelques mots sur une carte postale pour rendre compte de la réunion à ses amis : « J'attends à Cassel la correspondance du train, écrivait-elle ainsi. La réunion était comble (j'estime le nombre des participants à 250), l'auditoire était extrêmement attentif et m'a approuvée... J'ai pu parler en termes simples et, du coup, j'ai parlé deux heures et demie !... Les gens étaient très contents. Amen. Salutations. »

Elle était galvanisée par ses succès, oubliant sa fatigue, ne s'arrêtant que lorsque la maladie la contraignait à rester couchée, écrivant des articles dans le train, passant en quelques jours (du 5 au 17 avril 1910) de Breslau à Kiel, de Dortmund à Eberfeld, de Francfort à Berlin.

Elle n'hésitait pas à affronter les régions où les « révisionnistes », ses adversaires, détenaient la majorité dans le Parti, se rendant ainsi dans le Sud — le pays de Bade — où ces socialistes modérés la détestaient, s'apprêtaient à voter les budgets locaux et représentaient ainsi une politique aux antipodes de la sienne.

Elle les défiait, persuadée qu'en semant ses idées, elle ferait un jour se lever les masses révolutionnaires.

Elle oubliait ainsi, le temps d'un meeting et d'une ovation, la réalité de la société allemande, prenant quelques centaines de militants pour le reflet de la population et de l'état d'esprit du prolétariat, confondant « minorité » et « masse ». Et elle perdait aussi de vue, grisée par les approbations, l'état de ce Parti social-démocrate dont elle voulait se servir comme d'un levier.

Certes, elle sentait bien que la direction du Parti et les journaux qu'elle contrôlait mettaient des entraves au mouvement.

Rosa alors s'indignait.

Elle relevait que « les orateurs — pour la série de meetings prévus pour la réforme électorale — étaient tous de quatrième ou cinquième ordre... De plus, le *Vorwärts* avait interdit à l'avance toute manifestation à l'issue des réunions ».

Qu'à cela ne tienne. Dès qu'elle apprend par hasard qu'on manque d'orateurs, elle se propose (ainsi le 12 mars 1910) : « J'ai fait un discours le soir même, raconte-t-elle. La salle était bondée (environ 1 500 personnes), l'esprit était excellent. Bien sûr, je me suis mise en colère et j'ai été approuvée à l'unanimité. » Ses amis sont là, près d'elle, Hannes Diefenbach, Kostia Zetkin, qui la félicitent.

On lui téléphone de toute l'Allemagne pour l'inviter encore.

« Je me demande, dit-elle, si je ne devrais pas abandonner l'école — du Parti — et circuler dans le pays pour entretenir le feu un peu partout. »

Mais parler, pour Rosa, n'était jamais suffisant.

Elle était femme de plume, polémiste politique, cherchant à fixer des objectifs et dénonçant ceux qui, à la direction du Parti, s'employaient, comme elle le dit, à « interdire la discussion ».

Elle écrivit donc un article qui, partant des mouvements en cours, fixait les prochaines étapes.

Et après ? interrogeait-elle dans le titre de l'article.

Il fallait, disait-elle, développer les grèves, « radicaliser » les masses et, pour cela, leur fixer un but politique et, pourquoi pas, actuellement, populariser le thème de la *République* ?

Audacieuse, Rosa ! Provocatrice même, tant par rapport aux institutions impériales qu'elle défiait que par rapport à la direction du Parti social-démocrate qui, formellement, avait toujours revendiqué la République pour ne jamais, en fait, mettre en avant ce but politique, parce que le Parti était dans le jeu politique allemand, respectueux des institutions impériales.

Mais précisément le but de Rosa était de sortir du « jeu » qu'elle estimait truqué et vain. Elle voulait créer entre les socialistes et le pouvoir un climat de tension capable de pousser les « masses » à l'offensive.

Encore fallait-il que le Parti se prête à cette stratégie.

Or il y était résolument hostile.

Le 2 mars 1910, le *Vorwärts* refusait de publier l'article de Rosa. Mais elle n'était pas femme à renoncer dès lors qu'elle pensait défendre un point de vue juste et une tactique efficace.

Elle s'adressa donc à son « ami » Karl Kautsky pour que la revue *Neue Zeit* publie son texte.

Leurs relations n'étaient plus amicales qu'en surface, cachant des suspicions nombreuses et de réels désaccords politiques.

Kautsky récusa tout ce qui concernait la référence à la République, puis, après avoir paru accepter le reste de l'article, il se déroba.

C'était comme un abcès qui crève, la vérité des sentiments qui brusquement jaillissait et Rosa se déchaînait, impitoyable.

« Karl Kautsky, lançait-elle, ce lâche qui n'attaque les gens que par-derrière, je lui ferai voir ! »

Dès le début ainsi, entre eux — et d'abord de la part de Rosa — la vieille amitié se muait en aigre rancune, en polémique personnelle.

D'abord Rosa plaça, là où elle le pouvait, son article. Elle l'avait réécrit, la partie sur la République était devenue un texte autonome que les journaux publiaient çà et là, et Rosa triomphait : « K.K., expliquait-elle, a fait une curieuse gaffe à propos de la République : ce "passage" qu'il ne voulait pas accepter a paru sous forme d'article à part dans le journal de Breslau, de Dortmund et peut-être dans une douzaine d'autres ? Et maintenant Karl Kautsky me reproche d'y avoir moi-même renoncé ! »

Elle détestait ces habiletés, ces mensonges. Tout ce qu'elle avait perçu de la personnalité de Kautsky et qui lui avait déplu, surtout depuis son retour de Pologne en 1906, se confirmait.

« Véritable scandale avec Kautsky, écrivait-elle... Il me renvoie mon manuscrit par la poste, sans se presser... Je n'ai aucun moyen de pression sur lui, ajoute-t-elle avec cynisme. Il est furieux de la raclée qu'il reçoit, donc il se venge. »

Il était mesquin, pensait-elle. Il cédait aux « hautes instances du pouvoir ». Il biaisait. Il mentait. Il manquait de courage.

Avec une ironie méprisante, elle expliquait à Clara Zetkin : « Mon Karl fut pris d'une terrible frousse et me supplia de biffer surtout le passage concernant la République. » Il s'est aussi incliné devant Bebel : pas d'évocation de la grève de masse.

Quelle estime pouvait-elle lui garder ?

Elle, non seulement elle osait s'exprimer, mais elle savait faire preuve de courage physique.

Le 6 mars 1910 à Berlin, en compagnie de Kostia Zetkin et de son ami l'avocat Kurt Rosenfeld, elle avait manifesté face à la police. « Dès qu'elles aperçoivent les chevaux des policiers et qu'elles voient les sabres au clair, écrivait-elle, les masses déguerpissent sans réfléchir ; nous trois, nous sommes chaque fois restés sur place sans bouger d'un pouce et les flics n'ont naturellement pas osé nous toucher. Mais tout s'apprend, y compris ne pas déguerpir ! »

Mais comment les « masses » pourraient-elles acquérir le courage de faire face, si les dirigeants étaient — comme Kautsky, selon Rosa — des lâches ?

Il fallait de véritables chefs, « car si le parti dirigeant manque de volonté et n'apporte pas les mots d'ordre attendus par les masses, expliquait-elle, elles seront tout de suite déçues, leur élan disparaîtra et toute l'action s'effondrera ».

La colère de Rosa contre Karl Kautsky était ainsi bien plus qu'une affaire personnelle — même si les liens entre Rosa et Karl lui donnaient sa coloration.

En fait, il s'agissait de deux options politiques différentes.

Selon Kautsky, la situation n'était pas mûre pour la grève de masse ou pour une action offensive. « L'enthousiasme des masses n'est pas suffisant », écrivait-il en réponse à Rosa dans un article intitulé *Et maintenant ?*.

Il fallait, prétendait-il, déployer une stratégie de « guerre d'usure » contre le pouvoir, à la manière du général romain Fabius Cunctator qui avait finalement vaincu Hannibal.

Rosa ricanait, s'en prenant avec sa verve caustique à Kautsky, n'hésitant pas à utiliser dans sa polémique des lettres personnelles qu'il lui avait adressées, le mettant ainsi en fâcheuse posture, dévoilant ses contradictions, le double langage, privé-public, qu'il tenait, et lui assenant avec mépris : « Pour freiner, camarade Kautsky, nous n'avons pas besoin de vous. »

Il était atteint, blessé, et Rosa qui savait se montrer si attentive à autrui, si soucieuse des sentiments de ses amis, se dévoilait ici, avec celui qui était devenu un ennemi politique, d'une dureté presque inhumaine, comme si la passion politique chez elle balayait toute autre considération.

« On m'écrit de Berlin, confiait-elle à Léo Jogichès, que Kautsky a complètement perdu la tête à la suite de mon article : à chaque mot, il devient rouge, il tape du poing sur la table, il a perdu ce qui lui restait de ses bonnes manières de journaliste et de son bon sens... »

Et avec une perfide... innocence, elle continuait de correspondre avec sa « très chère Loulou », l'épouse de Karl Kautsky, son amie, sa complice désormais contre Karl.

« Tout va bien, lui écrivait-elle, j'ai déjà huit meetings derrière moi... L'article de Karl provoque des haussements d'épaules... Dis-lui que je sais apprécier exactement la loyauté et l'amitié que ses petites manigances révèlent, mais qu'en m'attaquant courageusement par-derrière comme il l'a fait, il s'est lui-même flanqué dans un joli pétrin. »

Puis, ayant ainsi chargé Luise de transmettre le message, elle ajoutait : « Comment allez-vous ? Que fait ma Mimi [la chatte de Rosa] ? »

Et elle répétait à Luise : « Tu sais que mes sentiments pour toi sont toujours les mêmes... Tu ne dois pas voir les choses en noir, c'est défendu. Prends tout avec calme, conserve donc ta sérénité ! Le pire pour moi, c'est de ne pouvoir cette fois te consoler et te rendre gaie.

« Adieu et ne sois pas triste,

« Ta Rosa. »

Il fallait la force de Rosa, sa personnalité à facettes, capable de la pire violence et du maintien des relations amicales avec l'épouse de celui qu'elle maltraitait, pour supporter de telles tensions.

Luise souffrait et Karl Kautsky était accablé.

Cet homme doux qui voulait occuper une situation médiane, entre les « fanatiques » de la grève de masse à la Rosa et les impatients qui ne rêvaient que d'accéder à des postes gouvernementaux, se sentait calomnié et incompris.

En juillet 1910, il écrivait à sa mère, marquant sa lassitude : « La polémique avec Rosa se poursuit, on donne maintenant l'artillerie lourde. Malheureusement la polémique a très vite dépassé le stade auquel elle pouvait être, au moins pour moi, intéressante et stimulante. Elle devient déplaisante..., elle est entrée dans le domaine de l'avocasserie et de la chicane, de l'argutie, où Rosa est capable de hauts faits... »

Quelques semaines plus tard, en août 1910, Kautsky sombrait dans une longue dépression et il dut se retirer de la scène politique pendant plusieurs mois.

« Certains m'ont fait comprendre que c'était ma faute », commente Rosa pour Léo Jogichès. Mais on ne la sent pas émue. Dès lors qu'il s'agissait de la lutte politique et de questions de principe, elle était une combattante, impitoyable, presque inhumaine.

Mais qu'était-ce pour Rosa que l'« inhumanité » ?

C'était précisément ne pas donner aux « masses » l'occasion de se libérer par l'action et ainsi freiner leur mouvement. Et c'était impardonnable dès lors qu'on prétendait être un dirigeant.

De même qu'il était inexcusable de ne pas défendre jusqu'au bout — jusqu'au sacrifice de sa vie — ses idées.

Il y avait ainsi un fossé entre les dirigeants sociaux-démocrates et Rosa.

Ils la jugeaient dure, arriviste, irresponsable, agissant poussée par l'ambition personnelle, visant les hommes, ne respectant même pas la correspondance privée.

Lénine lui-même, dont par bien des côtés le comportement dans la polémique ressemblait à celui de Rosa, ne la suivait pas dans son opposition à Kautsky, et Trotski notait : « Moi, en tout cas, je n'ai pas rencontré un seul camarade, même parmi les bolcheviks, qui ose se solidariser avec Luxemburg. Quant à moi, je considère que l'élément tactique moteur de Luxemburg est sa noble impatience. C'est là une très belle qualité, mais en faire le principe dominant du parti allemand serait un non-sens. C'est là la méthode russe typique. »

Si les révolutionnaires russes pensaient cela de Rosa Luxemburg, on imagine quel pouvait être l'avis des sociaux-démocrates allemands et combien Rosa se trouvait isolée au sein de son parti. L'Autrichien Victor Adler exprimait bien le sentiment des dirigeants en écrivant à Bebel : « J'ai la bassesse de me réjouir de voir Kautsky aux prises avec son amie. Mais c'est vraiment une sale affaire, car cette garce peut encore faire beaucoup de mal, d'autant plus qu'elle est maligne comme un singe alors qu'elle manque du moindre sens des responsabilités et que son seul motif est un désir presque pervers de prouver qu'elle a raison. Imagine que Clara Zetkin ait déjà un mandat et soit assise à côté de Rosa au Reichstag ! Vous en verriez de belles ! »

L'isolement de Rosa est donc, en cette année 1910, presque total. Quelques amis (Clara Zetkin, Konrad Haenisch — un journaliste de la Ruhr —, Marchlewski, son vieux camarade polonais) la soutenaient, mais c'était peu, face à tous ceux, de Mehring à Kautsky, avec qui elle avait rompu, pour certains (Mehring) passagèrement, pour d'autres définitivement.

Et cependant Bebel qui lui était hostile tenait encore — en 1910 — à ne pas la contraindre à quitter le Parti. Elle lui servait de contrepoids aux « opportunistes » du sud de l'Allemagne, prêts au ralliement avec le pouvoir et il répondait à Adler : « Malgré tout le venin de cette femme, je ne voudrais pas du Parti sans elle. »

En fait, et c'est aussi pour cela que Bebel pouvait se montrer magnanime, elle ne pesait presque rien.

Au congrès du Parti à Magdebourg, en septembre 1910, elle ne put même pas terminer son discours, huée par les délégués des régions du sud de l'Allemagne. Elle avait tenté de montrer qu'il ne servait à rien de combattre — comme Bebel le prétendait — l'« opportunisme » au Sud, et de freiner le mouvement des masses, qu'il s'agissait là d'un autre opportunisme, d'une autre capitulation.

Mais, muselée par les cris, elle descendit en vaincue de la tribune de ce congrès.

Elle ne pouvait plus compter sur ses amitiés qui, au temps où elle rompait des lances contre Bernstein, lui avaient ouvert les portes de *Neue Zeit* ou de la *Leipziger Volkszeitung*. Elle n'avait plus aucun appui dans la direction du Parti. Le temps de ses dîners en compagnie de Kautsky ou de Bebel était révolu.

Elle qu'on accusait d'être dévorée par l'ambition personnelle, avait, au nom de ses principes, emportée par sa passion politique, ses convictions, sa foi et son caractère, brûlé tous ses vaisseaux.

Le soir de la fin du congrès de Magdebourg, le 23 septembre 1910, elle écrit quelques lignes à Léo Jogichès. Et, pour la première fois depuis des mois, elle exprime, même si elle le fait comme un constat, ses sentiments : « Je me sens comme un chien battu, lui confie-t-elle, et je crois que j'ai subi une défaite éclatante. Je ne veux pas tout décrire... », dit-elle par une sorte de réflexe d'orgueil, mais elle ajoute, comme si cette confidence s'imposait malgré elle : « La chose que je dois dire, c'est que je suis physiquement achevée. Il ne peut pas être question pour moi de travailler pendant 3, 4 jours, je ne suis ni capable de penser, ni de dormir, ni de manger... »

« Ce congrès du Parti a usé mes forces et ma santé pour deux mois. »

Comme si elle pouvait rester aussi longtemps inactive !

Elle précise d'ailleurs, évoquant un discours qu'elle doit prononcer dans une semaine : « Comment je me préparerai à cet important discours chez les métallurgistes pour le 1er octobre, c'est pour moi un mystère. »

Ce ressort qui la pousse en avant, c'est en effet tout le « mystère » de la personnalité de Rosa.

Il semble même qu'elle puise dans les attaques dirigées contre elle et qui la visent, elle, en tant que personne bien plus qu'elles ne cherchent à combattre les idées qu'elle exprime, une énergie nouvelle. Comme si chaque insulte essuyée la convainquait de la justesse et de la nécessité de sa cause.

La solitude apparaissant alors comme une épreuve supplémentaire de vérité. Je suis seule. On me hait. Donc j'ai raison. Entre elle et cette entité abstraite que sont les masses, il n'y a rien, comme si elle était une *mystique* qui se trouve entre *Dieu* (l'Histoire et son sens) et la foule des *païens* (les masses) à convertir, à entraîner, et qu'elle soit prête au sacrifice parce que les témoins de Dieu ne craignent pas la mort. Dieu — l'Histoire et les masses — reconnaîtra les siens.

Même si Rosa, par ses mille curiosités, ne peut se réduire à ce comportement, il y a dans son engagement politique, conçu comme un don de soi, une attitude qui fait penser à celle des « croyants », prêts au martyre. Et trouvant dans les épreuves qu'ils subissent une raison supplémentaire de persévérer.

Et dès lors qu'on s'est engagé dans cette voie, qu'on a commencé à gravir le calvaire, comment reculer sans se renier ?

Rosa doit aller jusqu'au bout.

Et cependant les insultes les plus basses, antisémites, se multiplient.

En Pologne, les nationalistes, dans leur publication *La Pensée indépendante*, dirigée par l'écrivain Andrzej Niemojewski, évoquent son « hystérie sémite et sa haine héréditaire de notre mère patrie ».

« Les ancêtres de cette dame, continuent-ils, ont abreuvé de vodka le peuple polonais. Rosa Luxemburg n'en est plus à vendre de la vodka, mais ce qu'elle donne à boire au Polonais moyen sous forme d'articles et de brochures a toutes les caractéristiques d'une boisson alcoolisée et frelatée littéraire... »

Que faire ? Dans le journal du SDKPiL, le parti de Léo Jogichès publia une série de déclarations de leaders socialistes — de Jaurès à Bebel — condamnant l'antisémitisme. Mais Rosa qui répondait régulièrement aux nationalistes polonais évita toujours de répliquer aux attaques antisémites qui la visaient, comme si elle refusait de s'abaisser à cette sorte de polémique, ou si, plus intimement encore, elle récusait cette origine, gênée par la limitation qu'elle représentait, comme si toute catégorie qui n'aurait pas été idéologique, relative à la division du monde en classes, avait été à rejeter.

Juive, semblait-elle dire, elle ne l'était que dans les yeux des autres, elle ne se définissait pas ainsi, mais comme une intellectuelle révolutionnaire, luttant pour l'émancipation de tous les hommes. Le « Juif » dans cette vision du monde n'avait pas plus d'importance que telle ou telle autre catégorie d'exploités.

Ne l'attaquait-on pas aussi sur son comportement de femme, l'accusant dans certains tracts, d'une vie sexuelle dissolue. N'était-elle pas, puisque socialiste, adepte de l'union libre ?

A des camarades qui l'incitaient à répondre, à intenter un procès aux diffamateurs, elle répondait qu'elle s'en garderait bien. « Par principe, je ne le fais jamais », disait-elle.

L'action et la polémique politiques devaient éviter de se laisser réduire à des questions de susceptibilités personnelles.

On pouvait viser l'homme pour atteindre les idées qu'il défendait : cela, avec Karl Kautsky, Rosa ne s'en privait pas. Mais ce qu'il fallait, quand les coups étaient dirigés contre soi, c'était non pas se défendre, soi, mais répondre sur le terrain des idées.

Et cette règle, Rosa l'appliquait, avec le dédain méprisant pour ceux qui s'en prenaient à elle personnellement.

Était-elle aussi indifférente qu'elle le prétendait, ou bien son orgueil était-il tel qu'il lui interdisait de réagir quand on mettait en cause sa vie privée ou ses origines ?

La violence même de ses réactions prouve qu'elle s'imposait cette réserve, mais qu'elle n'oubliait rien, enrichissant sa détermination politique — sa haine même — de tout ce qu'elle subissait.

Elle n'était pas femme à se laisser gifler et à tendre l'autre joue, mais plutôt à suivre le mot d'ordre des anarchistes de l'époque : « Pour un œil, les deux yeux ; pour une dent, toute la gueule. » Et gare à qui se méprenait à son sujet. Sa susceptibilité ne laissait rien passer.

On le vit durant toute l'année 1911 qui, par la violence des attaques que Rosa eut à subir, marque un tournant dans sa situation.

Sa personne est devenue une cible, une sorte de symbole, connue de tous, haïe par la plupart, déclenchant des réactions passionnelles qui peuvent donner naissance, à son endroit, contre sa personne même, aux pires agressions.

C'est que, dans le climat de montée du nationalisme, du chauvinisme, qui caractérise cette année 1911 — véritable ouverture d'une période d'avant guerre — elle a osé se dresser comme la championne de l'internationalisme, s'isoler en somme, elle, la femme, la Juive, la Polonaise, de la communauté allemande emportée par l'impérialisme dans une politique agressive.

Le 1er juillet 1911, en effet, en réponse à l'entrée de troupes françaises à Fès — pour y rétablir l'ordre et sous couvert d'une demande d'intervention du sultan du Maroc — l'empereur Guillaume II décide, afin de protéger les intérêts allemands dans la région, de faire mouiller un croiseur, le *Panther*, en rade d'Agadir. Il s'agit ainsi de montrer que l'Allemagne ne se désintéresse pas du Maroc, des gisements de minerais du Sud marocain, et, puisque la France a violé les accords d'Algésiras de 1906, d'exiger une nouvelle négociation.

La presse européenne s'enflamme.

« L'intervention allemande est comme un éclair dans un ciel serein », écrit l'*Observer*. On parle de guerre franco-allemande, et le 21 août 1911, une dépêche de l'agence Reuter annoncera même que les hostilités sont engagées.

Devant cette tension, vive, ce péril de guerre, le secrétaire du Bureau socialiste international, le Belge Camille Huysmans, envoya une circulaire demandant à tous les partis des pays concernés de réagir à la crise.

Le représentant du Parti socialiste allemand, Molkenbuhr, répondit avec prudence. Il savait le Parti engagé dans la préparation des élections de 1912. Il prévoyait une poussée de fièvre nationaliste et il voulait éviter que le Parti ne soit, une fois de plus, comme en 1906, atteint de plein fouet par cette vague chauvine. Il fallait donc faire le dos rond, ne pas prendre position. D'ailleurs les intérêts des puissances capitalistes, argumentait-il, ne les poussaient pas à la guerre, à propos du Maroc. Il fallait donc éviter « d'aborder la question marocaine dans tous les villages. Nous ne réussirions qu'à favoriser un courant contraire », et, concluait-il, « les questions intérieures, politique fiscale, privilèges agraires — sur lesquelles le Parti comptait pour gagner les élections — passeraient au second plan ».

Prudence donc. Attendre.

Mais Rosa frémissait d'impatience. Elle percevait la gravité de la tension internationale et surtout ce que cela signifiait quant à son évolution : des heurts entre impérialismes de plus en plus fréquents, un partage du monde qui s'achevait et, au bout, une guerre pour rebattre les cartes.

Le silence du Parti socialiste qui se refusait à donner un mot d'ordre précis la révoltait. Et quand, comme membre du Bureau de l'Internationale — au titre polonais du SDKPiL — elle reçut copie de la lettre de Huysmans et de la réponse du socialiste allemand Molkenbuhr, elle explosa.

Le 24 juillet 1911, alors que la crise marocaine atteignait son paroxysme, que la presse conservatrice et nationaliste se déchaînait, elle publie le texte de la lettre de Molkenbuhr et une vive critique de l'attitude des socialistes.

Selon elle, ils n'avaient pas été à la hauteur de leur rôle, de leur place dans l'Internationale socialiste. Ils devaient attaquer aussi la politique extérieure de l'Allemagne et non pas s'en tenir aux questions intérieures.

Elle venait, par cette publication, d'élargir — et cette fois-ci de manière décisive — le fossé qui la séparait de la quasi-unanimité des socialistes allemands. Entre les « intérêts de l'Allemagne » — définis par le pouvoir impérial et sa politique extérieure — et l'internationalisme socialiste, elle avait choisi « contre » l'Allemagne.

Elle commença une campagne de meetings. « J'ai déjà six meetings derrière moi, sept devant, écrivait-elle. Ils sont tous pleins à craquer et l'état d'esprit des masses est grandiose. Je parle partout de l'attitude de notre groupe parlementaire dans l'affaire du Maroc et je rencontre partout une approbation enthousiaste. Je suis moi-même étonnée de la clarté et de l'esprit critique qui animent nos masses. » Elle défendait « le point de vue de la grève de masse et du refus d'obéissance militaire, et partout les masses approuvent impétueusement, presque avec des démonstrations ».

Elle se sentait donc, une fois de plus, portée, imaginant que ces « masses » — les assemblées de meeting — représentaient le pays et la population allemande.

« Les masses valent bien mieux, ajoutait-elle, que les crétins parlementaires qui se croient leurs dirigeants. »

Et, dans un tel contexte, elle oubliait ses limites physiques. « Certes, disait-elle, je suis fatiguée, mais je m'arrange pour que ça ne se voie pas. »

Cette fois-ci, pour les dirigeants du SPD, c'en était trop.

La stratégie de Rosa compromettait le Parti. En se dressant contre la politique extérieure allemande, elle pouvait laisser entendre que les socialistes étaient hostiles à l'intérêt national. Et alors, dans un climat patriotique, c'en serait fini d'une victoire électorale en janvier 1912.

Il fallait donc isoler Rosa, et c'est Bebel qui, au congrès de Iena du Parti en septembre 1911, s'en chargea. Il fallait la déconsidérer. N'avait-elle pas commis « une sérieuse indiscrétion en publiant la lettre du camarade Molkenbuhr » ? Elle avait nui au Parti. « Vous savez maintenant, continuait-il en prenant les délégués à témoin, ce qu'il faut penser des méthodes de lutte de la camarade Luxemburg. Elle s'est comportée de la même manière l'année dernière avec Kautsky... » Et toujours habile à mettre les rieurs de son côté, Bebel ajoutait : « Depuis ce moment-là, je me suis juré, non pas tant de ne plus écrire à la camarade Luxemburg..., mais de ne jamais écrire quoi que ce soit dont elle pût se servir plus tard... »

Et, tourné vers Rosa, il l'interpella : « Voilà le résultat de vos actions, voilà à quoi vous avez abouti et cela concorde avec l'opinion que le Bureau socialiste international a de vous. »

Rosa eut beau marteler en réponse : « Il s'agit de savoir si l'on doit protester ou non contre l'impérialisme... », ou encore que, dans la crise marocaine, la responsabilité n'est pas d'abord française ou anglaise, mais allemande, les accusations de Bebel avaient porté.

Il avait fait glisser le débat politique sur le terrain personnel. Et même si autour de Rosa, de tous les courants du Parti, des militants se rassemblaient sur le thème de l'hostilité à la guerre et à l'impérialisme, si elle était donc moins isolée que dans sa lutte contre Kautsky pour la grève de masse — c'est ainsi que

Franz Mehring la rejoignit — elle représentait une faible force face à la masse de la direction et du Parti.

Même si au Bureau socialiste international, elle évita, pour son indiscrétion, une motion de censure contre elle, le Bureau réaffirma la nécessité du secret et Rosa dut reconnaître avoir commis une faute. Lénine et Plekhanov avaient voté contre elle.

Certes, elle avait franchi un nouveau seuil dans la notoriété. Et elle avait, une fois encore, semé des germes de rébellion dans ces foules qui l'acclamaient.

Mais comment pouvait-elle garder confiance dans ce parti qui, en fait, de congrès en congrès, la repoussait sur ses marges ?

Elle en était consciente. Mais elle avait choisi de rester *dedans*. A son amie hollandaise Henriette Roland-Holst qui était tentée de quitter la social-démocratie de son pays, elle faisait la leçon : « Ça, lançait-elle, tu n'en as pas le droit, aucun de nous n'en a le droit ! Nous ne devons pas rester *en dehors* de l'organisation, sans contact avec les masses. Le plus mauvais des partis ouvriers vaut mieux que pas de parti du tout. »

Mythification du « Parti » ? De cette *Église* des croyants du socialisme ?

Rosa assurait à son amie que « les temps pouvaient changer », qu'une période de bouleversement balaierait « le fumier opportuniste ».

Foi dans les événements, dans le cours de l'histoire. Mais cette échéance ne pouvait s'attendre hors du Parti : *au-dehors*.

« Tu seras finie, concluait-elle avec gravité, morte pour le mouvement politique si tu restes en marge. Ne le fais pas ! Tu as des obligations envers l'Internationale. Reste dans nos rangs, c'est là notre devoir, nous sommes tous des soldats. Je te mets en garde contre un faux pas ! »

Le « soldat » Rosa parlait avec son sens du « devoir » et l'on mesure à cette exhortation le poids que représentaient pour elle ces « obligations » politiques, véritable exigence morale, axe de sa vie, même si, autour de ce cœur, gravitent tant d'autres noyaux d'intérêts : affections, curiosités — artistiques, scientifiques — désirs, volontés de création — elle peint de plus en plus, dès qu'elle en a le temps —, souci de « jouir » de la vie dans tous ses aspects. Mais tout cela, sa personnalité multiple et contradictoire, est organisé autour du devoir politique, le refus raisonné de rester en marge, la volonté d'être « dedans ».

Il fallait donc vivre avec toutes ces tensions.

Et Rosa, pour faire face, réglait son emploi du temps de manière presque militaire.

« Je me lève à six heures du matin », racontait-elle à sa « très chère Loulou » Kautsky, « je prends des bains froids deux fois par jour, je me sens toute ragaillardie et je travaille tant que ça fait des étincelles ».

Mais elle trouvait aussi le temps de peindre un portrait de Hans Diefenbach, de contempler sa chatte Mimi et d'en parler longuement, ou encore de recevoir son frère et sa femme qui « ont fait irruption chez moi ».

Depuis longtemps, elle voulait déménager du 58 de la Cranachstrasse, comme si sa rupture avec Kautsky — dont elle était la voisine, à peine dix minutes à pied la séparaient de leur maison — devait aussi se marquer par cette séparation dans l'espace.

Et puis son appartement de Friedenau était celui où elle avait vécu avec Léo Jogichès, qu'il avait trop de fois violé, où elle avait reçu et logé Kostia Zetkin. Dont trop de gens connaissaient l'adresse.

Elle chercha donc plus loin, plus proche de la campagne, un lieu qu'elle espérait protégé des visiteurs et, à la fin de l'année 1911, elle s'installa à Südende, dans une banlieue de Berlin encore campagnarde, au n° 2 de la Lindenstrasse.

Elle disposait là de cinq pièces et d'une cuisine. L'appartement était donc spacieux, confortable, meublé avec soin. Rosa y fit installer le téléphone. Et sa bonne, Gertrud Zlottko, en qui elle avait toute confiance, veillait attentivement au soin du ménage et sur les journées de Mimi.

Rosa entretint avec cette jeune femme des rapports de maître à élève, plus que de maîtresse à servante, s'efforçant de conseiller Gertrud, de la pousser à s'épanouir, à peindre, à apprendre la dactylographie.

Attitude significative qui marquait à la fois la volonté de Rosa de favoriser l'émancipation de Gertrud, d'une femme, et en même temps de bien marquer qu'elle était celle à qui il fallait obéir, parce qu'elle possédait le savoir. Et il ne s'agissait pas que Gertrud Zlottko se libère à sa guise. Rosa savait comment Gertrud devait vivre !

Car Rosa est une donneuse de leçons. Intransigeante. Sûre de ce qu'elle doit faire. Chargée d'« éclairer ». « Il est nécessaire, dit-elle en décembre 1911, que l'on sache dans le pays ce qui se passe dans les coulisses. »

Démasquer, dire, enseigner, guider : tel est son devoir.

Mais gare à ceux qui s'imaginent qu'il s'agit là d'une question « personnelle » : il s'agit de politique. Tant pis pour ceux qui, armés des meilleures intentions, veulent la défendre autrement que sur le terrain politique.

Konrad Haenisch, son allié pourtant, qui dans son journal a réfuté les accusations portées contre Rosa à propos de l'affaire du Maroc, se fait morigéner d'une manière impitoyable.

« Vous avez voulu défendre ma "moralité" et pour ce faire vous avez sacrifié ma position politique, lui écrit-elle. On ne pouvait procéder plus mal à propos. Ma moralité n'a pas besoin d'être défendue. »

Elle rappelle à Haenisch qu'elle n'a cessé depuis 1898 de se « faire insulter personnellement de la manière la plus basse » et que, pourtant, « je n'ai jamais répondu à ces insultes par une seule ligne ou une seule parole ».

Raison politique de son attitude, explique-t-elle : ses adversaires — on l'a vu au congrès de Iena — veulent « déplacer le conflit sur le terrain personnel et moral ».

Et, méprisante, elle ajoute, parlant de la « défense » de Haenisch : « On eût dit un plaidoyer noble et larmoyant pour obtenir des circonstances atténuantes en faveur d'une condamnée à mort. »

Sous l'ironie, on devine qu'elle a été blessée. Qu'on la défende, elle ? Et qu'a-t-elle besoin de défenseur ?

Et, comme en passant, elle précise qu'en plus de la raison politique, il y a « le fait de mon orgueil personnel » — clé majeure de la personnalité de Rosa, entrevue ici entre deux phrases.

Et donc, dit-elle, « le silence méprisant est ma seule réponse ».

Puis, comme si de rien n'était, elle conclut :

« Et maintenant tous mes vœux pour les fêtes et meilleur souvenir de votre

« Rosa Luxemburg. »

14

« *A bas la société infâme qui donne naissance à de telles horreurs* »
(janvier 1912-décembre 1913)

C'était la fin de l'année 1911, le temps des réveillons. Rosa, dans son nouvel appartement de Südende, prenait la plume, la gorge serrée par la révolte et l'écœurement.

Elle n'écrivait à l'habitude que des textes politiques, polémiques certes, mais liés à des luttes d'idées ou à des problèmes tactiques. Ou bien elle exposait des conceptions en matière d'économie politique.

Et voici que, pour le journal des femmes socialistes que dirigeait Clara Zetkin, *Die Gleichheit* (L'Égalité), elle traçait des phrases rageuses, celles qu'aurait pu écrire un Jules Vallès. Elle commentait un fait divers, somme toute banal : les pensionnaires de l'asile de nuit municipal de Berlin avaient été « victimes d'une intoxication alimentaire massive ». Quelques morts. Une enquête : qui leur avait vendu des produits avariés, harengs pourris ou alcool frelaté ? La police suivait plusieurs pistes. On s'apitoyait. « Jusqu'à l'empereur... et, par un noble mouvement bien féminin, sa noble épouse ont fait exprimer leurs condoléances au premier bourgmestre... », écrivait Rosa.

Chronique amère d'un lendemain de fête que le journal publie le 1er janvier 1912 et que Rosa transforme en un pamphlet politique. Car, dit-elle, c'est comme si « le spectre horrible de la misère avait arraché à notre société son masque de correction et révélé que cette pseudo-honorabilité n'est que le fard d'une putain ».

Le fait divers devient sous sa plume symbole : « L'asile de nuit et les contrôles de police sont les colonnes de la société actuelle, au même titre que le Palais du Chancelier du Reich et la Deutsche Bank. Et le banquet aux harengs et au tord-boyaux empoisonné de l'asile de nuit municipal constitue le soubassement invisible du caviar et du champagne qu'on voit sur la table des millionnaires... Le véritable bacille, celui qui a causé la mort des pensionnaires de l'asile berlinois, c'est l'ordre social capitaliste à l'état pur. »

On devine la grimace des lecteurs modérés devant ce texte de « mauvais goût » qui appelle à la lutte car, dit Rosa, il faut se saisir de ces cadavres « qui crient plus fort que des trompettes et éclairent plus que des flambeaux... ». Et elle conclut : « A bas l'infâme régime social qui engendre de pareilles horreurs. »

Dans le climat conformiste, bien-pensant, policé de l'ordre impérial, dans la grande Allemagne de Guillaume II qui se voulait modèle, un tel texte retentit comme une dissonance criarde.

Rosa est bien l'extrémiste irresponsable, irrécupérable, en rupture de société, que présentent à la fois certains socialistes et les conservateurs. Elle est bien la femme qu'il faut faire taire et briser.

Et la violence de ses propos est, à sa manière, un aveu : celui de l'inquiétude, de l'angoisse de Rosa qui sent monter les périls, les affrontements implacables.

Elle parle haut, aigu, elle crie, parce qu'elle veut alerter, démasquer, prévenir.

Elle dit à Franz Mehring : « Nous devons nous attendre à des luttes et à des frictions continuelles... Nous nous rapprochons de l'époque où la masse du Parti aura besoin d'une direction énergique, impitoyable, à vues larges. Où nos instances dirigeantes — direction du Parti, *Vorwärts*, *Neue Zeit* — deviendront au fur et à mesure toujours plus mesquines, plus lâches et plus abruties par le crétinisme parlementaire. »

Car Rosa est d'autant plus extrême dans ses propos qu'elle a de moins en moins confiance dans son parti, alors même que la situation allemande et mondiale lui paraît devenir de plus en plus périlleuse.

Mille signes en effet illustrent le fait qu'après la crise marocaine — résolue par un compromis avec la France, le 4 novembre 1911 — les tensions internationales s'aggravent et que Guillaume II et sa « camarilla » ont choisi d'engager le pays dans la guerre.

Rosa, certes, comme tous les dirigeants sociaux-démocrates,

ignore les intentions de l'empereur Guillaume et de ses conseillers.

Comment pourrait-elle imaginer que l'empereur et son gouvernement ont décidé de saisir une occasion favorable pour lancer le pays dans un conflit ? Et les occasions — deux guerres balkaniques impliquant le Monténégro et la Bulgarie, la Turquie et la Grèce, vont se dérouler en 1912 et 1913 — ne manquent pas.

Dans cette perspective, le pouvoir veut augmenter les crédits militaires, accroître les effectifs de l'armée (le Reichstag le vote dès février 1911) et surtout préparer le pays au conflit.

Von Moltke, le chef d'état-major général, pense qu'il faut « que la nation coure aux armes dans l'unanimité et l'enthousiasme ». Et Guillaume II donne le thème de cette mobilisation idéologique : la lutte des Germains contre les Slaves.

Tout un système de mise en condition de l'opinion s'organise, à la fois de manière délibérée et aussi parce que, dans le désarroi qui saisit les nations européennes à l'aube du XXe siècle, le nationalisme apparaît comme un recours, une sorte de fuite en avant.

Tel membre du Parti libéral allemand fonde une revue qui porte le nom de *Panther*, en souvenir de l'incident d'Agadir. Les Junkers et des représentants de l'industrie lourde se regroupent dans un « cartel » qui veut peser sur le gouvernement afin qu'il modifie sa politique sociale jugée trop conciliante et mette l'accent sur la volonté d'expansion nationale. Des associations patriotiques se créent.

Et pour un observateur attentif de la vie politique comme l'est Rosa, ces indices ne trompent pas : c'est un glissement à droite qui s'opère, et un style nouveau qui s'affirme, dans lequel le militarisme, le chauvinisme, la volonté d'enrégimenter le pays afin de le préparer à la guerre jouent le rôle principal.

Rosa, plus que jamais, fait ainsi le lien — que le Parti socialiste avait refusé au moment de la crise marocaine — entre la politique intérieure et la politique extérieure.

Et d'autant plus que des signes de récession économique se manifestent. Les salaires stagnent, le nombre des chômeurs s'accroît. Les masses allemandes, prises entre les bruits de guerre, la propagande nationaliste et les difficultés accrues de la vie quotidienne, hésitent, et l'angoisse se diffuse dans le corps social.

Dès le mois d'août 1911, Rosa a écrit : « La politique impérialiste est un produit normal et nécessaire de l'évolution capitaliste. »

Et en janvier 1912, quand elle raconte en pamphlétaire la mort des pauvres de l'asile de nuit de Berlin, c'est pour réveiller l'opinion ; c'est pour entraîner les masses qu'elle écrit : « A présent, il s'agit de hisser les corps empoisonnés des sans-abri de Berlin, qui sont la chair de notre chair et le sang de notre sang, sur les milliers de mains des prolétaires et de les porter dans cette nouvelle année de lutte. »

Rosa est donc décidée à se donner tout entière à ce combat qui lui paraît approcher du moment décisif.

« J'ai du travail par-dessus les oreilles », dit-elle. Et à un camarade roumain, elle écrit : « Ici, en Allemagne, il semble qu'on ne connaîtra plus jamais le repos... Il est inutile de s'en plaindre, il semble que ce soit la loi de développement de notre parti. »

Elle est sur la brèche, mobilisée par la campagne électorale du mois de décembre 1911 et de janvier 1912, profitant de chaque meeting pour faire passer ses analyses.

Pas un jour de repos. « Depuis six mois, toutes les soirées sont réservées du 1er décembre au 12 janvier. »

Ce qui compte pour les dirigeants locaux qui font appel à elle, c'est moins ce qu'elle dit que le fait qu'elle soit là, dans un meeting du Parti, invitant par sa seule présence à voter pour les sociaux-démocrates.

Ces candidats aux élections, ces responsables de région, sont des réalistes : une fois les bulletins dans les urnes, une fois les députés élus, on oubliera les propos de Rosa, et la politique sera à nouveau conduite par des hommes sérieux et responsables.

Rosa n'ignore pas leurs calculs : elle a une autre logique. Chaque idée, imagine-t-elle, lancée dans les « masses », germera. Elle fait donc campagne pour le Parti social-démocrate.

Et les élections de janvier 1912 sont un triomphe pour le SPD : 4 250 000 voix et 110 élus — le nombre des députés sortants était de 43 — ce qui fait du groupe parlementaire socialiste le plus important du Reichstag. Coup de tonnerre qui inquiète les milieux conservateurs, qui remplit d'aise les dirigeants du Parti : leur tactique a payé. Comme l'avait écrit Kautsky, ils sont sur *le chemin du pouvoir*.

Pour parfaire leur victoire au second tour, ils concluent des accords électoraux avec les « progressistes » du centre droit, dans l'espoir de défaire les candidats catholiques et conservateurs. Et la victoire se transforme en déroute : les électeurs socialistes votent bien pour les progressistes, mais les électeurs du centre droit ne reportent pas leurs suffrages sur les socialistes.

Toute la stratégie de la direction du Parti socialiste se trouve ainsi bloquée : un temps élu à la vice-présidence du Reichstag, le socialiste Scheidemann est contraint de démissionner, les députés « centristes » nationaux-libéraux lui retirant leur soutien.

Massif, le Parti social-démocrate vainqueur était paralysé, humilié malgré sa victoire, empêtré dans une stratégie qui le condamnait à l'impuissance ou bien au soutien des « partis » de droite.

Mais en même temps, ces cent dix députés étaient fiers de leur mandat, satisfaits de jouer leur rôle, ayant le sentiment d'être la vraie force du Parti, pesant de plus en plus sur lui.

« Il est risible, se moque Rosa, de voir combien le titre de membre du Reichstag monte soudain à la tête de tous ces braves gens. »

Mais pouvait-elle comprendre la griserie que donnent les apparences du pouvoir et la respectabilité ?

Pouvait-elle imaginer que le simple fait de circuler dans les couloirs du Reichstag, d'être traité avec déférence par les huissiers, de bénéficier des petits avantages de la fonction, d'être un personnage officiel, allait transformer beaucoup de ces hommes, militants honnêtes dont le « système » social et ses institutions allaient émousser la combativité, les aspérités, les convictions, pour finir par les digérer ?

Elle était aux antipodes de ce goût des honneurs, trop intellectuelle pour être dupe, trop individualiste pour se soumettre à un groupe et à ses règles, trop orgueilleuse et trop lucide pour se laisser corrompre. Ayant choisi d'être *dans* le Parti et cependant, par toutes ses convictions, ses analyses, son intelligence et son tempérament, en *dehors* de lui, minoritaire en somme, marginale.

Elle ne pouvait donc que rompre avec cette majorité du Parti, ce groupe parlementaire, consciente de s'exposer aux attaques — comme son camarade Franz Mehring — dès lors qu'elle « touchait brutalement au saint des saints : le crétinisme parlementaire ».

Elle attaqua donc cette tactique politique qui avait conduit à tirer les marrons du feu pour le centre « libéral », « progressiste », sans rien avoir en échange.

On l'accusait de ne pas connaître la réalité, d'être une femme de discours et de songes ? Elle répondait, dénonçant sarcastiquement l'alliance électorale si infructueuse avec les partis du centre : « Les arrangements pratiques demandent en premier lieu à être jugés sur les résultats pratiques. » Elle s'emportait contre les termes de l'accord électoral qu'il était impossible de lire « sans rougir de honte et de fureur ».

Elle se sentait, face à cet échec de la direction du Parti, qui effaçait la victoire électorale du premier tour, en position de force, donnant une fois de plus des leçons, réclamant « un peu moins d'intrigues dans les coulisses parlementaires..., un peu plus de calcul à long terme, un peu plus de prise en considération des facteurs décisifs de la lutte de classe, c'est cela dont nous avons besoin dans la grande époque que nous vivons ».

« Grande époque » ?

Elle la désirait tant qu'elle imaginait que le « tourbillon » arrivait.

Il suffisait que les délégués du Parti de Berlin votent en mars 1912 une résolution contre l'entente électorale conclue par la direction pour qu'elle s'exclame : « Grande victoire ! », ou bien qu'elle dise à Franz Mehring : « Les masses sont derrière nous et veulent une autre direction. »

Elle espérait, elle croyait cela.

Et, en même temps, intellectuellement, en « théoricienne », elle était persuadée que « ce n'est pas au Parlement que seront tranchées les grandes questions qui décident du sort du prolétariat. Seule une révolution populaire peut amener la libération aux masses travailleuses ».

Il fallait donc que le Parti change de tactique. « Il faut faire un grand pas vers l'avant », répétait-elle. Et à l'intérieur du Parti, ceux qui pensaient comme elle devaient conserver leur position : « Ne pas céder d'un pouce, disait-elle à Mehring, ne pas démissionner, par exemple, de la revue *Neue Zeit*, afin qu'elle ne soit pas livrée au gâtisme sénile. »

Jamais tendre, Rosa, lorsqu'il s'agissait de positions politiques.

Mais n'était-elle pas une fois encore aveuglée par ses illusions, si désireuse de voir les « masses » en mouvement qu'elle les rêvait plus qu'elle ne les voyait ?

En tout cas, sa marge de manœuvre au sein du Parti, maintenant qu'elle était privée de l'appui de la direction, se rétrécissait.

Et d'abord parce que le Parti changeait.

Le groupe parlementaire, fort de ses cent dix députés, pesait de plus en plus sur les décisions. Il était une force conservatrice, intégrée par nature.

La mort des anciens dirigeants — le président du Parti Paul Singer au printemps de 1911, puis surtout August Bebel le 13 août 1913 — plaçait aux postes de commande ces hommes qui avaient commencé à monter dans la hiérarchie, Ebert, Scheidemann, Noske.

Ils étaient différents de Bebel. Celui-ci, avec son visage fin, ses cheveux blancs, incarnait une sorte de noblesse ouvrière, de fidélité — certes souvent conjuguée à une habileté retorse — aux principes, de respect des autres, de souci de maintenir le débat ouvert, bien dans la tradition social-démocrate. Devant son cercueil, à Zurich — où il était décédé — Rosa s'inclina. « Je suis restée longtemps devant le cercueil, dit-elle, il était splendide, encore plus beau que lorsqu'il était vivant. »

Les successeurs de Bebel, les Ebert, les Scheidemann, les Noske, les Otto Braun sont des hommes qui ont « fait carrière » dans le Parti.

Anciens ouvriers — Ebert est sellier, Scheidemann typographe, Noske bûcheron —, ils ont, grâce au Parti et au pouvoir qu'ils y ont conquis, changé de condition.

Ce sont des hommes de pouvoir et d'appareil. Ils se soucient moins de discussion que de contrôle des sections, des journaux, des congrès. A tel point que Rosa Luxemburg ne réussira même pas à être déléguée au congrès de Chemnitz en septembre 1912. Les systèmes de représentation en usage dans le Parti favorisent cette prise de contrôle par l'« appareil »: les petites organisations sont surreprésentées (un délégué pour 57 membres), les sections des villes industrielles sont minorées (un délégué pour 6 700 membres !).

Si l'on ajoute à cela le poids du groupe parlementaire, on comprend la difficulté que peut avoir Rosa à rassembler autour d'elle un groupe d'opposants à la direction du Parti.

D'ailleurs était-elle femme à diriger ?

Sa personnalité était trop mobile, ses susceptibilités personnelles trop fortes pour qu'elle joue vraiment le rôle d'un leader, c'est-à-dire de quelqu'un capable de fédérer, de structurer, d'organiser des sensibilités et des opinions diverses, de trouver entre des individus différents les bases d'une unité d'action.

Elle avait bien sûr des liens avec quelques camarades qui partageaient ses convictions. Franz Mehring, qu'elle appelait avec une affection un peu condescendante « le Vieux » et qu'en fait — par les confidences qu'elle fait à Léo Jogichès — elle cherche à flatter, à manipuler. « Avec le Vieux, nous sommes dans les meilleurs termes », dit-elle à Léo. Ou bien, avec un mouvement d'humeur, elle reproche à Mehring de lui avoir fait perdre une soirée; elle l'a subi par nécessité.

Mais qui ne cherche-t-elle pas à « utiliser », à orienter, avec un cynisme, une lucidité qui mettent parfois mal à l'aise ?

Rosa agit avec tous — à l'exception de Léo Jogichès, maintenant qu'elle l'a cantonné dans le rôle d'un complice politique — comme une stratège des relations humaines et politiques, incapable en fait d'être totalement spontanée. Elle ne cesse jamais de penser à ce qu'elle peut « tirer » d'une situation, d'une relation.

Elle explique par exemple à Jogichès : « Mehring est venu me voir à l'école — du Parti — pour que je le conseille à propos de la nouvelle note qu'il a envoyée au *Vorwärts* — il se défend contre des attaques personnelles. La note est enfantine, mais je ne lui ai pas conseillé de ne pas le faire pour ne pas le décourager, et puis ce petit tumulte ne peut pas me nuire. »

Calculatrice, Rosa, à l'évidence. Tacticienne politique, spontanément, prévoyant plusieurs coups à l'avance dans la partie qu'elle a engagée et dont elle ne perd jamais de vue le but.

Mais dans ces conditions, a-t-elle vraiment des amis ? Ou bien a-t-elle compris qu'en politique, on a au mieux des camarades ? Et, autour d'elle, de ce fait, elle ne peut souder des personnalités nombreuses.

Karl Liebknecht, le fils du fondateur du Parti — Wilhelm Liebknecht — qui est le symbole de la lutte contre le militarisme — il a été condamné pour cela en 1906 —, est un homme courageux, mais lui aussi est davantage un « porte-parole », une figure emblématique, qu'un organisateur. Il est courageux, d'une « nature impulsive, passionnée, pleine d'abnégation », dira Trotski, mais il ne peut apporter à Rosa Luxemburg les qualités dont elle manque.

Et enfin, cette faiblesse de l'opposition au SPD, qui apparaît dès les années 1912-1913, est bien le signe que, dans le Parti, dans le pays, il n'y a pas de grandes forces, de potentiel pour une ligne politique comme celle que propose Rosa.

Et, de plus, ce petit groupe se divise.

C'est que Rosa n'est pas qu'une socialiste allemande, elle est aussi, avec Léo Jogichès, membre de la direction du parti polonais SDKPiL et, de ce fait, mêlée à tout ce qui concerne le Parti ouvrier social-démocrate russe, c'est-à-dire confrontée aux luttes incessantes qui opposent mencheviks, bolcheviks, Plekhanov, Lénine.

Elle est, qu'elle le veuille ou non, plongée jusqu'au cou dans ces « affaires », polonaises et russes.

Le Parti socialiste allemand en effet joue le rôle de grand frère, puissant, respecté, riche.

Quand — à la suite d'un legs — il y a de l'argent à distribuer aux Russes, ce sont Kautsky, Mehring et Clara Zetkin qui sont chargés d'arbitrer entre les différentes tendances de la social-démocratie russe et... polonaise. Rosa, avec prudence mais acharnement, ne reste pas indifférente. Elle écrit à Plekhanov, elle voit plusieurs fois Lénine à Berlin en 1912.

« Il est venu hier, confie-t-elle, et il est revenu aujourd'hui, quatre fois. Je discute avec lui avec plaisir, il est intelligent, cultivé. J'aime regarder son visage qui n'est pas très beau. Ma pauvre chatte Mimi l'a énormément impressionné. Il a dit qu'il n'a vu qu'en Sibérie des animaux aussi imposants et que c'est un vrai chat de grand seigneur. »

Mais derrière ces amabilités banales, il y a la dureté des affrontements.

Rosa se bat pour trois mille marks à attribuer au SDKPiL, elle fait pression sur Clara Zetkin, habilement. Elle participe à Londres — en décembre 1913 — au congrès qui doit sceller une fois de plus l'unité entre les Russes et qui n'aboutit pas.

En fait, elle est hostile à Lénine, à son « centralisme extrême », à sa volonté de « scission », alors qu'elle veut l'unité, qu'elle veut rester dans le mouvement social-démocrate.

Elle accuse Lénine de n'être à la tête que d'une « fraction » responsable de la scission du Parti ouvrier russe. Et elle est d'autant plus violente contre Lénine que celui-ci est entré en conflit avec Léo Jogichès, a provoqué une rupture dans le parti SDKPiL, celui de Rosa et de Léo. Lénine est un « spécialiste » de la scission, dit-elle avec hargne, il soutient aveuglément « les obstructeurs et les désorganisateurs ».

Il faut donc dénoncer « la fraction Lénine ».

On le voit, Rosa sait aussi user de la langue rigide des politiciens d'appareil qui luttent pour le pouvoir dans leur parti et considèrent que tous ceux qui s'opposent à eux sont des traîtres.

Elle le dit à Jogichès, il faut rendre « coup pour coup ». Et elle va très loin dans cette voie.

Le Comité de Varsovie du Parti résiste à la direction ? Il faut réagir immédiatement « par l'annonce que ce Comité est entre les mains de provocateurs, qu'on ne mentionne pas encore les noms, mais que la direction est sur la piste, qu'elle a épuisé tous les moyens pour combattre cette peste... ».

Rosa est donc capable d'entrer dans cette logique dangereuse — qui deviendra vite terroriste — où l'adversaire au sein du Parti est accusé d'être un « provocateur », un « agent de l'Okhrana », la police secrète russe.

On mesure ainsi qu'il ne suffit pas de dénoncer le « centralisme » de Lénine pour échapper à un comportement « totalitaire », presque inéluctable dès lors qu'on est pris, dans l'atmosphère d'une lutte implacable — contre l'autocratie tsariste —

par les nécessités de faire triompher à tout prix une ligne politique, dont on s'est persuadé qu'elle est la seule « juste ».

Puisqu'elle est « juste », ceux qui s'opposent à elle ne peuvent être que des imbéciles, des lâches ou... des traîtres.

On mesure d'ailleurs à quels excès peut conduire une telle attitude et combien elle aveugle Rosa dans la polémique qui l'oppose à Karl Radek.

Cet homme jeune — il a vingt-sept ans en 1912 — a rompu en 1911 avec le SDKPiL dont il était membre et est donc devenu un opposant à Léo Jogichès et à Rosa. Un allié de Lénine.

Dès lors, et même si Radek, membre du Parti socialiste allemand, est très proche des positions politiques de Rosa et pourrait devenir un allié précieux, elle ne le soutient pas, elle le condamne, quand il est en butte aux manœuvres de la direction du Parti socialiste allemand qui l'accuse de malversations. Il a en effet dirigé un journal social-démocrate de gauche, la *Freie Volkszeitung*.

Rosa est trop impliquée personnellement, trop aveuglée par la passion qui la lie aux affaires polonaises et aux intérêts de pouvoir de Léo Jogichès, pour soutenir Radek.

Elle l'exécute au contraire: Radek, « il doit toujours fourrer son nez partout ». Son journal est en difficulté ? « Alors qu'il meure. » Et elle ajoute, méprisante, définitive: « Radek appartient au type des putains. N'importe quoi peut arriver quand il est dans les parages. Il vaut donc beaucoup mieux le garder à l'écart. »

Violence des propos, qui ne favorise pas le rassemblement autour de Rosa des opposants à la direction du SPD.

Situation difficile donc, et qui conduit peu à peu à l'étouffement de Rosa et de ses amis.

Où écrire ? Comment faire entendre sa voix ? Mehring a finalement démissionné de la *Neue Zeit* ; quant à Rosa, elle collabore encore à la *Leipziger Volkszeitung*, mais elle n'y dispose plus des appuis d'autrefois.

Dès que le rédacteur en chef Lensch s'absente, son remplaçant Hans Block, hostile à Rosa, tarde à publier ses articles ou bien, comme Rosa l'écrit, il leur ajoute « ses saletés de la part de la rédaction ».

Naturellement lorsque Hans Block — « l'Animal », selon Rosa — prend le poste de Lensch, la collaboration de Rosa avec le journal cesse.

Et parce qu'il est plus facile de mettre en cause son caractère que ses positions politiques, on murmure dans le Parti qu'elle est vraiment la « querelleuse », ou bien que « Rosa est devenue absolument irresponsable ».

En fait, Rosa vit, de manière encore plus intense qu'il y a quelques mois, sa conception de la responsabilité.

Elle est impitoyable et inflexible, injuste même, inhumaine parfois, parce que son devoir, son obligation sont d'agir.

Se laisser enliser, se laisser prendre aux mirages du « parlementarisme », c'est non seulement sombrer dans le « crétinisme », mais, d'une certaine manière, trahir sa fonction. Et celle-ci consiste à être une « éveilleuse », et aussi, parce qu'elle est une intellectuelle, à penser l'époque que l'on vit, les phénomènes économiques et sociaux auxquels on est confronté.

Elle ne peut pas se contenter de combattre le militarisme ou la politique extérieure de Guillaume II, ou bien de dénoncer la marche à la guerre. Il lui faut analyser ces tendances nouvelles.

Rosa est l'une de ces rares politiques qui combinent à la fois la volonté d'agir et celle de penser en théorie le moment historique.

Au printemps et dans l'été 1912, elle est prise par une sorte de fièvre créatrice.

Il lui faut, à partir de Marx, démonter les mécanismes qui poussent le capitalisme à devenir impérialisme, à conquérir des territoires, des marchés, à y exporter les marchandises qui vont lui permettre de « reproduire » le capital, de faire naître cette « plus-value » qui est le sang du système.

Elle s'attaque à cette tâche, poussée par une exigence immédiate, le sentiment de l'urgence : « Les questions du militarisme et de l'impérialisme, dit-elle, constituent aujourd'hui le pivot de la vie politique. »

Ce qu'elle veut décrire, c'est *L'accumulation du capital*, titre qu'elle donne à son manuscrit.

En travaillant dans son appartement de Südende, alors que verdissent les arbres, elle échappe aussi à la médiocrité des luttes politiques quotidiennes, à ce marécage des rivalités entre sociaux-démocrates russes, polonais, aux traquenards que lui tendent ses camarades allemands, au bâillon qu'on noue sur sa bouche pour qu'elle ne puisse plus se faire entendre.

Elle est libre, souveraine. Elle saisit la totalité de son époque. Ou elle le croit.

Sa thèse est simple, et elle la démontre, formules mathématiques à l'appui, références à Marx qui ne lui servent pas à répéter, mais à faire progresser la pensée du philosophe.

« L'époque où j'ai rédigé *L'accumulation*, racontera-t-elle plus tard — en 1917 — fait partie des plus heureuses de mon existence. Je vivais vraiment comme en état d'ivresse, nuit et jour. Je n'avais d'yeux et d'oreilles que pour ce seul problème qui se déployait si magnifiquement devant moi, et je ne puis dire ce qui me causait une plus grande joie : le travail de la pensée lorsque je retournais une question compliquée, en me promenant lentement de long en large dans ma chambre, observée attentivement par Mimi couchée sur la table recouverte d'un tapis de peluche rouge, ses pattes rentrées sous elle, tournant sa petite tête intelligente de-ci, de-là, vers moi, ou bien la rédaction, la mise en forme littéraire, plume à la main. Savez-vous qu'alors, j'ai rédigé les trente placards d'un seul trait, en quatre mois — chose inouïe — et que je les ai donnés à l'impression sans même avoir relu le brouillon ? »

Elle est épuisée. « Ce travail m'a fatiguée, avoue-t-elle à Franz Mehring, et m'a empêchée de rien faire d'autre. »

Elle est comme une femme qui vient d'accoucher, mais elle ne se détend qu'en travaillant à autre chose : « Pour l'instant, après le livre, dit-elle, je me repose en me livrant à mes travaux polonais (hier, par exemple, jusqu'à minuit). Je suis vraiment à plat. »

En fait, elle a une énergie inépuisable, une intelligence qu'elle sait compartimenter, capable de passer de cette recherche scientifique à ses tâches habituelles.

Et elle dit, avec une sorte de fierté : « Au reste, pour moi, le livre est déjà une affaire classée, intellectuellement parlant. C'est exactement comme quand j'ai peint un tableau : deux ou trois jours de joie, et puis terminé : je n'y pense plus. »

Elle a envie de changer, elle a soif de « littérature classique, manifestement par réaction contre toute cette économie politique qu'il m'a fallu avaler », dit-elle.

Au vrai, elle se soucie de l'accueil de son livre qui paraît en janvier 1913. Elle attend avec impatience les réactions de Mehring, elle espère des comptes rendus de presse, elle les sollicite même. Car son travail est aussi pour elle un instrument de la bataille politique.

Or, l'accueil de son livre est sans enthousiasme.

Ses amis sont prudents. Ses ennemis, innombrables, la jugent en fonction de l'intérêt qu'ils ont à abattre Rosa Luxemburg.

Pour un Franz Mehring qui dit, après des hésitations, qu'il « s'agit du livre le plus important qui ait paru en matière de socialisme depuis que Marx et Engels ont cessé d'écrire » ; pour un Marchlewski — un autre de ses amis, bien sûr — qui estime que *L'accumulation du capital* compte parmi « les meilleurs ouvrages scientifiques que la social-démocratie ait produits depuis la mort d'Engels », que d'articles ironiques ou méprisants ! Jusqu'à la direction du SPD qui prend ses distances.

Rosa est blessée par les incompréhensions, la mauvaise foi des commentateurs.

Lorsque l'économiste Miron Nachimson — du Parti socialiste juif Bund et collaborateur de la *Neue Zeit* — la critique, elle écrit : « Défendre mon livre contre ce youpin de Nachimson, quelle honte ! » Et elle ajoute : « C'est dommage que Nachimson n'ait pas reçu la gifle qu'il mérite, mais en fin de compte, ce serait peut-être trop d'honneur pour ce gredin et cet esprit brouillon. »

Elle réagit ainsi à la fois en auteur susceptible qui défend son œuvre et en analyste objective.

« J'avais certes conscience, dit-elle, que le livre rencontrerait des résistances, notre "marxisme" régnant craint malheureusement tout air frais comme un vieillard goutteux et je compte avoir à livrer bien des combats. »

Elle s'en prend à un autre socialiste — un radical comme elle, pourtant — Pannekoek, dont elle dénonce l'« étroitesse bornée » et elle s'attend à devoir affronter les critiques de Kautsky.

Jusqu'à Lénine qui lui reprochera avec morgue de ne pas avoir tenu compte de l'action volontaire des masses et de présenter le développement de l'accumulation capitaliste comme se déroulant mécaniquement, sans que les hommes — et d'abord les sociaux-démocrates — puissent y jouer un rôle.

Alors, parce qu'elle n'est pas femme à renoncer, elle se demande si elle ne doit pas faire « d'une pierre deux coups, reprendre encore une fois, plus tard, tout le problème en défendant par exemple mon point de vue dans une brochure polémique ».

Cela la tente et, au fil des mois, sans trouver le temps de se mettre à la tâche, elle pensera à ce travail, une « anticritique », plus simple, qui ferait taire ses détracteurs.

L'ampleur des critiques, le faible écho positif de son livre illustraient, aux yeux de Rosa, le malaise général qui, peu à peu, dans cette année 1913, s'emparait de toute la société allemande et donc aussi du Parti social-démocrate.

C'était comme un piétinement, une attente.

Les partisans de la *Weltpolitik* — la politique mondiale — de l'empereur Guillaume II se trouvaient bloqués dans leurs espoirs de mouvement, ne sachant pas comment franchir le pas décisif, saisir l'occasion pour ouvrir les portes de la guerre.

Les sociaux-démocrates, malgré leurs cent dix députés, se trouvaient eux aussi bloqués. Par les institutions d'abord : aux élections de la Diète prussienne, le 3 juin 1913, ils rassemblaient 28 %

des suffrages mais, du fait de la loi électorale, seulement... dix sièges !

Le 30 juin 1913, au Reichstag, tout en condamnant la politique d'augmentation des effectifs, ils votaient les impôts destinés à la financer, au prétexte qu'il s'agissait d'un impôt sur l'accroissement des fortunes.

Comme disait Bernstein : « Notre devoir, c'est de veiller à ce que les dépenses nouvelles ne retombent pas sur les épaules des travailleurs... De deux maux, il faut choisir le moindre s'il est impossible de les éviter tous les deux. »

Politique de Gribouille qui se donnait bonne conscience et scandalisait Rosa.

Comment ses camarades ne voyaient-ils pas que tout était lié, le militarisme et la politique fiscale, que choisir l'une empêchait en fait de combattre l'autre ?

Comme souvent, quand s'abattait ainsi sur elle cette navrante réalité, Rosa en était malade, tant la déception était forte. « Je fais la plus bête chose qui soit, je suis malade, disait-elle à Léo Jogichès. J'ai des spasmes au cœur qui ne me permettent pas de travailler, ce qui me fait enrager en cette époque si fiévreuse. J'ai fait venir un médecin et suis restée au lit. Il m'a trouvé "un petit défaut" et m'a recommandé de rester allongée avec de la glace ; avec tout ce travail, je n'en ai pas la patience et me suis levée aujourd'hui. »

C'est que Rosa ne pouvait accepter longtemps l'inaction et le découragement.

Le corps était rétif ? Elle se fustigeait, se lançait à nouveau dans la bataille, puisant en elle les forces pour agir.

Elle est à la tribune, au congrès d'Iena de septembre 1913.

Elle tente de secouer les délégués : « Si une guerre éclate..., crie-t-elle presque, et si la question est posée de couvrir les dépenses par des impôts directs ou indirects, alors en bonne logique, vous devrez vous prononcer pour l'approbation des crédits militaires. » Elle n'est pas entendue. Le vote des parlementaires de juin 1913 est approuvé et, par contre, la résolution présentée par Rosa est rejetée à une forte majorité.

Et pourtant, la guerre est là qui s'avance. Rosa le pressent.

On se bat déjà dans les Balkans.

Au congrès de l'Internationale socialiste à Bâle, son amie Clara Zetkin est intervenue et les délégués ont voté une nouvelle fois un appel aux ouvriers de tous les pays pour qu'ils se dressent contre la guerre.

Mais ces « cloches de Bâle » qui ont retenti en novembre 1912 n'ont plus qu'un écho assourdi.

Alors Rosa reprend la route, infatigable, dénonçant, dans chacune des réunions qu'elle tient, le militarisme dont elle dit qu'il est la grande menace nouvelle qui emprisonne toute la société.

Elle hausse le ton et le 26 septembre 1913, à Bockenheim, dans les environs de Francfort, devant une salle enthousiaste qui, quand elle lance : « Devons-nous nous laisser entraîner lamentablement dans une guerre ? », crie : « Jamais ! », elle ajoutait, au terme d'un discours de deux heures : « Si on attend de nous que nous brandissions les armes contre nos frères de France et d'ailleurs, alors nous nous écrions : Nous ne le ferons pas ! »

Dans la salle, attentif, un journaliste — Henrici — sténographiait tous ses propos, afin de pouvoir publier un article stigmatisant Rosa, l'antipatriote. Et il savait que, dans ce qu'elle avait dit, un procureur du Reich pourrait trouver matière à poursuites.

Rosa ne l'ignorait pas, elle non plus.

Mais elle n'était pas femme à mesurer ses propos en fonction des dangers. Ce qui lui importait, c'était de dire ce qui lui paraissait nécessaire.

Or, chaque jour apportait sa moisson d'événements qui confirmaient la gravité de la situation.

Ainsi, au début du mois de novembre 1913, à Saverne, un lieutenant de la garnison invite ses recrues, dans le cas d'une rixe avec les Alsaciens, à abattre leurs adversaires et promet même une prime de dix marks par Alsacien tué. Or le commandant de la garnison couvre son subordonné, fait mettre la ville en état de siège et procéder à de nombreuses arrestations parmi les Alsaciens qui protestaient.

Un vote de défiance au Reichstag, s'il manifeste l'émotion des députés — y compris de ceux du centre droit — ne change rien : l'armée reste toute-puissante, le militarisme souverain, appuyé qu'il est sur la structure impériale du pays et renforcé par l'idéologie nationaliste et les buts expansionnistes de l'impérialisme allemand.

Rosa s'indigne une nouvelle fois.

Elle sait que le procureur impérial a décidé de la poursuivre pour les propos tenus au meeting de Bockenheim. Elle sent aussi que le Parti social-démocrate commence à s'inquiéter de la poussée militariste. Elle reçoit de nombreux témoignages de soutien. Le vieux fond pacifiste de la social-démocratie allemande se réveille devant l'évolution de plus en plus évidente du pays vers la guerre.

Et le parlementarisme, dit Rosa, n'est que « la mince feuille de vigne de l'absolutisme militaire ».

Dans le pays, l'inquiétude s'accroît donc chaque jour, sourde, imprécise. Elle donne à Rosa une audience plus large.

« Il n'y a pas de doute possible sur le mécontentement profond qui règne au sein de notre parti », constate-t-elle.

A l'un des rares socialistes qui sont proches d'elle — le journaliste Friedrich Westmeyer — elle dit même : « Je vois le mal partout. »

Mais une fois encore elle répète qu'il faut rester dans ce parti : « Nous devons faire tout notre possible pour sortir le chariot de l'ornière. » La tentation de partir n'est qu'une « gaminerie obstinée ». Et avec ce goût qu'elle a pour dire ses vérités à ses interlocuteurs, elle ajoute : « Vous êtes un homme impulsif. »

Mais le diagnostic sur le Parti demeurait : il pouvait « tomber dans le marasme le plus complet ». Et pour Rosa — et ses quelques proches — la situation était d'autant plus difficile que, l'une après l'autre, les possibilités d'expression disparaissaient. Les journaux sociaux-démocrates renvoyaient sans explication les articles que Rosa leur proposait. La direction du Parti tenait fermement les rênes.

Chez elle, à Südende, Rosa réunit alors — à la fin de l'année 1913 — Franz Mehring et Marchlewski. Il s'agissait de publier un hebdomadaire polycopié, *La Correspondance social-démocrate*, qui serait adressé aux journaux du Parti afin qu'ils y trouvent des textes, des éditoriaux, à publier.

Cette initiative qui montrait la détermination de Rosa illustrait aussi sa marginalisation. Fini le temps où elle écrivait dans *Neue Zeit* et dans les grands journaux sociaux-démocrates, le *Vorwärts* ou la *Leipziger Volkszeitung*.

Elle était, comme Mehring, lucide sur le caractère de cette initiative : « Si cette flèche manque son but, disait Mehring, nous n'en aurons pas d'autre et il faudra alors attendre une tempête qui balaie la bureaucratie bornée et encroûtée qui dirige le Parti. »

Tempête ?

C'était donc l'attente de l'inconnu, avec tout ce qu'elle recèle de pari, de croyance, d'incertitudes. Comme si cet avenir n'était pas déjà dans tous les actes du présent : le vote des impôts par les socialistes, leur refus de s'engager résolument dans une lutte contre le militarisme.

Mais Rosa pouvait-elle faire ce diagnostic pessimiste ?

Il lui fallait croire que la tempête allait tout balayer, faire souffler un « air frais dans la vie du Parti ».

En fait, ce sentiment d'attente, elle n'était pas seule à l'éprouver. Kautsky, son adversaire, écrivait, en octobre 1913, dans une lettre à son camarade autrichien Victor Adler : « Un malaise général règne parmi nous, on cherche à tâtons de nouvelles voies car on a le sentiment que quelque chose doit se passer. C'est général... »

Et il notait que « les partisans de Rosa font naturellement le reproche amer : il ne se passe rien parce que vous ne voulez rien faire ! ».

Lucide, il ajoutait : « Mais ils ne peuvent pas répondre à la question : qu'est-ce qui doit arriver ? »

Rosa, autrement que par de brefs éclairs d'intuition et des analyses prémonitoires, pouvait-elle prévoir le pire, c'est-à-dire la « tempête » barbare de la guerre se déchaînant sans obstacle sur toute l'Europe, entraînant peuples et partis ?

Elle se refusait à ce qui aurait été aussi une abdication, l'aveu de son impuissance.

Elle avait en elle trop de *foi*, trop d'énergie — et donc, en un sens, trop d'aveuglement — pour renoncer à la lutte, à la croyance qu'elle pourrait empêcher une explosion suicidaire, le triomphe de ce militarisme contre lequel elle se battait à mains nues.

Et puis elle avait en elle trop d'envie de vivre.

En août 1912, elle avait définitivement rompu ses relations avec Kostia Zetkin qui n'étaient déjà plus depuis des années qu'une sorte d'amitié amoureuse.

Mais cela même cessa : Kostia semblait ne pas souhaiter retourner en Corse avec Rosa, comme il l'avait fait encore dans l'été 1911. Il avait d'autres passions, jeune séducteur de jolies femmes.

Soit. Rosa l'admit et ne fut plus qu'une amie attentive, comme elle l'avait déjà prévu, mais cette fois-ci, elle le devint vraiment.

Il lui restait Hans Diefenbach, sa délicatesse, son sens esthétique, ses conversations d'homme cultivé, une sorte d'apaisement et aussi d'irritation, parce qu'il ne manifestait pas cette passion que Rosa aimait.

« Hannes, racontait-elle à Luise Kautsky, s'est fait annoncer par une longue lettre et trois énormes cartons de Michel-Ange. Il est à Stuttgart et lui aussi me parle de lui avec une voix de fausset (je ne sais pas où le bât blesse, à l'estomac ou ailleurs). Pour l'instant, il ne dit pas un mot de ce qu'il va faire dans l'immédiat... »

Mais elle restait chez elle, seule avec sa chatte Mimi et sa bonne Gertrud Zlottko qu'elle incitait à lire, à peindre, à laquelle, quand elle était en voyage, elle envoyait des plantes, des fleurs, des espèces rares, que Gertrud devait classer, parce que Rosa s'adonnait à la botanique, passion chaque jour plus forte, domaine réservé, hors de l'histoire cruelle et décevante.

« J'ai passé les fêtes — de la fin de l'année 1912 —, constatait-elle ainsi, très tranquillement chez moi, avec Mimi et Gertrud, lisant quelques pages de Schweitzer (les commentaires de Mehring ne sont pas très bons), de Sophocle et de Calderon. »

Vie d'une bourgeoise tranquille : elle insistait avec un peu d'affectation et en même temps une vraie tendresse sur la place que tenait sa chatte Mimi dans sa vie, « mon enfant » disait-elle, ne manquant jamais, quand elle était loin de Südende, de s'enquérir auprès de Gertrud de ses nouvelles.

« J'espère que vous allez bien ainsi que Mimi », concluait-elle ses lettres.

Et quelquefois elle écrivait à Gertrud : « J'ai été très heureuse de votre lettre et de celle de Mimi... »

C'était, dans la gravité des préoccupations de Rosa, dans cette lucidité et ce cynisme dont elle se montrait souvent capable dans ses relations avec les hommes politiques, amis ou adversaires, comme un espace enfantin préservé, un « lien » inutile sur le plan de la rentabilité et de la stratégie politique ou sociale, et d'autant plus précieux parce que ne relevant que de la gratuité et de l'affectivité.

Sur Mimi se déversait ce trop-plein de sentiments, cette sensibilité de Rosa qu'elle ne pouvait faire passer dans l'implacable vie politique.

Il y avait aussi, pour l'apaiser, pour l'enthousiasmer, la nature, non seulement les plantes, les herbes, les fleurs, qu'elle collectionnait désormais, mais aussi les paysages, ceux de Chailly-sur-Clarens, au bord du lac de Genève, où, dès qu'elle le pouvait, elle partait se reposer.

« Le séjour est magnifique, disait-elle à Gertrud. Je prends toute la journée des bains de soleil... Je vous enverrai, ainsi qu'à Mimi, quelques fleurs et de l'herbe... »

Elle se promenait, s'immobilisait devant le lac, s'enthousiasmait devant le panorama, l'île de Clarens, au loin les Dents du Midi.

Elle puisait là, dans l'observation de cette réalité d'avant l'homme, l'énergie qu'il lui fallait pour, précisément, affronter les hommes et tenter de construire une société qui soit aussi « belle » que cette nature.

Il y avait chez Rosa un émerveillement jamais épuisé devant le monde, devant les variations d'un ciel — « aujourd'hui splendide journée d'hiver, tout est enneigé et le soleil brille par là-dessus » — un enthousiasme toujours renouvelé devant un insecte, une fleur, une cime.

Elle s'accordait à la nature, y projetant toute son âme poétique, son désir de beauté, une sorte de naïveté, de romantisme, dont elle ne pouvait se permettre de colorer l'histoire des hommes, la politique, trop réaliste pour cela, trop impliquée dans les combats sociaux, les intrigues et les rivalités de partis, pour se faire la moindre illusion.

Il restait Mimi, la nature, et l'avenir des hommes, qu'elle pouvait imaginer aussi grandiose que le spectacle de la chaîne des Alpes.

Et puis, il y avait l'art : la littérature, la peinture, la musique, le chant, autant de passions pour elle, autant de potentialités de sa personnalité qu'elle ne laissait pas détruire ou étouffer par la vie politique, s'efforçant de lire, de peindre, ayant le besoin d'être émue, irriguée par la musique.

« Samedi, écrivait-elle à Luise Kautsky, je suis allée écouter *Don Juan* avec un chanteur de Stockholm dans le rôle principal. »

Et aussi ce qui l'aidait à supporter sa vie, à se supporter elle-même, à faire face et à rebondir après chaque chute, à survivre malgré l'inquiétude et le désespoir même, c'était l'humour, un humour peut-être issu, malgré elle, de ses origines juives polonaises, de cette communauté persécutée et indestructible, décidée à survivre.

« L'artiste, dit-elle ainsi après avoir vu *Don Juan*, avait de merveilleuses jambes gainées de soie, à part ça, il était décevant (comme c'est presque toujours le cas avec les don Juan, pas vrai ?). »

Un clin d'œil, une pirouette, comme si Rosa nous disait qu'elle savait qu'il faut tout — et ne rien — prendre au sérieux.

15

« *Et maintenant, condamnez-moi!* »

(janvier-4 août 1914)

Ce 20 février 1914, quand Rosa Luxemburg entra dans l'enceinte du tribunal de Francfort, elle savait que le procureur impérial n'aurait pour elle aucune indulgence.

Il fallait la briser.

Elle était celle qui se glissait, grain de sable têtu, dans la machine mise en place par le pouvoir du Reich pour conduire l'opinion à accepter, dans l'enthousiasme, la guerre.

Le dossier contre elle s'épaississait depuis des années. Socialiste et bien que peu à peu refoulée aux marges du Parti social-démocrate, elle entretenait cette flamme antimilitariste et internationaliste qu'il fallait étouffer, si l'on voulait que tout le peuple allemand, ses Junkers, ses officiers, ses classes moyennes, mais aussi et surtout ses ouvriers, se range, discipliné, derrière l'empereur et l'état-major.

On ne pouvait prendre le risque de voir Rosa Luxemburg reprendre de l'influence au sein du Parti. Il fallait, à travers elle, faire un exemple, effrayer ceux qui seraient tentés de la suivre.

Il n'était que temps puisque les foules l'applaudissaient et qu'elle n'était pas prête à se taire.

Dans le dossier du procureur, il y avait un article de la *Frankfurter Warte*, écrit par le journaliste Henrici, à partir des propos qu'elle avait tenus au meeting de Bockenheim, puis quelques jours plus tard dans une autre salle, à Fechenheim.

Mais Henrici ne s'était pas contenté de sténographier et de rapporter, et Rosa le savait. Elle l'écrit à Mehring, en janvier 1914: « Il a cité nommément au procureur des témoins bourgeois de

Fechenheim et de Bockenheim qui devaient témoigner contre moi et qui ont témoigné contre moi. »

L'accusation est donc prête, l'inculpation pour incitation de militaires à la désobéissance prononcée. Elle risque une lourde peine de prison ferme.

Elle fait face, petite, ironique, un sourire de mépris aux lèvres, cependant que le procureur l'accuse de « déchaîner la haine » et d'« avoir appelé, en cas de guerre, les soldats à ne pas tirer sur l'ennemi ».

Elle a chargé ses deux avocats, Kurt Rosenfeld et Paul Levi, de limiter leur défense au plan juridique. Qu'ils contestent, par exemple, le propos de l'avocat général qui dit que la peine « doit être proportionnée à l'importance de Rosa Luxemburg, à son hostilité à l'État ». En somme, si elle n'était qu'une oratrice anonyme, elle n'aurait pas été poursuivie ? Quelle est donc cette justice « personnalisée » ?

Mais Rosa ne s'arrête pas à ce détail. Sa défense sera politique et c'est elle qui va se charger de répondre sur le fond. Ce procès, elle l'accueille en fait avec satisfaction. « Je ne saurais vous dire quelle joie cela me procure », dit-elle à Mehring.

Le tribunal peut être une caisse de résonance, le moyen pour elle d'obliger le Parti social-démocrate et sa presse à faire écho à ses propos et à ses analyses. Elle pourra ainsi apparaître, non plus comme une extrémiste isolée, mais bien comme la figure de proue du mouvement socialiste et entraîner les masses plus loin, plus haut.

Quand elle se lève pour répondre au réquisitoire de l'avocat général, c'est cela qu'elle a en tête, prononçant l'un de ses meilleurs discours, prenant date, incarnant « la » socialiste.

Elle est portée par les circonstances, elle se dépasse, exaltée par la mission qu'elle se donne.

« Notre propagande antimilitariste, dit-elle, nous ne la développons pas dans l'ombre, dans le secret, non, nous la pratiquons dans la lumière éclatante des réunions publiques. »

Elle s'enflamme. Le procureur l'a appelée « Rosa-la-Rouge », il a osé « mettre en cause mon honneur personnel en insinuant que je risquais de m'enfuir... Monsieur le procureur, je veux bien vous croire. Vous, vous fuiriez. Un social-démocrate, lui, ne fuit pas. Il répond de ses actes et se rit de vos condamnations ».

Et, tendue, le menton levé, fière, elle conclut : « Et maintenant, condamnez-moi ! »

C'est pour Rosa un moment privilégié, une sorte d'apothéose, quand la vie quotidienne et ses réalités souvent sordides s'abolissent en un instant fulgurant, quand se fondent ensemble la réussite intellectuelle — la qualité du discours —, la conviction, le sentiment d'être à la hauteur de ses responsabilités et celui de frapper juste, d'être vraiment un acteur de l'histoire. Et aussi le plaisir — la jouissance — de tenir son rôle sur une scène regardée par des centaines de milliers de spectateurs, au nom desquels elle parle, à la fois martyre et incarnation de la vérité et de la justice.

Peu importe alors que les condamnations tombent : deux fois neuf mois de prison confondus en une peine d'une année — le tribunal ne suivant pas l'avocat général qui avait demandé l'arrestation immédiate de Rosa.

Ce qui compte, c'est l'écho de la plaidoirie, de l'acte qui vient de se jouer dans ce théâtre qu'est toujours un tribunal et dans lequel Rosa a magistralement interprété le rôle de la victime-accusatrice, femme seule contre le pouvoir, socialiste, intrépide et héroïque.

Elle sait qu'elle a gagné.

Elle le voit dans les yeux de son avocat Paul Levi.

Ce fils de banquier juif, qui avait fait ses études de droit à Berlin, Grenoble, Heidelberg, s'était très vite — dès le lycée, à Stuttgart — intéressé aux idées socialistes.

Et maintenant, il est avocat au bureau de Francfort, membre du Parti social-démocrate depuis 1906.

Grand, élégant, cultivé, il s'intéresse à l'histoire antique, aux arts, et c'est cet intellectuel séduisant qui regarde Rosa Luxemburg avec admiration.

Il avait douze ans de moins qu'elle et n'avait connu jusqu'alors que des femmes belles, élégantes, attirées par son intelligence et sa distinction, son charme.

Mais Rosa avait d'autres atouts ; elle exerçait sur lui, par son prestige, son rayonnement intellectuel, la vivacité de sa parole, la force de sa personnalité, un autre type de fascination.

Dès le lendemain du procès, elle partit avec lui et Kurt Rosenfeld tenir meeting sur meeting, afin d'amplifier encore l'écho de son procès, utilisant cette liberté que le tribunal lui avait accordée, se souciant peu de cette condamnation qui pouvait à tout instant conduire à son arrestation, dès que l'appel qu'elle avait déposé serait rejeté.

Les journaux du Parti avaient publié sa plaidoirie. Elle s'était à nouveau placée ainsi au cœur du Parti, malgré la direction.

Dès le dimanche 22 février, elle parla à Francfort-Hanau, trois meetings rassemblant des milliers d'auditeurs.

Elle apparaissait entourée de ses avocats qui racontaient le procès, puis elle prenait la parole, rappelant que l'avocat général l'avait accusée d'avoir perpétré un attentat « contre le nerf vital de l'État ».

Elle disait : le nerf vital de l'État, c'est donc le militarisme. « Et nous ferons en sorte que ce nerf vital soit tranché le plus vite possible. »

Et grave, résolue, elle avertissait : « Et tôt ou tard une guerre mondiale éclatera nécessairement. »

Paul Levi l'écoutait, applaudissant avec la salle.

Puis c'était la nuit des villes endormies, les derniers camarades qui s'éloignaient. Et sans doute est-ce un soir de meeting qu'il devint l'amant de Rosa, parce que la chose allait de soi, parce qu'elle le voulait, que cela faisait partie de la vie, était la conséquence de l'attraction qu'ils exerçaient — chacun pour des raisons différentes — l'un sur l'autre.

Liaison calme, naturelle, presque banale, qui deviendra au bout de quelques mois — à la fin de l'année 1914 — amitié, solidarité, politique, retournant ainsi à son point de départ, sans que ni l'un ni l'autre ne soit blessé, Paul Levi sans doute marqué à jamais, Rosa simplement enrichie par cette intimité avec un homme qu'elle estimait pour son intelligence, ses convictions, et qu'elle trouvait beau, élégant. Et cela comptait aussi pour elle.

Tournée de meetings exaltante pour Rosa, et sa liaison avec Paul Levi, compagnon de lutte et de tribune, lui donne encore plus ce sentiment de plénitude, cette certitude d'être en phase avec l'histoire.

Pas une ville d'Allemagne où on ne l'invite à parler.

« On m'assiège de Berlin pour des réunions », dit-elle à Léo Jogichès.

Mais, en même temps que la sympathie des socialistes l'entourait, montait aussi vite l'hostilité des milieux conservateurs et pangermanistes.

Elle était l'« agitatrice Luxemburg » que la police suivait à la trace, envoyant rapport sur rapport, relevant ses propos qui scandalisaient les autorités. Le chancelier Bethmann-Hollweg lui-même était tenu au courant.

Les sections locales des partis conservateurs se mobilisaient. « Le peuple allemand, dans la mesure où il n'est pas socialiste, ne peut pas comprendre pourquoi on ne met pas fin à la conduite impertinente de cette femme », proclamait-on dans le Wurtemberg.

On appelait à son arrestation immédiate, on relevait les « agissements impudents de cette matrone ».

Au Reichstag, on la dénonce, et c'est Karl Liebknecht qui prend sa défense, souligne que la « pécheresse condamnée » a porté des « blessures graves au militarisme » et conclut, « vous avez par cette condamnation fait une martyre ».

Le 7 mars 1914, parlant à Fribourg-en-Brisgau, elle va plus loin encore, dénonçant le « dressage », les « mauvais traitements » que, conformément au « drill » en usage dans l'armée prussienne, on inflige au conscrit.

Elle évoque la tentative de suicide et la mort d'un soldat en garnison à Metz et elle dit : « C'est l'un des innombrables drames qui, jour après jour, se jouent dans les casernes allemandes. Il est rare que les gémissements des malheureuses victimes parviennent à nos oreilles. »

C'en est trop pour l'autorité militaire. Le ministre de la Guerre, le général von Falkenhayn, déclare qu'elle a « insulté tout le corps des officiers et sous-officiers de l'armée allemande ». Et elle est inculpée.

Nouvelle étape dans son combat.

Car pour elle, en ce mois de mars 1914, il faut accentuer encore sa pression sur le pouvoir, afin d'alerter les masses des périls de guerre. Le budget militaire britannique vient d'être augmenté. En Russie, le nombre de soldats sous les drapeaux passe de 460 000 à 1 700 000 hommes.

Rosa a donc le sentiment qu'elle pèse là où il faut, comme il faut. Et que les journaux socialistes, que le Parti soient contraints de la suivre, est pour elle une victoire politique majeure.

A un jeune étudiant socialiste — Walter Stocker — qui l'interroge sur son attitude, elle écrit : « Cher jeune ami, je vous assure que je ne fuirais pas, même si j'étais menacée de la potence, pour la raison fort simple que j'estime nécessaire d'habituer notre parti à ce que le sacrifice fasse partie du métier de socialiste et aille de soi. Vous avez raison : vive la lutte ! »

A-t-elle l'intuition, écrivant cela, que la « lutte » va devenir plus dure encore ? Que la prison la guette, puisqu'un deuxième procès se prépare contre elle, qu'il lui faut emmagasiner des forces et qu'avant longtemps elle ne pourra plus prendre de vacances ?

Elle part en avril 1914 pour Chailly-sur-Clarens, peut-être avec Paul Levi, pour parcourir avec lui la prairie et les vignobles des coteaux du lac de Genève, herboriser, écouter depuis sa pension

Mary les merles se livrer à un vacarme effronté, porter son « vieux chapeau de paille » sous le soleil brûlant, comme une bourgeoise en vacances, et toujours s'enquérir auprès de Gertrud Zlottko de l'humeur et de la santé de Mimi : « Elle avait de mauvais petits yeux, dit-elle, prenez garde pendant le grand nettoyage, pourvu qu'elle ne soit pas tout à coup en chaleur. »

Brève détente de quelques jours, prouvant combien elle est capable de ne pas se perdre, même au cœur de la mêlée, de rester totalement elle-même, alors que la prison la menace, qu'on parle d'elle à la chancellerie du Reich, et qu'un journal libéral écrit, évoquant sa deuxième inculpation : « La raison d'État n'obligeait nullement chancelier et ministre à installer Madame Rosa Luxemburg au centre de la scène, telle une nouvelle Pucelle d'Orléans. » Mais Rosa se promène en Suisse et expédie à Gertrud Zlottko une boîte remplie de ses trouvailles botaniques !

Bel équilibre, belle maîtrise de soi !

Quand elle rentre en Allemagne, elle est, elle le redit, toute joyeuse de ce second procès qui s'annonce. « Voilà donc, s'exclame-t-elle, un procès dans lequel ce ne sont ni un lapsus linguae, ni une bêtise, ni une maladresse de l'orateur qui sont en cause, mais des vérités élémentaires, des composantes nécessaires de notre culture politique. »

Et ses avocats lui rapportent combien l'appel à témoins qu'ils ont lancé rencontre d'échos : de toutes les villes du Reich, on écrit pour raconter les sévices subis durant le service militaire. Et la justice berlinoise devant qui le procès doit s'ouvrir le 29 juin est débordée : il y a bientôt 1 013 témoins prêts à venir déposer, soldats qui avaient eu à souffrir de leurs officiers.

Rosa exulte, envoie un mot à Jogichès : « Je vous téléphonerai demain le verdict. »

L'embarras est tel du côté du pouvoir qu'on songe à demander le transfert du procès devant un tribunal militaire, puis le juge accorde l'ajournement.

Victoire pour Rosa. La presse s'est déchaînée : les journaux socialistes pour la soutenir, la presse conservatrice pour dénoncer le travail de sape de Rosa Luxemburg et les pangermanistes pour se lamenter des maladresses du pouvoir : « Il semble qu'aucune faute, aucune folie ne doive nous être épargnée... », écrivaient-ils.

Rosa peut donc croire qu'enfin son action portait, que son analyse pénétrait « les masses », que le courant de l'opposition au militarisme s'amplifiait.

Les journaux satiriques montraient ainsi Rosa, véritable procureur, mettant en accusation un officier cependant que s'alignent sur les bancs des témoins des squelettes revêtus d'uniformes. Des foules l'avaient applaudie. Des socialistes — Levi, Rosenfeld, Mehring, Liebknecht, Marchlewski — s'étaient regroupés autour d'elle.

Tout cela renforçait l'optimisme de Rosa.

Ne venait-elle pas de faire reculer le pouvoir militaire ? « Nous considérons comme notre devoir, écrivait-elle, d'utiliser de notre mieux les semaines futures pour hâter la prochaine étape du développement historique qui nous conduira à la victoire. »

Son procès s'était ouvert à Berlin le 29 juin 1914.

La veille, 28 juin, on avait assassiné à Sarajevo l'archiduc d'Autriche François-Ferdinand.

Mesure-t-elle, Rosa, les conséquences de ce qui vient de se produire et qui n'est d'abord perçu que comme un assassinat de plus, dans une région tourmentée, déchirée par les haines nationalistes ?

C'est juillet 1914, la capitale allemande est écrasée par la chaleur.

Le quartier de Südende prend des allures de campagne. Les fenêtres de l'appartement de Rosa sont ouvertes, elle écoute les oiseaux, elle caresse Mimi qui, au coucher du soleil, saute pour s'emparer des rayons de lumière que le cristal d'un lustre diffracte sur les cloisons et le plafond.

Rosa est confiante, heureuse même. L'accueil qu'on lui réserve partout — et d'abord à Berlin — lui fait oublier les vrais rapports de force de la société allemande et du Parti social-démocrate lui-même.

Elle ne comprend pas que les auditeurs qui l'applaudissent saluent d'abord son courage et qu'ils communient avec elle, moins sur les idées et les perspectives qu'elle trace, les actions qu'elle propose — la grève contre le militarisme — que sur « leur » victoire commune sur le pouvoir, la dignité qu'elle leur apporte ainsi.

Mais, le meeting fini, ils sont repris par tous les réseaux de leur vie quotidienne : entreprise, syndicats, institutions, respect de l'ordre établi.

En acclamant Rosa, ils se sont fait reconnaître comme un groupe social qui a droit au respect, mais sont-ils prêts à rompre avec l'État et ses règles et, en cas de mobilisation, à refuser d'obéir ?

Rosa est trop engagée dans l'action, trop entière, trop volontariste aussi, pour faire cette analyse pessimiste de la quotidienneté, de ces mille liens qui emprisonnent les « masses », ce véritable Gulliver entravé.

Elle ne peut pas, elle ne veut pas penser cela.

Elle ne mesure pas l'effet de la propagande qui présente déjà les Russes comme des barbares qui veulent envahir l'Allemagne et détruire ainsi les libertés et les conquêtes sociales allemandes. Le Reich, avec ses syndicats, son Parti social-démocrate, n'est-il pas un état « progressiste » par rapport au tsarisme, et ne faudrait-il pas défendre ce Reich contre les cosaques ?

Qui voit les mensonges et les trucages de cette propagande ?

Rosa n'est pas assez plongée dans la réalité quotidienne du peuple allemand pour savoir que ces arguments portent. Comme porte en France la thèse selon laquelle il faut défendre la République contre l'Empire germanique, État régressif. Et c'est ainsi que les peuples, en ce mois de juillet 1914, sont pris dans l'engrenage nationaliste qui les pousse les uns contre les autres.

Il fallait que Rosa s'aveugle encore quelques jours sur ces réalités.

Elle *croyait* aux « masses », aux résolutions jadis votées par l'Internationale socialiste et qui appelaient les peuples à se dresser contre la guerre.

Elle pensait que le mouvement de solidarité et d'approbation qu'elle avait perçu dans ces six premiers mois de 1914, et jusqu'à ce 3 juillet, n'était que le premier frémissement d'une vague révolutionnaire.

Elle était, toute lucide qu'elle fût, prise dans la mâchoire d'une contradiction : d'une part, elle avait prévu à plusieurs reprises la guerre comme une « nécessité » du système impérialiste et, d'autre part, elle avait *foi* dans l'action du prolétariat pour empêcher cette *nécessité* de produire ses effets.

En ces jours de juillet 1914, alors qu'elle prend le train pour Bruxelles où doit se réunir le Bureau socialiste international, elle fait taire son intelligence pour faire parler sa croyance. Il faut qu'elle croie, sinon ce serait la guerre, sinon ce serait la fin de ses illusions, de ce à quoi elle a voué sa vie.

Ils sont assis autour d'une grande table à Bruxelles, Jaurès, Victor Adler, Rosa Luxemburg, Hugo Haase, le président du Parti allemand, d'autres encore, représentant tous les partis socialistes européens. Le Belge Camille Huysmans, secrétaire du Bureau, prend des notes.

Les nouvelles sont mauvaises.

Le 15 juillet, le président de la République française, Raymond

Poincaré, s'est rendu en visite officielle en Russie. Les mouvements de troupes se multiplient dans les Balkans.

Des nouvelles — habilement et secrètement diffusées par le gouvernement du Reich — parviennent de Berlin sur l'imminence d'une intervention russe dans le conflit austro-serbe. L'empereur Guillaume veut ainsi se présenter devant « ses » socialistes comme un souverain soucieux de préserver la paix, mais aussi de défendre contre les « barbares » slaves les libertés et les intérêts de son peuple. Et ses ministres, le chancelier, trouvent une oreille attentive et complaisante auprès de nombreux dirigeants socialistes — David, Scheidemann, Ebert, Noske —, dans le groupe parlementaire qui se sent investi, parce que le pouvoir le consulte, d'une nouvelle dignité. Enfin le pouvoir impérial reconnaît l'importance des sociaux-démocrates, enfin un député socialiste est considéré comme un député allemand et non plus comme un paria, un « sans-patrie » !

En même temps, les journaux font monter la tension. Les foules manifestent à Vienne, à Berlin, en faveur de l'entrée en guerre, au nom du droit, de la défense de la patrie.

La peur se répand. Il ne faut pas se couper des « masses » emportées par ce courant patriotique.

A Bruxelles, Rosa prend peu à peu conscience de la situation.

Elle est tendue, épuisée. Elle écoute l'Autrichien Victor Adler qui parle de la politique de l'Autriche, du courant nationaliste. Selon lui, il n'y a plus rien à faire. Elle s'indigne, déclare que la conférence ne peut continuer dans une telle atmosphère. Accablé, Jaurès s'obstine à croire en un miracle.

On parle. Personne n'avance de mesures concrètes. Rosa pas plus que les autres. Personne ne perçoit que l'engrenage tourne de plus en plus vite.

On décide de réunir à Paris un congrès international dans deux semaines, le 9 août 1914, et le soir du 29 juillet, on tient un grand meeting au Cirque royal de Bruxelles. Discours vibrant de Jaurès, lumière jaune des lampes à gaz, acclamations.

Rosa est là, enthousiaste, attentive.

Elle a appris que le 25 juillet, le Comité exécutif du Parti a publié un communiqué très ferme : « Le prolétariat conscient d'Allemagne, au nom de l'humanité, de la civilisation, élève une vibrante protestation contre les fauteurs de guerre... Pas une goutte de sang d'un soldat allemand ne peut être sacrifiée à la soif de pouvoir du groupe dirigeant autrichien, aux appétits impérialistes du profit. »

Elle n'aurait pas pu dire mieux. Des manifestations pacifistes se sont d'ailleurs produites à Berlin, dans d'autres villes du Reich.

Alors, pourquoi désespérer ?

Et tout à coup, en quelques heures, alors que Rosa s'apprête à rentrer à Berlin, le mirage se dissipe. Ultimatum de l'Autriche à la Serbie, le 29 juillet la Russie mobilise, le 31 l'Allemagne lance à son tour un ultimatum à la Russie et à la France.

Rosa est assise dans un élégant restaurant de Bruxelles, près d'un bouquet de glaïeuls posé sur la table et dont la vue semble absorber toute son attention. Elle, si vive, si présente, se tait, ne participe pas à la conversation politique.

Camille Huysmans, « ce grand jeune homme aux boucles brunes et au visage typiquement flamand », l'observe, l'interroge. Elle va rentrer à Berlin, n'est-ce pas ?

Rosa paraît désemparée. « C'est alors, racontera-t-elle, qu'apparut mon désarroi pour les choses terrestres, mon besoin éternel d'un tuteur pour m'acheter mon billet et me mettre dans le train, rassembler mes paquets perdus, bref, toute ma faiblesse ridicule. »

Rosa s'était toujours mal entendue avec Huysmans, « une haine de dix ans », dit-elle. Mais il la voit, explique-t-elle, dans un moment de faiblesse, « et cette haine de dix ans se transforme en un instant en amitié fervente ».

Il entraîna Rosa chez lui, « m'apporta un petit chat et me chanta du Mozart et du Schubert. Il chanta particulièrement bien *Les limites de l'humanité* de Schubert, il chanta le vers final — « Et avec nous jouent les nuages et les vents » — plusieurs fois. Il accompagne Rosa jusqu'au train, saute au dernier instant sur le quai, alors que le train roule déjà, crie encore : « Au revoir, à Paris ! » — au congrès de l'Internationale du 9 août 1914.

Mais c'était le 31 juillet.

Jaurès dont la voix venait de faire vibrer la foule bruxelloise allait être assassiné dans les heures qui suivaient, cependant que le train emportait Rosa vers Berlin.

Un monde, celui où le secrétaire de l'Internationale socialiste chante du Schubert en s'accompagnant au piano, s'effondre.

Et Rosa appartient à ce monde-là.

L'avenir est à Ebert et à Scheidemann, à Noske, à Lénine dont Rosa disait, quelques jours auparavant : « La goujaterie de la *Pravda* — le journal des bolcheviks — me donne la nausée. »

Elle est à Berlin.

Elle perçoit la peur qui étreint les dirigeants du Parti. Peur de l'état de siège qui renverserait tout ce qu'ils ont construit : le

Parti, les syndicats, leur carrière, et ferait d'eux des hors-la-loi, mis en état d'arrestation.

Le 30 juillet, Ebert et Otto Bauer se sont rendus à Zurich pour y déposer les fonds du Parti.

Rosa va de l'un à l'autre. C'est le désarroi mêlé à cette peur, à un sentiment d'impuissance. Que peut le Parti alors que le gouvernement, l'armée mènent la danse, prennent minute après minute les décisions ?

En même temps Rosa devine chez les députés et chez les dirigeants l'orgueil d'être consultés par les ministres, traités enfin d'égal à égal par ceux qui hier les méprisaient.

N'était-ce pas le moment, puisque la guerre était là, inéluctable, de faire reconnaître la place qu'occupaient dans l'État la classe ouvrière, son Parti social-démocrate et ses syndicats ?

N'était-ce pas le terme d'une évolution qui « intègre » les ouvriers dans les nations ?

Les ministres promettaient qu'au lendemain de la guerre, il serait tenu compte de la place du prolétariat dans le Reich, de ses droits.

Il fallait donc se montrer à l'unisson de la nation. Et voter les crédits militaires.

Que peut Rosa ?

Le 1er août, le Reich a déclaré la guerre à la Russie ; le 2, il envahira le Luxembourg ; le 3, il déclarera la guerre à la France.

Et la guerre, c'est la mise sous tutelle de la démocratie : dès le 1er août, les manifestations et les réunions publiques sont interdites.

Rosa voit ses amis — Mehring, Liebknecht, Paul Levi. Le 2, elle songe à faire connaître son opinion — mais comment ? Elle espère qu'une vingtaine de députés la suivront.

Elle sait que le Comité directeur est divisé. Mais les partisans du vote des crédits militaires annoncent qu'ils ne respecteront pas la discipline du Parti.

« Il faut craindre le pire », dit Rosa, partagée entre le désespoir et l'indignation.

Elle n'a aucune confiance dans les députés. « Demain, dit-elle, le groupe parlementaire nous trahira. Il se contentera de s'abstenir. »

C'est encore trop d'optimisme.

Elle ne peut croire à un retournement complet de ces hommes qui, le 25 juillet, il y a moins d'une semaine, refusaient de voir verser « une goutte de sang d'un soldat allemand ».

Mais la peur, les séductions, le sentiment d'impuissance, les manifestations patriotiques, les ambitions, tout se mêle pour renverser les opinions.

« Avec plusieurs autres camarades, dira Karl Liebknecht, j'ai, avant le 4 août, fait tout ce qui est humainement possible pour amener le groupe parlementaire à refuser les crédits militaires.

« Les 3 et 4 août, tout allait cul par-dessus tête. Nous n'avions que quelques heures, parfois quelques minutes et, à notre grand effroi, nous fûmes soudain en présence d'un éclatement total de l'aile gauche. »

Certains, en effet, tel Konrad Haenisch — et, en France, un Gustave Hervé — passent du radicalisme au patriotisme guerrier. Mais la plupart, désemparés, suivent.

Que pouvait-on faire ? Se mettre sous la menace de la loi martiale ?

La discussion au sein du groupe parlementaire est brève, terne. Seule la droite du groupe sait ce qu'elle veut : voter les crédits militaires, défendre les libertés allemandes, celles du prolétariat allemand contre l'autocratie russe.

Qui sait qu'au même instant des socialistes français — dont le gouvernement est allié à cette autocratie russe... — déclarent qu'il faut défendre les libertés françaises contre... l'autocratie allemande !

Et le député allemand David, qui parle au nom de cette « droite », répète qu'il ne respectera pas la discipline du Parti si une autre décision que celle d'approuver les crédits militaires est prise.

On vote : 78 voix pour les crédits militaires, 14 contre, parmi lesquelles Liebknecht, Hugo Haase. Mais ces 14 décident de respecter la discipline de vote, et c'est Hugo Haase, président du Parti — et hostile au vote des crédits militaires — qui prendra la parole devant le Reichstag.

Il faut défendre la nation, dit-il, protéger un peuple civilisé contre le despotisme tsariste. Mais une fois la sécurité de l'Allemagne assurée, il faudra faire la paix... D'ailleurs, les socialistes sont attachés à l'internationalisme, au socialisme et à la paix.

Tous les députés conservateurs l'applaudissent.

Ce jour-là, 4 août, alors que les députés socialistes allemands unanimes apportent leur vote sur les crédits militaires au gouvernement du Reich, à Paris, on enterre Jaurès.

Pour Rosa, c'est l'effondrement.

Après l'exaltation joyeuse des premiers mois de 1914, les illusions sur la « victoire » possible, tout ce à quoi elle a cru —

l'Internationale, les masses, le Parti allemand — est, en quelques heures, tombé en ruine.

Ils n'étaient qu'une poignée à partager avec elle ce sentiment d'impuissance, de désespoir et de honte.

Elle les réunit chez elle, dans son appartement de Südende, dès cette soirée du 4 août, parce qu'il fallait bien cette chaleur de l'amitié en ces instants tragiques. Ils n'étaient que sept — dont Mehring, Marchlewski...

Ils étaient pris entre le sentiment de leur isolement et leur certitude que ce qui commençait était horrible, que la guerre allait tout bouleverser, comme un cataclysme naturel, comme une grande vague barbare.

Et pouvaient-ils accepter cela sans réagir ?

Rosa, tassée, était la plus déchirée, la plus abattue aussi.

Pour quoi avait-elle donc vécu ? Pour quoi, toute sa vie vouée à la lutte, pour ce résultat-là ? Les masses passives, les chefs qui se reniaient... Mais en elle-même, Rosa le reconnaissait, elle le murmurait : « La voix du Parti — quelle qu'elle ait été — n'aurait pas eu, dans un premier temps, d'effet visible. »

Elle se taisait. Quel était le sens de tout cela ?

« Le 4 août, avouera-t-elle plus tard, j'ai voulu m'enlever la vie ; mes amis m'en ont empêchée. »

Et puisqu'elle survivait, que pouvait-elle faire, sinon ce qu'elle avait toujours fait : penser, agir, croire ?

SIXIÈME PARTIE

« Tâche donc de demeurer un être humain, c'est vraiment là l'essentiel »
(4 août 1914-8 novembre 1918)

16

« Je crois qu'il est impossible de se taire devant ça »
(4 août 1914-18 février 1915)

Accepteraient-ils donc tout ? Étaient-ils à ce point aveugles et soumis, prêts à revêtir l'uniforme, à tuer et à se faire tuer, pour rien ?

Rosa, en ce début du mois d'août, en lisant les journaux, en constatant que le pays plie et accepte la guerre, que pas une protestation ne s'élève ni contre le gouvernement du Reich, ni contre le vote par les socialistes des crédits militaires, symbole de leur reniement, ne peut que se poser ces questions.

Qu'est-ce donc que ces « masses » qui subissent le plus horrible — l'arrachement des fils, des frères, des époux — et qui l'acceptent ? A-t-elle eu tort de croire en elles ?

Rosa a des accès de désespoir. Les amis sont partis au front. Bientôt, elle découvrira la barbarie des combats.

« Nous avons reçu aujourd'hui, dira-t-elle à Franz Mehring, des cartes de Hannes (Hans Diefenbach) et de Maxim (Zetkin, médecin lui aussi) : tous deux sont en France. Hannes a participé à une grande bataille qui l'a rempli d'horreur. »

Elle écrit à Hans, elle le réconforte : « Restez dispos, gai et écrivez souvent. »

Elle ne peut pas échapper à ce sort commun des femmes de l'arrière, angoissées.

« La ville, dit-elle, se vide toujours, on ne voit plus que des vieillards, des enfants, et nous, le beau sexe. »

Elle se rend à Sillenbuch, dans la propriété de Clara Zetkin, sa camarade qui tente, malgré la censure préalable, de poursuivre la publication de son hebdomadaire *Die Gleichheit* (L'Égalité), à destination des femmes. Clara est encore plus désespérée que Rosa.

Et cependant, parce que la vie est ainsi, Rosa note : « Ici le jardin est tout en fleurs et le temps est splendide. »

Elle vit donc, déchirée entre des accès de pessimisme et de désespoir et la révolte contre ce qu'elle voit, ce qu'elle lit.

« La presse du Parti s'enfonce de plus en plus dans la boue », constate-t-elle. Elle y relève des publicités pour l'emprunt de guerre, un ton chauvin, les mensonges grossiers de la propagande, par exemple sur l'utilisation des balles dum-dum par les Français.

« Notre presse, conclut-elle, se transforme de plus en plus en organe de gouvernement. »

Et c'est le refus de subir qui l'emporte chez elle, malgré ce qu'elle appelle « les malheurs du temps ».

Au-delà de toute logique peut-être, et de toute prudence, elle a une réaction d'énergie et de rébellion instinctive. « Je crois qu'il est impossible de se taire devant ça », dit-elle.

Dès le soir du 4 août, alors même qu'elle vient de penser à se suicider, elle a, avec les quelques amis qui se sont rassemblés dans son appartement, envoyé près de trois cents télégrammes à des permanents socialistes, responsables locaux qu'elle imagine proches de ses idées, afin de les inviter à protester contre le vote des crédits militaires et leur demander de rejoindre Berlin pour se consulter sur les actions à entreprendre.

Mais il n'y eut qu'une seule réponse, celle de Clara Zetkin, et encore la camarade Clara faisait-elle de nombreuses objections à l'idée de se dresser contre le groupe parlementaire !

C'était donc la preuve de l'isolement, de la chape de peur et de soumission qui s'était abattue sur les militants même les plus déterminés. Ils se taisaient, ils se terraient, et beaucoup approuvaient la direction du Parti, l'empereur, la guerre.

Rosa pensa aussi, dans ces premiers jours d'août, à publier — mais où ? — un manifeste, comme on jette une bouteille à la mer. Mais ses amis le lui déconseillèrent.

Quel pouvait être le résultat ? Il fallait plutôt s'organiser, recoudre la trame, s'appuyer sur les quelques militants restés fidèles aux idées d'avant le 4 août.

Et dans cette perspective, Léo Jogichès était irremplaçable, retrouvant, dans ce climat difficile, ses réflexes et ses habiletés, son courage et son inébranlable volonté d'organisateur clandestin.

Entre Rosa et lui, la guerre renforçait ainsi, sur la base d'une confiance politique totale et réciproque, des liens profonds d'amitié indéfectible.

Il fallait, en effet, se préparer à la clandestinité, car l'état de guerre — cette suspension de fait et de droit de la démocratie — ne permettait guère l'activité légale de Rosa.

Elle était muselée, étranglée, et la direction du Parti, adossée au pouvoir du Reich — et presque confondue avec lui — s'employait à étouffer toute velléité de débat.

Dès le 5 août, il avait été décidé de reporter le congrès du Parti pour toute la durée de la guerre. Les réunions publiques étaient interdites par l'autorité militaire, et les journaux — la petite poignée qui tentait d'émettre un son différent —, quand ils n'étaient pas immédiatement censurés, étaient repris en main par la direction du Parti.

Il fallait « s'aligner ».

A quoi bon, dans ces conditions, pense Rosa, poursuivre la publication de *La Correspondance social-démocrate* qu'elle avait lancée avec Franz Mehring ? Impossible d'y écrire, sinon des notes à caractère économique, et aucune chance de voir les articles repris par les journaux. Dès la fin de l'année 1914, Rosa l'abandonnera.

Les milieux conservateurs se félicitent de cette situation, du tournant pris par le Parti social-démocrate.

Pourquoi ne pas soutenir ces socialistes qui sont d'abord des Allemands, qui pourraient — et c'est le point de vue de la droite — se transformer en « démocrates nationaux », en socialistes patriotes qui abandonneraient toute référence à la lutte des classes, au prolétariat, à l'internationalisme ?

Il faut faire preuve de compréhension à leur égard, les soutenir, explique von Tirpitz, et Guillaume II est enchanté : « Le vernis rouge qui recouvrait la social-démocratie, dit-il, s'est écaillé et les bons Allemands sont apparus. »

Rosa ronge son frein.

Elle marche dans Berlin. Elle lit les journaux et devient enragée. Elle téléphone aux amis. Elle les rencontre. Elle cherche les moyens d'agir, passant de l'abattement — pour de brefs instants — à la détermination. Elle essaie de se calmer en lisant les auteurs classiques, ainsi Cervantès.

Elle a envie de prendre par les épaules ces gens qu'elle croise dans les rues, d'interpeller « cette bande d'inconscients, cette chair à canon », et parfois elle entre dans une librairie dont on a retiré les ouvrages d'auteurs « ennemis » et elle demande des livres en anglais, en français ou en russe. « Je pouvais lire dans les yeux de la vendeuse qu'elle m'aurait bien giflée », raconte-t-elle.

La volonté d'agir — et même de provoquer — a donc chez Rosa pris rapidement le dessus. Toute sa vie, elle s'est comportée ainsi, n'abdiquant pas dans l'adversité, habituée — entraînée — à faire face, parce qu'il le faut — au nom de ses *croyances* — mais aussi, et peut-être surtout, parce qu'elle appartient à ces personnalités dont le caractère les conduit à résister.

Dans ces périodes où tout et tous s'effondrent ou capitulent, elle est de ceux qui, parce qu'ils puisent d'abord en eux-mêmes, et non dans un groupe, l'énergie et la conviction, savent, même seuls, demeurer debout.

Ceux qui ont été façonnés et soutenus par un appareil vivent avec lui, ne peuvent et ne savent rien vouloir en dehors de lui, dépendant de ce tuteur qu'est un parti — une Église. Ils sont des *orthodoxes* et, si l'orthodoxie change, ils changent avec elle et demeurent ce qu'ils étaient, disciplinés, soumis, respectueux.

Rosa la rebelle, Rosa *l'hérétique*, Rosa qui depuis l'enfance est en rupture de « groupe », qui a toujours pensé seule, continue de le faire et *résiste*, même quand tout son parti capitule et se renie, même quand elle est isolée dans une cellule.

Chez elle *caractère et foi* se renforcent mutuellement.

Résistante et combattante, elle l'était, elle le demeure, même si, parce qu'elle n'est pas aveugle, le pessimisme et le désespoir parfois la plient.

Mais elle ne rompt pas.

Et parce qu'elle est une intellectuelle, il lui faut donner à ses réactions un fondement théorique.

Elle n'est pas qu'instinctive — même si, sans doute, cela est à l'origine de son comportement — elle n'est pas que *croyante* en l'avenir, elle doit, elle veut penser la situation.

Or, quand elle regarde hors d'Allemagne, elle ne voit que le même champ de ruines des illusions. A l'exception de la social-démocratie russe (des bolcheviks aux mencheviks, de Lénine à Trotski) et des socialistes serbes, les partis de l'Internationale socialiste ont agi comme la social-démocratie allemande. Ils ont accepté ou approuvé la guerre. Le 27 août 1914, Jules Guesde, en qui Rosa avait placé toute sa confiance, qu'elle préférait à Jaurès, qu'elle avait accueilli à Berlin, est entré au gouvernement d'Union sacrée. Gustave Hervé, l'extrémiste qui, dans les congrès de l'Internationale, condamnait les Allemands trop respectueux, s'est converti en quelques heures au chauvinisme le plus outrancier. Que sont les amis devenus ?

Certains admettent — et théorisent — cette attitude.

Quand Rosa lit sous la plume de Karl Kautsky, dans *Neue Zeit* (du 27 novembre 1914) : « La guerre mondiale divise les socialistes en camps différents et essentiellement en différents camps nationaux. L'Internationale est incapable d'empêcher ce phénomène, c'est-à-dire qu'elle n'est pas un instrument efficace pendant la guerre : l'Internationale est, pour l'essentiel, un instrument de temps de paix », elle s'indigne, ricane.

Quel serait donc le sens d'une Internationale qui n'aurait pour « mission historique que la lutte pour la paix, la lutte de classes pendant la paix » !

C'est donc à cette « pensée sénile » que Kautsky et la direction du Parti ont abouti !

Rosa, comme intellectuelle, se sent provoquée, insultée presque, par cette mise en phrases d'une impuissance.

Il lui faut penser autrement.

Et cela signifie d'abord travailler, écrire, rencontrer des camarades, organiser des réunions « privées » ou à demi clandestines puisque les meetings sont interdits.

« Je tiens cinq réunions en une semaine, dit-elle, je travaille à notre future organisation. »

Elle n'a même pas le temps de rédiger des lettres à Hans Diefenbach et elle s'en excuse auprès de lui.

« C'est comme un poids sur ma conscience, écrit-elle. Mais mes instants de repos et de solitude sont si rares quoique tout mon univers soit par terre. »

Elle l'admet. Mais elle se bat, donc elle vit. « Maintenant les choses vont aller mieux », affirme-t-elle. Elle veut terminer son *Économie politique*, qu'elle avait délaissée pour se consacrer à *L'accumulation du capital*, elle veut « bien entendu écrire une étude sur la guerre, ce qui, vous le pensez bien, deviendra bientôt une nécessité urgente ».

Elle a repris pied. Et parce qu'elle est une femme qui sait que le travail intellectuel suppose d'abord obstination et ordre, elle définit le cadre. « J'ai résolu une fois encore de commencer "une nouvelle vie", de me coucher de bonne heure, dit-elle à Diefenbach, de flanquer toutes les visites à la porte et de travailler, mais ferme ! »

Elle se retrouve, elle prend de la distance, elle « se pense pour penser la situation ».

« Mon état d'âme, désespéré au début, s'est déjà amélioré », constate-t-elle avec ce goût de l'introspection et la lucidité qui ne la quittent jamais. « Non pas que je voie les choses plus en rose ou que j'aie sujet de me réjouir, bien au contraire. Mais la brutalité du premier choc qu'on a subi s'émousse, lorsque les chocs deviennent quotidiens. »

Elle est donc calme, prenant la mesure de l'ampleur du tournant de l'histoire mondiale qui vient de se produire. Finies les lamentations, il faut faire le diagnostic. Et parce qu'elle retrouve le « plaisir » de penser, elle atteint à une forme de tranquillité résolue.

« Il est bien évident, dit-elle à Hans Diefenbach, que le Parti et l'Internationale sont foutus, complètement foutus, mais c'est précisément l'ampleur grandissante du désastre qui en fait un drame historique mondial, qui ne peut plus être confronté qu'à un jugement historique objectif et rend déplacés les gestes personnels de mauvaise humeur : inutile de s'arracher les cheveux. »

En pensant le moment qu'elle vit, elle s'en abstrait. Elle regarde et se regarde comme si elle était un témoin qui doit d'abord juger et juger objectivement.

On mesure le recours contre le désespoir que représente, pour Rosa, l'intelligence.

Certes, cela n'efface pas les sentiments.

« Bien entendu, confie-t-elle, cela n'empêche nullement d'éprouver à tout instant une souffrance insupportable chaque fois que l'on est témoin des mesquineries et des infamies des "amis" d'autrefois et de la dégradation inouïe de la presse. »

Mais il y a la compréhension de ce qui se passe. Il reste les ressources personnelles, « un bon livre, une promenade dans la campagne de Südende par un beau temps d'automne ».

C'est beaucoup, même si la musique manque, si les amis sont rares. Et Gertrud Zlottko qui est partie !

Mais Rosa rassure Hans Diefenbach : « Soyez tranquille à mon sujet, Hannesle, j'arriverai bien à me débrouiller. »

Et comme Diefenbach a essayé « avec un zèle touchant de remplacer le mari absent » en proposant un soutien financier, elle sourit. Que ce « conquistador enrichi » offre ces cent marks à « un jeune garçon qui, très doué et sans argent, voudrait faire des études ».

Peut-être s'agit-il de Kostia Zetkin.

Rosa est bien à nouveau totalement elle-même.

Et donc elle a commencé à agir. Elle réunit ses amis chez elle,

elle rend visite à Clara Zetkin, et là aussi, dans la maison de Sillenbuch, elle retrouve d'autres camarades dont Paul Levi, fidèle.

Une obsession l'habite : comment se faire entendre, comment briser au plus vite ce cercle de silence dans lequel on les enferme, elle et ceux qui pensent comme elle. Et elle se persuade que, si sa voix portait, les « masses » — revoici l'*espoir* et la *croyance* — échapperaient à cette léthargie qui les transforme en animaux pour l'abattoir.

Elle le reconnaît : « Notre position à l'intérieur du Parti est fort fâcheuse. Il nous faut constamment concentrer toutes nos forces et faire preuve d'un grand courage pour traverser ce marais à gué. »

Tout se débande. Les camarades lâchent pied.

Elle le répète à Camille Huysmans : « Notre situation ici est fort difficile... Les arrivistes cherchent à profiter de l'état de siège pour chercher à nous terroriser et à démoraliser les masses. » Et avec ceux-là, des anciens « amis », parfois et toujours des camarades, rien n'est plus possible.

Rosa le sait, le dit. Entre elle et ceux qui ont choisi d'être « dans le camp de la bourgeoisie et constituent tout au plus un parti prolétarien réformiste fortement teinté de nationalisme, dévoué à l'armée », c'est la lutte.

Et un affrontement sans pitié. « La méfiance et la haine réciproques » sont là, déjà. Car lorsque la guerre s'achèvera, il faudra faire les comptes. Et dénoncer ceux qui se sont mis au service du militarisme et sont allés faire le tour des pays d'Europe (tels Philippe Scheidemann ou Sudekum, l'un en Hollande, l'autre à Rome) pour exposer la position de Berlin.

Entre ces commis-voyageurs de l'impérialisme pangermaniste et Rosa, que peut-il désormais y avoir de commun ?

Le diagnostic de Rosa est donc sans fard.

Mais il reste l'*espoir*, la *foi* : « Je suis persuadée, dit-elle, que les masses ouvrières seront de notre côté quand il y aura la possibilité de leur présenter la question... L'état d'esprit change de plus en plus »... Et puisque la guerre va être longue, on le pressent, Rosa se demande : « Comment les nerfs des officiers et des soldats tiendront-ils ? »

Cette conviction, cette foi indéracinable dans les masses qui, à la fin, comprendront, secoueront le joug et se sépareront de leurs mauvais bergers, c'est le cœur de la croyance de Rosa, et peut-être de tous les révolutionnaires de cette période. Ils attendent le moment du réveil de la classe ouvrière comme d'autres, religieux, espèrent le Messie ou le Jugement dernier, quand chacun comparaîtra devant Dieu qui, pour Rosa, est le tribunal — et le sens — de l'Histoire.

Mais d'ici là, il faut être fidèle à sa foi et agir.

Rosa est partout. Elle télégraphie, écrit aux uns et aux autres pour qu'ils signent une *Déclaration* aux journaux socialistes étrangers (dès le 13 septembre 1914) afin de faire savoir, puisque les envoyés de la direction du Parti font le tour de l'Europe neutre pour présenter la position de Berlin, qu'il y a des socialistes qui ont un point de vue différent.

« L'état de siège, conclut la *Déclaration*, nous met provisoirement dans l'impossibilité de défendre publiquement notre conception. » Et c'est signé Karl Liebknecht, Dr Franz Mehring, Dr Rosa Luxemburg et Clara Zetkin.

Quand le *Berner Tagwach*, dirigé par le socialiste Carl Moor, publie son texte, Rosa exulte. Et bientôt ce journal de Berne deviendra, par les informations que Rosa et d'autres camarades, ainsi Karl Radek, lui communiquent, le journal sur lequel se jettent tous les opposants, à tel point que la censure en interdira la libre circulation en Allemagne.

« A l'heure actuelle », écrit Rosa à son « cher Carl », le rédacteur en chef, « le moindre signe de vie d'un étranger qui pense comme nous est précieux... Ici nous nous sentons coupés du monde par un double mur, celui de l'état de siège et celui de l'attitude officielle du Parti. »

Cette *Déclaration* est un premier signal dans la nuit.

Rosa et ses amis ont réussi à se faire reconnaître. Quelques mois plus tard, elle récidivera, publiant en décembre 1914 un article dans le *Labour Leader* de Londres, déchaînant ainsi la colère de la direction du Parti et attirant une fois de plus l'attention du pouvoir sur elle.

Elle était violente, affirmant son dégoût devant ce flot de sang qui imbibait la plaine européenne.

« Cet effroyable massacre réciproque de millions de prolétaires auquel nous assistons actuellement avec horreur, ces orgies de l'impérialisme assassin qui ont lieu sous les panonceaux hypocrites de "patrie", "civilisation", "liberté", "droit des peuples" et dévastent villes et campagnes, souillent la civilisation, foulent aux pieds la liberté et le droit des peuples, constituent une trahison éclatante du socialisme. »

La cruauté des temps rendait ainsi sa plume plus acérée. Et elle savait aussi qu'elle ne pourrait pas disposer longtemps encore de sa liberté.

Elle était condamnée à un an de prison, et l'appel qu'elle avait interjeté avait été repoussé le 20 octobre 1914. Elle pouvait être arrêtée à tout instant.

Elle le craignait.

« Il y a six mois, je m'en faisais une fête, confie-t-elle à Hans Diefenbach, maintenant cet honneur tombe sur moi comme la Croix de Fer sur votre poitrine. » Elle tentait, en invoquant des raisons de santé, de reculer la date d'incarcération. Et elle n'avait même pas à mentir.

Pour elle — comme pour beaucoup d'autres socialistes — la guerre avait été un tel choc psychologique, une telle rupture de leurs illusions, qu'ils étaient nerveusement brisés.

En décembre 1914, Rosa doit entrer à l'hôpital, tant elle est soumise à des accès de dépression et des périodes d'abattement suivies d'exaltation.

Mais, de l'hôpital — celui d'Auguste-Victoria, dans le quartier berlinois de Schöneberg — elle continue d'agir.

Elle a obtenu un délai de grâce — jusqu'au 31 mars 1915 — avant son incarcération. Il faut qu'elle prévoie comment organiser la circulation d'une petite presse clandestine qui commence à paraître — ainsi *La Correspondance des syndicats* — elle veut mettre sur pied tout un réseau qui se transmettra les publications. Et avec l'aide de Léo Jogichès, elle pense à faire paraître une revue, *L'Internationale*, légale, mais clandestine si nécessaire.

Dans cette période où la peur règne, Rosa-la-suspecte, Rosa qui va être emprisonnée, a su pourtant susciter des dévouements.

Non seulement ses amis proches — Hans Diefenbach, Paul Levi, Kostia Zetkin, Luise Kautsky, Clara Zetkin, Franz Mehring — lui restent fidèles, et bien sûr Léo Jogichès se révèle toujours actif dans l'ombre, mais deux femmes se mettent à son service.

L'une, Marta Rosenbaum — elle a quarante-quatre ans — est riche, mariée à un musicien, et c'est par son cousin, l'avocat Kurt Rosenfeld, qu'elle a connu Rosa. Militante convaincue, elle offre sa maison aux clandestins, finance le lancement de la revue *L'Internationale* et sera toute dévouée à Rosa, la soutenant, lui écrivant, la déchargeant des menues tâches quotidiennes.

L'autre, Mathilde Jacob, de deux ans plus jeune que Rosa, avait installé à Berlin un bureau de reprographie. Elle a édité *La Correspondance social-démocrate* et, à cette occasion, a rencontré Rosa. « La première fois que Rosa Luxemburg vint me dicter un article, racontera-t-elle, elle me fit une profonde impression. Je regardais ses grands yeux brillants qui semblaient tout comprendre et mon cœur se mit à battre plus vite. »

Mathilde Jacob, bien que ses convictions politiques fussent

superficielles, a donc été fascinée par Rosa et lui a immédiatement donné son amitié, se dévouant entièrement à elle. Ces amitiés qui naissent ainsi dans la tourmente, alors que ces femmes ont plus de quarante ans et qu'à cet âge on est souvent avare de ses élans, montrent bien le rayonnement de la personnalité de Rosa.

Dès lors qu'on acceptait son « imperium », qu'on reconnaissait sa supériorité intellectuelle et les exigences qui en découlaient, on recevait d'elle une amitié attentive et on ne pouvait que se dévouer à elle, si attachante, émouvante et exemplaire aussi.

C'est désormais Mathilde Jacob qui s'occupe de Mimi, qui reçoit — alors que Rosa est à l'hôpital — les conseils de mère attentive que Rosa prodigue pour sa chatte : « Mimi est un petit mimosa sous sa peau de chatte, écrit Rosa, une petite princesse hypernerveuse... Laissons donc la petite Mimi dans l'appartement. »

Comment ne pas rester lié à cette femme qui sait parler des fleurs, « les tendres anémones, mes fleurs préférées », qui déborde d'affection pour une chatte et, en même temps, attend qu'on vienne l'arrêter et se montre la plus résolue des militantes politiques, toujours présente alors que tant d'autres se dérobent, chancellent, ou ne sont pas à la hauteur de leur tâche.

« Malheureusement, je trouve peu de gens destinés à m'aider, confiera Rosa. On ne peut jamais joindre Karl Liebknecht car il court de tous côtés comme un nuage dans le ciel. Franz Mehring montre peu de compréhension pour une action autre que littéraire et la réaction de Clara Zetkin est hystérique et absolument désespérée. Mais en dépit de tout cela, j'ai l'intention de voir ce que l'on peut faire. »

A la direction du Parti, à la chancellerie du Reich, à l'état-major et dans les milieux judiciaires et policiers, on le sait. Rosa apparaît comme l'âme de l'opposition.

Peut-être n'est-elle pas celle qui la symbolise. Car Karl Liebknecht, député, en est devenu le porte-drapeau.

Dès septembre 1914, il s'est rendu en Belgique, a rencontré Camille Huysmans, visité les régions bombardées par l'armée allemande. Les destructions étaient considérables et, raconte Huysmans, « au moment de partir, Liebknecht me serra la main et dit : maintenant je sais ce qui s'est passé et ferai mon devoir ».

Cet homme aux joues creusées, aux yeux brillants de passion, se sent une responsabilité particulière puisque le nom qu'il porte est celui du fondateur de la social-démocratie allemande, son père.

Karl Liebknecht va ainsi, à partir de ce voyage en Belgique, se dépenser sans compter et prendre tous les risques.

Le 2 décembre 1914, seul de tout le groupe parlementaire, il va voter contre les crédits militaires.

Il faut du courage pour s'opposer ainsi à toute une assemblée. Et il a longtemps hésité, n'obtenant en fait que le soutien de Rosa avec qui, désormais, le lie une solidarité politique, même si, comme toujours, Rosa conserve sa liberté de décision et de jugement.

Mais elle l'approuve, l'aide, lui conseille parfois la prudence.

Car Karl Liebknecht brûle d'agir, malgré les obstacles. Certains socialistes demandent son exclusion du Parti. Son intervention au Reichstag, le 2 décembre 1914, n'est pas inscrite dans le sténogramme des débats du Parlement! Il la diffuse donc sous forme de tract et ce sont des camarades proches de Rosa, dans le quartier berlinois de Niederbarnim, qui la reproduisent.

Rosa intervient à ses côtés dans un meeting, interdit en fait, à Charlottenburg, où on lit une lettre de soldat décrivant la vie au front.

Et le socialiste-patriote David, fort des informations qu'on lui transmet, peut écrire: « C'est Rosa Luxemburg qui, avec son discours, chef-d'œuvre de démagogie, subtile et grossière, recueille les applaudissements les plus impétueux. » Et quand David tient une réunion, il constate dans la foule des 1 500 auditeurs « une opposition organisée et fanatisée de jeunes gens, disciples de Luxemburg, qui interrompt sans cesse les orateurs et tente de dominer l'assemblée ».

Ces réunions commencent à inquiéter la direction du Parti et le gouvernement.

Karl Liebknecht est convoqué au début du mois de février 1915 par l'autorité militaire. « A partir d'aujourd'hui, lui dit-on — raconte Rosa — vous devez vous considérer comme un soldat, vous n'avez pas le droit de quitter Berlin, de porter l'uniforme et vous devez cesser tout travail politique. » Tel était donc l'objectif. Il fallait museler Karl Liebknecht et Rosa ajoute: « On mène une violente campagne contre ceux qui veulent mettre des bâtons dans les roues, c'est-à-dire contre nous tous qui voulons rester sur l'ancienne base du Parti en défendant ses glorieuses traditions. Mais je fais confiance aux masses et la lutte ne m'effraie pas. *Ça ira! Ça ira!* »

On craint donc Liebknecht et surtout Rosa.

« Je présume, écrit Kautsky en décembre 1914, que Rosa est très occupée à faire tout ce qu'elle peut pour diviser le Parti. Elle aussi préfère être la première dans son village que la seconde à Rome. Si elle ne peut diriger le grand parti, elle préfère en avoir un petit qui ne jurera que par elle. »

En fait, il ne s'agit pas pour Rosa de vanité ou de désir de pouvoir, même si Kautsky ne peut l'imaginer que mue par l'ambition, petits mobiles qui le rassurent.

Son propos, alors qu'il a été l'ami proche de Rosa, donne la mesure du fossé d'incompréhension et même de haine que chaque jour qui passe creuse entre ceux qui furent des camarades. Que peut penser Rosa d'un Philipp Scheidemann qui, dans un message adressé aux soldats, le 1er janvier 1915, déclare : « Tenez bon ! C'est de vous que dépend l'avenir de notre pays et celui de la classe ouvrière. »

Pour elle, il s'agit là de la pire des trahisons.

Et maintenant que plus personne ne croit à une guerre courte, que les soldats se sont enterrés dans les tranchées, que la bataille de la Marne a été perdue, le spectacle est celui de l'horreur : « Souillée, déshonorée, pataugeant dans le sang, suintant la sanie, voilà comment se présente la société bourgeoise, écrit Rosa. La chair à canon, embarquée en août et septembre, toute gorgée de patriotisme, ajoute-t-elle, pourrit maintenant en Belgique, dans les Vosges, en Mazurie, dans les cimetières où l'on voit les bénéfices de guerre pousser dru. »

Que reste-t-il de commun entre elle et un Scheidemann ?

Ils ne peuvent que se haïr : l'une est la mauvaise conscience, le juge qui tend le doigt vengeur, l'autre le coupable de cette tuerie.

Ces « camarades »-là vont chercher à se détruire : car la victoire de l'un signifie la fin politique de l'autre. Et en période de guerre, une mort politique s'obtient souvent en tuant l'adversaire.

Or c'est Scheidemann qui est du côté de ceux — le gouvernement, la police, l'armée — qui ont les moyens d'interdire la parole, de priver de la liberté ceux qui les gênent. Et de juger. Et de tuer.

Rosa ne dispose pas des moyens de la répression.

Et ceux qui peuvent l'arrêter non seulement la craignent, mais redoutent que la lassitude du pays qui monte déjà en ce début de l'année 1915 ne lui fournisse un terrain propice.

Car non seulement les cadavres s'accumulent sur les champs de bataille, mais la vie quotidienne devient chaque jour plus difficile. Le 1er février 1915, le pain est rationné à 225 grammes par jour.

Et si la voix de Rosa, celle de Liebknecht allaient être entendues ? La « gauche » du Parti, dit David avec angoisse, « dispose maintenant d'un réseau qui couvre l'Allemagne tout entière ».

Cet inspirateur, ce porte-parole des sociaux-patriotes exagère, mais cela souligne l'inquiétude que suscite Rosa, cette femme seule qui sort de l'hôpital, qui se soucie de sa chatte Mimi et qui aime tant les anémones.

Quand Rosa prend la parole à Charlottenburg, à l'assemblée du Parti, le 10 février 1915, l'occasion est donnée à la police de devancer la date d'incarcération.

Dès le 13 février, ordre est donné de Francfort de l'interpeller.

Le 18 février 1915, deux inspecteurs de police se saisissent d'elle à Südende. Pas de ménagements malgré les protestations de son avocat, Kurt Rosenfeld. On ne la traite pas en politique, on la mêle pour le transport en fourgon cellulaire avec « neuf collègues de droit commun ».

Mais elle a l'habitude, dit-elle, avec un sourire un peu forcé. « J'avais déjà fait exactement le même voyage à Varsovie. La ressemblance était si frappante qu'il me vint à l'esprit toutes sortes de pensées gaies. »

Faut-il la croire ?

Elle ne veut pas s'abandonner au désespoir.

Sa dignité de femme est certes blessée quand on la palpe deux fois en un jour.

« Je n'ai réussi qu'à grand-peine à retenir mes larmes », avoue-t-elle à Mathilde Jacob. Mais, ajoute-t-elle, « j'étais intérieurement furieuse après moi de pareilles faiblesses et je le suis toujours ».

Elle se redresse. Elle s'oblige à sourire. C'est son orgueil.

« N'oubliez jamais que, quoi qu'il arrive, martèle-t-elle, il faut prendre la vie avec tranquillité et bonne humeur. Et ici aussi j'en suis pourvue à suffisance. »

Elle écrit cela le 23 février 1915.

Elle a devant elle un an à passer en prison.

17

« *A vrai dire, je n'ai plus peur de rien* »
(18 février 1915-18 février 1916)

Prison de femmes à Barnimstrasse : l'univers de Rosa.

Dehors, la vie, les amis, le travail à accomplir, le conflit qui poursuit sa course folle. Le 4 février 1915, l'Allemagne a déclaré la guerre sous-marine à outrance.

Dehors, les fleurs, Mimi qui se pelotonne dans l'appartement de Südende et cherche, en chatte frileuse, la chaleur d'un rayon de soleil.

Ici, à Barnimstrasse, les bruits de la prison, serrures qui claquent, bruit du pas des gardiennes dans les couloirs et surtout rumeur des pensées dans la tête de Rosa, la nostalgie de toute cette vie dont elle est privée. Nécessité pour elle de ne pas se laisser aller.

Vite organiser son existence entre ces murs. Vite établir son ordre contre l'ordre imposé de la prison.

Et l'humour comme bouclier, la dérision pour se protéger du désespoir.

« Ce que le premier soir j'ai trouvé terrible, dit Rosa, ce n'était ni la cellule de la prison ni ma brusque séparation d'avec les vivants, mais devinez un peu ! — d'être obligée de me coucher sans ma chemise de nuit et sans m'être peignée. »

Bien sûr, Rosa, par cette pirouette, pose. Parce qu'elle a besoin de cette attitude pour tenir, alors même que les mots lui échappent, elle dit bien qu'elle est séparée « d'avec les vivants », donc comme morte, si les mots ont un sens. Et pour survivre dans cette tombe, il faut s'efforcer de se moquer de soi.

Tout est tragique à Barnimstrasse. Il faut dès lors ne pas l'être pour surnager.

Elle écrit donc des lettres, non pour se laisser aller ou s'apitoyer, mais pour se mettre en scène, parler comme on le fait quand on est assis en face de son interlocuteur dans l'une des pièces de son appartement à Südende.

Avec chacun de ses correspondants (en un an de prison vingt-deux lettres à Mathilde Jacob, neuf à Clara Zetkin, trois à Marta Rosenbaum, deux à Luise Kautsky et quelques autres à Franz Mehring, Karl Liebknecht et à différents amis et camarades), elle change de ton, de « toilette » pourrait-on dire, parce qu'on ne reçoit pas de la même manière son ancienne bonne Gertrud Zlottko et le « Vieux », le distingué docteur Franz Mehring, ou bien sa « très chère Loulou » Kautsky.

Mais avec aucun des destinataires de ses lettres, elle n'abandonne son contrôle de soi.

Elle dit ce qu'elle pense, certes, mais avec une distance par rapport à son propos qui en efface la gravité. Elle récuse ainsi par avance l'apitoiement.

On ne se fait pas, on ne se laisse pas plaindre quand on est Rosa Luxemburg. C'est elle, au contraire, qui, du fond de sa cellule, prodigue les conseils, s'efforce de communiquer optimisme et énergie.

Dans une courte phrase, elle peut avouer ce qui l'étreint — l'étrangle : « Je t'écris de nouveau aujourd'hui à l'occasion d'une petite commémoration, dit-elle à Luise Kautsky : ce n'est pas un anniversaire à vrai dire, mais cela fait sept mois exactement que je suis en cage... » Cependant, l'effet de cette confidence — de ce que le mot « cage » révèle — est effacé par la dérision qui l'entoure — commémoration, anniversaire.

Et puis, une fois cela dit, que la « très chère Loulou » comprendra ou pas — Rosa en dit assez pour ceux qui l'aiment, qui ont la perception fine, et tant pis pour les autres, semble-t-elle penser —, on parle avec une joyeuse vivacité de Luise : « Ta lettre et ta petite photo, s'exclame Rosa, ont été ma plus grande joie : tu es si vive, si chaleureuse, si pétillante de vie ! Voilà ma Loulou, celle que je connais et que j'aime. Donc tu t'en es encore admirablement sortie, comme je suis contente ! »

C'est Luise qui est au centre du propos, elle qui a des problèmes — de santé, d'humeur — pas Rosa l'emprisonnée !

« A lire ta lettre, je sens que tes nerfs sont ébranlés pour un rien », écrira Rosa quelques semaines plus tard à Luise, et elle ajoutera comme pour s'en convaincre : « Je me suis si bien exercée à une égalité d'humeur inébranlable que j'avale tout sans ciller et en gardant mon air le plus serein. Ah, si je pouvais, ma pauvre chérie, te donner un peu de calme et te cuirasser ! »

Ce n'est pas Rosa qu'il faut plaindre, mais... Luise !

Il y a de l'affectation dans ces lettres que Rosa écrit de prison. Mais c'est la « tenue » qu'elle s'impose pour résister, garder sa dignité.

Elle est de celles qui pensent que les « formes », les apparences — l'élégance, la netteté du décor, les soins que l'on accorde à son corps — aident l'âme.

Les négligences dans les petits actes de la vie quotidienne, n'est pas loin d'estimer Rosa, sont des lâchetés qui semblent innocentes, mais qui favorisent en fait tous les reniements, les abandons et les capitulations.

Elle se bat donc, avec l'aide de son avocat — et Karl Liebknecht défend ses droits avec efficacité — pour obtenir le statut de prisonnière politique et une vie carcérale aux règles souples.

On le lui accorda. Les autorités pénitentiaires acceptèrent des visites nombreuses, une correspondance énorme, des promenades, l'envoi de livres, et aussi la décharge de tout travail quotidien, plus tard l'aide de détenues de droit commun pour nettoyer la cellule. La possibilité aussi de recevoir de la nourriture.

Rosa bénéficia de tout cela. Ses amis — et notamment Hans Diefenbach qui avait de la fortune — veillèrent toujours à ce qu'elle ne manquât de rien et, en ces temps de pénurie, il fallait disposer pour cela de fortes sommes et dépenser des trésors d'ingéniosité. Mathilde Jacob qui, le mardi, arrivait à la prison avec un « sac noir » rempli de victuailles, se montra — avec l'aide de Léo Jogichès — très efficace. On versa aussi — peut-être le SDP — les soixante marks exigés des prisonniers qui voulaient se livrer à des occupations personnelles.

Rosa se ne sentira donc jamais abandonnée — et agira de façon à ne pas l'être, habile à tirer de chacun de ses amis ce qu'il pouvait donner, soucieuse aussi, dans ses lettres, de leur parler d'eux, de garder intactes, malgré l'enfermement, l'autorité morale, la domination psychologique qu'elle pouvait avoir sur eux, grâce à sa force de caractère, à sa lucidité, à sa finesse d'analyse, au don qu'elle avait pour jouer de la sensibilité des autres. Mais d'abord elle disposait de l'atout majeur de son intelligence et de ses qualités morales qui faisaient qu'on lui était attaché et dévoué.

Elle est ainsi en prison depuis moins d'une semaine qu'elle peut déjà écrire à Mathilde Jacob qu'elle « possède ici tous les agréments de la vie, sous forme de chemises de nuit, peignes et savons — grâce à la bonté et à la patience angélique de Karl Liebknecht — et la vie peut donc désormais suivre son cours réglé ».

Elle se lève tôt (à 5 heures 40). Elle guette le soleil. Elle se promène dans la cour. Elle écoute les oiseaux, les observe avec ravissement. Elle lit et, avant d'avoir une détenue pour l'aider, elle « fait le ménage dans sa cellule ». « Le plus beau moment de la journée, confie-t-elle, ce sont les deux heures tranquilles, le soir de sept à neuf, où j'ai de la lumière et peux réfléchir et travailler pour moi. »

A neuf heures, elle installe son lit — en fait une planche à abaisser qu'elle rabattra le matin contre le mur — et elle peut alors penser longuement, s'efforçant de ne pas se laisser dériver, s'en tenant à ce travail auquel elle s'adonne chaque jour.

Car l'essentiel est bien là : elle a arraché après deux semaines la permission d'avoir des livres et de travailler. Et grâce à ce qu'elle écrit, elle n'est plus enfermée, elle a le sentiment de peser sur l'histoire qui vient battre les murs de la prison de Barnimstrasse.

Rosa s'était préparée, les jours précédant son incarcération, à cette nécessité de continuer dans sa cellule la tâche entreprise.

Cette activité politique et intellectuelle est la meilleure garantie contre le désespoir. Cela structure les jours.

Rosa attend les livres. Les lettres qu'elle écrit sont souvent codées, contenant des indications à transmettre à Léo Jogichès ou à Franz Mehring. Elle utilise pour désigner l'un ou l'autre de ses camarades des pseudonymes et, pour communiquer avec eux, elle fait référence à tel ou tel livre — ceux de Tolstoï par exemple, qu'elle lit en russe, ce qui facilite les « messages ». Ou bien elle écrit dans les marges des phrases à l'encre sympathique, en utilisant pour la confectionner de la soude caustique, du suc d'oignon mélangé à du jus de citron. Rosa demande constamment tous ces ingrédients à Mathilde Jacob et elle consomme aussi beaucoup d'alcool à brûler, sans doute pour déchiffrer les messages écrits dans la même encre et qui se révèlent à la flamme.

Rien de tout cela n'eût évidemment été possible si Rosa avait été soumise à une surveillance constante et à un régime sévère.

Mais, étrangement, dans cette Allemagne impériale engagée dans un conflit sanglant, et alors que la violence barbare s'accumule et se déploie sur tous les fronts, que la rigueur de la vie quotidienne est de plus en plus étouffante, Rosa bénéficie de conditions carcérales héritées d'un autre temps, comme si un îlot résistait encore, que les brutalités du XXe siècle n'allaient cependant pas tarder à recouvrir.

Le pouvoir ne pouvait aussi, compte tenu de la notoriété internationale du docteur Rosa Luxemburg, user à son égard de moyens trop brutaux. En outre, le Parti social-démocrate était un élément capital du dispositif politique d'unanimité nationale nécessaire à la conduite de la guerre. On ne pouvait risquer d'en irriter les membres en persécutant Rosa. D'autant plus que son camarade Karl Liebknecht, toujours député, la défendait.

Karl Liebknecht avait pris la parole au Reichstag dès le lendemain de l'arrestation de Rosa, pour souligner que « cet incident révélait la nature de la prétendue union sacrée avec la précision d'une expérience de physique... Je sais que mon amie Luxemburg, avait-il poursuivi, ne peut que se sentir honorée par l'application de ce jugement, exactement comme je le suis moi-même ».

Il fallait donc, à l'égard de celle que ses ennemis appelaient « la prima donna rouge », être prudent.

Et de plus, Rosa, par le rayonnement de sa personnalité, obtenait toujours des autorités de la prison une bienveillante sympathie qui facilitait sa vie quotidienne : les visites, les lettres, les divers envois, livres et nourriture, étaient contrôlés superficiellement.

A la prison de la Barnimstrasse, l'une des responsables facilita ainsi la vie de Rosa qui pouvait donc travailler et tenir son rôle sur la scène où se jouait l'histoire.

Sa première tâche, c'est, de sa cellule, veiller à ce que la revue à laquelle elle a pensé avec Mehring et Jogichès, *L'Internationale*, paraisse. L'argent a été trouvé grâce à Marta Rosenbaum. La revue sera tirée sur les presses d'un journal socialiste de Francfort et diffusée par les socialistes qui partagent les thèses de Rosa.

Rosa, dans sa cellule, a écrit l'éditorial — *Reconstruction de l'Internationale* —, texte sévère pour ceux qui ont transformé le Parti social-démocrate en « social-impérialisme » (certains parleront de « national-socialisme » ou de « parti ouvrier national-social... »).

Elle s'en prend surtout à son ancien ami, Karl Kautsky, contre lequel elle exprime toujours une passion mêlée de rancune, comme si elle manifestait une estime déçue et s'en voulait de lui avoir donné son temps et son amitié, d'avoir souvent passé des compromis avec lui et d'avoir plus souvent encore été son hôte, chez lui, établissant avec lui une relation pleine de complicité.

La divergence politique avec Kautsky s'alourdit ainsi de toute cette hargne qui peut devenir un obstacle à des ententes nécessaires, car Kautsky, au fur et à mesure que la guerre dure, prend une position « centriste », hostile à la droite du parti pleinement engagée aux côtés du gouvernement impérial.

Mais Karl Kautsky, aux yeux de Rosa, « n'est qu'un théoricien du marais » qui « a ravalé la théorie au rôle de servante complaisante des instances du Parti » et « son marxisme officiel n'est qu'un décor pompeux, recelant derrière un dogmatisme prétentieux une incertitude foncière et une totale incapacité d'agir ».

Or, pour Rosa — et elle le montre encore depuis sa cellule — la pensée doit irriguer l'action et s'enrichir de cette pratique. En Kautsky, marxiste officiel, elle ne voit qu'un faiseur de phrases justificatrices ou de vœux pieux, qui parle de paix tout en justifiant la guerre.

Le divorce est irrémédiable et coloré par la haine. Car Rosa privilégie « la volonté agissante », l'action.

Le succès de *L'Internationale* semble lui donner raison.

En une seule soirée, le 14 avril 1915, cinq mille exemplaires de la revue sont diffusés. Elle se répand ainsi dans toute l'Allemagne, on envoie les flans en Suisse afin d'y réaliser un second tirage et il ne reste à la censure qu'à l'interdire et à la direction du Parti à la condamner.

Dans sa prison, Rosa est joyeuse : « Dans l'ensemble, écrit-elle à Marta Rosenbaum, je me sens de très bonne humeur, étant assurée que l'histoire travaille vraiment pour nous. »

Sa foi se trouve confirmée, et il est vrai que l'évolution des événements rend la population morose, inquiète, rebelle même.

L'hiver 1915-1916 est celui du rationnement, des rutabagas, de la carte de pain, et en même temps la guerre franchit de nouveaux seuils dans l'horreur. Après les vaines attaques françaises en Champagne (février 1915), ce sont, au mois d'avril 1915, le mois où paraît *L'Internationale*, les premières utilisations des gaz asphyxiants.

En avril et en mai, plus d'un millier de femmes manifestent à Berlin devant le Reichstag. Dans plusieurs villes d'Allemagne (Stuttgart, Leipzig, Berlin), des heurts se produisent entre la police et des groupes de femmes qui protestent devant les magasins vides et contre la cherté de la vie.

En mai 1915, Karl Liebknecht, prenant de nouveaux risques, fait diffuser un tract dont l'esprit tient en une formule qui sonne comme une déclaration de guerre révolutionnaire : « L'ennemi principal est dans notre propre pays. »

On s'inquiète moins dans les cercles du gouvernement, qui a le sentiment de tenir le pays bien en main, que dans le Parti social-démocrate.

« Les masses, écrit Emmanuel Wurm — sa femme est une amie de Rosa Luxemburg — à Karl Kautsky, dont la guerre et surtout les augmentations du coût de la vie attisent la colère, ne savent pas qui accuser et, dans la mesure où elles ne peuvent s'attaquer au gouvernement, le Parti leur sert de tête de Turc. Voilà l'action que réclame Rosa... »

Et Wurm d'ajouter : « Il est certain que maintenant *L'Internationale* est répandue à travers l'Allemagne grâce au travail dévoué des amis de Rosa. »

Ces « rosistes », comme disent parfois leurs ennemis, on les voit partout, même si la direction du Parti surévalue leur force et leur influence. Mais il n'est pas question pour elle de prendre des risques : toutes les tentatives de certains journaux socialistes de faire preuve d'indépendance sont brisées. Des militants sont arrêtés et Mehring, Clara Zetkin sont poursuivis par la justice — comme Rosa Luxemburg — pour avoir publié leur revue *L'Internationale*.

Ce climat qui change un peu et dont Rosa perçoit les signes l'aide à vivre dans sa cellule, à rompre cette monotonie de l'emprisonnement qu'elle brise aussi grâce aux visites et aux lettres qu'elle multiplie.

C'est son travail : elle maintient les liens politiques, elle donne discrètement des consignes, fait passer des articles.

Et c'est une thérapie, manière de se contrôler par l'écriture, façon de faire sortir de soi, en le canalisant, ce trop-plein de pensées et de mots qui pourraient ricocher sur les murs de la cellule et venir atteindre la pensée.

Déjà le corps se cabre : « Mon estomac se refuse à guérir, dit Rosa, aussi je veux enfin commencer la cure d'huile. » Si l'esprit cédait, c'en serait fini de la « volonté agissante ».

Elle écrit donc comme on s'ouvre une fenêtre, pour mieux respirer, échapper grâce à ce luxe — « utile » — au travail de la prison.

Parfois, un mouvement d'humeur. « Pour l'amour de Dieu, lance-t-elle à Mathilde Jacob, ne m'appelez pas "ma chère, ma bonne", vous avez pris ça chez Clara Zetkin, mais je ne peux supporter ce ton de commère. »

Mais c'est une exception, et encore vaut-elle pour Mathilde Jacob qui, après tout, est aussi une « secrétaire », une subordonnée.

Car Rosa a le sens des hiérarchies.

Quand elle répond à Gertrud Zlottko qui lui envoie ses peintures, elle le fait sur le ton de l'aînée et de l'inspiratrice, de la « patronne » qu'il n'est pas question de contester : « Donc, Gertrud, encore une fois, gardez la tête haute et ne perdez pas courage... »

Et Rosa ajoute, comme si elle se morigénait elle-même : « Il faut travailler et faire tout ce que l'on peut, mais prendre tout le reste avec légèreté et bonne humeur. L'amertume intérieure ne rend sûrement pas la vie plus facile. »

Il y a bien chez Rosa une tendance au sermon, un ton de voix assuré qui peut tromper et même irriter si l'on oublie que la femme qui l'emploie est en prison, qu'elle est d'une santé fragile, qu'elle vit « en cage », coupée des « vivants », et qu'elle se bat pour agir quand même, comme si elle était libre.

Elle refuse que sa pensée soit prisonnière des murs. Rien ne la brisera, rien ne l'étouffera. Mais cela exige parfois qu'elle prêche aux autres parce qu'elle doit prêcher pour elle-même. Et qu'à aider les autres, elle s'aide elle-même.

Mais il reste qu'elle est une femme déterminée, autoritaire même, consciente de sa valeur, qui en remontre à autrui, tend à imposer sa façon de voir et ne s'en laisse pas conter.

« Je suis toute contente que vous vous reposiez, dit-elle à Mathilde Jacob, vous en aviez besoin ! Moi, je vais très bien. »

Cela éclate comme une sonnerie de clairon un peu trop aiguë et souvent, dans d'autres lettres, le même comportement se dévoile, qui se veut désinvolte et affirmé. « Et moi je maintiens que le caractère d'une femme se mesure non pas lorsqu'un amour commence, mais lorsqu'il s'achève », dit-elle à Mathilde Jacob, pour ajouter quelques semaines plus tard, après avoir reçu de Mathilde un livre de poèmes de Ricarda Huch : « J'ai bien sûr lu tout de suite ces poèmes avec beaucoup de soin, mais il me faut confesser que l'érotisme féminin en public m'a toujours été pénible... Ces choses, on les fait, on ne les dit pas. »

C'est proclamé comme un fait qu'il faut admettre et qui ne prête pas à discussion. Rosa tranche, abruptement.

Mais si, malgré cela — et peut-être cette attitude la révèle-t-elle —, Rosa se cachait sous ses affirmations péremptoires ?

Si cette sermonneuse un peu prude n'était, en fait, qu'une timide qui cache ses sentiments profonds sous le roulement de ses déclarations à l'emporte-pièce ?

Et peut-être aussi Rosa dit-elle à chacun de ses interlocuteurs ce qu'il veut entendre, ce que, fine et intuitive, elle devine de lui, de ses attentes, et elle écrit ainsi « à la commande », moins engagée dans ce qu'elle dit qu'on ne le croit, donnant plus le change que la vérité de son moi.

Après tout, peut-elle penser, ce ne sont que paroles privées et ce qui compte, ce sont les paroles politiques et publiques, et les actes.

Et sur ces points-là, fondamentaux pour elle, qui peut la prendre en défaut ?

Le reste, ces lettres, importantes pour la prisonnière qu'elle est, ne sont malgré tout que des variations littéraires, des jeux avec les facettes de son caractère, une manière aussi de retenir ses amis.

A Luise Kautsky, toujours tourmentée, doutant d'elle-même, Rosa, grande sœur, répète qu'elle a besoin de sa petite sœur. « Je ne suis pas du tout d'accord, lui dit-elle, que tu m'écrives sur un ton résigné que tu ne peux être pour moi d'aucun secours... Mais si, insiste-t-elle, tu es et tu dois être le port (excusez du peu !) où je peux aborder de temps à autre — quand le diable vient me prendre en catimini — pour que nous puissions bavarder et rire ensemble de demander à Hans Kautsky de nous jouer *Les Noces de Figaro*. »

Est-ce la même Rosa que celle qui s'adresse à Mathilde Jacob ou à Gertrud Zlottko ?

Laquelle est la plus vraie ?

Serait-ce celle qui confie à Franz Mehring : « Je suis sur le point de me perdre en rêveries ou de secouer avec impatience le joug du devoir » et qui y renonce, car... « l'exemple de votre admirable puissance de travail, la pensée de votre vivacité intellectuelle me sont à la fois un reproche et un stimulant... ».

Comme si elle avait besoin du « Vieux » — dont elle a si souvent parlé avec impertinence et désinvolture — pour se mettre au travail !

Mais cependant toutes ces Rosa Luxemburg sont vraies un instant, le temps d'écrire la lettre, de dire ce qu'il faut à son destinataire, pour lui plaire, ou bien le gendarmer — parce qu'il attend cela de Rosa. Le temps, en somme, d'être pour tel ou tel ce qu'on veut qu'elle soit, disciple flatteuse avec Franz Mehring, femme-femme avec Luise Kautsky, parlant des enfants qui se prétendent des adultes, « façon peu délicate de vous rappeler que vous avez vous-même vieilli. Mais nous n'allons pas nous laisser impressionner par ça et, en dépit de tout, nous restons jeunes, pas vrai ? ».

Mais surtout, il faut rassurer Luise Kautsky, lui présenter un visage qui lui ressemble et qui, en tout cas, ne l'inquiète pas.

« On attend toujours de moi, dit Rosa, quelque manifestation d'intelligence comme il convient à un personnage grave. C'est une méprise. » Et à ce moment, écrivant cette lettre, Rosa le croit, parce que cela correspond aussi à sa personnalité multiforme, complexe. Elle ne ment donc pas. Simplement le kaléidoscope tourne. Luise doit la croire. Elle est même la seule à pouvoir croire Rosa.

« J'étais au fond faite pour garder les oies, lui confie Rosa, et si je virevolte dans le tourbillon de l'histoire, c'est par erreur. Tu dois me croire, tu m'entends ! »

Rosa se souvient-elle, traçant ces mots, qu'elle a dit à plusieurs reprises que le « tourbillon de l'histoire » était pour elle un bain de jouvence, qu'elle renaissait quand la scène de l'histoire s'embrasait ?

Mais elle est tout entière dans la lettre qu'elle écrit. Et on la croit parce qu'elle est sincère et qu'elle se livre avec Luise Kautsky — et elle le lui dit — « au babillage de deux femmes intelligentes ».

Il y a loin, on le constate, entre la rigidité et la sécheresse, la monomanie univoque de la plupart des hommes politiques, politiciens ou révolutionnaires, et l'attitude de Rosa.

Elle est mobile, capable même par stratégie de prendre du recul par rapport à ses passions, comme une croyante qui peut d'autant mieux le faire que sa foi est profondément enracinée, qu'elle sait ne pas pouvoir la perdre, qu'elle peut jouer avec l'idée d'y renoncer parce qu'elle ne court pas le risque d'abjurer.

Elle défie à chaque instant la statue du commandeur car elle ne craint pas le diable.

Elle le fait facilement puisqu'elle se connaît bien — et ce goût de l'auto-analyse est un autre trait qui la différencie des politiques traditionnels et en fait, au sens plein du mot, une intellectuelle dont les penchants et les qualités littéraires — il suffit de lire ses lettres pour s'en convaincre — sont éclatants.

Elle dit ainsi à Luise Kautsky sa liberté intellectuelle pour réaffirmer son rapport à la politique : « Tu vois, il faut toujours que j'aie un sujet qui m'absorbe de la tête aux pieds. » Et elle en fait état à plusieurs reprises, avec une joie et un enthousiasme presque enfantins, elle s'adonne, comme une détente après le « travail », à la botanique, « ce qui est ma passion ».

« Je ne sais, demande-t-elle à Mathilde Jacob, si je vous ai déjà montré mes herbiers où, à partir de mai, j'ai classé à peu près 250 plantes, toutes magnifiquement conservées... »

Elle lit aussi l'histoire géologique de l'Allemagne et lorsqu'elle apprend qu'on a trouvé sur une plaque d'argile, pétrifiée il y a des millions d'années, la marque des gouttes d'eau d'une brève averse, elle est fascinée. « Je ne saurais vous dire quel effet magique produit sur moi ce lointain bonjour venu du fond des âges. Je ne lis rien avec autant d'intérêt passionné que des livres de géologie. »

Rosa une fois de plus est sincère, avec sans doute une pointe d'orgueil : elle veut étonner et elle se surprend elle-même.

Mais reste comme une des données de sa personnalité l'élan juvénile avec lequel elle se jette dans la réflexion, la connaissance. Elle est toujours avide de savoir.

Et naturellement elle met la même passion, la même intelligence — avec un effort d'objectivité — à comprendre la situation historique, comme si elle, lectrice d'ouvrages scientifiques — ces études des grandes époques géologiques —, elle s'efforçait d'observer le présent avec la même rigueur.

En cela aussi elle est différente des vulgaires politiciens, de ceux qu'elle appelle « les hommes du marais ».

Comme elle l'avait déjà dit à Kostia Zetkin, elle explique ainsi à Franz Mehring que « la catastrophe a pris une telle ampleur que les normes courantes de la culpabilité et de la souffrance humaines ne sont pas applicables ; les bouleversements naturels ont quelque chose d'apaisant par leur grandeur même et leur caractère aveugle ».

Elle n'est pas de celles qui tapent du pied nerveusement, qui s'affolent comme parfois Clara Zetkin. « Au moment du 4 août, j'ai été horrifiée, presque abattue, avoue-t-elle. Depuis j'ai repris tout mon calme. »

Elle est donc prudente — intellectuellement — dans son analyse. « Tout est encore mouvant, le grand tremblement de terre, poursuit-elle avec assurance, semble ne pas vouloir prendre fin. Il est terriblement difficile de déterminer la stratégie et d'ordonner la bataille sur un terrain aussi instable et aussi ravagé. A vrai dire, je n'ai plus peur de rien. »

Mais elle éprouve les tourments et le malaise des époques de transition. Elle déplore et s'indigne du « lamentable manque de caractère », de la plupart de ses anciens amis.

« Branches pourries », dit-elle, résultant de la « corruption générale qui a fait s'écrouler la fière et éclatante baraque du temps de paix ».

Les mots tombent dru.

« Dans cette misère à laquelle je me résigne maintenant », elle conserve sa « sérénité d'âme ». Parce qu'elle est résolue, qu'elle a beaucoup appris, elle peut garder pour le socialiste français Vaillant — qui a basculé lui aussi dans l'Union sacrée et qui vient de mourir le 22 décembre 1915 — la même admiration, mais cela n'entame en rien sa détermination.

« Nous avons été bien trop indulgents, dit-elle à Mehring. Mais je vous jure que je me corrigerai. Je me sens déjà comme un porc-épic et je brûle d'attaquer les philistins. »

La voici à nouveau campée dans son armure de guerrière exigeante, demandant aux uns et aux autres ce qu'elle exige d'elle-même.

Elle compte d'abord sur Léo Jogichès qu'elle appelle dans ses lettres Oncle Léo et parfois Gross.

Car Léo est clandestin. Il a quitté l'hôtel-restaurant Schlosspark à Steglitz. Il s'est installé dans une chambre qu'il sous-loue à une jeune Allemande, veuve de guerre dont, en séducteur qu'il demeure, il deviendra l'amant. Il tisse la toile de la gauche socialiste. Il organise la distribution des publications, il rencontre régulièrement Mathilde Jacob, son intermédiaire avec Rosa. La guerre les a ainsi rapprochés, même s'ils ne se voient plus.

Rosa a une totale confiance — politique — en lui, mais elle ne lui pardonne rien.

« Que Gross néglige son travail, écrit-elle à Mathilde Jacob, est criminel, mais je ne peux même pas le semoncer directement, c'est donc à vous de le faire, ce que j'ai aussi demandé au Vieux (Franz Mehring). Un temps précieux s'écoule et il baguenaude ! C'est à vous faire dresser les cheveux sur la tête ! »

Elle est enfermée à Barnimstrasse, elle lit des livres de géologie, elle regarde les oiseaux, elle écoute avec émotion leur chant, mais elle tient tous les fils de l'action politique, surveillant les uns et les autres.

Quand Clara Zetkin est arrêtée, elle s'émeut, s'inquiète de sa santé — et elle fera de même pour celle de Mehring, « ce grand arbre que la moindre maladie abat comme un petit enfant, mais qui se redresse aussi vite », et quand, en octobre 1915, Clara est libérée, elle lui écrit : « Ta libération est actuellement la plus grande joie et la plus grande consolation de mon séjour ici... »

Elle suit aussi l'action de Karl Liebknecht, conseille la prudence. C'est qu'il est devenu la cible la plus visible, entraînant, le 21 décembre 1915, les députés socialistes à voter contre les crédits militaires, organisant dans son appartement une *Conférence nationale des Gauches*, avec des délégués venus de toute l'Allemagne, envoyant un message à la Conférence qui, en Suisse, à

Zimmerwald (en septembre 1915), rassemble les socialistes européens opposants à la guerre. On l'a insulté, traité de demi-fou, menacé, puis finalement exclu du groupe social-démocrate au Reichstag (12 janvier 1916).

Or cet homme surveillé s'obstine. Le 27 janvier paraît la première lettre signée *Spartakus*. Et de surcroît mobilisé, Liebknecht diffuse depuis le front des textes politiques.

« J'estime très dangereux, écrit Rosa à une socialiste, amie de Mathilde Jacob, Fanny Jezierska, que Karl déploie cette activité littéraire à distance et vous feriez une bonne action si vous tentiez de l'en dissuader sur-le-champ. »

Rosa veille, retient les uns, mobilise les autres. Elle se sent responsable de ce courant qu'elle incarne avec Liebknecht, mais elle se sait meilleure politique que lui. Elle se vit, on le perçoit dans tous ses propos, comme la plus lucide de tous, incitatrice et inspiratrice.

C'est autour de *thèses* qu'elle a pensées et rédigées que se tient la *Conférence nationale des Gauches*. Et elle discute avec Liebknecht, minutieusement — par lettre sortie sans doute en fraude de la prison — les points de ce véritable programme d'opposition.

Elle sait, en effet, être ferme (elle est ainsi opposée à l'idée que Lénine présente à Zimmerwald de création d'une autre Internationale, ou bien à ses théories sur la nécessité de transformer la guerre en guerre civile révolutionnaire), tout en conservant le sens du compromis.

Elle apprécie la place qu'a prise Liebknecht dans la bataille et le symbole qu'il représente.

A ceux qui l'imaginent soucieuse de son autorité, son attitude à l'égard de Liebknecht donne une réponse claire.

« Pour moi, écrit-elle à Karl Liebknecht, il est évident et absolument indispensable que nous nous serrions les coudes en tout. S'il y a parfois de petites divergences, elles sont de même nature que les conflits qu'un homme politique peut avoir avec lui-même dans les situations compliquées. Que les thèses paraissent comme notre plate-forme commune a été dès le début mon souhait le plus formel. »

Point d'orgueil d'auteur chez elle. L'efficacité prime. Et qu'elle semble loin, la Rosa qui écrivait à Luise Kautsky qu'elle était « faite pour garder les oies ».

Il s'agit cependant de la même Rosa, de la même sincérité et aussi de la même habileté, de la même attention qu'elle sait, quand il faut, prêter aux personnes.

« Vous paraissez aujourd'hui quelque peu accablé, dit-elle en conclusion de sa lettre à Karl Liebknecht. Cela m'a fait mal. Préservez coûte que coûte votre optimisme ensoleillé. Du courage, ça ne se passera pas trop mal. Très amicalement. Votre Rosa Luxemburg. »

Ce qu'elle a écrit dans ses *Thèses*, cette certitude qu'elle a que « l'actuelle guerre mondiale signifie la défaite du socialisme et de la démocratie... qu'on ne peut supprimer l'impérialisme, le militarisme et les guerres aussi longtemps que durera le capitalisme », est l'expression de ses convictions, de sa *croyance*. Mais elle fait preuve aussi de qualités d'anticipation lorsqu'elle écrit : « La guerre mondiale actuelle forge donc toutes les conditions nécessaires à d'autres guerres. »

Et, pour elle, la guerre, loin de permettre une issue victorieuse à une révolution socialiste, n'est que le triomphe de la barbarie. Sa culture humaniste et sa sensibilité, ici, la font plus proche d'un Jaurès que de Lénine.

Et cette horreur de la guerre qu'elle ressent, elle la clame dans un texte qu'elle écrit aussi en prison, *La crise de la social-démocratie*, qui sera diffusé clandestinement sous le titre *La Brochure de Junius*, du nom d'un polémiste anglais qui, à la fin du XVIIIe siècle (1769-1772), attaquait la corruption et les méthodes du règne de George III.

Texte enflammé où peu de solutions sont avancées, mais qui décrit de manière impitoyable la situation, cette guerre qui est devenue « un immense massacre, une affaire quotidienne d'une épuisante monotonie... Fini l'ivresse. Fini le vacarme patriotique dans les rues... La pièce est terminée... L'allégresse bruyante des jeunes filles courant le long des convois ne fait plus escorte aux trains de réservistes et ces derniers ne saluent plus la foule... Dans l'atmosphère dégrisée de ces journées blêmes, c'est un tout autre chœur que l'on entend : le cri rauque des vautours et des hyènes qui rôdent autour des champs de bataille... Et au cœur de ce sabbat de sorcières s'est produite une catastrophe de portée mondiale : la capitulation de la social-démocratie internationale ».

La plume de Rosa court, emportée par l'indignation et la vision : « La guerre actuelle s'avère non seulement un gigantesque assassinat, mais aussi un suicide collectif de la classe ouvrière européenne... Une folie, un enfer sanglant... Les dividendes grimpent et les prolétaires tombent ! »

Ce brûlot sorti d'une cellule de la Barnimstrasse, tout ce que l'Allemagne compte d'hommes et de femmes révoltés par la guerre — et ils commencent à devenir nombreux — le « dévore avec avidité ».

La brochure de Junius a été imprimée à Zurich — et Léo Jogichès s'est employé à cette tâche — mais elle a franchi la frontière. Elle est connue bientôt dans toute l'Europe. Et Rosa veut qu'elle soit « immédiatement traduite en français ».

C'est dire qu'en ce mois de février 1916, après un an de prison, elle n'a rien perdu, bien au contraire, de sa « volonté agissante ».

Elle sait qu'elle va être libérée. Elle pense aussi aux conditions de son retour à Südende. Autre visage de Rosa : « Tout le monde m'effraie déjà en me parlant de l'état dans lequel je vais retrouver mon appartement », écrit-elle le 7 février à Gertrud Zlottko.

Le 18 février 1916, on lui annonce qu'elle est autorisée à quitter la prison de la Barnimstrasse.

Combien de temps le pouvoir peut-il laisser en liberté une femme comme elle ?

18

« Je ne suis que la hampe où elles ont accroché le drapeau... »
(18 février-10 juillet 1916)

D'abord Rosa vit Karl Liebknecht et Mathilde Jacob, souriants, s'avançant vers elle, Karl plus émacié encore, les lunettes enfoncées dans les orbites, Mathilde presque timide. Rosa en les embrassant prit conscience vraiment qu'elle était libre, qu'elle échappait — pour combien de temps ? — aux griffes du ministre de l'Intérieur prussien et du préfet de police de Berlin von Jagow.

Celui-ci s'était inquiété de cette mise en liberté, écrivant au ministre de l'Intérieur pour souligner combien Rosa pouvait être dangereuse. N'allait-elle pas aider les « extrémistes » ? Ne sous-estimait-on pas « le pouvoir de sa propagande par la parole et par l'écrit » ? Ne pouvait-on, puisqu'elle avait purgé sa condamnation, l'interner par mesure de sécurité, en vertu de l'état de siège ?

Finalement, ayant eu l'assurance que cette libération ne donnerait pas lieu à des manifestations contre la guerre, von Jagow s'était résigné.

Et ce 18 février 1916, alors que les troupes allemandes se concentraient devant Verdun qu'elles allaient attaquer dans trois jours, Rosa Luxemburg entendit claquer derrière elle les portes de la prison de la Barnimstrasse.

Elle avait le teint jaune, les traits tirés, les cheveux ternes, elle boitait lourdement et Mathilde Jacob, dès le premier regard, fut frappée de cette apparence maladive, des traces qu'une année de prison avait laissées sur Rosa, et les premiers mots qu'elle dit alors qu'ils montaient dans la voiture, ce fut pour lui demander des nouvelles de sa santé, de l'estomac, lui conseiller le repos.

Mais les yeux de Rosa brillaient de joie, de volonté enthousiaste, et elle murmurait : « Je ne tiens aucun compte de la douleur, je fais semblant d'aller bien et alors je vais bien. »

Et, tout à coup, alors que la voiture s'ébranlait dans la Barnimstrasse, ce furent les cris. Rosa se tassait au fond de la voiture, regardant ces femmes qui couraient, jetaient des fleurs, bondissaient sur le marchepied, répétaient : « Vive Rosa, vive la paix ! »

« A plus de mille, elles sont venues me prendre à la sortie », racontera Rosa.

Ce n'était pas véritablement une manifestation politique, mais il s'agissait bien d'un acte chargé de signification : les « camarades berlinoises », comme dit Rosa, s'étaient sans réelle concertation, retrouvées à la nouvelle de sa libération dans la rue de la prison, venant des quartiers populaires de la ville. C'était, dans l'atmosphère sinistre de la guerre, un moment de retrouvailles symboliques, un geste de solidarité dont chacune des participantes — il s'agissait pour l'essentiel de femmes — ressentait le besoin.

Bien sûr, ce désir ne touche qu'une minorité et, dans le quartier même, on ne sait pas à quoi correspond ce rassemblement de femmes qui, à trois heures, courent d'un portail à l'autre de la prison, accompagnent une auto et lui jettent des fleurs.

« Dans le quartier, raconte la journaliste Kate Dunker, circulaient des rumeurs contradictoires. Les uns disaient qu'il y avait un arrivage de beurre, d'autres affirmaient que venait de passer la grande-duchesse de Luxembourg ! »

Rosa est émue, épuisée aussi par la tension des jours d'attente, alors qu'elle était prise entre l'incertitude de sa libération et l'espoir de la voir se réaliser.

Une semaine plus tard, se souvenant de cet accueil dans la rue même, elle écrira aux camarades socialistes du faubourg de Mariendorf, afin de les remercier.

« Je n'ai jamais osé rêver d'un tel accueil, dit-elle, car la prison me semble tout naturellement faire partie de notre métier de combattants prolétariens de la liberté, et la Russie m'a habituée à considérer qu'entrer et sortir de ces murs est une affaire des plus banales. »

Elle essaie de rester maîtresse d'elle-même, de ne pas céder à l'émotion, mais en fait, elle a la gorge serrée. Après un an de solitude, cette brutale plongée dans une foule qui lui manifeste sa solidarité, la secoue.

Et ce n'est que le début.

A peine est-elle arrivée dans son appartement de Südende avec Karl Liebknecht et Mathilde Jacob que Marta Rosenbaum se présente, tombant dans les bras de Rosa. Puis, raconte Kate Dunker, « tout à coup la porte s'ouvre et soixante à soixante-quinze femmes entrent sous la conduite de Mathilde Wurm, il y avait de quoi s'affoler, les nombreux bouquets et les cadeaux risquaient fort d'être renversés. Dans cette situation difficile, je prononçai une très brève allocution et emmenai toutes les femmes ».

Rosa, à l'évidence, est au bout de sa résistance nerveuse. Elle fait face.

« Mon appartement, dit-elle quelques jours plus tard en décrivant la scène à Clara Zetkin, était et est encore bourré de cadeaux. Des jardinières de fleurs, des gâteaux, des cakes, des boîtes de conserve, des sachets de thé, du savon, du cacao, des sardines, des légumes très recherchés, comme dans une épicerie fine, tout cela, ces pauvres femmes, des femmes de cœur, l'ont préparé elles-mêmes, l'ont mis en conserve elles-mêmes, l'ont apporté elles-mêmes. Tu sais bien ce que j'éprouve quand je vois ça. J'en sangloterais de confusion et ce qui me console, c'est uniquement la pensée que, dans ce cas, je ne suis rien d'autre que le mât auquel elles ont attaché le drapeau de leur enthousiasme pour la lutte en général. »

Les socialistes de Mariendorf l'accueilleront officiellement quelques jours plus tard et l'émotion de Rosa sera tout aussi forte, parce que le président de la réunion lui explique que les femmes ont agi spontanément pour saluer celle « qui nous a manqué parce qu'elle dit vertement leur fait aux dirigeants du Parti eux-mêmes, parce qu'elle est la femme que, dans les hautes sphères du Parti, on préfère voir entrer en prison plutôt qu'en sortir... ».

Tous ces signes en quelques jours donnent l'impression à Rosa « qu'au bout d'un an, un énorme pas a été fait pour ce qui est de la clarification, du renforcement, des différences idéologiques... ».

Quand elle peut parler — car, elle le confie, elle est souvent comme « pétrifiée » tant elle a perdu l'habitude de dialoguer, ne communiquant que par l'écrit, enfermée dans le silence de sa cellule — elle répète qu'elle est « animée du plus ardent et du plus impatient des désirs de combattre et de travailler ».

Et, avec une foi que rien n'a écornée, elle affirme qu'elle fait

« confiance avant tout à la logique objective de l'histoire qui accomplit infatigablement son travail d'éclaircissement et de clarification... ».

En fait, elle doit fournir un immense effort pour ne pas, à chaque instant, s'effondrer. Elle reste souvent assise dans son fauteuil, la tête rentrée dans les épaules, comme un oiseau presque apeuré, écoutant, répondant par quelques mots. Elle est, dit-elle, « sous stricte surveillance médicale, et même si je ne suis que la moitié des prescriptions, je présente encore un aspect trop peu engageant pour accepter de me montrer ainsi à mes amis... ».

Et alors qu'elle répète sa confiance dans l'histoire, sa satisfaction de l'évolution de la situation en un an, elle dit à voix basse qu'elle veut « offrir autre chose que l'image du désespoir ».

Ce ne sont pas que des mots.

Le contraste a été trop grand, trop rapide entre l'isolement de la prison et la foule des amis autour d'elle.

Elle l'avouera : « Je me sentais mal dans mes premiers jours de liberté. »

Elle apparaît ainsi dans sa vérité : fragile nerveusement, sensible aux émotions. Elle n'est pas, de nature, la femme qui reste de glace. Secouée par des flots affectifs, sa volonté, son intelligence lui permettent d'apparaître comme une personne qui garde, même dans les situations les plus extrêmes, son sang-froid.

Elle est d'ailleurs capable d'avouer ce combat mené contre elle-même, car elle sait aussi que ceux qui reçoivent ainsi sa confidence l'en aimeront davantage !

Habileté de la sincérité, duplicité de la franchise : Rosa n'est pas une personne simple.

Elle dira : « Mes nerfs que j'ai dominés tout au long de mon séjour à la Barnimstrasse n'ont pas résisté au premier assaut d'impressions, et j'ai été prise d'une telle nausée qu'il me fallait lutter pour m'arracher le moindre mot et je savais à peine ce qui se passait en moi. »

Seulement, elle ne s'abandonne pas sur cette pente. Elle se contracte, elle résiste, elle regagne mètre après mètre le terrain qu'elle a perdu. « Mais depuis je me suis ramassée », dit-elle.

Qui a même su, des femmes qui, l'après-midi du 18 février, sont entrées dans l'appartement de Rosa à Südende, ce qu'elle éprouvait ? « Tu n'as pas idée de la torture que c'était de recevoir quatre-vingts personnes (quatre-vingts exactement comptées) dans mon appartement, dira Rosa à Luise Kautsky, et de dire quelques mots à chacune. »

Elle a donné le change.

Et quel que soit l'état de sa « carcasse et les soucis » qu'elle en éprouve, Rosa n'a qu'un but : agir.

« Je suis revenue à la liberté, dit-elle, avec un énorme appétit de travail. »

D'abord elle retrouve ses proches, engagés dans le même combat qu'elle, contre la guerre, pour la critique des positions prises par la majorité du SPD.

Le 27 février, neuf jours après sa libération, Rosa rencontre ce petit groupe chez le Vieux, Franz Mehring, qui fête son soixante-dixième anniversaire.

Les liens entre Rosa et lui se sont renforcés, faits d'estime réciproque, même si Rosa, dans le petit discours qu'elle prononce au cours de cette soirée — qu'elle décrira « grave et pleine de dignité » — exagère un peu ses sentiments. Il le faut bien.

Mehring est un vieil écrivain qu'il faut flatter : « Vous êtes le représentant de la culture intellectuelle authentique dans toute sa splendeur et dans tout son brio... Vous êtes l'exécuteur testamentaire de Marx et Engels », dit-elle.

Rosa va sans doute bien au-delà de ce qu'elle pense : mais ce qu'elle apprécie chez Mehring, c'est que dans « le terrible effondrement de la guerre mondiale », cette épreuve de vérité, il n'a pas chancelé, il n'a pas fait comme ses pairs, les soi-disant « héritiers de la philosophie classique qui ressemblent à de misérables mendiants rongés par la vermine ». Il n'a pas quitté son poste. Il a continué de dire que « le socialisme n'est pas une question de gros sous, mais une conception du monde, grande et fière ».

A ces quelques mots, prononcés un soir, entre amis, pour un anniversaire, on sent bien qu'il y a chez Rosa, en cette année 1916 — et ce sentiment est partagé par ceux qui lui sont proches — un jugement bien plus que politique, en fait *moral*, porté sur les membres de la direction du SPD qui ont choisi de soutenir la politique de guerre. Ils ont capitulé. Et les intellectuels qui les ont rejoints sont pires qu'eux. « Nous pouvons les regarder partir avec un sourire méprisant », dit-elle.

Ce mélange d'amertume, de mépris et d'orgueil donne à Rosa et à ses amis — qu'on commence à appeler les *internationalistes* ou les *spartakistes* — la certitude d'avoir *moralement raison*, et une telle assurance aveugle souvent sur la situation réelle de l'opinion ou du Parti et rend difficiles tous les compromis.

Peut-on tactiquement s'associer à ceux qu'on méprise ? Peut-on rencontrer ceux qui sont moralement disqualifiés ? La haine et le mépris deviennent ainsi des données de la vie politique.

Quand le dirigeant de la majorité socialiste David déclare, en parlant de Karl Liebknecht, que « ce n'est qu'un chien qui aboie et ne mord pas », c'est Rosa qui lui répond, dans un tract qu'elle écrit peu après sa sortie de prison, et le ton dit clairement la passion qui pousse sa plume : « Un chien, dit-elle, est celui qui remue gaiement la queue malgré la muselière de la loi martiale et regarde ses maîtres les dictateurs militaires en gémissant doucement pour obtenir sa grâce... Un chien est celui qui, sur l'ordre du gouvernement, renie, traîne dans la boue tout le passé de son parti et tout ce qui a été sacré pour lui pendant une génération... Les chiens sont et ont toujours été les David, les Landsberg et leurs amis, et ils recevront un bon coup de pied de la classe ouvrière allemande quand le jour des règlements de comptes arrivera. »

On se montre donc les dents. On appartient au même Parti social-démocrate, mais tout sépare les *majoritaires* de ceux qui s'opposent à eux.

Or, parce que le mécontentement s'accroît dans les milieux ouvriers et parmi les militants de base du Parti, parce que, malgré les centaines de milliers d'hommes engagés par von Falkenhayn devant Verdun — et les premiers succès, la prise des forts — l'offensive piétine et les cadavres s'entassent, un groupe de députés — qu'on appellera *centristes* et bientôt *indépendants* — et de dirigeants socialistes se détache peu à peu de la majorité. Parmi eux des personnalités aussi différentes que Hugo Haase — qui fut président du groupe parlementaire — Karl Kautsky ou même Bernstein, le vieil adversaire révisionniste de Rosa.

Ils ne sont pas sur les positions d'un Karl Liebknecht, le « spartakiste », mais ils ne partagent plus la stratégie de soutien à la politique de guerre de David, Noske, Scheidemann et Ebert.

Le SPD se divise ainsi, à partir de l'année 1916, en trois courants majeurs : les *majoritaires* — la droite du Parti — les *centristes* ou *indépendants*, et les *spartakistes* ou extrême gauche.

Mais les majoritaires tiennent bien les rouages du SPD, l'appareil. Ils savent que c'est leur survie politique, leur pouvoir, qui sont en cause. Et ils sont décidés à se battre pour les conserver — avec l'appui du gouvernement.

Quand, le 24 mars 1916, Hugo Haase — qui est aussi avocat et sensible au respect des droits de l'homme et des règles démocratiques — prononce au Reichstag un violent discours contre l'état de siège et qu'une minorité de députés socialistes votent avec lui contre son renouvellement, il est, avec ceux qui l'ont soutenu, exclu du groupe social-démocrate du Parlement.

Comme quelques jours auparavant — le 19 mars — une conférence nationale du groupe spartakiste s'était tenue, il y a de fait une scission du groupe parlementaire socialiste. Trente-trois députés constituent un *Collectif de travail social-démocrate*, ébauche d'un Parti socialiste indépendant.

Rosa s'est plongée dans ces batailles de courants, écume des secousses qui, en profondeur, déplacent des secteurs de l'opinion. Elle le fait sans plaisir. Elle aime les hauteurs, les batailles d'idées et non ces labyrinthes des oppositions entre camarades du même parti. Elle croit que le sort de ces affrontements se joue dans les masses et non dans les assemblées du Parti. Elle écrit donc des tracts, des articles pour *La Lettre de Spartakus*. Elle participe à des réunions, voit Paul Levi, Clara Zetkin, Karl Liebknecht et Léo Jogichès qui est, de plus en plus, l'organisateur unique des spartakistes, celui qui sait trouver les fonds, les imprimeurs, les militants pour diffuser la *Lettre* du groupe.

Mais il faut aussi que Rosa prenne position dans ces luttes internes du SPD : « C'est une guerre de grenouilles et de rats, mais je ne peux pas y couper, écrit-elle à Kostia Zetkin, car les prolétaires m'en tiendraient rigueur, même s'ils surestiment l'intérêt de ces bagarres. »

En fait, l'attitude de Rosa est simple : ne pas quitter le SPD. Elle le dit dans toutes les réunions auxquelles elle participe, martelant sa vieille foi dans le « Parti » qu'il faut « reconquérir à partir de la base ».

Chaque fois que quelqu'un s'étonne, avance l'impossibilité d'influencer ce parti si fermement tenu en main par les *majoritaires*, Rosa répond vivement. « Ils veulent à tout prix quitter le Parti, dit-elle ainsi des socialistes de Duisburg. J'ai contredit énergiquement ce point de vue et j'ai l'intention de le faire publiquement dans un proche avenir. »

Illusion ? Croyance utopique dans un mouvement de masse qui pousserait le « Parti » à changer de fond en comble ? Sous-estimation des problèmes de « structure », des mécanismes de pouvoir, du rôle de l'« appareil » et des bureaucrates dans le fonctionnement d'un parti socialiste, ou encore, et plus gravement, méconnaissance de l'influence qu'exercent en profondeur les *majoritaires* socialistes, soutenus par les syndicats, sur les « masses » et le Parti ?

Il y a de tout cela chez Rosa. Et cet aveuglement est accentué par la tactique suivie. Non seulement Rosa veut combattre avec dureté ces « chiens » que sont les *majoritaires*, mais elle dénonce aussi les *centristes-indépendants* — de Haase à Kautsky — accusés d'avoir été complices des majoritaires et de ne pas être assez radicaux.

En somme, si l'on suit Rosa — et Karl Liebknecht — il faut à la fois rester dans le Parti social-démocrate et combattre tous les dirigeants socialistes jusqu'à ce que le mouvement des masses vienne les chasser de leurs postes, permettant aux spartakistes de prendre la direction du Parti.

Illusion. Car les majoritaires ne sont pas seuls. En plus de l'écho qu'ils rencontrent, ils bénéficient de l'appui de tous les milieux conservateurs.

Rosa est bien une minoritaire, que sa foi et sa passion — par exemple contre Kautsky et les indépendants — isolent encore davantage.

Mais cette position extrême, ce refus du compromis, légitimés par la volonté d'éclaircir la situation, de faire des spartakistes le môle autour duquel tous les opposants aux majoritaires doivent se regrouper, cette tactique dangereuse, immense pari sur le choix futur des masses, donne psychologiquement des satisfactions. On est entre soi : avec Mehring, Liebknecht, Jogichès, Clara Zetkin, Paul Levi.

Rosa, dans les voyages qu'elle fait dans l'Ouest de l'Allemagne, dans les réunions qu'elle tient à Berlin, rencontre les petits groupes homogènes qui partagent son point de vue et ils se confortent mutuellement dans leur analyse.

Quant au caractère, ils ont presque tous le même profil : convaincus, déterminés, courageux jusqu'au sacrifice, sûrs d'avoir raison.

« Quiconque erre entre les deux camps qui se battent, dira ainsi Liebknecht, sera abattu par le feu croisé, s'il ne se réfugie pas d'un côté ou de l'autre ; mais il fait alors figure de fuyard et non de héros. »

Et tous se partagent le mot d'ordre de Karl Liebknecht : « Pas de mots, mais des actes de rébellion. »

Rosa, au cours de ces mois de l'année 1916 — les derniers qu'elle vécut de façon à peu près normale, rentrant chez elle à Südende, se rapprochant de plus en plus de Hans Diefenbach, et ses amis pensaient : peut-être vont-ils se marier — est totalement solidaire de Karl Liebknecht qu'elle observe avec une sorte de tendresse inquiète.

Car l'homme est partout, toujours sur la brèche, fiévreusement actif, harcelant le gouvernement par les questions qu'il pose sans relâche au Reichstag, usant ainsi pleinement de ses droits de député, soulevant à chaque fois des hurlements de protestation, des injures : « C'est inouï, entend-on crier. Trahison ! Ce n'est pas un Allemand ! Insensé ! A l'asile ! »

Mais Karl s'arc-boute, fait front, yeux brillants, cheveux noirs plaqués en arrière, joues creusées.

Rosa tente de l'obliger à se détendre un peu.

Elle sort avec lui et sa femme, Sonia Ryss, une jeune Juive d'origine russe qui a épousé Karl alors qu'il venait d'avoir quarante et un ans — elle n'en a que vingt-huit — et, dévouée, s'est chargée de l'éducation des trois enfants de Karl qui venait de perdre sa femme.

Rosa regarde Sonia avec affection. C'est une jeune femme cultivée, courageuse, avec qui Rosa noue vite une profonde relation d'amitié, comme elle les aime : elle conseille, oriente, prodigue les encouragements, les leçons. Elle est amie, mais aussi sœur aînée, mère, professeur.

Pour l'heure, elle contraint ce « pauvre bougre » de Karl à se promener, dans ce printemps 1916, avec Sonia et elle, à travers les champs et le jardin botanique.

« Vous savez probablement comment il vivait depuis de nombreuses années, dit Rosa, toujours au Parlement, en séances, réunions de commissions, en débats ; dans la hâte, en courant et en sautant toujours du métro dans le tramway et d'un tramway dans une auto, les poches toujours bourrées de carnets, les bras pleins des derniers journaux qu'il n'avait jamais le temps de lire, tout le corps et l'esprit couverts de la poussière de la rue, et pourtant toujours son sourire aimable et plein de fraîcheur aux lèvres... »

Pour Rosa, cette vie tout entière dévorée par la politique, sans prendre le temps d'une promenade, est même, en 1916, en pleine guerre, une folie.

Elle prend donc, attentive aussi au « bonheur » d'un homme qui ne se limite pas à sa dimension politique, Karl et Sonia par le bras et les conduit à travers champs du côté de Marienfeld.

C'est le mois d'avril 1916. Vent tiède, « c'était un jeu superbe d'ombres et de lumière, et nous marchions en silence. Soudain Karl s'arrêta et commença à faire des bonds étranges en gardant un visage sérieux. Je l'observais étonnée, et même un peu effrayée. — Qu'avez-vous ? — Je suis si heureux, répondit-il simplement. Là-dessus, naturellement, nous rîmes comme des fous ».

Brève détente dans les « champs qui brillaient sous le soleil et qui tantôt prenaient une teinte plus sombre, vert émeraude ».

Les tâches à accomplir — écrire, parler, se réunir, réfléchir, choisir — sont accablantes, alors que le climat se détériore encore dans le pays : privations accrues, pertes énormes dans la bataille de Verdun qui se poursuit et dont il semble évident — les Français s'accrochent, le nom de Douaumont, ce fort pris, perdu, repris, devient le symbole de l'horreur inhumaine du massacre, de la folie rationalisée qu'est cette guerre — qu'elle ne produira aucune rupture dans le front français.

La police est active, elle interpelle, saisit *La Brochure de Junius*, tente de remonter les filières qui permettent à *La Lettre de Spartakus* d'être imprimée, diffusée. Léo Jogichès se cache, rencontre Rosa une ou deux fois avec mille précautions.

Et cependant la résistance à la guerre s'organise.

Sur le plan international, une conférence se réunit à partir du 24 avril 1916, à Kienthal, en Suisse. C'est la suite de celle de Zimmerwald. Les socialistes indépendants y participent. Rosa ricane. Parlotes, dit-elle. Il faut des actes. Ces « indépendants » se donnent bonne conscience.

En fait, Rosa leur reproche de refuser de participer à la préparation d'une manifestation pour le 1er mai 1916, à Berlin. Ils ont, en effet, avancé pour se justifier l'absence de sentiment révolutionnaire dans les masses et le caractère insensé d'un tel rassemblement.

Mais Rosa est solidaire de Liebknecht qui a pris l'initiative de cette manifestation.

On la prépare fébrilement, clandestinement, car elle va violer les règles de l'état de siège.

Le tract appelant à manifester a été rédigé par Liebknecht, imprimé par de jeunes militants berlinois. Naturellement la police est alertée et, le 1er mai, elle quadrille la Potsdamerplatz où se retrouvent quelques centaines de manifestants, au milieu desquels, reconnaissables, Rosa Luxemburg et Karl Liebknecht.

On se promène d'abord, puis Karl Liebknecht lance d'une voix vibrante : « A bas le gouvernement ! A bas la guerre ! »

Des policiers se précipitent sur lui, l'arrêtent, tentent de l'entraîner bien qu'il se débatte. Et Rosa s'accroche à Karl :

« J'ai cherché à le libérer de toute la force de mes poings, racontera-t-elle, et je m'agrippai à lui et aux policiers jusqu'au commissariat où l'on me mit dehors sans ménagement. »

L'arrestation ne met pas fin à la manifestation, bien au contraire. Elle se poursuit durant plusieurs heures, par petits groupes de manifestants pourchassés par la police.

Symboliquement, pour Rosa, cette journée du 1er mai 1916 est une réussite qui a, dit-elle, « dépassé toutes nos espérances, d'autant plus que nous l'avions préparée complètement seuls ».

Sa hargne — sinon sa haine — à l'égard des « indépendants » qui se sont tenus à l'écart, ce 1er mai, s'en trouve encore accrue. Couards, pense-t-elle.

Car c'est aussi en termes de courage et de lâcheté qu'elle juge. Et cette manière de voir, morale, oblitère le jugement politique.

D'abord, l'arrestation de Karl Liebknecht creuse encore un peu plus profond le fossé qui sépare les deux camps socialistes.

Car, Liebknecht arrêté, les majoritaires sont considérés par les spartakistes — et une partie des indépendants — comme les complices des juges et des policiers qui vont condamner Karl Liebknecht à quatre ans et un mois de bagne et à la perte de ses droits civiques pour une durée de dix années.

Pour le condamner, il avait fallu obtenir du Reichstag la levée de son immunité parlementaire. Certes, les députés socialistes majoritaires avaient voté contre la levée de l'immunité, mais avec des mots qui équivalaient à déconsidérer Liebknecht, accusé de « nervosité pathologique » par le député majoritaire Landsberg.

Quant à Rosa, elle est révoltée, tout entière dévouée à la défense de Karl Liebknecht, se souciant peu de son propre sort, sachant qu'elle est surveillée par la police et comprenant bien que, si le gouvernement n'a pas hésité à condamner au bagne un député au nom prestigieux, lié à toute l'histoire du socialisme allemand, il n'aura guère d'égards pour une femme juive et d'origine polonaise.

Mais Rosa n'hésite pas.

« A partir de l'instant où Karl fut arrêté, je n'ai naturellement pas eu un moment de liberté, car il s'agissait d'apprendre où on l'avait emmené et d'arriver jusqu'à lui... Il pleut des réunions tôt le matin ou tard la nuit. »

Et parce qu'elle voudrait aussi écrire, répondre aux critiques qui — que cela semble loin, mais Rosa a la mémoire longue — avaient attaqué son *Accumulation du capital*, écrire cette brochure *anticritique* dont elle a déjà tracé les grandes lignes, elle dit : « Malheureusement, dans tout ce tourbillon, je n'arrive pas à travailler tranquillement et je n'ai pas une minute de liberté. »

Elle brûle ainsi ce qu'elle sait être ses derniers instants de vie « normale », dans les rues de la ville, à la tribune d'une réunion — ainsi à celle des socialistes du Grand Berlin, « discours très habile », dit Hugo Haase, qui fit beaucoup d'effet — ou bien rédigeant un tract ou un article. Elle reprend la déclaration que Karl Liebknecht a prononcée devant le conseil de guerre royal de Berlin.

« Je n'ai pas à me défendre, a dit Karl. Je me déclare partisan résolu du socialisme international, fidèle à la politique que, pendant des années, j'ai défendue ouvertement, à chaque lettre du tract, fidèle aux mots d'ordre : A bas le gouvernement ! A bas la guerre ! »

Elle est aussi fidèle, elle adhère à chaque mot, elle reconnaît en Karl Liebknecht la même énergie que la sienne, peut-être trop aveugle sur le reste de la vie, mais voilà un homme politique selon sa morale.

Elle participe aussi à la préparation d'une journée de grève qui va toucher près de 55 000 ouvriers qui protestent contre la condamnation de Liebknecht, le 28 juin.

Ce sont — ces jours de la fin juin 1916 — des jours graves, tendus. Ces premières manifestations montrent que la protestation contre la guerre, minoritaire certes, gagne cependant en ampleur.

Au même moment, sur le front est, les Russes sont passés à l'offensive pour soutenir les alliés de l'ouest et, en Bukovine, ils remportent des succès. Quant au front ouest, l'offensive sur Verdun est définitivement abandonnée et von Falkenhayn est remplacé par Hindenburg.

Partout, à l'est et à l'ouest, on piétine dans le sang.

Rosa, maintenant que Liebknecht a été arrêté, est presque seule à tenir le front de l'opposition. A ses côtés, Léo Jogichès, prudent et obstiné, efficace et silencieux, assure le fonctionnement de la petite organisation que nécessite la publication de *La Lettre de Spartakus*.

Que l'on retrouve ainsi, côte à côte, dans cette fin de printemps 1916, cet homme et cette femme qui cheminent ensemble depuis près de vingt ans, est révélateur de leur fidélité aux idéaux de leur jeunesse et aussi de la faiblesse de cette extrême gauche allemande.

Rosa et Léo, résolus et inébranlables, sont toujours présents, mais autour d'eux, c'est une petite poignée d'hommes et de femmes qui sont rassemblés.

Que resterait-il de l'opposition si Rosa Luxemburg était emprisonnée après Karl Liebknecht ?

Le pouvoir est persuadé qu'on peut, en l'arrêtant, décapiter ce mouvement qui croît, mais ne menace pas réellement le fonctionnement du pays en guerre.

Rosa n'ignore pas qu'elle est à la merci du gouvernement. Mais pourrait-elle renoncer ?

Rosa, le 8 juillet 1916, s'était rendue à Leipzig.

Le préfet de police de Berlin, von Jagow, avait alerté les services de police de Leipzig, attirant l'attention sur cette « agitatrice, l'une des plus actives et des plus dangereuses de l'aile extrémiste et révolutionnaire de la social-démocratie ».

On la soupçonnait — à raison — d'avoir rédigé le tract défendant Liebknecht et attaquant les « chiens » qui « aboient contre quelqu'un qui est enchaîné, absent ».

Cela ne suffisait pas à ouvrir une instruction contre elle, mais l'état de siège permettait de l'emprisonner comme une personnalité capable de troubler l'ordre public.

Lorsque le dimanche 9 juillet, Rosa rentra chez elle, revenant de Leipzig, Mathilde Jacob lui annonça que deux hommes « à l'allure suspecte s'étaient présentés et souhaitaient parler à Rosa de quelques tracts ». Ils devaient revenir le lendemain, lundi 10 juillet.

Ils se présentèrent en effet à l'aube, ce 10 juillet 1916.

Rosa ne répondit même pas quand ils déclarèrent qu'ils étaient des inspecteurs de la police secrète chargés de la conduire à la prison de femmes de la Barnimstrasse.

Elle l'avait dit, il y a cinq mois : « Entrer et sortir de ces murs est une affaire des plus banales. »

Mais l'angoisse qu'elle maîtrisait lui serrait la gorge : aucune durée n'était fixée à sa détention. Elle dépendait du bon vouloir des autorités, donc de la durée de la guerre. Et qui pouvait prévoir ?

Rosa pouvait imaginer, alors qu'elle refermait la porte de son appartement de Südende, qu'elle reviendrait un jour pour vivre tranquillement là, son temps partagé entre ses passions.

Mais elle pouvait aussi penser que c'en était fini de cette vie-là.

De toute façon elle devait faire face et rester digne.

19

« *En fait, je suis un peu comme une écorchée...* »
(10 juillet 1916-mars 1917)

Elle était donc de retour à la prison de femmes de la Barnimstrasse.

Elle retrouvait les odeurs, les bruits, les couloirs de l'enfermement, une fois de plus obligée de « se ramasser » sur elle-même, pour résister à ce désespoir qui la gagnait cependant, puisqu'elle ne savait pas pour combien de mois elle resterait prisonnière.

Elle était en détention administrative, renouvelable par période de trois mois, et l'espérance d'une libération allait ainsi alterner avec la conviction qu'on ne la lâcherait plus que sous la contrainte de conditions extérieures.

En même temps, elle avait déjà l'expérience de la Barnimstrasse, et l'effort d'adaptation était moindre, cet avantage psychologique effacé cependant par le sentiment du recommencement, la privation de liberté qui revenait après ces cinq mois passés à agir, à parler.

Son régime de détention lui donnait un statut particulier.

Elle avait le droit de recevoir de la nourriture, des livres, des lettres et naturellement des visites. Et, une fois de plus, Rosa organisa sa vie de manière à rester en contact avec le monde extérieur qu'elle sentait vibrer malgré les murs de sa cellule.

Elle mit donc sur pied un programme de travail, évalua les possibilités qu'elle avait de transmettre à l'extérieur les articles qu'elle écrirait, et elle put compter sur ses amies Mathilde Jacob,

Marta Rosenbaum et aussi, nouvelle venue dans les parloirs, Sonia Liebknecht qui était aussi femme d'un détenu.

Parfois, avec l'une ou l'autre de ses amies, à la barbe du gardien qui les surveillait, elles échangeaient leurs sacs, celui de Rosa contenant les lettres qu'elle voulait faire sortir en fraude, celui de sa visiteuse les nouvelles de l'extérieur qu'on voulait lui communiquer.

Ses amis — ainsi Paul Levi qui vécut une partie de cette période en Suisse — lui expédiaient des journaux auxquels elle avait droit. Et, une fois de plus, elle bénéficia de la bienveillance de certaines des autorités pénitentiaires.

Mais il fallait d'abord travailler parce que, pour Rosa, un programme de travail était la meilleure manière de lutter contre les ravages de la nostalgie et de la dépression.

Il faut mesurer l'effort psychologique qu'exige cette prise en main de Rosa par elle-même dès qu'elle a franchi les portes de la Barnimstrasse, quelle énergie personnelle cela suppose, quelle capacité à lutter contre les circonstances les plus défavorables cela représente.

Elle est à peine depuis plus de quinze jours en prison qu'elle écrit — le 28 juillet 1916 — à son « cher camarade Dietz », député social-démocrate qui dirige la maison d'édition du SPD.

Elle lui propose « plusieurs travaux écrits que je viens d'entreprendre ou qui sont presque terminés ». Et, ironique, elle précise : « Vous l'avez sans doute compris, j'ai à nouveau actuellement beaucoup de loisirs... »

Ce n'est pas moins de trois « travaux » qu'elle souhaite voir éditer, son *Anticritique*, son *Introduction à l'économie politique* et, ajoute-t-elle, « je suis en train de traduire en allemand un livre russe de Korolenko : *L'histoire du monde contemporain...* Ce livre intéresserait vivement en Allemagne un large public et lui plairait ».

Elle donne calmement, comme si elle écrivait sa lettre de son bureau, ayant à sa disposition sa bibliothèque, la description des ouvrages. Lettre impressionnante de sang-froid, de détermination, de volonté de rester active par l'esprit et d'agir par la réflexion puisqu'elle ne peut plus se mêler aux batailles politiques.

Mais Dietz qui appartient aux majoritaires du SPD refusera toutes les propositions de Rosa. Qu'à cela ne tienne, elle fera explorer par Luise Kautsky ou Mathilde Jacob d'autres possibilités et c'est finalement l'éditeur Paul Cassirer qui publiera le livre de Korolenko.

Du fond de sa cellule, Rosa mènera — grâce à ses intermédiaires et d'abord Luise Kautsky — les négociations classiques, un peu anxieuses et tatillonnes, d'un auteur avec son éditeur.

Mais Rosa n'est pas aveugle sur les motivations de son travail. « Le travail scientifique sérieux est la seule chose qui me reste », dit-elle. Et elle est angoissée, nerveuse, dès qu'un obstacle se dresse devant ce qui est pour elle une condition essentielle de sa survie. Que les livres qu'on lui envoie dussent être visés — alors qu'elle a été transférée dans une prison éloignée de la capitale, Wronke, par la Kommandantur de Berlin — et elle se sent étranglée. De même les visites — et la relative liberté de dialogue avec ses amies — sont pour elle vitales.

Qu'un surveillant pointilleux ou agressif veuille les interrompre alors qu'elle estime avoir droit à une durée plus longue et elle s'emporte. Et cette perte de sang-froid est la preuve de sa fragilité psychologique sous les apparences, de la blessure que représente pour elle la prison.

Ainsi, au mois d'août 1916, alors qu'elle est depuis moins de deux mois enfermée à la Barnimstrasse, un fonctionnaire de police — l'un de ceux qui l'avaient arrêtée en juillet chez elle — vint remplacer l'un de ses collègues pour la surveillance des visites et multiplia les remarques insolentes.

Rosa lui lança au visage, dans un mouvement de fureur, la tablette de chocolat que Mathilde Jacob venait de lui apporter. Elle l'insulta, criant : « Vous n'êtes qu'un sale espion et un salaud, sortez ! »

Cette explosion de colère (et cet aveu de faiblesse), Rosa allait les payer cher.

Au milieu de la nuit, on la réveillait afin de la transférer au Centre de police de l'Alexanderplatz.

Ce fut l'horreur pour Rosa. L'isolement. Elle était enfermée dans « un trou de onze mètres carrés, sans lumière ni le matin ni le soir, coincée entre le closet (sans water) et le châlit de fer », dans l'impossibilité donc de travailler, de lire ou d'écrire, de suivre comme elle en avait l'habitude à la Barnimstrasse le mouvement des insectes ou d'écouter le chant des oiseaux.

Seule.

« Le mois et demi que j'ai passé là, dira-t-elle, a fait blanchir mes cheveux et m'a laissé les nerfs dans un tel état que je ne serai plus jamais la même. »

C'est alors qu'elle connaît des moments de faiblesse.

« Quand j'ai été autorisée à la voir, raconta Mathilde Jacob,

Rosa s'est assise sur mes genoux, elle a posé sa tête sur mon épaule et s'est laissé cajoler, chose qu'elle n'aurait jamais acceptée avant. Elle était malade et sans défense. »

Peut-être espérait-on l'avoir brisée ou suffisamment punie.

A la fin du mois d'octobre, on la transféra dans une forteresse de Posnanie, à Wronke.

C'était un vieux bâtiment, isolé, loin de la capitale, ce qui rendrait les visites plus difficiles, mais en quelques jours, Rosa réussit à y construire un univers qui rendit sa détention moins lourde.

Mais elle avait des problèmes d'argent. Le voyage avec ses deux « accompagnateurs a été à mes frais, environ quarante marks ». Elle s'est abonnée à des journaux. Il lui faut acheter de la nourriture.

« Virez-moi ici de l'argent tout de suite », dit-elle à Mathilde Jacob à laquelle elle réclame ses livres, de la saccharine, ses souliers, ses chaussons de velours, ses vases à fleurs et du savon... Et quand elle a reçu cent marks, elle écrit : « Envoyez-m'en davantage. »

Au vrai, à Wronke, ses conditions de vie en prison sont tout à fait exceptionnelles et elle le sent bien — puisqu'elle vient de sortir du « trou » de l'Alexanderplatz.

D'abord la surveillante-chef, Eva Schrick, est séduite par Rosa, bavarde avec elle, ferme les yeux sur les visites, les lettres, et autorise Rosa à meubler et à décorer ses deux cellules, l'une servant de bureau — avec des rideaux !

De même elle a fait aménager pour Rosa un petit jardin séparé du reste de la prison par une clôture et Rosa pourra tout à son aise y accueillir les oiseaux, les nourrir, rêver en les voyant s'envoler. Elle peut aussi emprunter le chemin de ronde pour une promenade. Et même, avec Marta Rosenbaum, elle obtient l'autorisation de sortir de la forteresse et de marcher dans la campagne environnante. On imagine la joie de Rosa si sensible à la nature.

Eva Schrick ne pouvait agir qu'avec l'accord du procureur général, le docteur Dossmar, lui aussi tombé sous le charme de Rosa et s'entretenant souvent avec elle, heureux de pouvoir dialoguer avec une intellectuelle dont il mesurait l'intelligence remarquable.

Certes Rosa restait une prisonnière et savait qu'elle pouvait à chaque instant perdre ces avantages.

Quand Eva Schrick fut mutée à Metz, les conditions de détention devinrent plus strictes, mais durant plusieurs mois —

jusqu'en mai 1917 — elle put vivre ainsi, sans être enfermée tout le jour entre les murs d'une cellule.

Elle put surtout écrire et recevoir une énorme correspondance qui était, comme elle l'avait déjà éprouvé durant son premier séjour à la Barnimstrasse, une condition essentielle de son équilibre psychologique.

C'est que l'émotion est toujours à fleur de peau, comme si la prison exacerbait tous les sentiments, révélait les qualités et les défauts, les forces et les faiblesses.

Il suffit que, pour la Noël 1916, Sonia Liebknecht, Luise Kautsky et la surveillante-chef se soient entendues pour offrir à Rosa un arbre de Noël décoré qu'elle peut installer au centre de ce que Rosa n'appelle pas sa « cellule », mais sa « pièce », pour qu'elle s'exclame : « J'ai vraiment chaud au cœur quand je contemple cette merveille. Mais je suis bien sûr confuse de ce luxe insensé dont vous me comblez. C'est tout simplement inouï. »

Et elle rapporte aussi le ravissement de la « pauvre détenue » qui fait le ménage « chez moi » et à qui la vue de l'arbre brillant de ses bougies fait « chaud au cœur ».

En fait, à tout moment, elle peut basculer. Et à ses amis les plus intimes — Hans Diefenbach ou Luise Kautsky —, à ceux auxquels elle ose (et veut : Rosa reste lucide, et ce qu'elle écrit, elle choisit de l'écrire, elle ne cède pas à la spontanéité et à la sensiblerie) faire part de ses faiblesses, elle ne le cache pas.

Car si elle résiste à l'isolement, à la prison, c'est par un effort constant qu'une « journée grise sans soleil » peut annuler.

« Au milieu de mon bel équilibre péniblement établi hier soir avant de m'endormir, écrit-elle à Diefenbach, j'ai été saisie de nouveau par le désespoir, un désespoir beaucoup plus noir que la nuit. Et aujourd'hui... je me sens comme un bourdon gelé... Si le soleil pouvait me ressusciter de mon froid mortel, pauvre malheureuse que je suis ! »

Il est rare qu'elle parle ainsi d'elle-même, mais Hans Diefenbach est son confident intime, celui avec lequel, lettre après lettre, elle conduit une relation amoureuse, un peu couvenue, mais ce marivaudage est écrit depuis une forteresse, ce qui lui donne une gravité, une nostalgie touchantes.

Même quand Rosa exagère à l'évidence la part qu'a tenue Hans Diefenbach dans sa vie, on comprend que cet excès joue une fonction dans son univers de prisonnière.

Hans est celui avec qui elle parle « amour », celui qui lui permet d'interpréter le rôle de la femme aimée et aimante. Exercice de style, pour une part, mais qui répond chez Rosa à un besoin : elle ne veut pas cesser d'être une femme qu'on aime.

Emprisonnée, elle ne renonce à rien.

Elle dit à Hans : « Votre vocation essentielle reste la même aujourd'hui qu'hier : c'est d'apporter à mon existence terrestre l'éclat et la lumière..., d'être mon bouffon de cour. »

C'est une « scène » que Hans et Rosa interprètent. On y évoque les « belles soirées de Südende où vous me lisiez du Goethe en buvant d'innombrables tasses de thé et que, sur le divan, je m'abandonnais avec Mimi à une bienheureuse paresse ».

On y parle de ce que doit être l'amour. Et quand Rosa évoque Clara Zetkin qui refuse à son mari, plus jeune qu'elle, le divorce, l'indignation vient tout à coup briser la douceur de la voix. « Proférer de grandes phrases sur la liberté individuelle et, dans la vie privée, asservir une âme humaine par une passion insensée, je ne comprends pas cela, je ne le pardonne pas. »

Dure Rosa, exigeante pour ses amis, demandant aux femmes — à Clara donc — les deux qualités maîtresses qu'elle attribue au sexe féminin, la bonté et la fierté.

Elle, elle ne s'obstine jamais : « Dès que, même de loin, je pressens que quelqu'un ne n'aime pas, ma pensée s'écarte de son horizon, tel un oiseau effarouché ! »

Elle parle ainsi de la passion, de la dignité, de sa morale, et aussi du fait qu'elle préfère « les mains toujours froides » de Hans Diefenbach — même si ce temparément « de blond pâle » l'irrite — puisque cela, dit-elle, l'empêche de commettre « un acte bas ».

Elle, elle a un tempéramment capable de mettre « le feu à une prairie », mais « la paix et le simple désir de l'individu sont pour moi sacrés et je préfère mourir de chagrin que d'y porter atteinte ».

Alors, « triste affaire », le comportement de Clara Zetkin. N'en parlons plus. Revenons au marivaudage.

Hans, « petit vaurien », ne remporterait-il pas des « victoires sur les Françaises ! — Mais je vous interdis toutes les annexions, m'entendez-vous ? ».

Il faut bien ce sourire un peu forcé pour oublier, le temps d'une phrase, que les murs d'une forteresse vous entourent, qu'on est si faible qu'on « ne peut plus supporter à présent la moindre dureté ni des hommes ni de la nature ». Qu'on est si attendri qu'une guêpe tombée dans l'encrier, on n'a de cesse de la sauver, « de lui laver les ailes trois fois à l'eau tiède ». Et qu'il faut bien un peu d'artifice pour ne pas s'étouffer de nostalgie — « Seigneur, quand reverrai-je là-bas — au bord du lac de Genève — le mois d'avril ? » et continuer d'affirmer : « Seigneur, que le monde et la vie sont beaux ! »

Hans Diefenbach est le préposé à la nostalgie, à l'intimité, à l'ambiguïté amoureuse.

Rosa lui donne des ordres en vue de sa prochaine visite à Wronke : « Je tiens aussi à l'habituel baiser d'adieu. Sans cela, si vous vous montriez raide et intimidé, je le serais encore plus ; et alors nous ne profiterions ni l'un ni l'autre de rien. »

Elle a de nombreux correspondants, mais elle peut dire, sans *trop* mentir à Hans : « Vos lettres restent ma seule consolation », puisqu'il est le seul à pratiquer avec elle cet amour courtois entre un chevalier et sa gente dame, ou comme on le vivait au XVIIIe siècle, tout en conversation intellectuelle.

Rosa, « isolée sur mon île comme Robinson », dit-elle — veut rester toute en vie. Et pour cela, il lui faut parler.

« Je combats mes démons intérieurs comme Luther, avec un encrier, dit-elle à Hans. Vous en serez la victime : vous allez être bombardé de lettres. »

Et Hans comme Luise Kautsky doivent le savoir : « Dans mon cœur, leur répète Rosa, à côté des questions générales, il y a toujours une petite place pour les problèmes personnels. »

Et Hans et Luise, lui versant amour, elle versant amitié, sont chargés de ce « secteur ».

Rosa reste, même sur ce terrain, organisée et méthodique.

Mais c'est une prisonnière qui écrit, qui chuchote, qui fait front, utilisant la confidence calculée comme une thérapeutique parce que, si elle ne parle pas, elle hurle.

Rosa, comme lors de son premier emprisonnement à la Barnimstrasse, développe tout au long de ces mois de captivité une faculté d'introspection aiguisée par la solitude, maintenue et approfondie par l'écriture des lettres, et sa vertu est grande : Rosa l'a dit, l'encrier lui permet de se contrôler — comme Luther...

Elle écrit, donc elle se voit, donc elle se tient à distance d'elle-même, donc elle peut se reprendre en main. Car elle connaît « sa grande émotivité actuelle ».

Elle dit à Luise Kautsky : « En fait, je suis un peu comme une écorchée... »

Elle se sent gravement atteinte par ces longs séjours en prison. Elle s'angoisse : pourra-t-elle encore parler d'une tribune ? Un cauchemar l'étreint : elle s'enfuira. Elle sera incapable de prononcer un mot. Elle éprouve l'*horror pleni*, dit-elle, l'horreur des groupes, des salles pleines.

Et puis elle est physiquement affaiblie. Les maux d'estomac se multiplient. Ils sont sans doute d'origine nerveuse, explique-t-elle, « l'état de mes nerfs est préoccupant ». Elle se voit obligée de « mener des années encore une vie retirée, agissant surtout par la plume ».

Elle va donc mal.

A Mathilde Jacob qui lui rend visite, elle se confie : « Je souffre de dépression de l'âme, c'est parfois si grave que j'en ai de grandes craintes. »

Et cette confidence, comme l'aspect de Rosa, son amaigrissement, sa pâleur, le fait que les maux d'estomac la contraignaient à renoncer à la nourriture, effraient Mathilde Jacob.

Mais cette femme malade, hypersensible, et d'une émotivité presque pathologique, demeure une femme qui travaille, qui se passionne pour la nature et le sort du monde.

Elle fait chaque jour une promenade en longeant « son éternelle muraille ». Elle espère avec impatience le retour du printemps, mais elle respire longuement, se calme, « il suffit d'attendre et de laisser les lois de la nature accomplir leur œuvre », réussit-elle à penser.

Et cette sagesse la pénètre peu à peu, parce que c'est une nécessité que d'être patient quand on est enfermé, mais aussi, plus profondément, parce qu'il en est ainsi dans l'histoire du monde et des hommes.

Elle observe « la scène du monde » en acteur qui ne se laisse pas griser ou désespérer.

« Nous devons avoir de la patience envers l'histoire, dit-elle à Marta Rosenbaum. Je veux dire non pas une patience inactive trop commode, fataliste, mais celle qui engage toutes les énergies et ne se laisse pas abattre lorsqu'elle paraît mordre sur du granit, et qui n'oublie jamais que la brave taupe de l'histoire creuse sans cesse, jour et nuit, jusqu'à ce qu'elle perce à la lumière. »

Et elle sait, par les lettres qu'on lui transmet, les messages codés qu'elle reçoit, les conversations avec ses visiteurs, les journaux qu'elle lit, que la « taupe » a encore beaucoup de travail à accomplir avant de déboucher au jour.

L'arrestation de Liebknecht, malgré la grève qui a suivi sa condamnation, puis l'emprisonnement de Rosa n'ont pas bouleversé l'Allemagne qui, dans ses profondeurs, les ignore.

Certes, il y a des manifestations ici ou là contre la vie chère et les difficultés de ravitaillement, mais, et bien que la vie quotidienne se dégrade, que le marché noir se développe, que les pertes humaines sur les fronts soient énormes, le mot d'ordre gouvernemental, « tenir », est partagé par la population.

Les majoritaires du SPD défendent cette position.

Ils peuvent se permettre, du 21 au 23 septembre 1916, de réunir une Conférence nationale du SPD, où tous les courants sont représentés, des spartakistes aux indépendants, parce qu'ils tiennent en main le Parti.

Le délégué des spartakistes peut bien contester le mode de désignation des délégués, invoquer l'état de siège, la censure qui empêche tout vrai débat, dire : « Étant donné ces conditions, il est clair que toutes les résolutions adoptées par cette conférence ne pourront avoir la moindre valeur morale ou politique », les majoritaires l'emportent sur tous les points.

Dès les lendemains de la conférence, ils vont cadenasser encore un peu plus le Parti, chassant les militants de l'opposition, prenant le contrôle (le 17 octobre 1916) du *Vorwärts*, qui maintenait une ligne indépendante.

Et lorsque les oppositions — celle des spartakistes et celle des indépendants-centristes — se réunissent le 7 janvier 1917, les majoritaires prennent encore l'initiative. Ils décrètent que cette réunion est une « rupture » et ils excluent du Parti tous ceux qui y ont participé... et cela va de Kautsky à Bernstein, de Hugo Haase à Mehring, c'est-à-dire bien des dirigeants connus du SPD.

Mais les majoritaires ont évalué le rapport des forces : il est en leur faveur, à la fois dans le Parti dont ils contrôlent l'appareil, et dans le pays.

Et puis, ils s'appuient sur le gouvernement et les institutions d'État, sur le climat de répression qu'a instauré l'état de siège.

Que peuvent les socialistes d'opposition ?

Rosa, dans sa forteresse de Wronke, a toute la journée pour penser à la situation.

Elle ne s'illusionne pas sur la faiblesse présente de ses amis. Léo est à lui seul presque toute l'organisation spartakiste. Sous le pseudonyme de W. Kraft, il dirige *La Lettre de Spartakus*, réussissant le tour de force de continuer à la faire imprimer et diffuser.

Mais face à l'océan de la presse conservatrice ou de la presse socialiste majoritaire, il ne s'agit que d'une ride à la surface de l'opinion.

Rosa le sait. C'est aussi une des raisons pour lesquelles elle déconseille jusqu'au bout de quitter le SPD, mais c'est la direction du Parti qui choisit d'expulser les opposants, les contraignant ainsi à apparaître pour ce qu'ils sont : divisés. Car c'est un étrange conglomérat que celui qui unit Bernstein, Rosa Luxemburg, Liebknecht et Kautsky !

La situation est donç mauvaise. Et Rosa, qui continue d'écrire des éditoriaux vengeurs que Mathilde Jacob ou Marta Rosenbaum font parvenir à Léo Jogichès, exprime un double sentiment.

Elle ne peut pas renoncer à son optimisme, à ce sens de l'histoire qui un jour saisira les masses. Et cependant, ici ou là, percent son amertume, ses désillusions. Que font-elles, ces masses ?

Elle nourrit ses mésanges charbonnières dans son petit enclos de Wronke, elle leur inculque, ironise-t-elle, « les mots d'ordre et les idées les plus révolutionnaires avant de les réexpédier dans le monde. Mais au diable ! Elles aussi finiront par se rallier à Scheidemann, je le pressens déjà, l'instinct est plus fort que n'importe quelle sagesse apprise ».

Et, incidemment, parlant avec Hans Diefenbach d'un roman, elle évoque l'incompréhension qu'il y a entre celui qui prêche et la foule. Celle-ci déforme chaque mot à l'instant même où il sort de la bouche du prédicateur, « cloué à cette image caricaturale de lui-même ».

Seulement cette lucidité, ce pessimisme et cette amertume ne la font pas changer d'avis. Au contraire. Elle se cabre comme un croyant que le doute assaille. Et un croyant qui sait que la foi n'a de valeur que parce que le doute l'attaque et qu'il doit le repousser. Elle cite Luther souvent : « Je suis là et ne puis agir autrement. »

Alors elle condamne les majoritaires, les « indépendants-centristes », tous ces socialistes qui ont transformé « l'Église social-démocrate » en une « maison close » et se livrent à « une orgie sans pudeur ». La social-démocratie allemande a livré les « masses » au capitalisme. Elle n'est plus qu'un « tas de pourriture organisée ».

La violence des propos, celle d'un imprécateur — d'un Savonarole ou d'un... Luther — est révélatrice de l'isolement politique de Rosa et des spartakistes. De leurs contradictions aussi : ils voulaient rester dans un parti-pourriture et on les en chasse. Ils comptent sur les masses et celles-ci suivent les majoritaires, préfèrent la « maison close » et l'« orgie » à la prière !

Il n'y a plus alors qu'à s'en remettre « aux lois de l'évolution historique et celles-ci ne se démentent jamais même si elles ne suivent pas exactement le schéma que nous avions tracé ».

Acte de foi, acte d'espoir qui rappelle les croyances religieuses les plus simples, les plus absolues : « C'est précisément quand tout paraît absolument sans issue et lamentable à l'extérieur, dit Rosa, que se prépare déjà un complet renversement de la situation qui en sera d'autant plus violent. »

Et de cette croyance, Rosa tire une morale, une règle de comportement : « Nous devons nous maintenir dans les voies droites et claires..., garder la tête haute et ne pas laisser le courage flancher. »

Mais cette contradiction entre la réalité de la situation et les déceptions qu'elle comporte d'une part, et la foi d'autre part, oblige, pour les assumer, à une raideur un peu méprisante.

Le prédicateur incompris que la foule rejette devient vite un lanceur d'anathèmes. Il se sent — il lui faut bien vivre sa contradiction — élu, il est prêt au martyre. Que reste-t-il autour de lui, sinon des lâches ?

Avec une violence toute religieuse, Rosa s'en prend ainsi à l'une de ses amies, Mathilde Wurm, dont elle critique le mari — « un centriste » — le milieu, celui des « grenouilles du marais ».

« Au fond, vous appartenez à une autre espèce zoologique que moi, lance-t-elle. Et votre nature morose, revêche, lâche, votre façon de ne faire les choses qu'à moitié, ne m'a jamais été aussi étrangère, je ne l'ai jamais aussi haïe qu'à présent. »

C'est bien de haine qu'il s'agit et d'une opposition bien plus que politique : caractérielle, morale, philosophique. Deux « espèces zoologiques », dit Rosa.

Comment peut-on passer des compromis politiques dans ces conditions ?

« Ah, quelles âmes misérables, quelles âmes d'épicier vous êtes !..., continue-t-elle. Elle n'a pas été dite pour vous, la parole de cet homme honnête et simple : "Je suis là, je ne puis agir autrement. Que Dieu me vienne en aide." Une chance que ce ne soit pas vos pareils qui aient fait l'histoire du monde, sinon nous n'aurions pas eu la Réforme et nous serions sans doute encore sous l'Ancien Régime... »

Et ceux qu'elle vise ainsi, ce ne sont pas tant les majoritaires du Parti (les Noske, Scheidemann, Ebert, David), mais bien ceux qui devraient devenir ses alliés, parce qu'ils sont maintenant dans l'opposition, « le doux Haase,... Kautsky, ce pâtre à la houlette vacillante ».

Et elle le dit dans sa logique fanatique, dans l'aveuglement politique que provoque le sentiment d'être dans la vérité et de ne pas être compris, de détenir la foi qui sauve et de ne pas réussir à la faire partager, qu'elle choisit la prison plutôt que de lutter avec ces « grenouilles », qu'elle préfère le leader du Parti conservateur, le comte Westarp, à tous ces « épiciers misérables », parce que c'est *un homme*, lui.

Tout est dit de la préférence pour les extrêmes, de l'impossibilité de l'entente avec ceux qui sont proches, du choix caractérisé de la politique du pire, même si Rosa n'en a pas conscience. On saisit là, à nu, la racine du comportement révolutionnaire qui, à un moment donné, est dans l'impossibilité « physique », existentielle, d'aller vers la conciliation, d'accepter la patience — quoi qu'il dise — mais qui choisit la rupture, parce qu'il « hait » au nom de son propre sacrifice ceux qui font un autre choix, prudent, discutable certes, mais qui vaut chez Rosa excommunication. Kautsky, Haase, Emmanuel Wurm sont, en termes symboliques, *exécutés*, boutés loin de l'espèce humaine: « Dès que je pourrai mettre le nez dehors, dit-elle, je m'en vais harceler et prendre en chasse votre bande de grenouilles, à son de trompe, à coups de fouet, en lâchant sur elle mes molosses... »

Certes, il y a la volonté — littéraire — de frapper fort, et tout un effet de style indigné, recherché, un plaisir d'écrire fort, pamphlétaire duquel il ne faut pas être dupe. Et Rosa d'ailleurs se voit, se dit l'héroïne des Amazones, Penthésilée, qui est aussi le personnage principal d'une pièce d'Heinrich von Kleist.

Il y a donc le désir théâtral de choquer, de prendre Mathilde Wurm aux épaules et de la secouer. Ces mots sont aussi ceux de l'amitié, selon Rosa: elle dit son fait à ceux qu'elle aime.

Il reste qu'ils sont révélateurs d'une radicalisation à la fois du caractère et de la pensée, donc aussi de la politique.

Rosa en est consciente: « Pour moi, dit-elle, sans avoir jamais été particulièrement tendre, je suis devenue dure comme l'acier poli. Désormais ni en politique, ni pour le choix de mes amis, je ne ferai plus la moindre concession. »

Mais que reste-t-il alors, si l'on est minoritaire, sinon l'échec, l'impuissance, ou imposer par la force sa vérité ?

Rosa et les spartakistes, et peut-être tous les révolutionnaires, n'échapperont pas à ce dilemme.

Rosa le résout à sa manière.

D'abord la détermination.

A Mathilde Wurm qui tente de lui répondre, qui annonce même qu'elle va la combattre, Rosa répond avec une superbe condescendante: « Ma fille, je suis très solide sur ma selle, personne n'a encore pu me faire mordre la poussière. »

Rosa a une confiance en elle que rien ne peut ébranler. Elle cède parfois au désespoir, ses nerfs lâchent: mais elle est sûre d'être la meilleure.

Elle dit — et elle le croit — qu'elle possède le jugement le plus sûr : « C'est que chez moi, argumente-t-elle, aucun de ces facteurs secondaires, la pusillanimité, le crétinisme parlementaire, qui brouillent le jugement d'autrui. »

Donc, elle *sait*.

Et puis, dit-elle à celle qu'elle appelle « ma petite » — à la manière d'une personne expérimentée, inébranlable, qui fait la leçon — il y a les « masses ». On ne peut pas être déçu par elles, cela n'a aucun sens — et pourtant... Elle exprime parfois cette déception : « Un dirigeant de grande envergure ne fonde pas sa tactique sur l'humeur momentanée des masses, mais sur les lois d'airain de l'évolution. »

Le problème est résolu. L'Histoire dont on a percé les lois, parce que l'on a le jugement « sûr », scientifique, apportera la solution.

Le reste est une question de courage, de morale.

« Il faut en tout temps mener une vie qui engage la personnalité tout entière. »

Telle est Rosa revêtue de son armure, celle qui se situe de plainpied dans l'histoire de toute l'humanité.

Celle qui ne saurait faire un sort particulier à tel ou tel.

Quand ainsi Mathilde Wurm lui parle des « souffrances particulières des Juifs », Rosa hausse les épaules, elle qui est juive.

Elle évoque les tragédies de la colonisation, les peuples exterminés. « Ce silence sublime de l'immensité où tant de cris se perdent, dit-elle, il éclate dans ma poitrine si fort qu'il ne saurait y avoir dans mon cœur un petit recoin spécial pour le ghetto : je me sens chez moi dans le vaste monde partout où il y a des nuages, des oiseaux et des larmes. »

Car, et c'est une autre façon de résoudre la contradiction entre la « dureté de l'acier poli » — une Rosa impitoyable — et la sensibilité, l'affectivité, l'humanité qui sont *aussi* le cœur de sa personnalité, que de rester ouverte au monde tel qu'un oiseau l'exprime, tel qu'elle peut le concevoir dans sa totalité naturelle.

« Tâche donc de demeurer un être *humain*, dit-elle toujours à Mathilde Wurm. C'est vraiment là l'essentiel. Et ça veut dire être solide, lucide et gaie, oui, gaie, malgré tout et tout, car gémir est l'affaire des faibles. Rester un être humain, c'est jeter, s'il le faut, joyeusement sa vie tout entière sur la grande balance du destin, mais en même temps se réjouir de chaque journée de soleil, de chaque beau nuage... »

Pour cette Rosa-là, « le monde est si beau, malgré toutes les horreurs, et il serait plus beau encore s'il n'y avait pas sur terre des pleutres et des lâches ».

Ainsi, sous l'armure, on retrouve Rosa qui répète que, dans les rapports personnels et les contacts humains, « la bonté vaut mieux que la sévérité », qu'elle « incline à pouvoir aimer et tout comprendre », qu'elle s'est fixé comme règle de vie : « Être bon, voilà le principal. Être bon, tout simplement. Voilà qui englobe tout et ce qui vaut mieux que toute l'intelligence et la prétention d'avoir raison. »

Et elle ajoute : « La véritable richesse est la liberté intérieure, laissons à tout moment le naturel s'exprimer et permettons-lui de se laisser emporter par la passion, sans qu'on soit infidèle à soi-même. »

Duplicité de Rosa ? Facette offerte à Hans Diefenbach, le sensible, le chevalier servant, cependant qu'à l'adversaire on présente le tranchant du glaive, tel un exécuteur intraitable ?

Rosa en fait se débat entre les tendances de sa personnalité et les contradictions de sa situation.

Réaliste, connaissant la vie politique dans ce qu'elle a de plus dur — la guerre, la révolution, la prison — elle raisonne en termes de combat, de rapport de forces. Convaincue de posséder la « vérité » de l'histoire, un jugement sûr, elle ne peut faire aucune concession. Un « savant » renoncerait-il à ses découvertes pour « faire plaisir » à un ami ?

Persuadée que l'histoire lui donnera raison, que les masses se placeront un jour sur ses positions, elle n'a aucun motif d'accepter des compromis.

Elle se dresse donc, avec une esthétique et une morale du courage, de la force et aussi une fascination religieuse pour le sacrifice.

Mais elle aime le monde, les êtres humains, sa chère Sonitchka — Sonia Liebknecht — la beauté (« comme si les belles femmes, dit-elle, n'étaient pas déjà un cadeau du ciel parce qu'elles sont un plaisir des yeux, qu'importe alors qu'elles ne soient pas socialement et politiquement utiles »).

Elle était « prête à tomber à genoux » quand passait devant elle une famille corse, « vous jureriez voir la Sainte Famille ».

Elle veut qu'on écrive sur sa tombe les deux syllabes « zvi-zvi », « c'est le cri des mésanges charbonnières que j'imite si bien qu'elles accourent aussitôt ».

Elle a, à chaque instant, le cœur serré par une « terrible nostalgie ».

Elle s'efforce ainsi de ne rien abandonner d'elle-même, de « ne jamais désespérer longtemps de ne pouvoir atteindre l'inaccessible. De toute mon âme, je m'attache au présent ainsi qu'aux beautés qu'il m'offre ».

Elle exagère une nouvelle fois : n'est-elle pas, avec sa foi dans l'histoire, celle qui vit par excellence dans et pour l'avenir ?

Mais elle veut vivre chaque jour pleinement. Et surtout ne pas désespérer. Alors elle s'enthousiasme d'un rayon de soleil et du chant d'une mésange charbonnière.

Mais, tout à coup, au printemps de 1917, en mars, le présent semble enfanter l'avenir, confirmer toutes les attentes et tous les espoirs de Rosa.

Ces révolutionnaires russes qu'elle connaît bien ont, avec les masses enfin en mouvement, renversé le tsarisme.

L'horizon noir paraît se fendre et la lumière éclairer « la scène du monde ».

Tout change pour Rosa.

« Vous pouvez imaginer à quel point, écrit-elle à son "cher Hans" Diefenbach, les nouvelles de Russie m'ont bouleversée. »

Ses amis emprisonnés se promènent maintenant dans les rues de Moscou, de Riga, d'Orel, de Pétersbourg.

Comment ne penserait-elle pas qu'un coup de boutoir semblable va enfoncer le portail de la forteresse de Wronke !

Ses camarades russes sont en liberté.

« Comme cela m'aide à supporter ma détention », s'écrie-t-elle.

20

« *Mais, que veux-tu, gémir n'est pas ma façon d'être* » (mars 1917-8 novembre 1918)

Elle est aux aguets. Le printemps est là. Elle le sent battre à mille signes qu'elle repère dans son petit jardin de la prison de Wronke.

C'est comme si le sang de Rosa battait plus vite, si son enthousiasme, pris par les froids de l'hiver, le pessimisme et la longue détention déjà, se répandait enfin. Des rayons de soleil, une douceur nouvelle de l'air.

Fin mars, début avril 1917, tout bouge, sent Rosa. « Hanschen, écrit-elle à Diefenbach, une guêpe ! Vraiment, la première jeune guêpe, toute fine, sortie du nid ce matin, bourdonne près de moi dans ma chambre... Ah, comme il est beau et familier, ce bourdonnement têtu ! Il fait songer à l'été, à la chaleur... »

Cette vibration de toute la nature est comme en correspondance avec celle de l'histoire, puisque les Russes ont remporté cette victoire qui semblait impossible.

« Hanschen, soyez donc joyeux, lance Rosa, la vie est belle ! La guêpe l'a redit une fois encore et elle le sait bien. »

Rosa trouve dans ce renouveau des saisons et dans cette action des masses russes une confirmation de tout ce qu'elle *croit*.

Le mouvement de la vie est espoir. Le printemps revient. La révolution se produit aussi *naturellement* que le retour d'une guêpe.

A Luise Kautsky qui lui fait part de son abattement, Rosa

répond avec une sorte de frémissement indigné : « Dis-moi, comment peux-tu, telle une triste cigale, continuer à chanter ta chanson si désolée tandis que de Russie nous parviennent ce chœur, ces chants d'alouette si clairs ? Ne comprends-tu donc pas que c'est notre propre cause qui l'emporte et triomphe là-bas, que c'est l'histoire mondiale en personne qui y livre ses combats et, ivre de joie, danse *La Carmagnole* ? »

Certes, Rosa est enfermée, elle ne peut courir sur les lieux de ce qu'elle ressent être comme « sa » révolution. N'est-elle pas polonaise, c'est-à-dire sujette de l'Empire russe ? Ne sont-ce pas ses camarades, ceux qu'elle connaît personnellement, qui sont à la tête du mouvement ?

Mais, même si elle n'est que spectatrice, ces « magnifiques événements de Russie agissent sur moi, dit-elle, comme un élixir de vie ».

« Les nouvelles de Russie et le printemps sont de nature à vous rendre frais et enjoué », répète-t-elle.

Et surtout, la révolution de Février marque, selon Rosa, le début d'une nouvelle époque. Elle insiste dans chaque lettre. « Les événements de Russie sont appelés à devenir grandioses. » Elle craint que Clara Zetkin ou Luise Kautsky ne mesurent pas « la portée imprévisible, gigantesque », de ce qui s'est passé là-bas.

La guerre, d'abord, ne peut plus durer longtemps, affirme-t-elle. Et, bien au-delà de l'issue du conflit, « la conviction inébranlable » de Rosa, c'est que « ces événements auront, devront nécessairement avoir un effet *salvateur* sur le monde entier ».

Le monde va être « sauvé ». Une fois de plus s'affirme *la vision mystique de l'histoire* que la révolution de Février semble confirmer.

« Vous voyez, dit Rosa à Marta Rosenbaum, l'histoire sait trouver une issue là où les choses paraissent absolument sans issue. »

Rosa vibre, elle observe. Chaque nouvelle de Russie est comme « une décharge électrique » qui la traverse « jusqu'au bout des doigts ». Elle ne peut participer à ce « jaillissement d'étincelles ». Soit. Elle n'est pas triste. Elle regrette. Mais c'est presque au niveau du plaisir. Elle n'est pas fataliste. Dès qu'elle sera sortie de prison : « Je m'empresserai de taper de mes dix doigts sur le clavier du piano, ça fera un beau vacarme. »

Mais — et elle ne voit pas la contradiction qu'elle exprime ainsi — « on ne doit pas surestimer l'action de l'individu. Au fond, ce qui agit et force la décision, ce sont les grandes forces invisibles, les forces plutoniennes des profondeurs et finalement tout se met en place, pour ainsi dire, de soi-même ».

Qu'est-ce que cela signifie, sinon que l'action individuelle relève du devoir moral, d'une exigence philosophique, de la nécessité, quand on a reçu la *grâce*, de faire partager la *bonne nouvelle* qui est que *l'histoire a un sens* et que *le monde sera sauvé*.

Mais, pour le reste, ce sont les mouvements *spontanés*, telluriques, qui décident.

Rosa se défend d'être fataliste. Elle a toujours agi et rêve d'agir, mais plus elle s'explique et plus on sent que sa volonté d'engagement est éthique. Elle veut participer. Elle dit qu'on ne peut provoquer. La divinité *Histoire* impose son moment, trouve « mieux que quiconque comment s'en sortir ».

Quand l'exaltation née de la nouvelle de la révolution de Février sera retombée, quand il faudra bien que Rosa accepte que revienne l'automne, et qu'elle sera, après les mois d'été 1917, encore en prison, sa réflexion sur l'histoire ne se modifiera pas, même si elle se teinte d'un mélange d'amertume, mais aussi de sagesse, parce qu'il faut bien admettre ce qui est.

On touche là au cœur de la philosophie de Rosa, de ce composé de fatalisme et de « volonté agissante », de cette combinaison entre un optimisme indéracinable et un pessimisme qui affleure sous les proclamations de l'espoir. Tout cela si religieux au fond, si plein d'acceptation du monde tel qu'il est, parce que « se révolter et tempêter contre l'humanité tout entière n'a finalement pas de sens ».

Mais cette reconnaissance du réel n'est possible que parce qu'il y a la *croyance* en un retournement complet.

« J'ai le sentiment que toute cette boue morale dans laquelle nous pataugeons, que cet immense asile d'aliénés dans lequel nous vivons pourraient se transformer du jour au lendemain, comme par un coup de baguette magique, en leur contraire, en quelque chose de prodigieusement grand et héroïque, et si la guerre dure encore quelques années, ce changement doit s'opérer *nécessairement*. »

Plus la souffrance aura été grande, en somme, plus la *chute* aura été profonde et plus l'*assomption* sera fulgurante et radicale. « Tout ce qui se passe à présent sera balayé, extirpé, oublié, dit-elle... et ce qui est aujourd'hui la lie de l'humanité pourra demain, la tête haute, couronnée de lauriers frais, déambuler sur les sommets de l'humanité et contribuer à réaliser les idéaux les plus nobles. Mais *telle* est l'histoire... »

Amère puisque les lâches seront sauvés, puisque les tueurs ne pourront pas être punis, les massacreurs de « Peaux-Rouges » ne seront pas jugés. « Je sais parfaitement que les comptes ne seront jamais réglés, dit Rosa... et je serre les poings de désespoir... Tous les péchés actuels se perdront dans le fatras des factures historiques non réglées. »

Voilà pour l'amertume de celle qui est emprisonnée et qui pense que, demain, ses bourreaux peut-être, les lâches (Ebert, Scheidemann) se feront acclamer, et elle, peut-être sera morte. Mais c'est ainsi. « D'ailleurs, ça n'a pas changé depuis le commencement du monde. »

Voilà pour la sagesse. « Il faut prendre avec calme tout ce qui se passe, sans perdre de vue les grandes lignes et en gardant le sourire. »

Elle veut avoir « le calme d'une naturaliste ». Et se répéter que « plus la situation semble désespérée, plus l'épuration sera radicale. Donc, malgré tout « il faut garder bon courage et la tête haute ».

A la fin, c'est sur cet impératif individuel qui prend sa racine dans le caractère, c'est sur cette exigence de l'orgueil que débouche la réflexion historique de Rosa.

Garder sa dignité et sa fierté. Faire face.

Car Rosa reste l'observatrice attentive et passionnée de l'histoire qui se fait. Ses articles continuent de sortir en fraude de la forteresse de Wronke, à paraître dans *La Lettre de Spartakus* que Léo Jogichès réussit toujours à faire imprimer et à diffuser.

Elle approuve que, les 6 et 9 avril à Gotha, ses amis s'associent aux « centristes-indépendants » socialistes pour former un nouveau parti, l'USPD, le *Parti social-démocrate indépendant.* La revoici dans le même parti que Kautsky ou Hugo Haase, camarade donc de ce marais qu'elle n'a cessé de dénoncer. Et cette association — contre le SPD d'Ebert, de Scheidemann et Noske — est évidemment ambiguë. Car qu'y a-t-il de commun, dans cet USPD, entre les Kautsky-Haase-Bernstein et Rosa Luxemburg, Karl Liebknecht, Paul Levi ?

Mais c'est ainsi. L'histoire trouvera bien l'issue qui convient. De même, Rosa doit bien accepter les réalités de la révolution.

Rosa apprend, et elle en est scandalisée, que son vieil « ami » Parvus — celui qu'elle appelait le « Gros » et qu'elle avait peu à peu jugé comme un personnage trouble — négocie avec Scheidemann et le ministère des Affaires étrangères allemand pour obtenir du Reich le droit de passage de Lénine, réfugié en Suisse, par le territoire du Reich. Lénine traverse l'Allemagne en wagon plombé et arrive à Petrograd, prenant la tête de la révolution, formulant ses *Thèses d'avril.* Sans doute aussi les bolcheviks ont-ils obtenu — grâce à Parvus — un soutien financier du gouvernement de Berlin.

Où est la morale dans ces tractations cyniques où chacun des partenaires trouve son compte : Lénine un appui, les Allemands un affaiblissement — par les troubles en Russie et bientôt par la défection de cette puissance, de la coalition de leurs adversaires de l'Entente ?

Rosa ne dénonce pas ce qu'elle ne connaît pas en détail — mais qu'elle soupçonne en ce printemps et cet été 1917. « L'impérialisme allemand, écrit-elle en avril, aimerait mettre à profit la tendance prolétarienne de la Révolution russe pour se soustraire à une défaite militaire imminente. »

Or, juge Rosa, la Révolution russe ne survivra qu'à la condition que les autres peuples se soulèvent. Et d'abord l'allemand. Sans révolution allemande, pas de salut pour la Révolution russe.

Elle esquisse cette pensée, dès le printemps 1917, alors même que des grèves se multiplient en Allemagne, à Berlin, à Leipzig notamment.

Les difficultés de la vie quotidienne — la ration de pain hebdomadaire passe, le 15 avril 1917 — de 1 350 grammes à 450 — aiguisent le mécontentement.

Des « délégués ouvriers révolutionnaires » commencent à se mettre en place dans les usines, notamment métallurgiques.

Les députés de l'USPD prennent part aux meetings dans les usines.

Et l'opposition apparaît de plus en plus nette entre les syndicats officiels (ceux liés au SPD, les socialistes majoritaires, qui répètent : « Les grèves doivent être évitées... Seule une augmentation de la capacité de résistance de l'Allemagne peut nous conduire à une paix rapide »), les milieux militaires (pour le général Groener : « Quiconque se met en grève alors que nos armées sont face à l'ennemi est un chien ») et la partie la plus déterminée du monde ouvrier et de la gauche socialiste (USPD et, en son sein, les spartakistes).

Rosa, dès qu'elle le peut, intervient : conseils, articles, lettres. Mais elle sent aussi que plus l'année 1917 avance, que plus le temps passe et plus le mouvement se déroule en dehors d'elle et même en dehors des spartakistes. Karl Liebknecht est emprisonné comme elle. Jogichès, la clé de voûte du spartakisme, est un clandestin.

Ce sont de jeunes ouvriers, des délégués révolutionnaires, des inconnus pour Rosa, qui se révèlent dans cette période. Et plus le « mouvement des masses » tant espéré par Rosa sera puissant, spontané, et moins les spartakistes — dont les chefs sont en prison — pourront faire autre chose que le commenter et le... suivre, plutôt que de le susciter et de le diriger.

Mais cela ne correspond-il pas aussi à la philosophie de Rosa ?

On accompagne plus qu'on n'organise. Les « masses » trouvent elles-mêmes — comme l'histoire — leur chemin.

Cette situation donne cependant à Rosa un sentiment désagréable d'impuissance.

Elle est derrière les murs alors que la tempête se lève. Elle s'impose une sagesse — dont elle fait part à Luise Kautsky ou à Sonia Leibknecht autant pour les convaincre que pour se convaincre elle-même — dans laquelle elle répète que, quelles que soient les circonstances et l'issue, « il faut mener la vie que l'on tient pour juste », et « la vie » est par elle-même « une telle source de joie », elle est « très belle », que peu importe de savoir si « à la fin, tout sera bien récapitulé ».

Et elle qui est à ce point engagée, qui a si souvent dénoncé, avec une lucidité proche du cynisme, tel ou tel de ses adversaires, elle peut, quand elle se penche ainsi sur le sens de la vie, écrire — il est vrai à Luise Kautsky : « Pour moi, ce qui fait un être humain ou un livre, ce ne sont pas des opinions, mais la pâte profonde dont sont pétris l'homme ou le livre. »

Cela, cette humanité, c'est la prison qui, chaque jour, impose à Rosa d'en prendre conscience.

Elle a découvert sa propre fragilité — sa propre humanité — sans complaisance ni narcissisme, mais parce qu'elle sait que son « cœur peut depuis des jours trembler de froid comme un jeune chien et devenir encore plus craintif et effarouché ».

Elle sait qu'elle peut, la nuit, rêver à la bouche de Hans Diefenbach, « un rêve magnifique, très vivant », dans lequel elle touche du doigt ces lèvres, disant : « Cette bouche m'appartient, à moi ! »

Et elle l'avoue à Sonia, elle a été « amoureuse de l'amour », « parce qu'il fait sortir de l'être humain ce qu'il a de plus noble et de plus beau » et « parce qu'il permet de vivre dans l'ivresse, dans l'extase... ».

L'amour comme la révolution ? Parce que l'un et l'autre sont du domaine de la passion ?

C'est pour cela qu'il faut lancer sa vie sans retenue.

Rosa qui parle avec tant de force des « masses », de l'« histoire », qui semble parfois oublier l'individu, voici que, quand elle s'épanche, elle dit avec conviction : « Je sais que pour chaque être humain, pour chaque créature, sa propre vie est le seul bien, le bien unique dont il dispose et, avec chaque moucheron que l'on écrase sans y prêter attention, c'est chaque fois la fin du monde. »

Cette vie individuelle — le seul bien — il ne faut pas la saccager. Il faut — elle le dit et le redit à Sonia, à Clara Zetkin, à Luise

Kautsky — « vivre avec soi un peu humainement ». Ne pas renoncer, déjà, à l'amour, ne pas — comme le fait Clara — céder « à la folle habitude de travailler sans désemparer ».

Rosa se donne en exemple : elle flâne dans les buissons de son enclos de prisonnière, elle observe son « premier bourdon » ou « un phalène jaune citron étincelant ».

Petites choses ? Mais elle doit s'accrocher à elles, car comment vivre sans liberté ! Comment rester calme et demeurer enthousiaste, quand les jours passent derrière les murs d'une forteresse ?

Les amis de Rosa ont essayé, à plusieurs reprises, d'obtenir sa libération. D'abord pour des raisons de santé. Car elle continue de souffrir de l'estomac. Ses nerfs sont fragiles. Elle espère dans ses démarches, puis le refus des autorités tombe comme un couperet.

Certains — Léo Jogichès — penseront qu'il est possible d'obtenir qu'elle soit échangée comme « russe » avec des prisonniers allemands, dans le cadre des nouvelles relations entre l'Allemagne et la Russie révolutionnaire. Échec de cela aussi.

Il y a pire. Depuis le départ de la surveillante-chef Eva Schrick à Metz, la discipline est plus stricte. Durant les visites, deux surveillantes observent Rosa au lieu d'une. Rosa ne le supporte pas.

« J'ai été vendredi, écrit-elle, et serai sans doute encore aujourd'hui si mal en point et ma tête tourne tellement que je ne pourrai pas parler tranquillement à cœur ouvert avec vous, ma chère petite Marta. C'est dû à la double surveillance et il n'y a rien à faire. »

Plus sombre encore.

En juillet 1917, on avertit Rosa de son transfert de la forteresse de Wronke à la prison de Breslau.

Ce fut un choc. Elle avait à Wronke un jardin, deux cellules aménagées, ses livres.

A Breslau où elle arrive le 26 juillet 1917, un lundi matin, à « demi morte de fatigue », « la différence avec Wronke est par trop grande ».

Elle est angoissée, abattue.

« Avec ma grave maladie d'estomac, je ne peux absolument pas absorber le menu de la prison. »

Où sont ses livres ? Elle vit, dit-elle à Hans Diefenbach, « l'existence normale d'une prisonnière ». Elle n'a plus pour lieu de promenade qu'une cour. Elle ne veut pas se plaindre, dit-elle, mais on la sent tendue, hypersensible, frappée par ces prisonniers qu'elle croise, qui portent les stigmates « d'une dégradation humaine. Ils exercent sur moi, peut-être à cause de cela, une sorte d'attirance magnétique douloureuse qui rive sans cesse mes regards sur eux... ».

Elle souffre donc, mais peu à peu, l'étreinte se desserre.

Mathilde Jacob a même pu saluer Rosa sur le quai de la gare, puis s'installer à Breslau, trouver dans l'épouse d'un socialiste de Breslau, Selma Schlisch, une femme qui préparera chaque jour les repas de Rosa.

On accordera à la prisonnière deux pièces, et, même s'il lui est difficile de passer de l'une à l'autre, c'est une « liberté » qu'elle a conquise, comme celle de recevoir ses caisses de livres.

Elle s'efforce de rassurer ses amis, les plus sensibles d'abord, ceux envers lesquels elle estime avoir une responsabilité d'aînée (ainsi sa « chère Sonitchka », Sonia Liebknecht) auxquels elle dit : « Vous savez que je prends toutes les vicissitudes du destin avec l'indispensable sérénité et égalité d'humeur. » Mais elle a été frappée par ce déplacement et elle se « ramasse » encore plus sur elle-même.

Un trajet jusqu'à la Kommandantur lui révèle combien elle a « perdu l'habitude de voir des gens, la cohue de la rue m'étourdit au bout de quelques minutes ». Et cette constatation l'affecte. « Je suis rentrée assez abattue », dit-elle.

Et, nouveau choc, elle découvre que Mathilde Jacob lui a caché la mort de Mimi.

Rosa est bouleversée. Sa chatte était un morceau de sa vie. Elle est blessée parce qu'on lui a dissimulé ce fait.

« Je vous le demande, s'écrie-t-elle, n'avez-vous donc pas de respect pour moi, que vous me traitiez comme une enfant mineure, comme un objet ? »

Elle ne le supporte pas. Et même si elle « ferme ce triste chapitre », la plaie reste vive. La miséricorde vraie, selon Rosa, ce n'est pas de dissimuler la vérité pour ménager quelqu'un, mais au contraire de la lui dire.

Ces changements qu'on lui impose, ces restrictions nouvelles de liberté — ces événements qu'on lui dissimule, la bouleversent profondément.

Parfois, il y a certes une éclaircie.

Marta Rosenbaum obtient du directeur de la prison le droit de faire une promenade à l'extérieur, dans une forêt magnifique. Mais Rosa sent qu'on la traite comme une malade. Et elle l'est. « Elle était gaie et heureuse comme je ne l'avais pas vue depuis longtemps », raconte Marta.

C'est bien d'une « mineure », d'une « handicapée » qu'on parle ainsi.

Et d'ailleurs la Kommandantur limite sa correspondance jugée trop importante. La direction de la prison décide — sans doute pour éviter les échanges de lettres en fraude — de placer une table entre Rosa et ses visiteurs, et une double surveillance est à nouveau établie.

Rosa est révoltée.

« J'étais si indignée de ce traitement, dit-elle, que sur le coup de l'émotion, je décidai de renoncer complètement à toute visite sans exception. »

Patiente, Luise Kautsky demande à voir le directeur de la prison, « un homme à l'esprit distingué, sans préjugé et chevaleresque », dit Luise. Il conseille d'attendre que Rosa soit calmée. Il reconnaît que le système mis en place est dû à l'excès de zèle « d'une surveillance ayant le goût de la dénonciation et de l'espionnage ».

Et finalement, dit Luise Kautsky, « je restai et passai encore avec Rosa quelques belles heures d'amitié ».

Ces brimades, mêmes si elles s'effacent, cette dépendance et surtout la durée de la détention, l'impuissance pèsent lourdement sur le caractère de Rosa. Et sa santé.

Elle ne cède pas, mais en profondeur elle est atteinte. Usée. Son hypersensibilité, son émotivité s'aggravent encore et, pour les contrôler, Rosa doit faire des efforts de plus en plus grands.

Le volontarisme extrême, la dureté dans l'expression sont ainsi les moyens d'équilibrer les facteurs de faiblesse, l'épuisement psychique.

Cette tension entre deux pôles opposés a, bien sûr, des conséquences sur le jugement politique. Elle ne prédispose pas à l'analyse mesurée et au compromis. Au contraire. Il faut chercher une issue parce que la tension devient insupportable à la longue et que la personnalité ne peut y résister.

Il faut une rupture révolutionnaire dans cette dialectique intime et un accord s'établit ainsi entre cette évolution psychologique et la situation historique.

Rosa illustre bien cette dualité de sa personne, et donc la tension qui existe en elle. Et comment elle voit le dépassement de ce conflit intime.

Elle dit à Sonia : « J'ai parfois le sentiment de ne pas être un vrai être humain, mais un oiseau... Au fond de moi, je me sens beaucoup plus chez moi dans un petit bout de jardin... ou dans la campagne, sur l'herbe, entourée de bourdons, que... dans un congrès du Parti. A vous, je peux bien dire tout cela : vous n'irez pas tout de suite me soupçonner de trahir le socialisme. Vous le savez, j'espère malgré tout que je mourrai à mon poste, dans une bataille de rues ou au bagne. Mais mon moi le plus profond appartient plus aux mésanges charbonnières qu'aux camarades. » Cette issue mortelle est plus qu'une possibilité, c'est peut-être un *désir* — que d'ailleurs le choix des mots (« j'espère ») exprime bien — de mort, où Rosa ne se pose pas la question de savoir si c'est ainsi qu'elle *servira* sa cause, mais qui exprime la pulsion d'une personnalité depuis trop longtemps déchirée.

Elle se souvient aussi d'avoir, au moment de la maladie de son père, préféré les tâches politiques — le congrès international de Paris, en septembre 1900 — au devoir d'affection, à l'expression de son affectivité qui lui commandaient de se rendre au chevet du « vieux monsieur ». Après il était trop tard. Le père était mort.

Elle conseille donc à Hans Diefenbach dont le père est malade de se rendre auprès de lui, de le veiller, car, dit-elle, « maintenant elle est plus avisée, mais la plupart du temps on acquiert de la sagesse quand il est trop tard ».

Et Rosa porte aussi en elle, dans sa prison de Breslau, tous ces regrets, cette nostalgie, d'autant plus vifs qu'elle est affaiblie par la détention, la maladie, la dépendance, l'impuissance.

Et un jour, le 10 novembre 1917, alors qu'elle est ainsi vulnérable, elle trace quelques lignes à destination de sa « très chère Loulou ».

« Je reçois à l'instant la nouvelle que Hannes — Diefenbach — est tombé. Pour le moment, je suis incapable de t'en écrire plus. De tout cœur,

« Ta Rosa. »

Hans Diefenbach avait été tué dans la nuit du 24 au 25 octobre 1917, sur le front ouest. Et l'annonce de sa mort frappait en plein cœur Rosa Luxemburg.

Il occupait pour elle une place unique.

Il incarnait ce goût de l'amour pour l'amour qu'elle voulait garder en elle. Et elle savait qu'elle était désormais seule, sur ce plan-là, mutilée et donc atteinte, parce que Hans Diefenbach était victime de cette folie — la guerre — et que peut-être, parce qu'il avait des relations avec elle, l'avait-on placé dans une unité exposée.

Elle ne pouvait s'habituer tout simplement à la disparition de Hans : « Il me faut chercher et recueillir quelque part dans le monde des traces vivantes de son existence », écrira-t-elle à la sœur de Hans. Elle souffrait d'autant plus qu'elle avait toujours pensé que « Hans était un enfant qui n'était pas armé pour la vie réelle ».

Il y a le désespoir de Rosa car, dit-elle, « j'ai perdu l'ami le plus cher qui savait comme personne comprendre chacun de mes états d'âme ».

Mais il y a aussi, souterraine, la révolte de Rosa contre cette guerre qui frappe celui qui « était taillé dans l'étoffe la plus pure et la meilleure dont l'homme puisse être fait ».

Injustice, cruauté.

Mais comme elle l'écrira plus tard aux parents d'un soldat, fils de socialistes, tué lui aussi : « Nous sommes tous soumis au destin aveugle. »

Et cette pensée est aussi l'aveu d'une impuissance.

« Je sais que la vie continue, répète-t-elle, qu'il faut rester fort et courageux et même gai, je sais tout cela. Je m'en sortirai sans doute seule, mais je préfère n'en pas parler. »

Elle qui écrit si longuement sur les sujets les plus divers, qui semble tout dire de sa philosophie de la vie ou de l'histoire, qui pratique l'introspection et paraît se livrer, voici que, quand « un coup très dur vient de la frapper », elle se tait, repliée sur elle-même, n'appelant pas à l'aide, ne comptant — avec orgueil — que sur elle-même.

Et le supplice se prolonge, puisque les dernières lettres qu'elle a écrites à Hans Diefenbach lui sont retournées. Mais une phrase — à Luise Kautsky — suffit pour dire ce qu'elle ressent : « Avec toi, je ne peux parler à peu près de rien d'autre que de *ça* ; mais là-dessus, il n'y a rien à dire. En tout cas, je suis incapable de faire des phrases. Je ne dois pas non plus y penser, sinon je ne pourrais le supporter. »

Car elle a la volonté de survivre. Elle se plonge « jusqu'au cou », dit-elle, dans les livres de géologie, ces domaines qui lui permettent de sortir de cet « asile d'aliénés » qu'est l'histoire de l'*Homo sapiens*.

Mais Hans reste présent à chaque instant. Il a légué à Rosa 50 000 marks, avec « interdition expresse de disposer de cette somme jusqu'à mon trépas, de crainte que je dépense cet argent sur-le-champ pour le parti ». Plus réaliste donc que Rosa ne le croyait, puisqu'il a mis, sur cette question financière, Rosa en tutelle. C'est la sœur de Hans qui décide du placement de l'argent.

Mais là, évidemment, n'est pas l'essentiel.

En fait Rosa croit par moments qu'elle n'est pas plus séparée de Hans qu'elle ne l'était avant sa mort.

Ils se voyaient si peu. Ils s'écrivaient sans doute. Peut-être se seraient-ils mariés, comme l'espéraient leurs amis. Mais tout cela était du domaine de l'abstraction, puisqu'elle était enfermée sans limite de temps.

Et, d'une certaine manière, elle continue sa relation avec Hans. « Je me sens si bien, dit-elle à Sonia Liebknecht, malgré la douleur à cause de Hans. C'est que je vis dans un monde de rêve dans lequel il n'est pas mort. Pour moi, il est toujours en vie et souvent, quand je pense à lui, je lui souris. »

Heureusement, pour la tirer hors de ce malheur que le rêve seul peut guérir, la révolution bolchevique de novembre 1917 vient comme un inattendu secours. Non que le souvenir de Hans s'efface ou que l'hypersensibilité s'atténue. Mais ils sont compensés par cette actualité intense qui mobilise Rosa.

« Depuis une semaine à peu près, toutes mes pensées sont naturellement à Saint-Pétersbourg, écrit-elle à Marta Rosenbaum, et chaque matin et chaque soir, je saisis d'une main impatiente les journaux qui m'arrivent. »

« Est-ce que les Russes t'ont fait plaisir ? demande-t-elle à Luise Kaustky. C'est un acte de portée historique mondiale, précise-t-elle, dont la trace s'inscrira indélébilement dans les siècles des siècles. »

Encore une fois le vocabulaire religieux vient naturellement sous la plume de Rosa qui n'est même pas capable d'envisager que la révolution de novembre 1917 puisse être un événement historique de plus, important certes, mais que le temps réduira à n'être qu'une date parmi les grandes dates de l'histoire, réévaluée donc au fur et à mesure que les générations en subiront les conséquences et la replaceront dans la chaîne du temps.

Pour Rosa, c'est bien le moment attendu, même si la révolution de Février, par son caractère « spontané », lui paraît davantage surgie des profondeurs de l'histoire que l'acte volontaire des bolcheviks.

Mais très vite, sans modifier cette estimation de l'importance majeure de l'événement, elle se montre sceptique sur les chances de succès de la révolution.

« Bien sûr, dit-elle, dans ce sabbat de sorcières, ils ne pourront tenir. » « Il ne faut pas escompter de succès durable », répète-t-elle.

Seulement, elle ne remet pas en cause la légitimité de l'action bolchevique.

« En tout état de cause, la seule tentative de s'emparer du pouvoir en Russie est un coup de poing au visage de nos social-démocrates et de toute l'Internationale somnolente. »

Et si les Russes sont battus, « une telle fin vaut mieux que rester en vie pour la patrie ».

Elle ne mesure donc pas la légitimité de l'action à ses chances de réussite. La dimension d'exemplarité ou l'attitude « morale » que l'acte porte en lui lui paraissent essentielles.

L'échec lui-même est d'ailleurs pédagogique. Et puis il y a cette *foi* dans l'histoire, « qui ne se déroule pas suivant les formules théorique de Kautsky ».

Dans sa prison de Breslau, elle vibre donc. « J'aimerais n'être pas contrainte à n'admirer l'histoire du monde qu'à travers les barreaux de ma prison », soupire-t-elle.

C'est qu'elle veut intervenir et elle ne peut le faire que par écrit, dans *La Lettre de Spartakus* d'abord où elle multiplie les éditoriaux consacrés à la Révolution russe.

Le thème qui revient est celui de la nécessité de la révolution ailleurs qu'en Russie, et d'abord en Allemagne.

Mais Rosa hausse les épaules avec rage, mépris.

« Mais dans notre Occident très développé, la social-démocratie se compose de lâches et de chiens qui regarderont tranquillement les Russes se vider de leur sang... »

Elle l'écrit à Luise Kautsky, elle le redit à Clara Zetkin, en accusant cette fois-ci non seulement les dirigeants, mais aussi ceux qu'avec une ironie amère elle appelle « les nobles prolétaires allemands, tout comme les Français et les Anglais, qui laisseront tranquillement pour l'instant les Russes verser tout leur sang ».

En déduit-elle qu'il faut donc choisir d'autres voies que la Révolution, qu'après tout le point de vue des « nobles prolétaires » est le point de vue de ces « masses » dont Rosa se réclame ?

Sa foi est bien trop absolue, trop « aveugle » aussi pour ce genre de réflexion.

En fait, elle attend les « tournants décisifs qui vont nécessairement se produire et qui ne peuvent que tout changer ».

Mais cette « cécité » de croyante sur les « fins » et le mouvement de l'histoire n'empêche pas Rosa de demeurer une observatrice lucide, polémique, exigeante des événements.

Engagée et solidaire, mais intransigeante.

Dure sur la situation allemande — « il y règne [en Allemagne] l'atmosphère propice [aux pogroms] faite de bassesse, de lâcheté, de réaction et d'abrutissement » — et, contradiction qu'elle ne résout pas, c'est de cette Allemagne qu'elle attend la révolution !

De même, elle est sévère avec les bolcheviks.

« Ah oui, les bolcheviks », s'exclame-t-elle.

Elle est hostile à la volonté de paix avec l'Allemagne que manifeste Lénine.

« Je ne suis pas d'accord avec leur volonté fanatique de paix, dit-elle. Mais, en définitive, ce n'est pas leur faute à eux. Ils n'ont pas la liberté de décision : ils n'ont que le choix entre deux volées de coups de bâton et ils choisissent la plus petite. »

Mais quand les négociations de paix sont engagées à Brest-Litovsk, le 22 décembre 1917, elle est impitoyable, oubliant les excuses qu'elle a bien voulu accorder aux bolcheviks quelques semaines auparavant. « Ce n'est qu'une capitulation du prolétariat révolutionnaire russe devant l'impérialisme allemand », s'exclame-t-elle.

Et se souvenant des conditions qui ont permis, grâce à la médiation de Parvus, à Lénine de rejoindre la Russie en avril 1917, elle écrit : « Avec l'accouplement grotesque de Lénine et de Hindenburg — le maréchal, chef d'état-major allemand — s'éteindrait à l'Est la source de lumière morale. »

C'est donc d'un point de vue éthique que Rosa se place aussi.

Elle n'a pas le cynisme — et le réalisme — d'un Lénine prêt à s'entendre avec le diable pour l'emporter. La révolution n'a de sens que si elle a une signification morale et une pratique conformes aux valeurs humanistes.

Et à la fin de l'année 1917, l'enthousiasme de Rosa s'est estompé.

Elle essaie de faire bonne figure. Elle parle à Sonitchka Liebknecht, qu'elle appelle le « petit oiseau », de son « ivresse joyeuse », mais les mots qui entourent cette déclaration glacent celui qui les lit.

« Je suis allongée ici, dans cette cellule obscure, écrit-elle, sur un matelas dur comme de la pierre, tandis que m'environne l'habituelle paix de cimetière qui règne dans le bâtiment ; on se croirait dans la tombe, tandis qu'à travers la vitre se dessine sur le plafond le reflet de la lanterne qui brûle toute la nuit devant la prison. »

Et cependant qu'elle est ainsi, « gisant seule et silencieuse, enveloppée dans tous les voiles noirs des ténèbres, de l'ennui de l'hiver », elle a le cœur, dit-elle, qui est « secoué par une joie intérieure ».

Soit.

Mais « ce troisième Noël en cabane » est lourd à vivre. Même cette manière qu'elle a, dit-elle, « d'éclater dans un monde de lumière et de bonheur », sans autre raison que « la vie elle-même », est révélatrice de cette exaltation presque pathologique qui emplit Rosa. Et qui la fait passer de cette « ivresse » à une désespérance infinie.

Ainsi, en ces jours de décembre 1917, elle aperçoit dans la cour de la prison des véhicules chargés de vêtements de soldats, tachés de sang, que les prisonnières lavent et raccommodent.

Ces véhicules sont tirés par des buffles originaires de Roumanie, habitués à vivre en liberté. Elle voit l'un de ces buffles frappé jusqu'au sang par un soldat. « Et nous autres, dit le soldat, qui donc a pitié de nous ? », et il se remet à taper de plus belle.

Rosa observe la scène. « L'animal me regardait, les larmes coulaient de mes yeux, c'était *ses* larmes... Oh, mon pauvre buffle, mon pauvre frère bien-aimé, nous sommes là tous deux aussi impuissants, aussi hébétés l'un que l'autre, et notre peine, notre impuissance, notre nostalgie font de nous un seul être. »

Quant au soldat, « les deux mains dans les poches de son pantalon, il se mit à arpenter la cour à grandes enjambées, un sourire aux lèvres, en sifflotant une rengaine qui traîne les rues. Et devant mes yeux, conclut Rosa, je vis passer la guerre dans toute sa splendeur... ».

Voilà, sous ses déclarations joyeuses, la réalité de ses sentiments : elle est forte, elle peut leur résister, se montrer vaillante jour après jour, mais *elle est* ce buffle dont « la peau a éclaté ». Elle est cette tristesse infinie, elle est ce désespoir et cette amertume. Elle est ce pessimisme lucide.

Le 24 mars 1918, comme pour confirmer cette vérité du pessimisme, Léo Jogichès est arrêté, enfermé à la prison berlinoise de Moabit. Certes Rosa sait qu'il est capable de supporter la prison et de tromper ses juges et ses gardiens. Mais elle sait que cette arrestation affaiblit encore l'organisation des spartakistes. Désormais leur mouvement pèse encore moins sur les événements qu'ils commentent.

Écrire, réfléchir, que reste-t-il d'autre à faire à la prisonnière de Breslau ? Et encore ne sait-elle même pas si ses textes pourront paraître.

Pourtant l'Allemagne bouge.

Mutineries de la flotte à Kiel, dès le mois d'août 1917. Mais surtout grandes grèves qui s'étendent à la plupart des centres industriels au mois de janvier 1918 et dans lesquelles s'affirme le rôle des délégués révolutionnaires.

Mais Spartakus, et à fortiori Rosa, ne pèsent pas sur l'événement qu'ils soutiennent mais n'organisent pas.

Chaque jour qui passe apporte sa moisson de faits, dans un processus qui s'accélère.

Offensive militaire allemande au printemps de 1918 sur le front

Ouest, avec des troupes qui ont pu être retirées du front Est, puisque la paix avec les bolcheviks a été signée à Brest-Litovsk le 3 mars 1918, mais après des succès éclatants, et alors que la Marne a été atteinte, la contre-offensive alliée du général Foch, appuyée par l'arrivée des renforts américains, change la donne.

Le 8 août 1918, après un long repli, est un « *jour de deuil pour l'armée allemande* ».

Pour la première fois, les chefs militaires, Hindenburg et Ludendorff, déclarent que la victoire est désormais impossible. Et qu'il faut sauver, vite, l'armée allemande et le pays avant leur décomposition.

La paix devient, pour les milieux conservateurs, un objectif politique, le moyen d'empêcher que l'Allemagne ne connaisse le sort de la Russie.

Rosa, de sa prison, écoute, tente de comprendre.

« Je suis les événements, dit-elle, en espérant fortement que je pourrai, moi aussi, en vivre une fois encore quelques-uns... »

Cependant à quoi servirait de s'apitoyer sur son sort, sur l'injustice du destin qui la tient hors de cette tempête politique qu'elle a tant désirée et pour laquelle elle a tant sacrifié ? « Que veux-tu, écrit-elle à Luise Kautsky, gémir n'est pas ma façon d'être. »

Tout au plus ose-t-elle faire des allusions à sa libération, comme si elle avait peur de l'évoquer. Elle dit simplement que, si elle est à nouveau libre, « c'en est fini pour moi de toutes ces petites réunions... Je veux me tenir au plus fort de l'orage, mais la routine quotidienne, j'en ai marre... ».

Elle ne veut plus — elle l'a peu été — être une « fourmi ».

« En des temps comme les nôtres, je ne m'intéresse plus qu'aux grandes forces primitives... »

Tout converge donc — ses possibilités, ses intérêts, sa compétence — pour qu'elle consacre tout l'été de 1918 à écrire sur la Révolution russe.

Toute son intelligence, toute sa sensibilité aussi, sont en éveil.

C'est une véritable obsession qui la tient. Et sa fragilité psychologique ajoute encore à l'émotion qu'elle ressent quand elle reçoit des informations en provenance de Russie.

Elle semble même s'excuser d'être à ce point affectée de ce qu'elle apprend.

« J'ai du courage pour tout ce qui m'advient, mais supporter la peine d'autrui, je n'ai plus la force », explique-t-elle à Luise Kautsky le 25 juillet 1918.

Elle est, dit-elle encore, « sujette à des obsessions... On s'éveille brutalement dans le silence sépulcral qui règne derrière ces grilles avec la conviction arrêtée qu'il est arrivé malheur à tel ou tel de ceux qu'on aime le plus... ».

Et, ces précautions prises, elle peut enfin dire ce qui la préoccupe : « Ce matin donc, j'ai brusquement eu le sentiment que je m'illusionne moi-même à dessein en me berçant de l'idée que je continue à mener une vie humaine normale, tandis que règne tout autour de moi un climat de fin du monde. Peut-être sont-ce spécialement les 200 "exécutions d'otages" de Moscou que j'ai lues hier dans le journal qui m'ont affectée de la sorte. »

Les bolcheviks avaient en effet exécuté 200 socialistes révolutionnaires — leurs rivaux — après une tentative d'insurrection les 7 et 8 juillet 1918 à Moscou.

Ce malaise qu'avoue Rosa dans cette lettre privée, marquée par l'émotion, elle le rationalise dans une brochure qu'elle rédige tout au long de cet été 1918.

Les griefs qu'elle formule contre les bolcheviks s'inscrivent dans une conception générale de la révolution.

Ce sont les masses qui la font, quand elles le veulent : et c'est pourquoi la révolution de Février, portée par ces forces profondes, est l'événement majeur. Celle de novembre 1917, pour capitale qu'elle soit, n'est qu'un défi héroïque lancé par les bolcheviks.

Ils sont placés dans une situation telle qu'ils ne peuvent que choisir la mauvaise voie, quelle que soit cette voie !

On ne peut être plus pessimiste sur le destin de la révolution léniniste !

« Voilà bien la fausse logique de la situation objective, écrit Rosa, tout parti socialiste qui accède aujourd'hui au pouvoir en Russie est *condamné* à adopter une fausse tactique aussi longtemps que le gros de l'armée prolétarienne internationale dont il fait partie lui fera faux bond. »

Pour Rosa, il n'y a pas de révolution victorieuse possible dans un seul pays.

Mais elle allait ainsi si loin dans la critique de la Révolution russe que ses propres camarades spartakistes la censurent. Et comme elle s'obstinait, Paul Levi fit le voyage jusqu'à Breslau pour convaincre Rosa de ne pas publier son texte.

Il faut imaginer la longue discussion dans la prison entre celle qui est sûre de son diagnostic, qui veut le clamer, et celui qui, engagé, parce que libre, dans la vie politique, essaie de l'en dissuader, arguant que leurs adversaires tireraient parti, contre le mouvement révolutionnaire, de ces analyses impitoyables.

A la fin, Rosa, qui n'avait jamais accepté de se taire, capitula. Levi l'avait décidé à ne pas rendre publics ces textes. Mais elle les lui adressait : « J'écris cette brochure pour vous, disait-elle. Et si je ne parviens à convaincre que vous, ce travail n'aura pas été vain. »

Cette brochure sur la Révolution russe (qui ne devait paraître qu'en 1922 par les soins de Paul Levi) est un petit texte écrit sur un cahier d'écolier : trente-sept pages rédigées au crayon, soixante et onze à l'encre.

Mais sous ces apparences modestes, quelconques, c'est un brûlot qu'écrit Rosa.

Certes, elle rend hommage à Lénine et à Trotski. « Ils sont les premiers qui aient ouvert la voie et montré l'exemple à la tête du prolétariat mondial... Ils sont les seuls qui puissent s'écrier : j'ai osé ! »

Mais cela étant dit — un hommage à l'audace et à la volonté —, les critiques pleuvent dru, ne laissant presque rien debout.

La réforme agraire de Lénine (la terre aux paysans) est une erreur : « Elle a créé à la campagne une nouvelle et puissante couche d'ennemis du socialisme. »

La politique d'autodétermination des peuples — on sait combien Rosa était fermée à l'idée de « nation » — est « le plus grave danger pour le socialisme international ». Le droit des peuples à disposer d'eux-mêmes n'est qu'une « phrase creuse ». C'est un droit « aux épines duquel les bolcheviks pourraient bien rester accrochés de multiples façons ».

Que Rosa ne voie pas combien cette revendication de l'indépendance pour les peuples est une réalité vécue, combien elle reste attachée à l'idée d'internationale — comme elle l'était jadis quand elle s'opposait aux socialistes polonais — n'étonne pas.

Rosa a sur ce point une vision théorique et abstraite de l'histoire des peuples et, comme beaucoup de marxistes, elle ne mesure pas la force du sentiment national, dont elle évalue justement les dérives dangereuses que la guerre a illustrées. La nation est pour elle un « trou noir ».

Elle révèle combien elle est une intellectuelle cosmopolite — ce mot n'ayant aucune connotation péjorative — internationaliste, qui ne voit pas que les individus s'enracinent dans une culture, une histoire, une langue, des lieux, bref, une nation.

Cependant sa critique la plus acérée (la plus prémonitoire) de la révolution, Rosa la formule à propos de la démocratie.

Jamais sur ce point Rosa n'a varié.

Elle est pour le débat, pour la confrontation des idées. Elle croit à la vertu des analyses et de la raison pour « éclairer », enseigner les « masses ». La révolution bolchevique n'a que quelques mois, et déjà elle décèle des signes inquiétants.

Les bolcheviks ont dissous l'Assemblée constituante qu'ils avaient convoquée parce qu'elle leur était hostile. Ils ont limité le droit de vote selon l'appartenance des électeurs à tel ou tel groupe social.

Rosa est, de ce point de vue, une intellectuelle dont la vie s'est tout entière déroulée dans les pays où fonctionnait le suffrage universel. Elle aime la liberté. Elle croit à son rôle décisif.

« La liberté pour les seuls partisans du gouvernement, écrit-elle, pour les seuls membres du Parti, aussi nombreux soient-ils, ce n'est pas la liberté. *La liberté, c'est toujours au moins la liberté de celui qui pense autrement.* Lénine se trompe intégralement, poursuit-elle, dans l'emploi des moyens. Décrets, puissance dictatoriale des inspecteurs d'usines, sanctions draconiennes, terreur, ce ne sont là que des palliatifs. La seule voie qui mène à une renaissance est l'école même de la vie publique, une démocratie très large, sans la moindre limitation, l'opinion publique. C'est justement la terreur qui démoralise. »

Elle allait plus loin encore, montrant comment sans cette liberté « la paralysie gagne obligatoirement la vie dans les soviets. Sans élections générales, sans une liberté de presse et de réunion illimitée, sans une lutte d'opinions libres, la vie s'étiole dans toutes les institutions publiques, végète, et la bureaucratie demeure le seul élément actif... ».

Au bout de ce processus, il n'y a plus que des applaudissements de commande, des votes à l'unanimité, « au fond donc, un gouvernement de coterie, une dictature certes, pas la dictature du prolétariat, mais la dictature d'une poignée de politiciens, c'est-à-dire une dictature dans le sens bourgeois... Et plus encore, un tel état de choses engendre nécessairement une recrudescence de sauvagerie dans la vie publique ».

Tout était dit — *dans l'été 1918!* — sur la bureaucratie, sur la dictature, sur la « terreur qui dégrade moralement ».

Et il fallait pour voir ainsi, du fond de la prison de Breslau, une intelligence exceptionnelle de la vie sociale et politique, une grande exigence morale et aussi, tout simplement, du courage.

La passion, la foi et la solidarité, la reconnaissance de la force de ces bolcheviks qui avaient « osé », n'entraînaient chez Rosa aucune défaillance de la lucidité.

Elle voyait loin. Et peut-être, à l'origine de ce regard critique et clair, y avait-il l'émotion ; l'indignation contre la brutalité (la

« sauvagerie »), l'exécution des adversaires — ces deux cents otages abattus un jour de juillet à Moscou.

Cependant les événements se succédaient et Rosa, dans la prison de Breslau, s'impatientait.

Allait-elle rester enfermée alors que l'Allemagne était secouée de fond en comble ?

Elle était oppressée comme elle ne l'avait jamais été. Elle savait que le haut-commandement allemand avait, le 29 septembre 1918, indiqué au gouvernement qu'il fallait demander immédiatement un armistice, sinon l'armée allait se désagréger.

Habiles et perspicaces, conscients des nouvelles données de la situation, les milieux conservateurs souhaitaient voir les dirigeants du Parti social-démocrate entrer au gouvernement. Les délégués révolutionnaires des usines et les socialistes du Parti social-démocrate indépendant renouaient des contacts avec eux.

Le prince Max de Bade constituait le 2 octobre un gouvernement comportant deux ministres du Parti social-démocrate, Ebert et Scheidemann.

Dans les jours qui suivirent (du 30 octobre au 8 novembre), les premiers armistices sont signés (avec la Turquie, entre l'Autriche et l'Italie). Les marins se mutinent à Kiel, des manifestations ont lieu à Stuttgart. On proclame dans quelques États allemands l'amnistie pour les prisonniers politiques. Et le 23 octobre 1918, Karl Liebknecht sera libéré.

Rosa est à bout.

« Il y a actuellement dans l'air une telle tension, écrit-elle à Mathilde Jacob le 10 octobre, que, dans l'attente où je suis de sortir bientôt, je n'ai presque plus la patience d'écrire des lettres. » Une semaine plus tard — le 18 octobre — elle écrit à « Sonitchka chérie » qu'elle a envoyé une lettre au chancelier du Reich, mais qu'elle n'a pas de réponse. Elle ne peut plus accepter l'idée de recevoir des visites sous surveillance, dit-elle.

« J'ai tout supporté des années durant avec grande patience, explique-t-elle, et dans d'autres circonstances, je serais restée tout aussi patiente des années encore. Mais, maintenant que s'est produit un changement général de situation, dans ma psychologie aussi il y a une fêlure. »

Elle tourne dans sa prison, abattue, exaltée, contrôlant mal ses émotions, ses sentiments.

Dehors déferle une vague révolutionnaire et se créent les premiers conseils d'ouvriers et de soldats.

L'avait-on oubliée ? Parce qu'elle n'était qu'en détention préventive alors qu'on libérait les prisonniers condamnés ?

Le 7 novembre — un an après la révolution bolchevique — le

Parti social-démocrate exigeait un armistice et l'abdication de l'empereur.

Et Rosa dormait encore en prison dans le silence sépulcral, écoutant le pas des gardiens.

Comment trouver le sommeil ?

Le lendemain, 8 novembre 1918, la journée se déroula comme à l'accoutumée puis, à dix heures du soir, à l'improviste, le directeur lui annonça qu'elle était libre.

SEPTIÈME PARTIE

« Je serai expédiée dans l'autre monde par une balle de la contre-révolution » (8 novembre 1918-15 janvier 1919)

21

« La vie que je mène ici — un véritable enfer! » (8 novembre 1918-1er janvier 1919)

Elle est dehors, dans la *vraie* vie, comme ivre. Elle marche entourée de gens dont elle ne connaît pas les visages et les noms, mais qui l'interpellent, lui sourient.

Elle les interrompt, elle leur parle d'un ton de commandement, la voix dure, il faut qu'elle téléphone, qu'elle télégraphie. Où sont les camarades responsables ?

On la guidait vers le siège du syndicat des transports et là, dans la cohue des gens qui se pressaient autour d'elle, elle écrivit, abrégeant les mots, au responsable socialiste de Breslau — Paul Löbe : « Je suis dans les bureaux des ouvriers des transports, Rossplatz 23. Vous pouvez venir me voir à n'importe quelle heure, cette nuit ou demain matin *avant* la réunion. Il est *absolument* indispensable que nous nous mettions d'accord avant la réunion. »

Elle a souligné des mots, elle n'a signé que de son initiale : R.

Tout, dans ces quelques lignes, dit la hâte qui l'a saisie dès que la porte de la prison de Breslau s'est refermée derrière elle.

C'est comme si, dès le premier pas en liberté, elle s'était mise à courir pour rattraper le temps perdu, être au diapason d'une situation révolutionnaire (ce 8 novembre 1918, dans la nuit, les socialistes de la région de Berlin se rassemblent dans la capitale, car le soulèvement pour exiger l'abdication de Guillaume II est fixé au lendemain 9 novembre) et peut-être aussi parce qu'elle ne veut plus, ne peut plus penser à elle-même, comme elle l'a fait durant toutes ces années de prison.

Il n'est plus temps de se demander si elle craint la foule, si elle peut parler en public encore.

La foule se presse dans le local, autour de Rosa.

On lui raconte les événements. On veut entendre son point de vue. C'est la nuit, mais on ne la laisse pas. Demain matin, 9 novembre, un meeting est prévu sur la place de la Cathédrale.

L'engrenage de la vie publique, des responsabilités s'est donc mis à tourner, plus vite qu'il ne l'avait jamais fait. Et Rosa s'y est précipitée, comme pour être dévorée. Parce que cette situation, ces masses qui paraissent s'ébranler, c'est sa revanche sur le mois d'août 1914.

Comment pourrait-elle ne pas y jouer son rôle ? Elle est assoiffée d'action après ce long isolement de la prison.

Et peut-être, intuitivement, sent-elle qu'il lui faut vivre intensément chaque instant, chaque événement, parce que le moment est, à l'évidence, exceptionnel, que l'atmosphère est chargée comme les jours d'orage, mais aussi parce qu'elle ne doit plus rien perdre de la vie, rien, car le bout est proche.

Le bout ? L'explosion révolutionnaire sans doute, comme cela s'est produit en Russie. L'explosion de sa propre vie, ce qui signifie une « issue » : la mort.

Elle ne sait pas, ce 8 novembre dans la nuit, cependant que, sa valise posée près d'elle, elle écoute, répond avec vivacité, ou ferme un instant les yeux, épuisée, puis se reprend, qu'elle n'a pas dix semaines à vivre encore, à peine soixante-sept jours.

Elle ne sait pas ?

Et si, au fond d'elle-même, elle pressentait que le terme est proche, qu'autour de son existence, comme dans le final d'une symphonie, tout se rassemble, qu'il faudra bien que la musique s'interrompe, que le silence vienne ?

Et si elle avait l'intuition de sa mort prochaine ?

Dans dix jours, quand elle devra répondre à un couple de camarades qui lui annoncent la mort au front de leur fils, quand elle aura posé devant elle l'« affreuse enveloppe noire », qu'elle a envie de « grincer des dents », que « les larmes l'empêchent d'écrire » tant elle éprouve « l'horreur du coup », elle dira, après une phrase convenue sur la nécessité de ne pas « se laisser écraser par le chagrin » : « La seule chose qui me console est la pensée amère qu'à mon tour peut-être, je serai expédiée dans l'autre monde par une balle de la contre-révolution qui est partout à l'affût. »

Chaque mot compte ici.

La mort est une *consolation* aux malheurs et à la cruauté des temps. La mort au combat est une attente, une *pensée amère*, comme si trop de sauvagerie, d'injustices, impliquait qu'à un moment cela s'arrête pour Rosa, parce que, comme elle l'avait dit la veille de sa sortie de prison: « ... Supporter la peine d'autrui..., pour ça, je n'ai plus ni force ni courage. »

Elle est à bout. Elle est au bout.

Et peut-être espère-t-elle que vienne enfin la mort de la main ennemie, manière d'être solidaire de toutes ces victimes innocentes, d'être enfin *consolée*, apaisée.

Et peut-être court-elle, de plus en plus haletante, de plus en plus vite, vers cette *consolation* dont elle sait qu'elle viendra bientôt. Enfin.

Elle prit donc la parole devant la foule de Breslau qui remplissait la place, soulevant l'enthousiasme, trouvant le ton qu'il fallait, exaltée certes, mais n'était-ce pas ce qu'exigeaient les événements ?

Ce 9 novembre 1918, Ebert, le social-démocrate, son vieil adversaire majoritaire du SPD, devenait chancelier du Reich. Alors que la révolution déferlait sur Berlin, il obtenait — avec l'appui du général Groener, devenu chef d'état-major — l'abdication de Guillaume II. Le souverain s'enfuyait en Hollande.

A quelques heures d'intervalle, Scheidemann, l'autre socialiste, proche d'Ebert, depuis le balcon du Reichstag, proclamait la République et, à un kilomètre de là, depuis le balcon du château impérial de Hohenzollern abandonné, Karl Liebknecht annonçait la naissance de la République socialiste...

En quelques heures, l'Allemagne avait changé de visage.

Un socialiste était le chancelier d'une République et son rival, dès les premières heures, n'était pas un conservateur ou un militaire, mais un spartakiste, sorti de prison depuis quinze jours à peine.

Le problème de l'Allemagne de cette fin d'année 1918, alors que Rosa Luxemburg parlait du balcon de la mairie de Breslau, était ainsi posé: les sociaux-démocrates devenaient le pouvoir politique officiel, les représentants de l'ordre légal — une Assemblée constituante à élire dès le 19 janvier 1919 devait confirmer le changement de régime, bâtir de nouvelles institutions — et la gauche socialiste — le Parti social-démocrate indépendant (l'USPD) au sein duquel les spartakistes tentaient de former un groupe influent — l'opposition.

Et les uns — les socialistes du SPD — et les autres — les socialistes de l'USPD et les spartakistes — prétendaient agir au nom des masses en révolution.

La République était née de cette révolution du 9 novembre. Cela suffisait, disaient les uns. « Vive la République allemande ! », s'est écrié Scheidemann.

Il faut aller plus loin, beaucoup plus loin, voulaient les autres : « Vive la République socialiste allemande », avait lancé Liebknecht. Et à Breslau, Rosa Luxemburg faisait applaudir, elle aussi, la révolution socialiste.

Mais il y a, dans ce paysage politique allemand, une statue du commandeur.

Dans un télégramme adressé avec la mention *secret* par le généralissime Hindenburg aux commandants des grandes unités, le 10 novembre, on lit : « On peut faire savoir que le haut-commandement est disposé à faire route commune avec le chancelier Ebert, chef du Parti social-démocrate modéré, pour empêcher l'extension en Allemagne du bolchevisme terroriste. »

Et les spartakistes, et Rosa Luxemburg, juive, membre du Parti ouvrier social-démocrate russe, amie de Lénine, ce sont les « bolcheviks » d'Allemagne.

L'armée certes, comme cela s'est produit en Russie, peut basculer dans le camp révolutionnaire, ou tout simplement se décomposer.

N'a-t-on pas vu déjà les marins arborer à Kiel le drapeau rouge, des conseils de soldats se constituer dans certaines unités ? Mais les leçons d'une révolution servent à tous.

Et Hindenburg précise dans le même télégramme : « Dès lors que le mouvement tendant à constituer des conseils de soldats a gagné l'armée du front et qu'il ne peut plus être enrayé par la force, à ce qu'il me semble, il est nécessaire que les officiers prennent le mouvement en main.

« A cet effet, il convient de constituer dans toutes les compagnies, batteries, escadrons, des conseils d'hommes de confiance ».

Ce seront des sous-officiers, des soldats profondément marqués par les années de guerre, persuadés que la défaite est due à « un coup de poignard dans le dos », donné par ces « socialistes », ces « Juifs étrangers » au peuple allemand.

Rosa porte tous ces stigmates.

Ces « hommes de confiance » sont décidés à tout faire pour que l'armée et l'Allemagne ne se décomposent pas. Après quatre années passées sous l'uniforme, ils n'ont pas d'autre milieu que l'armée, d'autre patrie que celle des hommes en armes. Ils sont, se pensent des héros et se sentent des « réprouvés ».

Ils ont l'amertume et la haine au cœur contre ces « ennemis de l'intérieur » qui les ont privés de la gloire et de la victoire.

Adolf Hitler est un de ces hommes-là, en 1919. Un anonyme parmi la foule de ceux qui haïssent les spartakistes et donc Rosa Luxemburg.

Ils se regrouperont, formeront des *Freikorps*, des corps francs, bien décidés à ne pas voir l'Allemagne suivre le chemin de la Russie.

Rosa, le 10 novembre, était dans le train de Berlin bondé de soldats qui rentraient chez eux.

Elle avait téléphoné à Mathilde Jacob, mais celle-ci était en route pour Breslau en voiture afin de la conduire à Berlin. Léo Jogichès, libéré de prison le 9 novembre, avait voulu éviter à Rosa un long voyage dans un couloir de train glacé, assise sur sa valise.

Elles s'étaient donc manquées et Rosa arriva tard à Berlin le 10 novembre, trop tard pour se rendre au cirque Busch, proche de la gare de Friedrichstrasse, au centre de Berlin.

Là s'était tenue une assemblée générale des représentants des conseils berlinois pour élire le gouvernement provisoire.

La salle était remplie d'ouvriers et de soldats en armes. Ebert, Haase — l'un des leaders du Parti social-démocrate indépendant — se font applaudir, employant les mots de la révolution, pour dire qu'elle a eu lieu, qu'il faut la consolider, que l'unité des socialistes, de tous les socialistes, est nécessaire.

Ils ont été acclamés.

Et quand Liebknecht est intervenu, lançant d'une voix forte: « Je suis contraint de verser de l'eau dans le vin de votre enthousiasme. La contre-révolution est déjà en marche, elle est déjà en action », qu'il attaque Ebert, il se fait interrompre, huer.

Quand il martèle: « Les ennemis de la révolution utilisent perfidement pour leurs fins propres les organisations de soldats », il déclenche un long tumulte.

« Je sais, dit-il, combien il est désagréable pour vous que je vienne troubler vos plans, mais dussiez-vous m'abattre, je dirai ce que je tiens pour nécessaire. Le triomphe de la révolution ne sera possible que si elle passe au stade de la révolution sociale. » La foule applaudit, conteste, hurle.

Six commissaires du peuple — le gouvernement — vont être élus. Trois d'entre eux sont des socialistes du SPD (dont Ebert et Scheidemann), trois autres appartiennent à l'USPD (dont Hugo Haase).

Un comité exécutif des conseils d'ouvriers et de soldats est l'organe qui, théoriquement, contrôle le gouvernement des six commissaires.

Liebknecht a refusé d'en faire partie.

Le soir du 10 novembre 1919, alors que Rosa Luxemburg

débarque à Berlin, après toutes ces années de prison, le rapport de forces est déjà établi.

Les spartakistes sont minoritaires et isolés. Au sein du parti dont ils sont membres — l'USPD — toute une aile droite — Hugo Haase, Kautsky — est décidée à faire cause commune avec Ebert, si c'est nécessaire pour empêcher la République allemande de sombrer dans le bolchevisme.

L'opinion, dans sa majorité, considère que ce qui est acquis — la République, et bientôt des réformes importantes (la journée de huit heures; la suppression des vieilles règles féodales qui pesaient sur les paysans et les ouvriers agricoles, etc. : les conservateurs et les milieux patronaux ont fait ces concessions pour désamorcer une situation révolutionnaire) — doit être consolidé.

Elle est favorable à l'unité des socialistes : thème inlassablement repris par le SPD d'Ebert.

Elle veut le retour, après quatre années de guerre, au calme, à la paix.

Et les spartakistes lui proposent un saut dans l'inconnu. Ou pire, disent leurs adversaires, dans le bolchevisme.

Et on sait — expliquent les tracts et les affiches — ce que sont ces révolutionnaires-là, leur chef, cette « Juive étrangère », Rosa Luxemburg, ce Juif Paul Levi, ce Juif Léo Jogichès.

Savez-vous ce qu'est un bolchevik ? explique un tract. *Un bolchevik est un homme qui veut la révolution, non pas comme nous pour créer un ordre nouveau, meilleur que l'ancien, mais la révolution pour la révolution; un homme qui, voulant s'enrichir en pillant, détruit tout, le bon et le mauvais, pourvu seulement qu'il puisse en profiter pour piller. Pour lui, un seul être compte et c'est lui-même. Que son camarade crève de faim à ses côtés, qu'est-ce que ça peut lui faire ? Il ne lui en volera pas moins sa dernière bouchée de pain. Ton champ peut bien rester inculte, il ne t'en volera pas moins ton cheval pour le vendre à un prix dérisoire à l'équarrisseur. Que villages et villes tombent en ruine, que lui importe ? Plus il y a de ruines, plus le chaos est grand; plus le chaos est grand, plus le spartakiste peut faire sa pelote. C'est ce qui s'est passé en Russie, c'est ce qui se passera chez nous, si les bolcheviks prennent le dessus. Voulez-vous tolérer cela, camarades ?*

La question ainsi, dès la mi-novembre 1918, n'est pas posée entre « ancien régime et guerre », d'une part, « révolution et paix » d'autre part, mais, puisque la révolution a eu lieu, qu'elle a produit la République (et la paix : l'armistice sera signé le

11 novembre 1918), entre un « ordre nouveau, meilleur, la paix » et la « révolution, le désordre, la guerre civile ».

Équation bien différente de celle qui s'était présentée en Russie, sans compter toutes les autres données qui opposent l'Allemagne, pays avancé, avec une armée dont les éléments sûrs se sont regroupés — les corps francs —, des socialistes décidés à faire front à n'importe quel prix (c'est-à-dire en utilisant la force, c'est-à-dire l'armée) à la poussée spartakiste.

Dans ces conditions, au bout de la route d'une tentative de révolution « spartakiste », il ne peut y avoir que l'échec.

Rosa est à Berlin le 10 novembre 1918 au soir. Elle est trop fine politique pour ne pas comprendre ce qui se joue, ce qui s'est déjà joué.

Elle qui hait Ebert et Scheidemann dit le 18 novembre: « L'image de la révolution allemande correspond à la maturité interne de la situation allemande. Scheidemann-Ebert, c'est le gouvernement idéal de la révolution allemande, à son stade actuel. »

C'est dire que, dès les premiers jours, elle est sans illusions.

Quand elle entend ce qu'on dit des spartakistes, elle s'indigne.

« Souvenez-vous, répète-t-elle, comment, il y a quatre ans, lorsque la guerre a éclaté, le parti de la guerre a fait lancer par ses agents les bruits les plus fantastiques... Mais derrière ces folles histoires de brigands et ces mensonges impudents, il y a quelque chose de très sérieux, tout cela est organisé. La campagne d'excitation est menée systématiquement... Ce qu'on veut par ces histoires à dormir debout, c'est créer un climat de panique chez les petits-bourgeois, c'est troubler l'opinion publique, intimider et égarer les ouvriers et les soldats. On veut créer une atmosphère de pogrom et poignarder politiquement le mouvement spartakiste, avant qu'il ait eu la possibilité de faire connaître sa politique et ses objectifs aux larges masses. »

Pessimisme, lucidité, sentiment qu'une course de vitesse est engagée, et — Rosa ne le dit pas, mais cela se lit dans ce qu'elle écrit — qu'elle est déjà perdue: voilà, dès ses premiers pas dans Berlin, ce que ressent, ce que dit Rosa.

Mais il faut courir, même si on connaît l'issue de la course. Courir jusqu'au bout, s'agirait-il, au terme, de sa propre mort, de cette *consolation* qu'elle attend, de cette fin.

A Berlin, ce 10 novembre, elle est accueillie par ses vieux amis, Paul Levi, Léo Jogichès dont les traits tirés, les cheveux gris, les épaules voûtées disent la fatigue.

Mais si elle découvre ainsi sur Léo l'usure des épreuves, ses camarades remarquent avec angoisse combien elle est marquée par la prison. Elle a les cheveux blancs, la peau jaune, des cernes sous les yeux. Même si elle ne se plaint pas, on la devine malade, épuisée. Mais est-il temps de s'arrêter à ses douleurs, à sa fatigue ?

Les rues sont parcourues par des cortèges de soldats en armes et d'ouvriers.

Dans la lumière grise de novembre, les manifestations se succèdent, les drapeaux rouges claquent.

Tout bouge et tout, malgré les analyses lucides et pessimistes, semble possible encore.

En tout cas, pour Rosa, il faut faire comme si l'avenir était ouvert. Et il ne peut le rester — ou le devenir — que si les « masses » sont éclairées. La propagande est donc essentielle, et dès cette nuit du 10 au 11 novembre 1918, Rosa est chargée de la direction du journal spartakiste *Die Rote Fahne* (Le Drapeau rouge). Mais encore faut-il qu'il puisse paraître.

Le 9 novembre, le premier numéro a été publié sur les presses du *Berliner Lokal Anzeiger* (Nouvelliste de Berlin), mais le 11, à la réunion qui se tient à l'hôtel Excelsior, Rosa apprend que les propriétaires se refusent à laisser utiliser leurs rotatives.

Ebert — les vieilles haines sont là, présentes, chargées de toutes les oppositions politiques — a appuyé, comme chancelier, la position des propriétaires de l'imprimerie.

Et, indice significatif de l'état de l'opinion, les ouvriers typographes approuvent leurs patrons.

Rosa se rend à l'imprimerie, parle aux ouvriers avec toute sa passion. Ils semblent un instant convaincus, puis se reprennent. Hésitent. Acceptent de publier le journal. Mais des soldats interviennent, arrêtent toute la rédaction de la *Rote Fahne*, bientôt libérée grâce à l'intervention des groupes spartakistes.

Tel est le climat et chacun de ces faits confirme la faiblesse des spartakistes.

Rosa ne s'en obstine pas moins. Elle prévoit, outre le quotidien, *Die Rote Fahne*, la publication d'un hebdomadaire, *Die Internationale*, de brochures pour les femmes, les soldats, les jeunes, l'édition d'une revue.

Pour Rosa, tout le confirme, la propagande était, dans cette période, la clé de la situation.

Il fallait faire connaître les analyses des spartakistes. Et le journal, l'activité de journaliste, occupa donc toute la vie de Rosa.

Écrire, diriger, écrire pour alerter, dénoncer, convaincre, rassembler.

La vie quotidienne de Rosa est ainsi harassante, tendue à se briser comme si elle n'avait qu'un seul objectif, tout donner, toutes ses forces, non seulement parce que la situation l'exige — qu'il lui faut peser sur les événements et vivre totalement cette période — mais parce qu'*il n'y aura plus d'après*. Qu'on peut donc tout jeter dans la bataille.

Mais elle ne veut pas que d'autres, dont elle aurait la responsabilité morale ou qui sont plus faibles qu'elle, la rejoignent.

Le 14 novembre, elle écrit ainsi à Clara Zetkin, dont la santé est toujours fragile : « Ne peux charger ma conscience de ta venue ici. Suis absolument contre ton voyage. »

Il y a les dangers de Berlin. Des soldats — appartenant aux corps francs — rôdent.

« Tous les deux ou trois jours, de source officielle, une mise en garde pressante, explique Rosa, que des tueurs nous surveillent, Karl et moi, de sorte que nous ne devons pas coucher chez nous, mais qu'il nous faut chaque nuit chercher refuge ailleurs. »

Il y a la fatigue, la tension.

« Je vis dans une sorte de tourbillon et de presse qui m'empêche depuis le premier instant d'avoir ma tête à moi. »

Car Rosa est « enchaînée à la rédaction. Chaque jour, dit-elle, je suis à l'imprimerie jusqu'à minuit pour surveiller également la mise en page ; en plus, par ces temps troublés, c'est seulement à dix ou onze heures du soir que nous recevons les informations et les indications les plus urgentes, qui exigent qu'on réagisse immédiatement ».

Elle se confie ainsi à Clara Zetkin, en journaliste professionnelle qui a la charge d'un quotidien, mais qui doit aussi, comme dirigeante politique, assurer des réunions publiques, animer la direction du mouvement spartakiste.

Vie poussée aux limites.

Mais n'est-ce pas cela qu'elle cherche, ce que, à ce moment de sa vie, puisque la révolution est là, qu'elle a toujours voulue et prophétisée, elle doit vivre, comme cela, dans l'extrême tension, comme l'ultime moment et le sommet de son destin ?

« Si tu savais, écrit-elle encore à Clara Zetkin, le 29 novembre, tout ce que j'aurais à te raconter et la vie que je mène ici — un véritable enfer ! Hier à minuit, je suis allée chez moi pour la première fois et uniquement parce que tous les deux — Karl Liebknecht et moi — nous avons été expulsés de tous les hôtels du quartier (autour de la Potsdamerplatz et de la gare d'Anhalt). »

Naturellement, elle n'a pas le temps de voir ceux de ses amis qui ne sont pas directement liés à son activité.

Elle est navrée, dit-elle, de ne pas s'être rendue chez les

Mehring. « Mais depuis que je suis descendue du train à Berlin, je ne parviens pas à mettre les pieds chez moi, à Südende, et j'habite l'hôtel. Vous pouvez donc vous rendre compte à quel point l'agitation d'ici me dévore. »

Pour Luise Kautsky, c'est différent.

C'est Luise qui renonce à toute entrevue tant les positions politiques de Rosa lui paraissent éloignées de celles de Karl Kautsky. Rosa s'était jetée dans le « courant révolutionnaire — écrit Luise — là où il m'était impossible de la suivre malgré toute l'affection et l'admiration que j'avais pour elle... ».

Rosa est blessée par cette attitude.

« Plusieurs fois, elle me fit savoir qu'elle ne pouvait comprendre que je n'accourusse pas auprès d'elle. Mais quelle que fût pour moi la souffrance de cette séparation imposée par les circonstances, je demeurai ferme et me tins au loin, attendant et appelant de tout cœur le moment qui nous réunirait de nouveau. »

C'était bien, ces mois de novembre et de décembre 1918, dans le climat du Berlin parcouru par des hommes en armes, alors qu'on attend un dénouement de la pièce qui a commencé de s'écrire le 9 novembre et dont le prologue sanglant a été en fait la guerre, un temps de rupture, même dans les amitiés les plus proches.

Et cela aussi donne à Rosa le sentiment qu'elle est au bout.

Certains sont morts, comme Hans Diefenbach, le plus proche.

Mais tant d'autres sont enfouis dans la glaise des champs de bataille. Et d'autres, tel Léo Jogichès, sont, comme elle, au terme de leur trajectoire.

Ils voulaient la révolution. Elle est là.

C'est la fin de la longue course de leur vie. Pourront-ils aller au-delà, commencer un autre cycle ?

A mille signes, à la manière dont elle vit ces semaines, à ce qu'elle écrit, on peut penser que Rosa ne le croit pas.

La contre-révolution est à l'affût, a-t-elle dit. Pour l'abattre. Et cela la « console ».

Elle vit cependant, faisant preuve d'une inépuisable énergie, même si elle a ce pessimisme sombre, cette vision d'une fin proche, comme une arrière-pensée, un arrière-goût d'amertume et de désespoir qui teintent toute chose.

Elle n'a d'ailleurs pas le temps de se laisser aller à ces pensées noires, et son entourage est, comme elle, pris par l'action, tout entier soumis à la nécessité de répondre dans les plus courts délais aux événements.

Durant cette période, elle s'appuie, sans qu'elle ait besoin de le solliciter ou de l'encourager, sur Léo Jogichès.

Il est là, dans un petit bureau, calme, recevant militants, ouvriers, marins, un à un, les écoutant, leur insufflant sa volonté et quelques principes d'organisation, veillant aussi sur Rosa, et la suivant dans ses analyses, soumis à elle, exécutant fidèle, mettant tout son talent à appliquer les directives que Rosa donne.

Et, tout au long de ces jours de violence, la présence de Léo dans l'ombre de Rosa était comme la preuve d'une fidélité aux débuts de leur vie commune, d'une union qui avait tout surmonté, les conflits intimes, la séparation, les oppositions aveugles de la passion (il l'avait poursuivie, menacée), la prison, les aléas de la vie politique, pour s'affirmer, dans ces jours de la fin de 1918, comme une entente qui irait elle aussi jusqu'au bout.

A la *Rote Fahne*, Rosa avait retrouvé Mathilde Jacob, Fanny Jezierska. Et Paul Levi ne s'éloignait jamais. Ils formaient un petit groupe d'amis, sûrs les uns des autres, vivant dans des hôtels voisins, prêts à se retrouver dès qu'un événement se produisait. Puis, quand les propriétaires les chassaient, tentant encore de rester proches.

Rosa, au mois de décembre, décida de dormir chez elle, à Südende, malgré les risques d'attentat ou d'arrestation. Elle avait besoin de ce cadre familier, de ce retour au moins au décor d'une vie quotidienne normale.

« J'habitais à présent chez Rosa, raconte Mathilde Jacob, et tous les soirs j'allais la chercher à la gare. Elle rentrait la plupart du temps très fatiguée et surmenée, mais elle reprenait vite des forces quand on lui avait donné quelque chose à manger. Une tasse de chocolat ou une tasse de café étaient à cette époque des choses précieuses qui nous étaient fournies grâce à l'ambassade russe par des camarades de là-bas... »

Parfois, sur un coup de fil, Mathilde doit se rendre au journal, accompagner Rosa jusqu'à un logement sûr. Paul Levi aide à chercher le fiacre, Rosa somnole, les traits creusés.

« J'avais une dinde rôtie, raconte encore Mathilde Jacob, qu'une camarade du Parti nous avait procurée et que ma mère avait très bien préparée. Dans le fiacre, Rosa dit : "Donne-moi un morceau de dinde, j'ai tellement faim. Je sais que Léo dirait qu'il faut prendre sur soi, mais donne-moi seulement un petit morceau." »

Vie à la fois mêlée à tous les événements, placée au cœur de l'actualité, mais en même temps existence coupée des réalités quotidiennes, celles que vivent les « masses ».

Certes, de temps à autre, Rosa marchait dans les rues et Paul Levi la conduisait, avec Liebknecht et Radek — revenu clandestinement en Allemagne, comme envoyé de Lénine, et que Rosa supportait malgré le jugement sévère qu'elle avait porté sur lui jadis — dans un bistrot d'ouvriers.

Elle écoutait les conversations, elle s'approchait des attroupements sur la Friedrichstrasse et Unter den Linden.

Mais ce contact rapide, superficiel, ne lui donnait pas cependant la vraie connaissance des sentiments des Allemands, y compris des socialistes.

Elle avait une vision de politique engagée dans les conflits avec d'autres courants socialistes, ou bien une vision d'historienne.

Qu'elle eût tort ou raison, l'essentiel était, pour obtenir une influence et des résultats, qu'elle fût d'abord comprise, entendue.

Or, le discours qu'elle tenait avait peu d'échos.

Elle mettait inlassablement en garde contre les Ebert et les Scheidemann. Les vieilles haines, les aigres incompréhensions, toute la rancœur accumulée contre ceux qui, le 4 août 1914, avaient engagé la social-démocratie dans la guerre, alors que Rosa avait passé ces années en prison, ressortaient avec encore plus de force.

A ces Allemands qui aspiraient à la tranquillité après les épreuves, au retour de l'abondance, à l'ordre, à l'unité des socialistes — pour ceux qui se reconnaissaient dans la social-démocratie — elle disait : « La Révolution a commencé. Il n'y a pas lieu de chanter victoire en considérant ce qui vient de s'accomplir, ni de se vanter d'avoir renversé l'ennemi. Car nous avons accompli peu de chose et l'ennemi n'est pas renversé... »

Elle parlait avec mépris des socialistes de l'USPD, ces « indépendants », Kautsky, Haase, alors qu'elle était leur camarade de parti. « Un lièvre, disait-elle d'eux, ne se mue pas du jour au lendemain en lion. »

Que voulait-elle donc, avec son style pamphlétaire, le ton exalté de ses éditoriaux ?

Elle faisait peur quand elle disait : « On ne peut arrêter la marche d'une révolution. » Car, derrière cette phrase, on voyait s'avancer les bolcheviks, leur politique de terreur. Et elle avait beau tenter de refuser l'identification avec la Russie, les Ebert, les Kautsky parlaient d'elle et des spartakistes comme des disciples de Lénine, de ceux qui voulaient appliquer, ici, en Allemagne, la terreur bolchevique.

Elle essayait de leur répondre : « Ce sont messieurs les bourgeois, ce sont tous les parasites de l'économie capitaliste qui tremblent, qui ont un besoin urgent de terreur et d'anarchie. » Elle évoquait les corps francs, les liens entre Ebert, Noske et les milieux militaires.

Le 6 décembre, des troupes gouvernementales avaient occupé le siège de la *Rote Fahne*, et la manifestation spartakiste qui avait suivi avait été accueillie à coups de mitrailleuses, faisant treize morts et trente blessés.

Ce massacre de la Chauseestrasse était le premier signal indiquant une montée vers l'affrontement armé.

Dès le 8 novembre, des ouvriers en armes protègent une manifestation spartakiste, impressionnante par le nombre des participants.

Mais, le 10 décembre, Ebert salue les régiments de la garde qui entrent dans Berlin. Le 12, les corps francs commencent à apparaître dans différents quartiers de la capitale.

Jusqu'à la fin décembre, c'est ainsi une suite d'échelons qui sont franchis, aggravant la situation.

Les 23 et 24 décembre, les marins révolutionnaires, retranchés dans le *Marstall*, les écuries royales, résistent à l'assaut des troupes gouvernementales. On relèvera onze morts parmi les marins et cinquante-six parmi les soldats.

Le 25 décembre, en réaction, des groupes de spartakistes occupent le journal gouvernemental du SPD, *Vorwärts*. Les camps se précisent. Les socialistes indépendants quittent le gouvernement. Les spartakistes quittent le Parti des socialistes indépendants et fondent, lors d'une réunion qui se déroule dans la Chambre des députés de Prusse, le Parti communiste allemand, un nom dont ni Rosa ni Léo Jogichès ne voulaient, préférant celui de Parti socialiste ou de Ligue spartakiste, mais que les délégués leur imposèrent.

Car, alors qu'à l'évidence se prépare une confrontation armée, non seulement les spartakistes sont isolés, minoritaires malgré le succès de leurs manifestations, mais Rosa elle-même paraît peu entendue.

C'est sa contradiction.

Et l'angoisse, le pessimisme doivent lui serrer la gorge, avec la certitude aussi que la fin sera scellée par sa propre mort.

Elle dénonce « les Scheidemann-Ebert qui ont approuvé quatre années durant ce qui a permis la plus grande saignée que l'on connut de mémoire humaine » et « les conservateurs qui ont envoyé sans sourciller un million et demi d'hommes et d'adolescents à la tuerie », mais ce sont « tous ces gens-là qui s'enrouent à crier en chœur contre la "terreur", la prétendue terreur dont les menace la dictature du prolétariat ».

« Que ces messieurs relisent leur propre histoire », leur lance-t-elle.

Et cependant, ce sont les Scheidemann-Ebert qui ont la confiance des « masses ».

Ce sont eux qui réussissent à faire adopter le principe des élections à une constituante le 19 janvier, contre lesquelles s'élèvent Rosa et les spartakistes. Ce sont les conseils d'ouvriers et de soldats qui devraient représenter les masses, estiment-ils.

Mais le suffrage universel — que Rosa aussi a loué — séduit bien plus les « masses » que les « conseils ».

Étrange situation de Rosa dans cette période, contradiction dont elle ne peut sortir.

Elle apparaît, par ses prises de position dans la *Rote Fahne*, comme l'extrémiste, adepte des méthodes russes. Mais quand elle est devant le congrès de fondation du Parti communiste, elle semble, au contraire, la plus modérée, la plus pessimiste. Et elle est battue lorsqu'elle demande que, puisque le principe de l'Assemblée constituante a été adopté, la Ligue spartakiste participe aux élections.

Les délégués rejettent cette proposition de Rosa et de leur direction !

Échec de Rosa, si bien que Léo Jogichès parle même de renoncer à fonder ce parti qui tient son congrès de création !

Car ceux qui se retrouvent aux côtés de Rosa sont une minorité de jeunes gens, issus de la guerre, révoltés et impatients.

Ils appartiennent à une génération nouvelle. Jogichès est le seul délégué à ce congrès de fondation a avoir plus de cinquante ans. Ces jeunes hommes sont violents, dynamiques, énergiques. Ils réclament de l'action, encore de l'action.

Rosa les comble par ses écrits, par ce qu'ils savent de sa vie, mais ils la contestent quand elle leur parle, qu'elle leur dit : « Camarades, vous vous rendez la tâche trop facile avec votre extrémisme. Votre élan impétueux ne doit pas nous faire oublier le sérieux et la réflexion de sang-froid. »

Ils ne la suivent pas quand elle les met en garde contre l'imitation de la Russie.

Et Rosa, tout en étant leur porte-parole face à la société, face aux adversaires, tente de les modérer, de les canaliser.

C'est comme si, affectivement, elle ne pouvait renoncer à ce « tourbillon » que ces jeunes hommes incarnent, comme si elle était prête à assumer tous les risques pour être avec eux, alors même que, intellectuellement, elle est lucide, opposée à ce qu'ils acceptent d'un cœur léger.

Il semble qu'elle veuille la révolution, avec eux, mais comme une abstraction, un événement qui ne traînerait pas avec lui la boue et le sang, comme la Révolution russe vient de le montrer.

Une révolution qui concilierait valeurs morales humanistes et démocratie.

Quand elle retrouve Radek, l'envoyé de Lénine, qu'elle continue de tenir à distance et à regarder avec suspicion, elle l'interroge sur le rôle que joue Dzerjinski, son camarade polonais, à la tête de la Tcheka, la police bolchevique, et la politique de terreur qu'il mène.

Comment peut-on donner une telle importance à la terreur ? demande Rosa. Comment Dzerjinski peut-il être aussi cruel ? insiste-t-elle.

Liebknecht, Radek et même Léo Jogichès lui répondent par des arguments politiques et Léo ajoute en riant : « Cruelle, s'il le fallait, tu pourrais l'être toi aussi. »

Mais comment celle qui se disait « plus proche des mésanges charbonnières », qui pleurait quand elle voyait un buffle battu jusqu'au sang dans la cour de la prison de Breslau, pouvait-elle accepter cela ?

Au congrès de fondation du Parti communiste allemand, elle proclama : « La révolution prolétarienne n'a besoin d'aucune terreur pour atteindre ses objectifs, elle abhorre et hait le meurtre. »

Voilà ce qu'elle pensait, ce qu'elle voulait.

Et ce que ne rejetaient pas, elle le savait après sa conversation avec Radek, les bolcheviks qui avaient fait de la terreur et de la cruauté un instrument politique.

Elle était prise ainsi entre plusieurs réalités — plusieurs dilemmes — inconciliables.

Elle tenait le discours de la révolution dans les articles de la *Rote Fahne*. Pour éclairer les « masses », parce que Rosa pensait toujours que, d'elles seules, pouvait naître le mouvement profond, irrépressible de l'histoire.

Mais, en même temps, elle connaissait suffisamment la réalité de l'Allemagne pour savoir que la révolution n'était pas pour l'immédiat. Que le rapport des forces ne lui était pas favorable.

Cependant, elle faisait comme si : par souci de « radicaliser », parce qu'elle avait le désir, après ces années de prison, l'état de surexcitation dans lequel elle se trouvait et son extrême tension psychologique, de vivre et de dire cela.

Elle tenait un discours plus réaliste devant ses camarades, celui de la lucidité, mais ils ne voulaient pas l'entendre, comme s'ils représentaient, par leur « élan impétueux », ce que Rosa portait aussi en elle.

Car il y avait à la fois chez ces jeunes hommes qui venaient de connaître quatre ans de barbarie et chez Rosa un désir « d'en finir », une volonté de « faire table rase ».

C'est Liebknecht qui l'exprime le mieux, quand il s'écrie: « L'instauration du socialisme ne sera possible que lorsque tout sera détruit, et c'est seulement après la destruction complète du système capitaliste que commencera la reconstruction. »

Mais Rosa, quand elle avait le temps de penser, qu'elle échappait au « tourbillon » qui ne lui laissait pas une minute pour reprendre souffle, savait qu'ils étaient une infime minorité en Allemagne pour partager cette pulsion.

Mais alors, eût-il fallu soutenir Ebert, Scheidemann et ceux des socialistes-indépendants qui se contentaient des réformes obtenues depuis le 9 novembre ? Et qui pour certains d'entre eux (Ebert, Scheidemann, Noske) avaient fait alliance avec l'armée ?

Qui voulait, dans cet état de haine qui séparait les hommes depuis le 4 août 1914, de ce compromis ? Qui l'eût imaginé durable ?

Liebknecht avait refusé d'entrer dans le comité exécutif des conseils d'ouvriers et de soldats.

Et pour Ebert et Scheidemann, Rosa Luxemburg et Karl Liebknecht étaient des « irresponsables », coupables d'entraîner un lumpenprolétariat — des déclassés, des marginaux — dans des actions qui pouvaient détruire l'Allemagne.

Tous — socialistes de l'USPD ou du SPD — rejetaient la Révolution russe. Et ils avaient choisi d'être du côté des puissances de l'Entente, en qui ils reconnaissaient des pays aux institutions démocratiques, comme celles qu'ils souhaitaient pour l'Allemagne.

Ebert avait dit, prétendait-on: « Je hais la révolution sociale à l'égal d'un péché. »

En tout cas, tout le séparait de Rosa et des spartakistes.

Ce qui, peut-être, était souhaitable dans l'abstraction d'une épure était humainement et historiquement impossible.

Rosa était ainsi confrontée à la faiblesse de son camp, au permanent extrémisme de ceux qui la suivaient, à la nécessité pour elle de tenir son discours radical et à la certitude qu'elle ne pourrait convaincre dans l'immédiat.

Même un homme comme Radek, conscient des faiblesses de la Ligue spartakiste, lui reprochait le ton violent de ses discours et de ses articles. Elle répondait qu'il ne fallait pas confondre ce qu'elle disait aux « masses » et ce qu'elle exposait aux membres de la Ligue spartakiste.

Comme si ce « double langage » avait pu être perçu et si ce n'était pas, à la fin, le ton le plus aigu qui l'emportait.

Et puis, devant cet argument, Rosa haussait les épaules : « Quand un enfant bien portant vient au monde, il crie, disait-elle, il ne gazouille pas. »

Mais Rosa, malgré cette pirouette, ne pouvait être que consciente de l'effet de ses articles et des contradictions qu'elle ne pouvait surmonter.

Et comment dès lors ne pas penser que, de même qu'elle épuisait toutes ses ressources physiques, ne tenant pas compte de son état, négligeant ses malaises, les symptômes de ses maladies, elle voulait aller jusqu'au bout d'une logique, d'un discours, sachant au fond que les dés étaient déjà jetés, que, comme elle l'avait dit, l'élection des individus était certes indispensable, mais que c'étaient les « forces primitives » qui déterminaient le cours des choses.

Alors elle témoignait, elle prenait date pour le jugement de l'histoire.

Mais ce témoin restait lucide.

Elle disait aux extrémistes de la Ligue spartakiste que, plus que la victoire inévitable de la révolution qui demanderait beaucoup de temps, il y avait l'éventualité du chaos. Et dans le programme qu'elle rédigeait pour ce Parti communiste allemand — dont elle avait accepté un peu malgré elle la fondation et l'appellation — elle disait : « La Ligue spartakiste ne prendra jamais le pouvoir que par la volonté claire et sans équivoque de la grande majorité des masses prolétariennes dans l'ensemble de l'Allemagne. Elle ne le prendra que si ces masses approuvent consciemment ses vues, les buts et les méthodes de lutte de la Ligue spartakiste. »

Mais reconnaître ainsi que la révolution ne pourrait que marcher au pas de la démocratie, qu'était-ce sinon, dans les circonstances de novembre 1918, parler de l'avenir et non du présent, quand se préparait, dans les unités de corps francs, au gouvernement, une confrontation armée qui devait mettre fin à ce que l'on ressentait comme la menace spartakiste ?

La Ligue ne disposait-elle pas, avec le préfet de police de Berlin, Eichhorn, d'un allié ?

Envisager le succès de la Ligue spartakiste dans ces conditions, imaginer une approbation des masses prolétariennes, n'était-ce pas en fait envisager qu'il n'y avait pas d'issue pour l'instant ?

Sur le plan du rapport de forces démocratiquement établi, les spartakistes n'étaient en effet qu'une minorité. Et quant au terrain militaire, comment pourraient-ils l'emporter face à ce qui restait de l'armée allemande, à ces noyaux déterminés que représentaient les corps francs et les régiments de la garde, auxquels Noske, nouveau commissaire à la Guerre, rendait visite ?

Noske ne se disait-il pas prêt à assumer les violences d'une répression militaire pour en finir avec les spartakistes ? « Eh bien soit ! Il faut que quelqu'un soit le chien sanglant. Je ne me soustrais pas à cette responsabilité. »

Que restait-il à Rosa, sinon à continuer sur un chemin dont elle savait qu'il conduisait au sacrifice ?

Mais à une mort pleine de sens.

Elle l'écrit d'ailleurs, révélant ainsi ce qu'est sa pensée, empruntant à la référence religieuse les images et les mots, parce que c'est bien ainsi, *en mystique*, qu'elle vit ces jours paroxystiques.

Elle dit : « La révolution prolétarienne ne peut accéder à une totale lucidité et maturité qu'en gravissant pas à pas, par degrés, l'amer *Golgotha* de ses propres expériences, en passant par bien des défaites et bien des victoires... »

Étrange texte, pour un discours-programme à la fondation d'un nouveau parti, dans ces derniers jours du mois de décembre 1918.

Et comme si elle était portée par cette image *chrétienne* — car c'est toujours au christianisme qu'elle emprunte ses références, jamais au judaïsme, parce que les notions de sacrifice, de résurrection et de rédemption sont essentiellement christiques, et que c'est avec le christianisme que les liens du socialisme sont les plus forts — elle poursuit : « *Clouez Spartakus sur la croix*, s'écrient les capitalistes... *Clouez-le sur la croix*, s'écrient les petits-bourgeois, les officiers, les antisémites, les laquais de presse qui tremblent pour leurs beefsteaks que leur vaut la domination de classe de la bourgeoisie.

« *Clouez-le sur la croix*, s'écrient les Scheidemann qui, tel Judas Iscariote, ont vendu les ouvriers à la bourgeoisie...

« *Clouez-le sur la croix*, répètent encore comme un écho des couches de la classe ouvrière qu'on trompe et qu'on abuse, des soldats qui ne savent pas qu'ils s'en prennent à leur propre chair et à leur propre sang...

« Et cette haine confirme que Spartakus est le cœur de la Révolution et que l'avenir lui appartient... »

Voilà le ton de Rosa, *inspiré, religieux, prophétique*, celui non pas d'une dirigeante politique, calculant les coups à jouer pour tenir, occuper telle ou telle position de pouvoir, mais celui d'une femme dont l'inspiration est plus profonde, intelligente et lucide, mais d'abord mue *par une passion de croyante*, qui *voit*, qui identifie sa propre vie à celle dc sa foi.

Et ce programme politique résonne comme un testament qui s'inscrit dans la lignée des textes religieux plus que dans la succession des programmes de parti politique.

Testament de Rosa.

Comme si elle savait que, ce 1er janvier 1919, elle n'avait plus que quinze jours à vivre.

22

« Et en fin de compte, il faut bien prendre l'histoire comme elle se déroule »
(1er janvier-12 janvier 1919)

Ce 1er janvier 1919, Rosa est donc membre de la direction d'un nouveau parti qui s'est définitivement créé dans la nuit, le KPD — Parti communiste allemand — ou Ligue spartakiste, comme elle préfère l'appeler.

Elle est inquiète. Certes elle rassure ses amis. Elle et Léo Jogichès ont été mis en minorité par les délégués, mais, dit-elle: « Notre défaite n'a été que la victoire d'un extrémisme un peu puéril, en pleine fermentation... N'oublie pas, précise-t-elle à Clara Zetkin, que les spartakistes sont pour une bonne part une génération neuve sur qui ne pèsent pas les traditions abrutissantes du "vieux" parti "qui a fait ses preuves" et il faut accepter le fait avec ses lumières et ses ombres. »

Elle les accepte. Mais le malaise qu'elle ressent est accentué par le pessimisme de Léo Jogichès en qui elle a toute confiance. Il répète qu'il ne fallait pas fonder ce parti, que la décision prise par des délégués de ne pas participer aux élections à l'Assemblée constituante est la preuve du caractère prématuré de cette création. Rosa se tait en face de Jogichès. Il dit à haute voix ce qu'elle pense. Et quand il insistera pour que Clara Zetkin, leur amie, ne rejoigne pas la Ligue spartakiste, mais reste au Parti socialiste indépendant pour pouvoir s'y exprimer, Rosa approuve. Seul Karl Liebknecht, emporté par sa passion, son exaltation, est optimiste.

Rosa réserve ses accents enthousiastes pour les colonnes du journal *Die Rote Fahne*. En privé, elle fait toujours preuve de lucidité, elle essaie de tempérer les excès de Liebknecht.

Mais elle est solidaire.

Que faire d'autre ?

Ce premier jour de janvier de l'année 1919, il fait froid et gris sur Berlin.

Les bruits sont étouffés par le brouillard. Les gens dorment tard. « L'Achéron s'est mis en mouvement », avait écrit dans la *Rote Fahne* Rosa, évoquant les mouvements de grève, l'action des masses. Mais tout semble calme. Et pourtant, quand elle lit, ce 1er janvier, dans le *Vorwärts*, le journal des socialistes gouvernementaux du SPD, une violente attaque contre le préfet de police de Berlin, socialiste-indépendant, Eichhorn, accusé d'avoir touché de « l'or russe », d'être un escroc, un véritable « danger pour la paix publique », elle comprend que les gouvernementaux, Ebert, Scheidemann, Noske ont décidé de faire sauter ce dernier obstacle « de gauche » à leur pouvoir.

Mais Rosa, si elle note le fait, est trop prise par le travail quotidien pour anticiper sur l'événement. Elle a juste le temps d'arracher, le 4 janvier, quelques minutes à la mise en page de la *Rote Fahne* pour écrire une courte lettre à son amie Marta Rosenbaum, dont Kurt Rosenfeld lui a dit qu'elle avait été blessée par les articles de Rosa attaquant les socialistes-indépendants de l'USPD.

« J'ai eu l'impression que le toit me tombait sur la tête, écrit Rosa. Pendant tout le temps de notre amitié, n'ai-je pas mérité assez de confiance pour que les malentendus soient exclus ? Cela m'a fait mal. » C'est comme si Rosa ne mesurait pas que les mots qu'elle écrit pouvaient frapper. Comme si ses amis devaient savoir que, malgré l'écume violente du langage, Rosa restait telle qu'ils l'avaient connue, sensible, humaine, ne limitant jamais la personnalité d'un homme à ses choix politiques.

Puis Rosa soupire. « Enfin, c'est ainsi, dit-elle, il faut accepter cela aussi. »

C'est comme si s'exprimaient par ces quelques mots, ce 4 janvier 1919, la lassitude, une sorte de fatalisme un peu amer.

Qui peut comprendre ce qu'elle est, ce qu'elle vit, les contraintes de la situation ?

Elle se reprend cependant : « Il faut que nous parlions ensemble, dit-elle à Marta. Et aucune ombre ne doit subsister entre ma chère Marta au cœur d'or et moi. »

A la rédaction de la *Rote Fahne* où elle se trouve, comme tous les jours, ce 4 janvier, on lui apporte les dépêches, les informations. Un tract, quelques lignes contre elle et Paul Levi, des allusions antisémites qui lui donnent la nausée par leur bêtise : « *Judas veut prendre la couronne. Nous sommes gouvernés par Levi et Rosa Luxemburg.* »

Un autre texte, annonçant qu'à la tête de la Ligue spartakiste se trouvaient Rosa et Karl Liebknecht, affirmait que ces deux dirigeants organisaient entre eux de véritables orgies.

Calomnies, dont Rosa n'ignore pourtant pas qu'elles peuvent se répandre, devenir l'un des ressorts de l'opinion publique. Elle le sait depuis août 1914, les mensonges sont efficaces. Mais elle n'a que mépris pour cela, qu'elle écarte. L'avenir à la fin lui rendra raison.

Plus grave, ceci : au camp militaire de Zossen, près de Berlin, Ebert et Noske, invités par le général von Lüttwitz, ont passé en revue les hommes qui y sont rassemblés, plus de 4 000 volontaires déterminés. « De vrais soldats », a dit Ebert. Et Noske, penché vers lui, a ajouté : « Sois tranquille, à présent tu vas voir que la roue va tourner. »

Ce 4 janvier, le général von Lüttwitz dispose autour de Berlin de près de 80 000 hommes.

Ils ne demandent qu'à entrer dans la capitale et à liquider ces « brigands » de spartakistes.

Ce 4 janvier, tout à coup, tombe la nouvelle que la campagne de presse commencée depuis le 1er janvier dans *Vorwärts* préparait : le gouvernement a remplacé Eichhorn dans ses fonctions de préfet de police par un membre du SPD, un socialiste de « droite », Eugen Ernst.

Mais Eichhorn refuse de se soumettre. Et c'est immédiatement dans tous les milieux de la « gauche » berlinoise, l'agitation. Rosa en est d'accord. On ne peut accepter cette décision qui prépare d'autres offensives d'Ebert et de Scheidemann.

Le Comité central de l'organisation du Grand Berlin des socialistes indépendants, auquel se sont joints les délégués révolutionnaires, se réunit dans la soirée. On parle, on parle. On décide de s'opposer au renvoi d'Eichhorn. Comment ? En manifestant. Mais la *Rote Fahne* appelle à des mesures révolutionnaires, à l'armement du prolétariat. Il faut que les « masses » soient dans la rue, écrit Rosa. Il faut les pousser en avant.

Et cependant, à la direction de la Ligue spartakiste, elle est — contre Liebknecht — de ceux qui pensent qu'il ne faut pas exiger la démission du gouvernement Ebert, que la situation n'est pas « mûre ». Que la province ne suivra pas Berlin. Et la Ligue adopte cette position.

Rosa au visage double, une fois de plus.

Lucide et prudente dans les conseils politiques, poussant les feux dans les tribunes de la *Rote Fahne*. Parce qu'elle croit toujours que l'histoire surgit du mouvement des masses, comme une houle, et qu'il faut accompagner la vague, ne pas la freiner et aller avec elle jusqu'où elle peut aller.

Le 5 janvier, les masses sont dans les rues de Berlin.

Un tract a appelé à ce qui ne doit être qu'une simple manifestation de protestation : *« Il y va de votre liberté ! Il y va de votre avenir ! Il y va du destin de la Révolution ! Vive le socialisme révolutionnaire international ! »*

Tout le cœur de la capitale est occupé par des dizaines de milliers de manifestants, depuis les allées de la Victoire jusqu'à l'Alexanderplatz. Il y a là des ouvriers et des soldats en armes, une foule, « une armée, dira un témoin, comme aucun Ludendorff n'en avait une ».

Et Scheidemann comme Noske jugent qu'à cet instant, ce 5 janvier, ils peuvent être balayés.

Au balcon de la préfecture de police, Liebknecht, Ledebour — le socialiste-indépendant — sont aux côtés d'Eichhorn qui lance : « J'ai reçu mon poste de la Révolution et je ne le rendrai qu'à la Révolution. »

Mais que faire de cette foule alors que les chefs sont divisés ?

Ils ont constitué une « coordination » où sont représentés les socialistes-indépendants, les délégués révolutionnaires et les spartakistes. C'est Liebknecht qui la préside. La direction de la Ligue, Rosa, lui ont demandé de ne pas s'engager dans une action pour renverser le gouvernement. Les socialistes-indépendants hésitent. Les délégués révolutionnaires jugent que ce n'est pas le moment. Et cependant la foule est là. Immense.

« Le brouillard augmentait, raconte un témoin, et les masses attendaient toujours. Mais les chefs délibéraient. Midi arriva et, en plus du froid, la faim. Et les chefs délibéraient. Les masses déliraient d'excitation : elles voulaient un acte, un mot qui apaisât leur délire. Personne ne savait quoi. »

Et Rosa est toujours partagée.

Ce matin du 5 janvier, elle a vu cette foule. Elle reconnaît cette « odeur » grisante de révolution qui semble flotter au-dessus des têtes, envelopper ces masses qui forment comme une mer noire, les dizaines de milliers d'haleines se confondant avec le brouillard.

« Si cette foule avait eu des chefs sachant exactement où ils allaient, ce jour-là, à midi, elle aurait eu Berlin en main », commentera plus tard Noske.

Rosa le sait, le sent. Mais en même temps, elle pense : et après ? Qui s'opposera aux 80 000 soldats ? Et que fera Berlin si la province ne suit pas ? Faut-il revivre une Commune de Berlin, comme il y a eu une Commune de Paris ?

Il faudrait qu'elle écrive cela, ce 5 janvier, puisque, dans les discussions qu'elle a avec Jogichès, Paul Levi, elle se prononce contre l'insurrection armée et semble « accablée par le cours des événements ».

Car un Comité révolutionnaire s'est constitué. Liebknecht est entraîné, exalté par cette foule qu'il a vue immense et apparemment invincible. N'est-ce pas l'heure de la Révolution ? Il rédige une proclamation — qui ne sera pas rendue publique, mais qui dit l'esprit de ces hommes : « *Le gouvernement Ebert-Scheidemann s'est rendu intolérable. Le Comité révolutionnaire soussigné proclame sa déposition...* »

Ce texte est au diapason des actions conduites par de petits groupes d'extrémistes — gauchistes... — qui échappent à tout contrôle. Armés, ils se sont emparés des locaux du journal *Vorwärts*, puis, dans la nuit du 5 au 6 janvier, ils occupent les principales entreprises d'édition et de presse.

C'est trop et pas assez.

Car le 6 janvier, les forces militaires sur lesquelles comptaient les révolutionnaires se dérobent. La division de marine révolutionnaire refuse de se joindre à une éventuelle insurrection. A peine s'il y a donc, pour engager le combat, une dizaine de milliers d'hommes mal encadrés, peu aguerris, mal armés. En face, la puissance des *Freikorps*. Et surtout la légalité : le renvoi d'Eichhorn est entériné par le comité exécutif des conseils.

En avançant d'un pas dans la voie de l'insurrection, les forces de « gauche » ont à la fois montré leur faiblesse et se sont exposées aux coups, à découvert.

Le 6, un tract du SPD parle des « *bandits armés de la Ligue spartakiste* », des « *fous et des criminels* » qui veulent, à l'imitation de la Russie, ouvrir une « *guerre civile sanglante* » et qui « *menacent les ouvriers allemands de meurtre, d'anarchie, de famine* ».

Devant la chancellerie, Ebert et Scheidemann dénoncent ceux qui veulent installer « *la dictature de Liebknecht et de Rosa Luxemburg* ».

Et Noske, nommé commandant en chef, concentre ses corps francs et prépare leur intervention.

C'est la confusion dans l'extrême gauche. Les uns — les socialistes-indépendants et les responsables de la Ligue spartakiste — veulent négocier. Et cela correspond au désir des milieux ouvriers, des délégués révolutionnaires qui jugent l'affrontement une guerre fratricide. C'est aussi la meilleure manière de préserver des forces en évitant leur écrasement.

Car dès le 6 janvier, les premiers corps francs entrent dans Berlin et balaient les résistances avec une brutalité sauvage.

« Vous avez assez de perspicacité, écrit Radek aux dirigeants de la Ligue spartakiste, pour savoir que ce combat est sans espoir. »

Mais comment convaincre un Karl Liebknecht — dont le propre fils Wilhelm est parmi les occupants du *Vorwärts*, décidé à aller jusqu'au bout ?

Et Rosa ?

Elle a l'autorité que lui donnent sa vie politique exemplaire, les sacrifices qu'elle a consentis.

Certes la jeune génération n'est pas décidée à se laisser conduire, fût-ce par une aînée héroïque. Et qui donc a lu, parmi ceux qui ont occupé le *Vorwärts* parce qu'ils veulent agir, *L'accumulation du capital* ? Qui connaît les articles que, il y a si longtemps, Rosa écrivait dans *Neue Zeit* contre le révisionniste Bernstein ? Mais chacun sait — membres de la Ligue spartakiste ou bien adversaires, qu'ils soient sociaux-démocrates ou soldats membres des *Freikorps* — que Rosa est le visage de proue, la conscience et la plume du socialisme « internationaliste », qu'elle est l'intraitable.

« Où est notre Rosa ? » lancent les reîtres des *Freikorps* en faisant sortir les insurgés spartakistes qu'ils délogent des bâtiments qu'ils occupent, et qu'ils abattent souvent sans autre forme de procès.

« Pour moi, déclare le colonel Reinhard, qui commande les troupes qui entrent dans Berlin et nettoient la ville, ce sont des assassins et des pillards qui ont ouvert le feu sur mes hommes... J'agis en soldat et, sur ces questions, je n'ai à recevoir d'instructions ni du conseil des commissaires du peuple ni du conseil central... »

Et pour les officiers qui commandent tel ou tel corps franc engagé dans une opération de nettoyage, les spartakistes sont des « salauds », des « canailles » qu'on débusque, même quand ils dorment tranquillement chez eux, dont on martèle le visage à coups de crosse, et qu'on abat.

Elle pourrait, Rosa, voyant comment la situation évolue, connaissant les divisions du camp auquel elle appartient, « accablée » par les prises de position de Liebknecht, désespérée de voir le combat s'engager, alors qu'elle avait souhaité qu'on ne propose pas l'insurrection armée, consciente que la manifestation a dérapé, que les chefs, incertains du but, se sont laissé placer devant le fait accompli par des groupes de jeunes manifestants, ceux-là mêmes dont elle qualifiait l'extrémisme de « puéril », elle pourrait donc, Rosa, sonner le repli, afin de préserver les forces du mouvement.

Or, au contraire, le langage public qu'elle tient dans les colonnes de la *Rote Fahne* est celui de l'extrémisme.

Elle dénonce les négociations engagées entre les socialistes indépendants et le gouvernement Ebert.

Et il est vrai qu'elles n'ont aucune chance d'aboutir car, à « gauche », on est débordé par les extrémistes et du côté gouvernemental, on est décidé à en finir.

Mais Rosa va plus loin.

« Les masses sont prêtes, écrit-elle le 7 janvier, à appuyer toute action révolutionnaire et à traverser feu et flammes pour la cause du socialisme... »

Quelles « masses », alors qu'au fil des heures le nombre des « insurgés » diminue et que s'abattent sur eux, en effet, le feu et les flammes des corps francs ?

Quel but poursuit Rosa ?

Imagine-t-elle que les masses vont se remettre en mouvement ? Pourquoi, au lieu d'analyser la situation avec lucidité, de conseiller donc — comme le fait Radek en invoquant l'exemple de Lénine — de se retirer et même de rendre les armes, écrit-elle : « L'expérience des trois derniers jours crie à voix haute aux organes directeurs des ouvriers : Ne parlez pas ! Ne négociez pas ! Agissez ! »

Qu'espère-t-elle ? Quels sont ses mobiles ?

Elle avance une raison pédagogique : « On ne saurait apprendre à organiser des actions révolutionnaires que dans la révolution, tout comme on ne peut apprendre à nager que dans l'eau... »

N'est-il pas irresponsable — et presque inhumain — d'inciter ainsi à se battre, pour « apprendre », mais sans espoir de succès, des centaines d'hommes qui seront des victimes et qui feront défaut à la lutte plus tard ? Sans compter les conséquences politiques qu'engendre toujours un affrontement armé, qui interdit pour de longues années — et parfois pour des décennies — tout rapprochement entre ceux qui se sont opposés, les blessures restant saignantes ?

Et qui profite alors de ces divisions, sinon les adversaires les plus extrémistes de la cause ouvrière ?

Le 8 janvier, elle écrit encore, alors que la défaite devient une certitude : « Ne faites pas de discours ! Ne vous consultez pas éternellement ! Pas de tractations ! A l'action ! »

Les *Freikorps* tuent, assiègent les bâtiments tenus par des groupes d'insurgés. Les masses ne se soulèvent pas, au contraire. L'opinion ouvrière est hostile et cet affrontement perçu comme une querelle entre des minorités, un conflit entre des « chefs ».

« Prolétaires, unissez-vous, sinon avec vos chefs, du moins pardessus leurs têtes », déclarent des comités d'ouvriers d'usine.

C'est le désarroi, la confusion. Liebknecht conduit seul sa politique favorable à la lutte sans tenir compte de la position de la direction de la Ligue spartakiste, favorable au retrait.

Et Rosa Luxemburg pousse de la plume à l'action tout en sachant que la cause est perdue, comme si elle voyait dans cet échec inscrit déjà dans les faits, un moyen d'en finir avec ellemême et de prendre date pour l'avenir, puisque le présent a les couleurs noires de la déception.

« Jusqu'ici les révolutions ne nous ont apporté que des défaites, mais ces défaites inévitables, écrit-elle, ne font qu'ajouter une caution à la garantie de la victoire finale future. »

Qu'est-ce, sinon une manière d'échapper par la *croyance* à la réalité présente ?

Qu'est-ce, puisqu'elle incite dans son journal à la continuation du mouvement, sinon une manière « suicidaire » d'agir, puisqu'elle le dit, les *défaites* sont *inévitables* ?

Sans doute y a-t-il aussi chez elle la volonté — politique — de montrer que les spartakistes ne négocient pas, n'abandonnent pas les insurgés, et ainsi une façon de déconsidérer ceux — les socialistes-indépendants — qui traitent avec Ebert et Scheidemann.

Mais ce que révèle plutôt l'attitude double de Rosa, c'est, poussés jusqu'au paroxysme, les termes de la contradiction qu'elle vit : lucidité politique et certitude de l'erreur qui consiste à s'insurger d'une part, et d'autre part, aspirée par le « tourbillon » de l'action, sa croyance dans la valeur de la spontanéité, sa foi en l'avenir et surtout sa nécessité existentielle de trouver une issue, car elle doit aller jusqu'au bout, témoigner.

Et mourir.

Certes, quand, le 11 janvier, alors que le siège du *Vorwärts* vient d'être repris par les troupes de Noske, quand elle écrit sa dernière lettre — à Clara Zetkin —, elle tient le discours d'une dirigeante politique qui analyse les événements. « En réalité, dit-elle, les événements actuels rejettent tout à fait au second plan la question de l'Assemblée nationale... » Elle écrit comme s'il s'agissait d'une situation normale !

Mais les mots lui échappent vite, laissant apparaître ce qu'elle vit : « Le tourbillon..., le changement perpétuel de domicile, les nouvelles alarmantes continuelles..., ce danger de chaque heure..., cette presse, ces poursuites..., ces combats qui continuent... Beaucoup de nos braves gars sont tombés. Meyer — de la direction spartakiste — Ledebour — de l'USPD — et, nous le craignons, Léo sont arrêtés. »

Et puis tout à coup cette phrase, à nouveau l'expression de son fatalisme, du choix qu'elle a fait d'accepter : « En fin de compte, il faut bien prendre l'histoire comme elle se déroule. »

Ce 11 janvier, Berlin est, à quelques exceptions près, nettoyé de ceux que Scheidemann appelle « les bandits ».

Les derniers bâtiments — la préfecture de police, les imprimeries de journaux, les maisons d'édition — seront repris dans les heures qui suivent.

« L'histoire comme elle se déroule », comme Rosa Luxemburg l'a d'ailleurs prévu — « les défaites inévitables », disait-elle — aboutit à ce que, ainsi que l'écrit encore Scheidemann, « le gouvernement Liebknecht-Ledebour et sa suite de fanatiques et de bandits soient définitivement liquidés ».

Et les sociaux-démocrates gouvernementaux peuvent ainsi préparer leur victoire aux élections de l'Assemblée constituante qui doivent se tenir le 19 janvier.

L'échec de Rosa est donc complet.

C'est comme si, après avoir attendu toute une vie cet instant, celui d'une situation de crise révolutionnaire, elle s'était trouvée impuissante à se déterminer politiquement, exaltant l'action pour l'action, prenant des attitudes en fonction de l'avenir qui étaient moins déterminées par les circonstances froidement analysées que par son propre état psychologique, cette tension proche de la rupture, fruit d'années de lutte, de prison et d'émotions.

C'est comme si Rosa ne pouvait, dans l'ordre de la politique, être *dans* le présent, mais se projetait toujours ailleurs, plus loin, dans des perspectives historiques générales qui, quand on en reste au plan intellectuel ou théorique, ont d'immenses vertus, mais qui, lorsqu'il s'agit de déterminer une tactique, alors que des hommes vont s'affronter fusil à la main, sont inefficaces : pire, néfastes.

Quelle était, par exemple, dans cette semaine sanglante, alors que les socialistes-indépendants auraient pu être — et étaient —

des alliés de la Ligue spartakiste, l'utilité d'écrire : « Avant toute chose, les semaines qui viennent doivent être consacrées à la liquidation de l'USPD, ce cadavre pourrissant dont la décomposition empoisonne la Révolution » ?

Quelles « masses » pouvaient comprendre que ce soit là « le but suprême ? »

Rosa obéissait à sa logique d'éclaircissement de la situation, à sa volonté de prendre date pour l'avenir. Elle n'imaginait pas — ou ne voulait pas prendre en compte — les effets d'un tel discours.

Il correspondait à cette certitude qui l'habitait d'avoir raison. A son goût pour les formules violentes. A sa propre passion.

Or, au moment où elle écrit cela, elle peut en même temps condamner, au sein de la direction de la Ligue spartakiste, ceux qui se laissent entraîner sur les positions « gauchistes », extrémistes qu'elle expose elle-même.

Elle aurait ainsi répété qu'elle ne pourrait plus désormais travailler avec Karl Liebknecht qui s'était montré irresponsable, irrespectueux des directives de prudence que la direction de la Ligue lui avait communiquées.

Et elle, Rosa, à quel moment, dans la *Rote Fahne*, avait-elle incité à la réserve, à quel moment avait-elle appelé à ne pas s'engager dans l'action ?

C'était comme si *elle ne pouvait pas*, psychologiquement, se séparer de ceux qui allaient jusqu'au bout, qui se trompaient, mais se montraient prêts, par ce choix, à se faire égorger. Témoins exemplaires et qu'il ne fallait donc pas condamner, puisqu'ils étaient ceux qui *croyaient le plus*.

Ils se trompaient — et Rosa, la politique, le disait quand elle parlait aux politiques de la Ligue spartakiste — mais elle ne pouvait les désavouer.

Comme si elle était fascinée par eux, si ayant trop pensé que le sacrifice et l'échec étaient une étape nécessaire du « Golgotha » révolutionnaire, elle ne pouvait donc que les soutenir.

Leur sang féconderait les moissons futures.

Et il fallait qu'elle soit avec eux.

Parce qu'il fallait au mouvement révolutionnaire des martyrs.

Les « masses » un jour les reconnaîtraient pour tels et les suivraient.

Et puis, et c'était le plus intime et sans doute le plus déterminant, elle était à bout de forces. Avec le sentiment qu'elle ne pourrait plus aller au-delà de cette étape, de cette « station » de son chemin de croix.

Ils « *clouaient Spartakus sur la croix* » ?

« *Les Scheidemann, tel Judas Iscariote, avaient vendu les ouvriers à la bourgeoisie* » — avait-elle écrit — et l'on aurait voulu qu'elle échappe à ce sort-là ? Elle qui incarnait Spartakus ?

Sait-elle qu'elle a choisi de mourir comme ceux qui sont morts ?

Comme ces prisonniers spartakistes abattus alors qu'ils se sont rendus, le 11 janvier, après la prise par les troupes du bâtiment du *Vorwärts*. Et parmi eux le journaliste Fernbach.

Et plus avant, dans le fond de sa mémoire, il y a le souvenir de ceux qu'on a pendus, alors qu'elle n'était qu'adolescente, dans la cour de la citadelle de Varsovie.

Elle ne pense sans doute pas qu'elle a choisi de mourir, mais elle sait qu'elle ne veut rien faire pour protéger ou sauver sa vie.

Dans une ville où des milliers de soldats défoncent les portes à coups de crosse, abattent ses camarades sans jugement, et s'écrient : « Où est notre Rosa ? », n'est-ce pas choisir de ne plus vivre ?

Et, comme les premiers martyrs d'une foi encore incomprise, personne ne la défendra.

Le 11 janvier, une de ses amies spartakistes, Kate Duncker, se rend en tramway à l'appartement où Karl Liebknecht et Rosa Luxemburg sont hébergés.

On entend encore des coups de feu. Des camions chargés de soldats, les mitrailleuses en batterie au-dessus de la cabine, passent, cependant que les escouades de *Freikorps*, baïonnette au canon, marchent sur la chaussée de la Schlosstrasse.

A côté de Kate Duncker, une femme en les voyant s'écrie : « Sur chacune de ces baïonnettes, ils devraient embrocher un spartakiste ! »

Kate Duncker s'insurge : « Vous n'avez pas honte de dire ça, vous une femme ? »

« Presque tous les voyageurs, racontera-t-elle à Rosa Luxemburg qu'elle a rejointe dans l'appartement situé place Blücher, prirent parti contre moi. On m'empoigna et on voulut me jeter hors du tramway. Je ne dus qu'à l'intervention d'un vieux monsieur de pouvoir aller jusqu'à l'arrêt suivant. »

Tel est ce Berlin que Rosa ne veut pas quitter.

23

« *J'étais, je suis, je serai !* »
(13 janvier-15 janvier 1919)

Elle n'abandonnait pas son bureau de la rédaction de la *Rote Fahne.*

Elle disait à Paul Levi qui insistait pour qu'elle se cache et qu'elle s'éloigne de Berlin qu'on ne s'enfuit pas quand tombent dans la bataille les ouvriers. Et le journal devait paraître chaque jour, pour expliquer, orienter. Et elle devait écrire.

Puis Mathilde Jacob et Paul Levi furent arrêtés le 11 janvier, comme Ernest Meyer et Ledebour. Jogichès, pris lui aussi, réussit à s'évader et à disparaître dans la ville.

D'autres, l'ancien préfet de police Eichhorn, ou Scholze — le représentant des délégués révolutionnaires — avaient abandonné la capitale.

Mais Rosa s'y refusait.

Et malgré ses joues creuses, ses cernes sous les yeux, sont teint bistre à force de fatigue, l'impression d'épuisement qui se dégageait de toute sa personne, elle avait des yeux brillants de détermination et d'énergie.

Elle resterait à Berlin.

Karl Liebknecht partageait sa résolution, la même volonté de défier, proposant même dans une ville en état de siège de tenir avec Rosa un meeting.

Puis, à la fin, parce que l'étau se resserrait, ils acceptèrent de se cacher. D'abord, les 12 et 13 janvier, dans le quartier ouvrier de Neukölln, où les perquisitions, les patrouilles se succèdent. Là, ils n'étaient pas plus en sécurité qu'au siège de la *Rote Fahne.*

Ils gagnèrent alors le quartier bourgeois de Wilmersdorf, au

43 de la Mannheimerstrasse, dans l'appartement des Markussohn.

Dans Berlin, on distribue des tracts incitant à les dénoncer, à les tuer.

Rosa a vu, en se rendant Mannheimerstrasse, ces affiches qui couvrent les murs de Berlin : « *Tuez Liebknecht et Luxemburg si vous voulez avoir la paix, du travail et du pain.* »

Le 13 janvier, on apporte à Rosa le *Vorwärts*. On célèbre dans le journal des socialistes gouvernementaux, la victoire sur les « criminels et les bandits », les spartakistes de Rosa Luxemburg et de Karl Liebknecht. On y exprime le mépris pour ces dirigeants qui se cachent et se sont sans doute enfuis, laissant mourir ceux qu'ils ont entraînés dans une aventure folle.

Arthur Zickler, un collaborateur régulier du *Vorwärts*, signe un court poème qui dit ce mépris.

Il est intitulé : *La Morgue*.

Sur un seul rang des centaines de morts,
Prolétaires !
Le fer, la poudre et le plomb n'ont pas demandé
qui est à droite, à gauche, ou qui est spartakiste,
Prolétaires !
Qui a fait descendre la violence dans la rue ?
Prolétaires !
Qui s'est saisi le premier des armes,
qui a brûlé d'en faire l'épreuve ?
Spartakus !
Sur un seul rang des centaines de morts,
Prolétaires !
Karl, Rosa, Radek et consorts
Pas un, pas un parmi les morts,
Prolétaires !

Poème aux accents populistes — prolétaires victimes de leurs chefs qui les abandonnent à l'heure de la mort.

Poème qui doit frapper Rosa comme une insulte, la fortifier dans l'idée que son sacrifice est nécessaire. Et qu'en tout cas, elle a eu raison de ne pas se mettre à l'abri. Qu'il faut être, quels qu'en soient les risques, aux côtés de ceux qu'on fusille.

Ce même jour, 13 janvier, elle apprend que sa tête — et celle de Karl Liebknecht — seraient mises à prix par des milieux conservateurs, 100 000 marks chacune.

Car c'est eux que les *Freikorps* — et sans doute Noske — veulent abattre pour en finir. Et quelle que soit la volonté du gouvernement, que peut-il, maintenant qu'il s'est placé dans la poigne armée de la force militaire ?

Karl Kautsky, le 13 janvier, l'écrit : « D'un point de vue militaire, le gouvernement pouvait se permettre de refuser pratiquement toute négociation (avec les spartakistes)... Certes, il termine la lutte en vainqueur et renforce ainsi sa puissance, mais seulement au prix d'un renforcement encore plus grand des éléments bourgeois et militaires qui ont assuré son triomphe. »

Un social-démocrate, Brutus Molkenbuhr, dira plus crûment, après avoir recueilli des témoignages sur la manière dont se comportent les volontaires des *Freikorps* : « Les criminels notoires sont à présent à l'œuvre. Actuellement Berlin est submergé d'assassins, et de souteneurs. Mais tous ces crimes se couvrent d'un pavillon : la lutte contre Spartakus. »

Rosa prépare une petite valise.

Ils viendront.

Il lui faut donc être prête.

Elle lit, pour trouver le sommeil, le *Faust* de Goethe.

Le 14 janvier, les journaux publient un appel de Noske :

« *Ouvriers, soldats, citoyens ! Les divisions que je commande ne sont pas les instruments de la contre-révolution. Elles ne viennent pas pour vous opprimer, mais pour vous libérer du joug terroriste inouï que la masse de la population berlinoise a dû subir. Ce que je tiens absolument à garantir, c'est la sécurité des personnes et des biens, la liberté de la presse et le libre exercice du droit le plus noble de tout citoyen : l'élection d'une Assemblée nationale... J'enjoins à la population de Berlin de soutenir selon ses moyens l'action des troupes et d'obéir aux instructions des chefs militaires...* »

Et il ordonne la remise des armes, annonce des perquisitions, l'interdiction de tout rassemblement sur la voie publique, la réduction du trafic dans les rues, le contrôle des communications téléphoniques.

L'état de siège n'ose pas dire son nom.

Rosa, dans l'appartement du 43 Mannheimerstrasse, écrit. Bientôt, la *Rote Fahne* sera sans doute interdite. Question de jours, d'heures peut-être. Il faut donc écrire, vite, répondre, tirer les leçons de cette semaine de combats, d'erreurs aussi. Prendre date. Maintenir le souffle. Karl Liebknecht écrit lui aussi.

Pour elle et pour lui, ce seront leurs derniers articles.

Celui de Karl sera publié par la *Rote Fahne* le 15 janvier, dans le dernier numéro du journal qui, ensuite, sera durant plusieurs semaines clandestin.

Celui de Rosa paraît le 14 janvier.

« L'ordre règne à Berlin. »

C'est le titre que Rosa écrit en tête de son ultime article, analyse, testament, où elle dit ce qu'elle est, tête et cœur, pleine d'espoir et de foi dans la situation désespérante où elle se trouve.

Les mots, la vision de l'avenir, la certitude du « salut » la sauvent de l'abattement.

Et l'indignation devant cette victoire de la « soldatesque gouvernementale » qui a « frappé à coups de crosse, au point que l'identification des corps est impossible, prisonniers collés au mur dont on a fait éclater les crânes et jaillir les cervelles », suscite chez elle dégoût, mépris, pour « l'ouvrier Noske ».

Elle poursuit : « L'ordre règne à Varsovie, l'ordre règne à Paris, l'ordre règne à Berlin : tous les demi-siècles, les gardiens de l'ordre lancent ainsi dans un des foyers de la lutte mondiale leurs bulletins de victoire. »

Mais cet ordre, pour Rosa, va à sa perte malgré les hécatombes qu'il suscite.

Car la semaine sanglante de Berlin ne s'est produite que parce qu'il y a eu « provocation » — la révocation d'Eichhorn après d'autres incidents — de Scheidemann et d'Ebert, en vue précisément de provoquer l'hécatombe.

Et Rosa rappelle que les masses allemandes manquaient de maturité politique, que « la direction a été défaillante ». Bref, que « dans la phase actuelle, on ne pouvait encore escompter de victoire définitive, de victoire durable ».

Alors pourquoi répondre, puisque l'échec est certain, à une provocation ?

Question politique décisive, point central de l'attitude de Rosa dans cette période, responsabilité majeure qu'elle assume avec Liebknecht.

Assise dans cet appartement silencieux, s'attendant d'un moment à l'autre à l'arrestation, et sachant qu'elle peut mourir elle aussi d'un « coup de crosse » et que son corps sera impossible à identifier (elle a écrit cela comme si elle le voyait, comme si elle allait le vivre), elle ne trouve que des réponses qui ne sont pas politiques : « C'était une question d'honneur », dit-elle.

Et il y a pour la Révolution « une règle absolue : ne jamais tomber dans l'inaction ».

Bien sûr cela provoque la défaite.

Elle était même inéluctable.

Mais qu'importe : « La route du socialisme, à considérer les luttes révolutionnaires, est pavée de défaites. Et pourtant cette histoire mène irrésistiblement, pas à pas, à la victoire finale ! »

Tour de passe-passe intellectuel, facilité que se donne une pensée pour masquer une erreur *politique*, faire oublier une défaite sanglante et insuffler de l'espoir à ceux qui, vaincus, peuvent se décourager ?

Rosa n'est pas de ces habiles, de ces cyniques.

Elle dit ce qu'elle croit, ce qu'elle ressent.

Elle écrit l'espoir et elle écrit la défaite, et elle est prête à affronter la mort.

Sa plume chante comme celle d'*une mystique qui va vers le martyre*.

« Les masses ont été à la hauteur de la tâche », écrit-elle.

Quelles masses ? interrogeraient un politique, un analyste.

Celles qui souhaitent voir embrocher les spartakistes sur les baïonnettes, celles qui soutenaient Ebert, celles qui manquaient — selon Rosa — de maturité politique ?

Les « masses », c'est l'idée que se fait Rosa des *masses*, corps mystique de l'histoire.

« Elles ont fait de leur défaite, écrit-elle, un maillon dans la série des défaites historiques qui constituent la fierté et la force du socialisme international. Et voilà pourquoi la victoire fleurira sur le sol de cette défaite. »

Puisqu'il y aura, à la fin des fins, cette « ascension », que c'est là l'essence même de la croyance de Rosa, la défaite n'existe pas.

Il n'y a pas de victoire de la mort.

Il y a toujours « résurrection ».

Rosa peut conclure son dernier article sur cette certitude, cette *vision*.

Elle écrit : « L'ordre règne à Berlin ? Sbires stupides ! Votre "ordre" est bâti sur le sable. Dès demain, la Révolution se dressera à nouveau avec fracas, proclamant à son de trompe pour votre plus grand effroi

« *J'étais, je suis, je serai.* »

Le 15 janvier, peu après vingt et une heures, on sonna à la porte des Markussohn, 43 Mannheimerstrasse.

Qui avait livré Rosa Luxemburg et Karl Liebknecht ?

Un habitant de cet immeuble bourgeois avait-il été surpris par ces deux étranges locataires et les visites qu'ils recevaient ?

Wilhelm Pieck, un ancien élève de Rosa à l'école du Parti, était précisément dans l'appartement, apportant de faux papiers.

Rosa se reposait dans sa chambre.

Elle avait le visage marqué. Elle souffrait de fortes migraines qui ne lui laissaient aucun répit, creusaient ses traits. Elle respirait avec difficulté.

Elle entendit les bruits de voix rauques, le pas lourd des soldats. Elle prit le *Faust*, quelques autres livres.

Quand les soldats entrèrent dans la chambre, ils la trouvèrent debout, prête, sa petite valise déjà fermée.

Les soldats l'encadrèrent. Elle boitait lourdement. Ils la firent monter dans une voiture. Liebknecht avait déjà été conduit à l'hôtel Eden.

La voiture de Rosa prit la même direction. Rosa savait qu'elle n'avait aucun geste humain à attendre de ces soldats qui se trouvaient autour d'elle, qui l'accueillaient par des injures et des quolibets devant l'entrée de cet hôtel qui servait de quartier général à l'état-major de la division de cavalerie et des fusiliers de la garde.

Ils étaient de ceux qui, comme dans la prison de Breslau, frappaient les buffles jusqu'à leur faire éclater la peau, de ceux qui faisaient « éclater les crânes et jaillir les cervelles ».

Ils étaient de ceux qu'elle avait décrits dans son dernier article, publié dans la *Rote Fahne* du 14 janvier qu'ils avaient lu, comme étant « les lamentables vaincus des Flandres et de l'Argonne ». Pouvaient-ils pardonner ces mots-là, écrits par une femme, une Juive, une étrangère ?

Pouvaient-ils ne pas céder, maintenant qu'ils tenaient cette femme qui les avait insultés, qui les avait montrés, alors qu'ils étaient acclamés par « la racaille petite-bourgeoise », se vengeant de leur défaite face aux Français sur les prolétaires berlinois ?

Pouvaient-ils ne pas céder à l'« ivresse de la meute » ?

Comment Rosa, entrant dans l'hôtel Eden, pouvait-elle ne pas penser que « ces sbires stupides », « ces fils de Mars qui avaient cané devant l'ennemi extérieur », mais dont « la bravoure s'était donné libre cours dans ces atrocités bestiales commises sur des hommes sans défense, des blessés et des prisonniers », n'allaient pas lever sur elle la crosse de leur fusil ?

Elle le savait. Elle était au bout. Enfin.

ÉPILOGUE

« *Car la route est bordée de tombeaux, mais elle mène à la justice* »
(Jean Jaurès)

Elle est morte.

Coups de crosse du soldat Runge sur la tête de Rosa, puis son corps inanimé jeté dans une voiture. Une balle, sans doute tirée par le lieutenant Vogel, dans la tempe gauche, pour achever « la vieille salope ».

Le cadavre de Rosa, lesté de pierres, sera jeté dans le Landwehrkanal.

Elle n'a pas vu une dernière fois, alors que la voiture roulait dans les allées, ces arbres du Tiergarten qu'elle aimait tant, ce jardin où elle s'était si souvent promenée, seule, attentive aux plantes, aux oiseaux, ou bavardant avec Luise Kautsky ou Hans Diefenbach.

Liebknecht a été tué avant elle, dans les mêmes conditions.

Runge l'a frappé à la nuque, puis le lieutenant de vaisseau von Pflugk-Harttung lui a tiré une balle dans la tête.

Le capitaine Waldemar Pabst, premier officier d'état-major de la division de la cavalerie et des fusiliers de la garde, a reçu les officiers à leur retour.

Mission accomplie. Mise en scène établie.

Liebknecht avait voulu s'enfuir, dira-t-on, et le lieutenant de vaisseau avait dû l'abattre. Son cadavre avait d'ailleurs été déposé au poste de police du zoo.

Quant à Rosa, autre scénario imaginé, des inconnus avaient

arrêté la voiture qui la transportait à la prison de Moabit et s'étaient emparée d'elle. Sans doute l'avaient-ils lynchée. Mais son cadavre avait disparu.

C'était le 16 janvier 1919 au matin. Aube difficile à percer. Brouillard glacé. Lourd pas des soldats, cols de leurs capotes relevés, martelant la chaussée, partant pour de nouvelles perquisitions. Ville comme écrasée par la peur dans certains quartiers ouvriers, ville enfin rassurée dans les autres secteurs.

« L'ordre règne à Berlin », avait écrit Rosa.

Mais la *Rote Fahne* ne paraît plus. Interdite.

Ce 16 janvier au matin, la nouvelle de la mort de Rosa — et de Karl Liebknecht — n'avait pas encore été rendue publique.

Le *Vorwärts* publiait en première page, sous les titres triomphants, que les prochaines élections pourraient se dérouler normalement, dans l'ordre, grâce à l'action du gouvernement social-démocrate du chancelier Ebert et à l'esprit de responsabilité de Noske. Le journal écrivait ensuite : « Nous sommes fiers que notre révolution se soit montrée généreuse... On n'a pas touché un cheveu de ceux qui portent la responsabilité de l'ancien état de choses. Ils rédigent leurs journaux, tiennent des réunions. Ils se sentent, dans notre République, comme poissons dans l'eau et font usage de leur liberté. Qu'ils continuent ! »

Mais, vers midi, les éditions de l'après-midi annoncent la mort de Rosa, reprennent la thèse officielle, sans la mettre en doute.

Au contraire. L'opinion, les journalistes le savent, ne va pas s'indigner de la disparition de Rosa et de Karl Liebknecht.

Qui était-elle, cette femme si extravagante qu'elle en devenait incompréhensible à la plupart des Allemands ? Une femme ! Une Polonaise juive et qui voulait plonger le pays dans la révolution !

Une femme dont on connaissait les dépravations, les orgies auxquelles elle participait avec Karl Liebknecht ou d'autres, des Juifs comme Paul Levi ou Léo Jogichès.

Lynchée, Rosa ? C'était horrible, mais on pouvait le comprendre, l'excuser.

« Le sang appelait le sang, écrit ainsi un journal. Le bain de sang dont Liebknecht et Rosa étaient responsables appelait un châtiment. Celui-ci ne tarda pas à venir et, dans le cas de Rosa, il fut cruel, mais juste. La Galicienne fut battue à mort. La colère populaire devenue redoutable et toute-puissante réclamait vengeance. »

Mais, à l'annonce de la mort de Rosa et de son camarade, et malgré l'acceptation de la thèse officielle, la ville fut comme frappée de stupeur. L'effroi se mêlait à l'étonnement. Rosa était en effet une personnalité politique de premier plan et Karl Liebknecht symbolisait tout un courant d'opinion.

Leur mort violente — même si elle apparaissait juste à beaucoup — frappait les imaginations, faisait prendre conscience de la réalité cruelle de la révolution, de la fin d'une période. Du fossé qui désormais séparait ceux qui étaient au pouvoir, les sociaux-démocrates, et ceux qui restaient solidaires de Rosa, socialistes eux aussi pourtant.

Entre eux, il y avait le sang de Rosa et de Karl Liebknecht. Ils étaient et seraient des ennemis plus que jamais.

Scheidemann dont on murmurait qu'il avait su et approuvé la mise à prix, par les milieux de droite, des têtes de Rosa et de Karl pour 100 000 marks, fut averti de la mort des deux spartakistes alors qu'il se trouvait au quartier général de l'armée à Wilhelmshöle, en compagnie du maréchal Hindenburg.

Les liens entre les dirigeants du SPD et l'armée étaient devenus étroits. Une ligne téléphonique directe reliait le bureau du général Groener à celui du chancelier Ebert et les deux hommes se parlaient longuement chaque soir.

Cette alliance entre la social-démocratie et l'armée paraissait aux deux partenaires comme la condition de la remise en ordre de l'Allemagne et le moyen de briser la vague révolutionnaire.

Scheidemann est lui aussi frappé par le double meurtre. « Le vendredi 17 janvier au matin, j'arrivai à Berlin, raconte-t-il. La capitale était en proie à une émotion extrême provoquée par la mort des deux chefs spartakistes et par les épouvantables détails qu'on apprenait peu à peu sur les circonstances du meurtre... Je regrette sincèrement ces deux morts, indique-t-il. Quotidiennement les deux victimes ont appelé le peuple aux armes afin de renverser le gouvernement. Et voici que leur propre tactique terroriste les a eux-mêmes frappés. »

Rosa avait donc payé, selon Scheidemann, et, apprentie sorcière, elle s'était brûlée à la flamme qu'elle avait allumée.

L'émotion peu à peu s'amplifiait. Rosa, des milliers d'Allemands l'avaient entendue parler dans des meetings, Karl Liebknecht portait un nom attaché à l'histoire du socialisme.

Et ils avaient été tués l'un et l'autre.

L'idée se répandait que la version officielle n'était pas exacte. La conviction qu'ils avaient été victimes d'un meurtre délibéré, prémédité, s'enracinait rapidement.

On disait que Noske avait été personnellement averti de l'arrestation de Rosa et qu'il avait promis de couvrir les tueurs. N'avait-il pas déjà laissé en liberté ceux des *Freikorps* qui, le 11 janvier, avaient abattu les parlementaires qui tentaient de négocier la reddition du bâtiment du *Vorwärts* ? Et trop de témoins avaient vu les soldats frapper, exécuter des prisonniers, pour ne pas imaginer ce qui était réellement arrivé à Rosa.

Ses amis étaient, dès le début, sûrs qu'elle avait été assassinée. Ils étaient accablés.

Léo Jogichès gardait apparemment son sang-froid, les traits plus creusés, le teint plus gris. Mais il suffisait de l'écouter quelques secondes pour comprendre que le souvenir de Rosa l'habitait tout entier, qu'il survivait pour elle.

Sa voix était fébrile et, selon Radek qui le rencontra le 16 janvier, il avait vieilli de dix ans.

Sa complice de toute une vie, sa compagne, sa camarade était donc morte avant lui, tuée au front de cette bataille politique qu'il lui avait enseignée.

Comment pouvait-il survivre ? Une période était close. Et il n'était qu'en sursis.

Radek qui le rencontre à nouveau le 17 janvier lui conseille de songer à sa sécurité. « Il répondit en souriant que ce n'était pas là un argument, car il fallait bien que quelqu'un reste pour écrire la nécrologie. »

Léo Jogichès adressa ce jour-là un télégramme à Lénine : « Karl et Rosa ont accompli leur dernière tâche révolutionnaire. »

Sa tâche à lui était de faire éclater la vérité et il s'y employa sans se soucier de sa propre vie, sûr qu'elle devait finir comme celle de Rosa et que ce qui importait, c'était qu'il accomplisse pour elle cette dernière mission.

Il voulait aussi préserver l'œuvre de Rosa et malgré les risques, il se rendit dans l'appartement de Südende que les soldats avaient sommairement perquisitionné.

Il tria, prit des lettres, lut rapidement des notes de Rosa, demanda à Clara Zetkin de les brûler, les jugeant incomplètes, soucieux encore de veiller sur la mémoire de l'intellectuelle Rosa et d'empêcher qu'on ne porte sur elle un jugement injuste.

Clara Zetkin s'exécuta.

Elle était comme toutes les amies de Rosa — Luise Kautsky, Marta Rosenbaum et bien sûr Sonia Liebknecht directement frappée — accablée, terrassée même.

Pour sa part, Franz Mehring, quand il apprit la nouvelle, fut saisi de tremblement, marchant dans sa chambre des heures entières, incapable d'accepter le fait, bouleversé, déchiré par son impuissance.

Il se laissait parfois tomber dans un fauteuil, puis il se redressait d'un bond et recommençait à marcher.

« Trois jours après l'assassinat, raconte l'un de ses serviteurs, je me trouvai en présence de Mehring et je fus témoin de sa terrible indignation... A présent, je ne voyais plus de larmes dans ses yeux qui ne cessaient de jeter des éclairs de colère et de raillerie: "Aucun gouvernement n'est encore descendu aussi bas", murmura-t-il à plusieurs reprises. »

Le 29 janvier, Franz Mehring, « le Vieux », mourait de désespoir.

Cet accablement, ce sentiment que cet assassinat perpétré par des soldats, hors de toute légalité, touche ceux-là mêmes qui avaient *presque* appelé au meurtre.

Ils savent que quand le capitaine Pabst dit: « C'est nous les *Freikorps* qui sommes le pouvoir dans l'État », le suffrage universel, l'Assemblée constituante ne sont plus que des apparences. Et que l'ordre des soldats est celui de la violence des armes. Et donc que l'assassinat de Rosa annonce pour l'Allemagne un futur de meurtres.

Ainsi le collaborateur de *Vorwärts*, Zickler, l'auteur de ce poème, *La Morgue*, où il s'étonnait de ne pas reconnaître les corps de Rosa Luxemburg et de Karl Liebknecht parmi les cadavres des prolétaires, écrit:

« *Aujourd'hui, je regrette d'avoir écrit ce poème. Tout d'abord Karl Liebknecht et Rosa Luxemburg n'étaient pas lâches. Au contraire, ils ont fait preuve de courage. Deuxièmement, ce ne sont pas eux qui ont décidé de cette insurrection follement téméraire, au contraire, ils ont cherché à la freiner... Aujourd'hui, naturellement, on m'accuse d'avoir incité au meurtre de Rosa Luxemburg et de Karl Liebknecht... Quel reproche à faire à un socialiste, ardent admirateur de ces deux héros et qui, lui-même, dans ces tristes temps, a subi de lourdes épreuves...* »

L'opinion ainsi évoluait, le pouvoir se trouvait sur la défensive, dégageant sa responsabilité.

Le 25 janvier, au cimetière de Friedrichsfelde, on enterrait Karl Liebknecht et trente et un tués lors des combats de janvier.

Il y avait un cercueil de plus, vide. Celui de Rosa Luxemburg dont on n'avait toujours pas retrouvé le corps.

Léo continuait son enquête, aidé par des camarades, recueillant des témoignages.

C'était comme une course de vitesse entre la vérité qu'il mettait au jour par fragments et les soldats qui le traquaient.

Le 12 février, dans la *Rote Fahne* qui venait de reparaître, les circonstances exactes de l'assassinat de Karl Liebknecht et de Rosa Luxemburg étaient enfin exposées : et les noms des tueurs, le soldat Runge, les officiers Vogel et Horst von Pflugk-Harttung, publiés.

Léo Jogichès était allé jusqu'au bout de sa mission.

Et le *Vorwärts* était obligé d'écrire : « Si les faits que l'on avance sont confirmés, il faudra intervenir contre les coupables sans aucune complaisance et avec toute la rigueur de la loi. »

La traque contre Léo se fit plus active encore. Et il ne cherchait même plus à fuir.

Quand on l'arrêta, il ne tenta pas, comme il l'avait toujours fait, de dissimuler son identité.

Autant dire qu'en donnant son nom, il savait qu'il se condamnait à mort.

C'était le 10 mars 1919.

On le frappa, puis le sergent Ernst Tamisch l'abattit d'un coup de fusil.

C'est Mathilde Jacob qui se rendit à la morgue pour reconnaître son corps. Un gardien lui conseilla de ne pas entrer. « Vous ne pourriez jamais oublier ce que vous verriez, dit-il, jamais. »

Léo Jogichès n'avait même pas survécu deux mois à Rosa.

On ne pouvait plus éviter le procès des coupables.

Le juge d'instruction Paul Jorns fut chargé de l'enquête et les débats commencèrent devant la cour martiale du 8 au 14 mai 1919.

Jorns, habilement, avait commencé par écarter de l'enquête les représentants des conseils de soldats et d'ouvriers qui avaient été mandatés pour le contrôler.

Puis il atténua les charges qui pesaient sur les suspects.

Vogel ne fut accusé que de « suppression d'un cadavre et falsification consciente d'un rapport de service ».

Le lieutenant fut condamné à deux ans et demi de prison.

Il s'évadera quelques jours plus tard, avec la complicité de l'un de ses juges, le lieutenant de vaisseau Canaris qui lui fournit des faux papiers et le conduisit à l'étranger où il put attendre l'amnistie.

Le lieutenant von Pflugk-Harttung fut acquitté.

Le soldat Runge, coupable « d'une double tentative de meurtre à la suite de blessures corporelles graves produites par l'usage injustifié d'une arme », fut condamné à deux ans de prison.

Runge, quelque temps plus tard, révéla que le juge d'instruction Jorns lui avait déclaré : « Tu prends tous les torts et tu t'en tireras avec quatre mois au maximum ; et tu peux toujours compter sur nous si tu as des ennuis. »

Toujours bavard, Runge parla aussi du troisième prisonnier, Wilhelm Pieck, qui avait pu quitter l'hôtel Eden sans être identifié. Pourquoi ?

Runge raconte que Pieck avait dit : « J'ai une tâche à accomplir. » Il fut conduit dans une pièce et lorsqu'il en sortit, un officier ordonna : « Faites sortir cet homme et veillez à ce qu'il ne lui arrive rien. »

Un marché avait-il été passé entre l'ancien élève de Rosa Luxemburg et les officiers ?

Pieck longtemps resta suspect et dut même se justifier devant un tribunal constitué par ses camarades.

Le samedi 31 mai 1919, on vit le corps d'une femme flotter sur le Landwehrkanal, près d'une écluse.

Dans la soirée, le ministre de l'Intérieur dit à Noske qui participait à un dîner : « On l'a trouvée. »

Elle continuait, morte, défigurée, d'effrayer.

Noske ordonna le transport de son corps au camp de Zossen où il comptait le faire enterrer clandestinement.

Mais Paul Levi, devenu le leader de la Ligue spartakiste, exigea une identification du corps et la presse s'empara de l'affaire.

Mathilde Jacob reconnut, quand on les lui présenta, les gants de Rosa, un pendentif et des lambeaux de la robe de velours.

Ainsi Rosa put être conduite en terre, au cimetière de Friedrichsfelde.

C'était le 13 juin 1919 et une belle journée, pleine des odeurs de printemps qu'elle aimait tant.

La veille, une grande manifestation en sa mémoire avait eu lieu à Vienne. Les trains et les tramways s'arrêtèrent et des usines se mirent en grève.

A Berlin, sous les frondaisons, c'était une foule dense qui s'avançait vers le cimetière. Le silence régnait. Les hommes, souvent en canotier, brandissaient des portraits de Rosa ou des pancartes qui répétaient la dernière phrase écrite par Rosa — extraite en fait d'un poème de F. Freiligrath — *La Révolution* : « *J'étais, je suis, je serai.* »

La vie, comme elle l'avait souvent dit, portait en elle sa propre beauté, le « mouvement » continuait.

La voix de Rosa s'était tue, mais les mésanges charbonnières chantaient.

C'était donc le 13 juin 1919.

Depuis, le XXe siècle est passé sur le souvenir de Rosa.

Durant des décennies, beaucoup se sont réclamés de ce qu'elle avait écrit, de ce qu'elle avait fait.

Les uns pour invoquer sa condamnation de la terreur bolchevique et ainsi constituer le « luxemburgisme » en modèle : respect des « masses » et de leur volonté, conciliation entre révolution, socialisme et démocratie.

Les autres pour saluer sa mémoire et son courage, mais pour signaler ses « erreurs » face à l'orthodoxie léniniste, et plus tard stalinienne.

Que serait-elle devenue ?

Ses assassins, eux, ont choisi leur camp, naturellement. Runge reçut du gouvernement nazi une gratification de 6 000 marks. Le juge d'instruction Paul Jorns fut accusé en 1928 par Paul Levi d'avoir maquillé les meurtres lors du procès des assassins de Rosa. Plus tard, il devint procureur général du tribunal populaire nazi.

Que serait-elle devenue, elle, fière, indépendante, rebelle ?

Un sort à la Trotski, poursuivie à la fois par les agents nazis et les tueurs de Staline ?

Une victime de l'antisémitisme, fuyant de pays en pays les persécutions et rattrapée finalement, comme tant de ses camarades ?

Mathilde Jacob mourut ainsi dans un camp de concentration nazi.

Et Marta Rosenbaum se suicida.

Paul Levi, malade, exclu du Parti communiste, toujours fidèle à Rosa, l'avait fait en 1930.

Le XXe siècle est une machine à broyer les individualités fortes, les pensées libres et les illusions.

Wilhelm Pieck devint président de la République démocratique allemande, et on sait ce qu'il en était dans cette République, qui célébrait le souvenir de Rosa — et insistait sur ses erreurs — de la démocratie et de la liberté.

On sait comment la RDA s'effondra dès lors que ses protecteurs russes l'abandonnèrent en 1989.

On ne refait jamais l'histoire.

Mais la mort de Rosa, le 15 janvier, même si elle n'est que la trace symbolique d'une rupture intervenue, en fait, dès le 4 août 1914, a marqué le XXe siècle.

Elle était de ceux qui — avec Léo Jogichès — auraient pu s'opposer à Lénine et aux bolcheviks, au sein de la IIIe Internationale.

Mais avec quel résultat ?

Une alliance entre les sociaux-démocrates et eût-elle été possible alors, évitant cette tragédie de la désunion — que la mort de Rosa rendait inéluctable — dont allaient profiter les héritiers des *Freikorps*, les sections d'assaut de Hitler ?

Hitler qui fut intronisé par Hindenburg, le même maréchal qui avait fait alliance avec Ebert et Scheidemann, les sociaux-démocrates.

L'histoire de l'Allemagne au XXe siècle se noue bien autour de la personnalité de Rosa.

Mais il s'agit de bien plus que de l'histoire de l'Allemagne.

C'est toute l'histoire du XXe siècle qui est en question avec Rosa.

Elle symbolise cet espoir en l'internationalisme, plus fort que la guerre, qui fut l'illusion d'avant 1914.

Elle incarne cette foi, cette passion qui transmuent la politique en mysticisme et empruntent références, attitudes, vocabulaire à la religion.

De tout cela, que reste-t-il en cette fin de siècle ?

Presque rien. Sinon un champ d'erreurs, de leurres, de mensonges, de crimes et de tragédies, ce qu'est devenu le « léninisme » et dont les Russes se sont dégagés.

Alors Rosa, ensevelie sous les décombres du système de pensée qu'elle avait adopté, sous les ruines des régimes politiques qui se réclamaient de lui et que ses amis, ses camarades, avait fait naître, qu'ils présidaient, Rosa oubliée sous les monceaux de cadavres qu'ils ont produits, justifiant leur barbarie, leur cruauté par ce système de pensée, par les nécessités de la Révolution ?

Mais celui qui lit les textes que Rosa a écrits, celui qui suit sa vie jour après jour, sait bien qu'elle n'appartient pas au camp des cyniques et des bourreaux, même si le mysticisme, la foi peuvent aussi chez elle provoquer l'aveuglement.

Mais ce qui l'emporte toujours, c'est la sincérité, l'élan de vie et d'humanité, l'enthousiasme, le goût pour la pensée libre.

Sa foi, elle la pesait non pas seulement au poids des mots, mais à celui des risques personnellement pris.

Si elle lançait : « Clouez Spartakus sur la croix ! », c'est qu'elle était prête à être crucifiée et qu'elle recherchait même ce martyre.

Parce qu'il lui fallait être du côté des victimes.

Et c'est le choix qu'elle fit toute sa vie.

Quand à Moscou, le 22 août 1991, les Russes renversent la statue de Dzerjinski, comment ne pas se souvenir qu'*en 1918*, Rosa s'étonnait — et s'indignait — qu'il fût si cruel ? A la fin, après des décennies, le refus de la terreur par Rosa apparaît comme la seule politique possible.

C'est que Rosa était révoltée par toutes les injustices, toutes les persécutions, tous les pouvoirs aveugles, comme elle le fut par le grand massacre de la première guerre mondiale, cette matrice de toutes les folies du XXe siècle, dont nous subissons encore aujourd'hui les effets.

Car Rosa n'acceptait pas que le monde fût cet « asile d'aliénés ».

Elle avait l'espoir que nous sortirions, tous, de cette démence qui nous jette les uns contre les autres.

Elle cherchait à comprendre les raisons de ces affrontements qu'elle estimait inhumains parce qu'elle avait une grande espérance pour l'homme.

Et quand l'*homo sapiens* la décevait trop, elle se tournait vers la beauté du monde, les oiseaux, les fleurs, les pierres.

Car elle était amoureuse de la vie.

Les décombres d'une pensée qui fut aussi la sienne, les erreurs de sa politique ne l'enfouissent donc pas.

Elle est l'un de ces visages-témoins de l'espérance humaine, de l'énergie vitale, de la volonté têtue — de l'illusion, diraient les cyniques — de ne pas accepter la cruauté de la condition humaine, et de pleurer quand on frappe un être sans défense, innocent, fût-il un animal.

Elle jalonne donc la route sans fin, dont le début se perd dans la profondeur obscure de l'histoire et qu'empruntent *ceux qui croient que l'humain doit aller et peut aller vers plus d'humanité.*

Tout au long de cette route, il y a des croix.

Jaurès disait : « La route est bordée de tombeaux, mais elle mène à la justice. »

Dans chacun de ces tombeaux, il y a un homme ou une femme de foi, connu ou anonyme, qui fut un rebelle.

Un être dont la vie était tendue par l'espoir, le goût de l'indépendance, l'amour, le choix de donner cette vie pour une idée qui la dépassait et qui était générosité, reconnaissance du droit de tous les hommes au bonheur.

Hommes et femmes de l'illusion ? Peut-être.

De *l'espérance* en tout cas.

Ils furent souvent excessifs.

Ils se sont souvent trompés. Ils furent rarement des orthodoxes, mais des hérétiques ou au moins des hommes et des femmes de la marge.

Presque toujours, ils finirent en martyrs.

Que chacun dresse sa liste.

Saint François d'Assise ? Savonarole ?

Luther ? Jaurès ? Guevara ?

Tant d'autres.

Mais sûrement, parmi ces rebelles, au moins une femme.

Rosa Luxemburg, 5 mars 1871-15 janvier 1919.

Paris — Orta San Giulio
Héricy — Spéracèdes
1991-1992

Éléments de chronologie

FAITS POLITIQUES	VIE DE ROSA LUXEMBURG	AUTRES ÉVÉNEMENTS
1871	*1871*	
18.1 : Proclamation de l'Empire allemand à Versailles *18.3-28.5* : Commune de Paris	**5.3 : Naissance de Rosa Luxemburg** *13.8* : Naissance de Karl Liebknecht	
	1873	*1873*
	La famille de Rosa Luxemburg va s'installer à Varsovie	Rimbaud : *Une saison en enfer*
1875		
22-27 mai : Naissance du Parti ouvrier social-démocrate allemand (SPD)		
	1877	
	Rosa Luxemburg au lycée de Varsovie	*1875-77* : Tolstoï : *Anna Karénine* *1876* : Wagner : *L'Anneau du Niebelung* *1877* : Zola : *L'Assommoir* *1883-1885* : Nietzsche : *Ainsi parlait Zarathoustra* *1886 : Par-delà le bien et le mal*
	1887	
	Rosa s'engage en politique. Elle est membre d'un groupe du Parti « Prolétariat » à Varsovie	

FAITS POLITIQUES	VIE DE ROSA LUXEMBURG	AUTRES ÉVÉNEMENTS
1888 Guillaume II empereur d'Allemagne		
	1889 **Rosa s'exile en Suisse.** **Rencontre avec Léo Jogichès**	*1889* La tour Eiffel
1890 Succès social-démocrate aux élections allemandes (35 sièges, 1 427 000 voix)	*1890* Rosa étudiante à Zurich	
1891 Parution du *Vorwärts* à Berlin		
	1893 Rosa étudiante en droit et économie. A Paris, elle se charge de la rédaction de la revue *La Cause ouvrière*. Elle participe au congrès international de Zurich	*1893* Première projection cinématographique
	1894 Fondation du Parti social-démocrate de Pologne par Léo Jogichès et Rosa Luxemburg	

FAITS POLITIQUES	VIE DE ROSA LUXEMBURG	AUTRES ÉVÊNEMENTS
		1895
		Les rayons X Les frères Lumière et le premier appareil cinématographique
	1896	
	Rosa publie ses premiers articles — à propos de la Pologne — dans *Neue Zeit*	
1897	*1897*	*1897*
Bernstein publie une série d'articles « révisionnistes » dans *Neue Zeit*	*Mars*: Rosa présente sa thèse de doctorat sur l'évolution industrielle de la Pologne et par un mariage blanc avec Gustav Lübeck elle acquiert la nationalité allemande	Ader, premier vol en aéroplane
1898	*1898*	*1898*
Juin: succès social-démocrate aux élections allemandes (2 107 000 voix)	**Mai : Rosa s'installe à Berlin et devient membre du SPD** *Septembre*: articles contre Bernstein sous le titre *Réforme sociale ou Révolution ?* *Octobre*: Rosa prend la parole au congrès du Parti à Stuttgart	Le radium, par P. et M. Curie
	1899	
	Avril: articles de Rosa contre Bernstein	

FAITS POLITIQUES	VIE DE ROSA LUXEMBURG	AUTRES ÉVÉNEMENTS
	Octobre : Rosa intervient au congrès de Hanovre	
1900 *20 juin* : Intervention européenne en Chine sous le commandement d'un général allemand *Octobre* : Von Bülow chancelier du Reich	*1900* Meetings en Haute-Silésie. *Septembre* : Rosa au congrès socialiste international de Paris. Rapport sur le militarisme	*1900* Max Planck et la théorie des quanta
	1901 *Avril* : Rosa rédactrice à la *Leipziger Volkszeitung*	
1903 *Juillet-août* : congrès du POSD russe. Scission bolcheviks-mencheviks		*1903* Usines automobiles Ford Gorki : *Les Bas-Fonds*
	1904 **Avril : Rosa membre du Bureau socialiste international** comme représentante du Parti social-démocrate polonais SDKPiL *Août* : intervention de Rosa à Amsterdam au congrès de l'Internationale socialiste *Août-octobre* : condamnée en juillet à trois mois de prison, elle les effectue du 26 août au 24 octobre à Zwickau	

FAITS POLITIQUES	VIE DE ROSA LUXEMBURG	AUTRES ÉVÉNEMENTS
1905	*1905*	*1905*
2 janvier: défaite russe à Port-Arthur *31 mars*: Guillaume II à Tanger *Mai*: les syndicats allemands rejettent la grève politique *Juin*: mutinerie du *Potemkine* *Septembre*: congrès du SPD à Iena	*6 février*: Léo Jogichès quitte Berlin pour Varsovie Rosa écrit 90 articles en 1905 **28 décembre: Rosa Luxemburg se rend à Varsovie pour participer à la révolution**	Freud: théorie de la sexualité Einstein: théorie de la relativité restreinte, découverte des photons
1906	*1906*	*1906*
Janvier-octobre: conférence d'Algésiras *Février*: le SPD et les syndicats rejettent au cours d'une conférence secrète la grève politique de masse *Septembre*: congrès du SPD à Mannheim	*Mars*: Rosa arrêtée à Varsovie en même temps que Léo Jogichès *Juin-août*: assignée à résidence *Août-septembre*: réside en Finlande où elle écrit: *Grève de masse, parti et syndicat* *12 décembre*: condamnée à deux mois de prison	Tunnel du Simplon
1907	*1907*	*1907*
Janvier: défaite électorale du SPD *18-24 août*: congrès de l'Internationale socialiste à Stuttgart	*Mars*: Léo Jogichès s'enfuit de la prison de Varsovie Rupture entre Léo et Rosa *Mai*: Rosa et Léo à Londres au congrès du POSDR Rosa emprisonnée du 12 juin au 12 août à la prison de Moabit Rosa y fait adopter un amendement contre la guerre	Invention de la photographie en couleurs

FAITS POLITIQUES	VIE DE ROSA LUXEMBURG	AUTRES ÉVÉNEMENTS
	1908 Rosa écrit sur la question nationale Liaison avec Kostia Zetkin Elle enseigne à l'école du Parti	
1909 Campagne politique pour l'abolition du scrutin censitaire en Prusse Crise des Balkans	*1909* Rosa participe à de nombreux meetings en Allemagne	*1909* *Juillet* : Blériot traverse la Manche
	1910 *Avril-mai :* polémique de Rosa contre Karl Kautsky : rupture	
1911 Le croiseur *Panther* devant Agadir	*1911* Rosa contre l'attitude du SPD dans la question marocaine *Septembre* : au congrès du SPD, à Iena, attaques contre Rosa	
1912 *12 janvier* : succès électoral du SPD. (4 250 000 voix, 110 députés) *Octobre* : première guerre balkanique *Novembre* : conférence internationale socialiste à Bâle	*1912* Fin de la liaison entre Kostia Zetkin et Rosa	*1912* Taylor : les principes du « management » scientifique

FAITS POLITIQUES	VIE DE ROSA LUXEMBURG	AUTRES ÉVÉNEMENTS
1913 *Janvier*: élection de Raymond Poincaré à la présidence de la République française *Juin*: élection à la Diète prussienne. Le SPD avec 28 % des voix n'a que dix sièges *Juin-août*: deuxième guerre balkanique *13 août*: mort d'August Bebel *Septembre*: congrès du SPD à Iena	*1913* *Janvier*: Rosa publie *L'accumulation du capital* *Septembre*: discours antimilitariste de Rosa à Francfort *Décembre*: Rosa fonde avec Franz Mehring la *Correspondance social-démocrate*	
1914 *28 juin*: attentat de Sarajevo *31 juillet*: assassinat de Jaurès *1er-3 août*: déclarations de guerre (Russie, France) *4 août*: les députés SPD votent les crédits militaires *2 décembre*: Liebknecht refuse les crédits militaires	*1914* *Janvier*: Rosa condamnée à un an de prison *Juin-juillet*: procès de Rosa à Berlin. Défense de Paul Levi. 1 000 témoins Liaison avec Paul Levi *28-29 juillet*: Rosa à Bruxelles, au Bureau de l'Internationale socialiste avec Jaurès	Canal de Panama Proust: *A la recherche du temps perdu*
1915-1917 *5-8 septembre 1915*: conférence de Zimmerwald *21 décembre 1915*: 19 députés SPD contre les crédits militaires *1er janvier 1916*: conférence des « gauches » allemandes sur les thèses de Rosa Luxemburg	*1915-1917* **19 février 1915-18 février 1916: Rosa emprisonnée** à la prison de la Barnimstrasse *Avril 1915:* revue *Die Internationale* (articles de Rosa) *18 février 1916-10 juillet 1916:* Rosa en liberté	*1915-1917* *1915:* R. Rolland: *Au-dessus de la mêlée* *1915:* Einstein: travaux sur la relativité généralisée *1916:* Henri Barbusse: *Le Feu* *1916:* Freud: *Introduction à la psychanalyse*

FAITS POLITIQUES	VIE DE ROSA LUXEMBURG	AUTRES ÉVÉNEMENTS
12 janvier 1916: Karl Liebknecht exclu du groupe social-démocrate *21 janvier 1916*: conférence de Kienthal *1er mai 1916*: manifestation sur la Potsdamerplatz — Karl Liebknecht arrêté *mars 1917*: Révolution russe *Avril 1917*: fondation du Parti socialiste indépendant (USPD) *7 novembre 1917*: Révolution bolchevique	Rosa publie la *Brochure de Junius* **10 juillet 1916-8 novembre 1918: Rosa emprisonnée** à la prison de Wronke, puis à Breslau (à partir de juillet 1917)	*1917*: Pirandello: *A chacun sa vérité*
1918	*1918*	
Janvier: grandes grèves en Allemagne *3 mars*: Brest-Litovsk *8 août*: jour de deuil de l'armée allemande *3 octobre*: constitution du cabinet Max de Bade *7 octobre*: conférence nationale de la Ligue spartakiste *21 octobre*: libération de Karl Liebknecht *7 novembre*: le SPD exige l'armistice et l'abdication de Guillaume II *9 novembre*: abdication de Guillaume II *11 novembre*: armistice *6 décembre*: occupation de la *Rote Fahne* par les gouvernementaux	*24 mars*: arrestation de Léo Jogichès *24-25 octobre*: mort de Hans Diefenbach **8 novembre: Rosa libérée** *8 novembre 1918-15 janvier 1919*: Rosa à la *Rote Fahne* *16 décembre*: Rosa en minorité au congrès des conseils d'ouvriers et de soldats	

FAITS POLITIQUES	VIE DE ROSA LUXEMBURG	AUTRES ÉVÉNEMENTS
28 décembre : occupation du *Vorwärts* par l'extrême gauche *29 décembre 1918-1er janvier 1919* : congrès de fondation du Parti communiste allemand ou Ligue spartakiste		
1919	1919	1919
4 janvier : le préfet de police Eichhorn démis de ses fonctions *11 janvier* : les corps francs entrent dans Berlin *19 janvier* : élections à l'Assemblée constituante *25 janvier* : enterrement de Karl Liebknecht *29 janvier* : mort de Franz Mehring *11 février* : Ebert élu président de la République. Scheidemann chancelier	*14 janvier* : *L'Ordre règne à Berlin,* dernier article de Rosa **15 janvier : assassinat de Rosa Luxemburg et de Karl Liebknecht** *12 février* : les circonstances de l'assassinat sont connues *12 mars* : assassinat de Léo Jogichès *Mai :* procès contre les assassins de Rosa Luxemburg et Karl Liebknecht **31 mai : le corps de Rosa est retrouvé** *13 juin* : funérailles de Rosa Luxemburg	G. Sorel : *Matériaux pour une théorie du prolétariat* Rutherford désintègre l'atome

Orientation bibliographique

Cette courte **orientation bibliographique** n'a pour but que de permettre au lecteur qui souhaiterait approfondir le sujet de connaître les ouvrages qui, **en français**, lui permettront de se guider parmi la foule d'études qui traitent de Rosa Luxemburg.

1. J.-P. NETTL, *La vie et l'œuvre de Rosa Luxemburg*, tomes I et II, Paris, 1972. **Cet ouvrage, le plus complet,** comporte une bibliographie de plus de 700 titres (pour les textes de Rosa Luxemburg et de plus de 300 pour les ouvrages qui lui sont consacrés !). Indispensable.
2. G. BADIA, *Rosa Luxemburg, journaliste, polémiste, révolutionnaire*, Paris, 1975. Cette thèse est suivie d'une bibliographie de 70 pages ! L'ouvrage analyse avec rigueur les idées, le style, la formation de la pensée et l'importance de la contribution aux débats théoriques du socialisme de Rosa Luxemburg. Indispensable.
3. P. FRÖLICH, *Rosa Luxemburg*, Paris, 1965. L'une des premières biographies — 1939 — écrite par un témoin. Utile.
4. Rosa LUXEMBURG. Le recours aux textes de R.L., une fois le cadrage biographique et bibliographique réalisé, est indispensable. **On ne peut se dispenser de la lecture de toutes les lettres**. Elles sont la source capitale pour comprendre Rosa et suivre son évolution.

Lettres à Léo Jogichès, vol. I (1894-1899), et II (1900-1914), Paris, 1971.
Lettres: Vive la lutte (1891-1914), Paris, 1976.
J'étais, je suis, je serai (1914-1919), Paris, 1977.
Lettres de Rosa Luxemburg à Karl et Luise Kautsky, présentées par Dominique Desanti, Paris, 1977.
Textes de Rosa Luxemburg, présentés par Gilbert Badia, Paris, 1969 (contient des lettres et des écrits politiques et théoriques) et 1982.

ŒUVRES DE ROSA LUXEMBURG

Introduction à l'économie politique, Paris, 1971.

Œuvres: tome I *(Réforme ou Révolution?, Grève de masse, parti et syndicat).* Présentation d'Irène Petit, Paris, 1969; tome II *(Écrits politiques, 1917-1918)*, présentation de Claudie Weil, Paris, 1971; tome III *(L'accumulation du capital)*, présentation d'Irène Petit, Paris, 1972.

5. **Des lettres des parents de Rosa Luxemburg** sont publiées en annexe à la biographie récente de Rosa Luxemburg: R. ETTINGER, *Rosa Luxemburg, une vie*, Paris, 1990. Cet ouvrage d'une universitaire américaine d'origine polonaise met l'accent sur les aspects psychologiques de la personnalité de Rosa. Elle insiste sur ses racines juives.

6. **L'environnement historique** est évidemment essentiel. Son étude renvoie aux ouvrages généraux d'histoire et surtout à la bibliographie immense qui concerne l'étude du mouvement socialiste entre 1880 et 1919, période cruciale s'il en fut.

Une approche biographique particulière, mais qui éclaire sur tous les débats de cette période — avec bibliographie: M. GALLO, *Le Grand Jaurès*, Paris, 1984.

Sur les rapports de Rosa Luxemburg avec le socialisme français, voir: D. GUÉRIN, *Rosa Luxemburg. Le Socialisme en France (1898-1912)*, Paris, 1971.

Mais c'est d'abord **l'Allemagne** qui est concernée. On se reportera donc à: G. BADIA, *Histoire de l'Allemagne contemporaine*, tomes I et II, Paris, 1962: *Les spartakistes*. 1918: *L'Allemagne en révolution*, Paris, 1966. Cet ouvrage de la collection Archives contient des textes de sources diverses qui éclairent la période 1916-1919; *Le spartakisme. Les dernières années de Karl Liebknecht et Rosa Luxemburg, 1914-1919*, Paris, 1967. Cette série d'ouvrages de Gilbert Badia est **indispensable**.

P. BROUÉ, *Révolution en Allemagne (1917-1923)*, Paris, 1971. Un ouvrage indispensable pour situer Rosa Luxemburg dans le contexte allemand. Chronologie et bibliographie.

Parmi les livres récents, on se reportera à la publication de l'université de Paris-VIII, *Rosa Luxemburg, aujourd'hui*, Paris, 1986. Textes réunis par Claudie Weill et Gilbert Badia.

Une revue *Partisans* n° 45, décembre 1968-janvier 1969: *Rosa Luxemburg vivante*.

De nombreux écrivains, d'Alfred Döblin à Brecht et Armand Gatti, ont été attirés par la personnalité de Rosa Luxemburg qui inspire certaines de leurs œuvres.

La cinéaste allemande Margarethe von Trotta a réalisé un film, *La patience de Rosa Luxemburg*, à partir de la vie de Rosa.

Il est significatif de noter que l'intérêt que suscite Rosa Luxemburg (publication de textes, thèses, colloques, biographies, etc.) varie avec la période historique. Pour s'en tenir à la France, de nombreux titres sont diffusés au cours des années 1930-1935, période du Front populaire. Le point culminant en nombre de publications — l'essentiel de la bibliographie en langue française — se situe dans la période 1965-1975, correspondant aux événements de 1968 et à leur suite. Puis une quasi-disparition et une timide amorce de renouveau à partir des années 1985-1986.

Index

Table

SEPTIÈME PARTIE

« Je serai expédiée dans l'autre monde par une balle de la contre-révolution » (8 novembre 1918-15 janvier 1919)

ÉPILOGUE

« Car la route est bordée de tombeaux, mais elle mène à la justice » (Jean Jaurès)

Cet ouvrage a été composé par Facompo
et imprimé par la S.E.P.C. à Saint-Amand-Montrond (Cher)
pour le compte des éditions Presses de la Renaissance

Achevé d'imprimer en septembre 1992

Dépôt légal : septembre 1992.
N° d'impression : 1796.

Imprimé en France